Johann August Schülein
Die Geburt der Eltern

I0127462

REIHE »PSYCHE UND GESELLSCHAFT«
HERAUSGEGEBEN VON JOHANN AUGUST SCHÜLEIN
UND HANS-JÜRGEN WIRTH

Johann August Schülein

Die Geburt der Eltern

Psychosozial-Verlag

Bibliografische Information der Deutschen Bibliothek
Die Deutsche Bibliothek verzeichnet diese Publikation in der Deutschen
Nationalbibliografie; detaillierte bibliografische Daten sind im Internet
über ‹**http://www.dnb.ddb.de**› abrufbar.
ISBN 978-3-89806-188-9

© 2002 Psychosozial-Verlag
E-Mail: info@psychosozial-verlag.de
www.psychosozial-verlag.de
Alle Rechte, insbesondere das des auszugsweisen Abdrucks
und das der fotomechanischen Wiedergabe, vorbehalten.
Umschlagabbildung: Salvador Dalì »Herkules,
der die Haut des Meeres lüftet, bittet Venus,
einen Augenblick zu warten, bevor sie Amor aufweckt« (1963)
© Demart pro Arte B.V./VG Bild-Kunst, Bonn 2002
Umschlaggestaltung: Christof Röhl
nach Entwürfen des Ateliers Warminski, Büdingen
Lektorat/Satz: Nicole Säger
ISBN 978-3-89806-188-9

Inhalt

Vorwort zur 2. Auflage

»Es ist jetzt alles umgedreht ... Wenn eine Kleinfamilie spazieren geht, schiebt in neun von zehn Fällen der Mann den Kinderwagen. (...) Sogar Männer, die sonst ihren Dobermann an der kurzen Leine spazieren führen und dabei eine Zigarre nach der anderen rauchen, schnallen sich ihre wenige Monate alte Tochter vor den Bauch und lassen die Mutter unbeschwert nebenher gehen. (...) Jetzt lieben die Väter ihre Kinder so unerbittlich, wie es früher die Mütter taten. (...) Das Bild der jüdischen Mamme wird demnächst von dem des deutschen Papas abgelöst werden. Es ist ziemlich irre.« (Merkur 636, April 2002, S. 364f)

Es sei dahin gestellt, ob es wirklich schon so weit/so schlimm ist. Aber auch wenn diese Beobachtung/Betrachtung von Iris Hanika nicht unbedingt als objektive empirische Feststellung zu verstehen (und gemeint) ist, verweist sie darauf, dass etwas in Bewegung ist und irritiert: Männer- und Frauenrollen, Eltern-Kind-Beziehungen, das Verhältnis von Öffentlichkeit und Elternschaft. Das war ein Grund, warum ich dieses Buch geschrieben habe – es untersucht die sich auch in diesem Kontext abzeichnenden »Modernisierungseffekte«. Zugleich habe ich versucht, etwas zu ergänzen, was in der Literatur bisher fehlte: Eine allgemeine Beschreibung und Analyse der Veränderungen von persönlicher Identität und Beziehungsstruktur auf dem Weg vom Paar zur Familie (mit Blick auf die sozialen Rahmenbedingungen).

Beides hat sich seit dem nicht so verändert, dass für die Neuauflage auch ein gänzlich neuer Text nötig gewesen wäre. Ich habe die Gelegenheit vor allem genutzt, Fehler zu beseitigen und einige längerfristige Perspektiven zu ergänzen. – Die Frage, was aus dem unerbittlich liebenden Vater wird, der den Dobermann gegen die Tochter getauscht hat, ließ sich leider noch nicht klären und bleibt daher vorläufig offen...

Wien, April 2002

Johann August Schülein

7

1. Zur Themenstellung

Zugegebenermaßen ist der Titel dieser Arbeit zunächst nur Reklame, ein Wortspiel, zudem noch eins, welches mir nicht selbst eingefallen ist, sondern das ich meinem Freund Hans Joachim Krüger verdanke. »Geburt« ist bekanntlich primär ein physiologischer Vorgang, und geboren werden im allgemeinen Kinder. Aber – und damit fängt bereits das Thema an – mehr und mehr werden die sozialen Anteile an scheinbar rein physiologischen Vorgängen (wieder-)entdeckt. Die neuesten Befunde der Perinatalmedizin bestätigen, was psychosomatischem Denken schon immer selbstverständlich war: dass an allen wichtigen physischen Prozessen die Psyche (und damit die Sozialstruktur) beteiligt ist. Die Geburt der Kinder ist alles andere als ein rein somatischer Vorgang; sie wird wesentlich von den psychosozialen Bedingungen geprägt. Außerdem beginnt bekanntlich mit der physischen erst die »zweite, soziokulturelle Geburt des Menschen« (Claessens 1968), eine besonders lange Phase der Entwicklung, durch die das neugeborene Kind erst zum Menschen wird; eine Entwicklung, die bestimmt ist durch biopsychische Reifungsschritte, aber ganz wesentlich gesteuert wird durch soziales Erfahren und Erleben. Bis in die Tiefenstruktur der Persönlichkeit hängt die Identitätsentwicklung von der Eigendynamik der sozialen Bedingungen ab.

Die »menschliche Geburt« dauert also – soziologisch gesehen – etwas länger; sie beginnt mit jedem biografisch relevanten Ereignis aufs Neue: Immer, wenn neue Problemzonen erreicht werden, vollzieht sich eine Identitätsveränderung als Reaktion auf das, was zu verarbeiten ist, und als Teil der Verarbeitung dessen, was thematisch ist. So gesehen ist die »Geburt der Eltern« als Echo einschneidender biografischer Veränderungen zu sehen.

Die Titel-Metapher will jedoch noch etwas anderes andeuten: Die »Geburt der Eltern« ist auch eine historische Entwicklung in Richtung auf eine stärkere Ausdifferenzierung der Elternposition (die dann von jedem Elternteil auf spezifische Weise nachvollzogen werden muss). Je eigenständiger die Eltern-Kind-Beziehung ist, desto mehr nähern sich die Entwicklung des Kindes und der Eltern in Bezug auf den Komplexitätsgrad an.

Für die Elternposition gilt mehr denn je, dass sie nur in einem ganz formalen Sinn durch Ereignisse – die Geburt eines Kindes – zugewiesen wird. Im wesentlichen muss sie erworben, praktisch und reflexiv aufgebaut und definiert werden. Je komplexer die interaktive Struktur der Eltern-Kind-Beziehung ist, je mehr Ansprüche an die Eltern gestellt werden und sie an sich selbst stellen (müssen), desto aufwendiger und schwieriger wird die Positionsübernahme. Zwar kann man davon ausgehen, dass die Differenz zwischen Mensch-ohne-Kind und Mensch-mit-Kind schon immer grundlegend war, aber erst in der Gegenwart werden daraus Übergänge, die in hohem Maße mit Lebensstilveränderungen und spezialisiertem kognitivem, sozialem und emotionalem Kompetenzbedarf einhergehen. Die Ausdifferenzierung der Eltern-Kind-Beziehung verwandelt die Elternschaft in eine umfassende, identitätsstiftende wie identitätssteuernde Aktivität. Zugleich wird es zunehmend schwieriger, die Elternrolle schlicht zu übernehmen – sie liegt nicht einfach bereit und wird nicht angezogen wie ein Mantel, sondern verlangt (als »deformalisierte« Position) einen langen und aufwendigen Prozess der Anpassung und Abarbeitung.

Beides hat zur Folge, dass der Übergang zur Elternschaft sich erheblich verkompliziert hat – so zu sagen eine »schwierige soziale Geburt« wird.

Dies gilt jedoch nicht nur für die Entwicklung der Eltern-Kind-Beziehung, sondern für Primärbeziehungen überhaupt. Die »industrielle Revolution« wurde von einer »Beziehungsrevolution« begleitet. Der Prozess der funktionalen Differenzierung hat zur Folge gehabt, dass auch Primärbeziehungen zu einem eigenständigen, eigendynamischen Sinnzusammenhang werden: Getrennt von der Vermittlung über Sachbeziehungen, »thematisch gereinigt«, entfalten sie eine historisch neue Eigendynamik – mit allen Chancen und Risiken, die damit verbunden sind. Primärbeziehungen sind freigesetzt für individuelle Konstitution und Entwicklungen – damit aber auch den Gefahren entsprechender Kollisionen und des Scheiterns ausgesetzt.

Wo Beziehungen kontingent und eigendynamisch werden, steigt der Reflexionsbedarf. Beziehungen, die nicht selbstverständlich sind, müssen verhandelt und bedacht werden. Es entsteht ein privater und öffentlicher Diskurs, der in seinen Thematisierungsformen und -strategien die Beziehungsprobleme sowohl spiegelt als auch bearbeitet. So gesehen ist die Kehrseite der »Beziehungsrevolution« die »Reflexionsgesellschaft«. Nach und nach sind alle Dimensionen von Primärkontakten zum Gegenstand öffentlich-kritischer Erörterungen geworden, was sich nicht zuletzt an einer Flut von einschlägigen Publikationen auf allen Ebenen des Diskurses ablesen lässt. Was zunächst unter dem Vorzeichen der »Emanzipation der Frauen« begann, erfasste folgerichtig auch die Männer. Nach der theoretischen Kritik am *Patriarchat* (Bornemann 1975) geriet bald der »Mann auf der Straße« ins Visier. *Das merkwürdige Verhalten von Männern in ganz alltäglichen Situationen* wurde zum Gegenstand ebenso genauer wie kritischer Analysen (Bernard/Schlaffer 1980). Und bald darauf wurde (zunächst für eine Minderheit) *Mann-Sein* gleichbedeutend mit *Identitätskrise und Rollenfindung des Mannes in der heutigen Zeit* (Jokisch 1982). *Der verunsicherte Mann* (Goldbert 1979) erlebt nicht nur einen erheblichen Machtverlust, es stellen sich ihm ungewohnte Probleme: *Meine Frau ist gegangen. Verlassene Männer erzählen* (Körner 1979). *Noch mal von vorn anfangen* (Körner 1981) scheint für manchen zum einzigen Ausweg aus der als verkehrt erlebten eigenen Entwicklung. Das heißt zunächst, die Beziehung zu den eigenen Eltern »aufzuarbeiten«, aber vor allem auch im Hinblick auf (mögliche) eigene Kinder ergeben sich völlig neue Perspektiven und Auseinandersetzungen. Zum Beispiel: »Kinderlos aus Verantwortung« (Ayck/Stolten 1978), ein weiterer Schritt »Auf dem Weg in die kinderlose Gesellschaft« (Dessai 1979). Auf der anderen Seite wird den wenigen Kindern, die noch geboren werden, eine ganz andere Aufmerksamkeit gewidmet. Schon das Studium der einschlägigen Literatur wäre heute eine Ganztagsbeschäftigung (ganz abgesehen davon, dass es die Beschäftigung mit einem Kind ebenfalls sein kann). Die Produktion der Verlage in dieser Hinsicht nimmt noch weiter zu. Allein die Reihe *Mit Kindern leben* eines großen deutschen Verlages hat es in ca. 5 Jahren auf etwa 50 Titel gebracht, die z. T. beachtliche Auflagen vorweisen können. Kaum ein Aspekt der Eltern-Kind-Beziehung bleibt unberücksichtigt. Wem das vielbändige *Elternbuch* noch zu wenig detailliert ist, kann sich über Geburt, Geburtsvorbereitung, Stillen usw. genauso informieren wie etwa über die *Baby-Schule*, über *Spielen mit kleinen Kindern und Babys*, den *Kleinkinder-Treff*. Darüber hinaus wird erläutert: *So werden Kinder sauber*, wird die Frage geklärt: *Was will das Kind denn bloß?* Es geht um *Fingerspiele und weitere Kinkerlitzchen* um *Angst und Geborgenheit,* kurz: Um *Alles über dein Kind* – und auch um die Eltern: Um *Mutter werden,* darum, was passiert *Wenn Männer Väter werden*[1]. Die Liste von Texten dieser Art ließe sich noch sehr lange fortsetzen. Sie verweist erneut auf den genannten Problemzusammenhang: Das gesamte Beziehungsnetz von Primärkontakten ist differenzierter, komplexer und dadurch zum Gegenstand sehr verschiedener Thematisierungs- und Reflexionsprozesse (und, was sich darin ausdrückt: völlig neuer praktischer Formen des Umgangs) geworden.

Dies ist das Thema der Arbeit. Es geht dabei sowohl um makrosoziale Sinnzusammenhänge und Bedingungen als auch um mikrosoziale Prozesse sowie deren Eigendynamik: Das Zusammenspiel beider Ebenen sozialer Realität ist der Focus. Dass beides nicht getrennt betrachtet werden kann und darf, ist evident; praktisch stellen sich jedoch Probleme. Die makrosoziologische Perspektive abstrahiert vom empirischen Geschehen, um situationsunabhängige Formationen zugänglich zu machen (und verliert dadurch nicht nur an konkreter Deutlichkeit, sondern auch den Zugang zur Eigendynamik der sozialen Feinstruktur), während die mikrosoziologische Perspektive umgekehrt Situationen scharf fasst, aber in Bezug auf ihren Kontext unscharf bleibt. Beides zugleich zu betreiben: Simultan zu abstrahieren und zu konkretisieren, ist eine schwere Kunst. Wer Pech hat, wird dabei beidem nicht gerecht.

In der Hoffnung, dies zu vermeiden, will dieser Text versuchen, mikro- und makrosoziologische Perspektiven zu vermitteln. Im ersten Schritt werden (nach einem Blick auf methodische Probleme und die Entwicklung der Familiensoziologie) zunächst die historischen Veränderungen von Primärbeziehungen, speziell der Eltern-Kind-Beziehungen, rekonstruiert, um zu verdeutlichen, warum und wie ihre Eigendynamik zu einer »kritischen Masse« wurde, was einen qualitativen Strukturwandel zur Folge hatte. Im nächsten Schritt werden die gegenwärtigen Verhältnisse näher beschrieben und untersucht: Wie vollzieht sich konkret die »Geburt der Eltern«, nachdem traditionelle Beschränkungen und Festlegungen (weitgehend) abgebaut sind? Schließlich wird versucht, die makrosozialen Funktionen und Folgen der mikrosozialen Eigenheiten zu bestimmen.

Das Verfahren ist dabei wesentlich »sekundäranalytisch«, d. h. es werden veröffentlichte Untersuchungen, Überlegungen, Beschreibungen verwendet. Es soll jedoch nicht vermieden werden, auch Alltagserfahrungen, Eindrücke, Informelles, kurz: »außerwissenschaftliche« Erfahrungen mit einzubeziehen, im Gegenteil: gerade in der Beschreibung schwer zugänglicher Wirklichkeitsbereiche wird darauf Bezug genommen. Es ist klar, dass damit gelegentlich der Boden klassisch-wissenschaftlicher Argumentation verlassen wird, aber anders ist häufig ein (der Wissenschaft verpflichteter!) Zugang zu komplexen Themenfeldern kaum möglich. Dies gilt jedoch nicht für die Kapitel 2 und 3. Sie bemühen sich um eine im klassischen Sinn wissenschaftliche Analyse einiger wissenschaftstheoretischer Probleme, allgemeiner Aspekte von Eltern-Kind-Beziehungen sowie ihrer historischen Entwicklung. Wer daran nicht interessiert oder die Diskussion bereits kennt, sollte sie (um Ermüdung zu vermeiden) überschlagen.

Anmerkungen

1 Alle Titel erschienen in der Reihe *Mit Kindern leben* (Rowohlt-Verlag).

2. Familiensoziologische Forschung

2.1. Methodische Probleme

Die Auseinandersetzungen innerhalb der Familiensoziologie[1] dokumentieren, dass sie mit Schwierigkeiten systematischer Art zu kämpfen hat. Ein wesentlicher Grund dafür liegt in der Tatsache begründet, dass sie – mehr noch als andere soziologische Arbeitsschwerpunkte – von Folgen einer komplexen Subjekt-Objekt-Beziehung belastet ist. Dieser Gesichtspunkt muss hier nicht in aller Ausführlichkeit diskutiert, aber kurz angesprochen werden[2]. Je mehr das erkennende Subjekt mit seinem Erkenntnisgegenstand identisch ist und/oder mit ihm in einem praktisch-konstitutiven Interaktionsverhältnis steht, desto stärker ist auch der Austausch, ist die gegenseitige Beeinflussung. Bei natürlichen Gegebenheiten ist es unerheblich, ob und wie wir uns mit ihnen beschäftigen, sie ändern sich dadurch nicht in ihrer Logik. Soziale Realität wird (in unterschiedlichem Ausmaß) jedoch durch praktisches Handeln hergestellt. Dadurch ist sie nicht qualitativ vom Prozess der Forschung unterschieden, oder umgekehrt: Auch Forschung ist ein bestimmter Typ von Lebenspraxis, der den gleichen Regeln (und Rahmenbedingungen) unterliegt wie das, was sie analysiert. Andererseits kann über diese Gemeinsamkeit hinaus eine praktische Dialektik bestehen: Wenn ich über Begrüßungsrituale rede, rede ich auch über mich; darüber, wie ich Begrüßungen erlebe und verarbeite und damit auch über meine eigenen Ritualisierungen. Sie werden direkt angesprochen und je nachdem, wie und in welcher Form ich meine Beziehung zu meinem Begrüßungsverhalten geklärt habe, reagiere ich auch auf diese Thematisierung – mit Unsicherheit, Abgrenzung usw., was wiederum die Thematisierung direkt und indirekt beeinflusst.

Auch wo eine solche direkte Thematisierung nicht gegeben ist, bleibt das Problem der indirekten Thematisierung: Selbst wenn sich Forschungsgegenstand, subjektive Lebenspraxis und Identität nicht unmittelbar überschneiden, kann ein Thema Relevanz im kognitiven und psychosozialen Horizont des erkennenden Subjekts haben bzw. bekommen. In diesem Fall findet etwas wie ein »indirekter« Austausch statt, der von großem Einfluss auf Thematisierungsstrategie, Themenselektion, Darstellung und Interpretation sein kann. Damit ist nicht bewusste Verfälschung und Einseitigkeit gemeint, sondern die latente Selektion und Formierung, die aus (unbewussten und vorbewussten) psychischen »Investitionen« in die Forschung resultieren kann. Man muss zwar vermuten, dass beispielsweise ein guter Teil der den jeweiligen Parteien genehmen Umfragen direkt auf Bestellung und durch gezielte Manipulation zustande kommen (»Möchten Sie, dass bei uns die Lichter ausgehen oder sind Sie der Ansicht, dass wir Atomkraftwerke brauchen?«). Vermutlich dürfte ein weitaus größerer Anteil von Verzerrungen jedoch mehr über subliminale Beeinflussungen und Steuerungen zustande kommen, quasi durch Übertragungsprozesse, die beim jeweiligen Klientel komplementäre Gegenübertragungsprozesse auslösen, ohne dass dies den Beteiligten bewusst werden muss[3].

So kann Forschung sehr massiv durch sekundäre Sinnzusammenhänge gesteuert werden: Soziale Strukturen stellen her, was dann als Einsicht über Wirklichkeit erscheint. Außerdem gibt es einen subjektiven Sinnkontext von Forschung: Selbst Beschäftigung mit Spinnen kann mit persönlichen Bewältigungsstrategien psychosozialer Konflikte korrespondieren[4]. Aber auch da, wo Erkenntnisgegenstand und -prozess weder direkt noch indirekt vermittelt sind, ist eine sekundäre Verbindung gegeben: Wissenschaftliche Forschung findet in einem sozialen Kontext statt, in dem es um die Verteilung von Karrierechancen, Status, soziale Ressourcen etc. geht. In allen diesen Fällen muss nicht, aber kann die soziale wie subjektive Rahmung sich auf das Thema und den Umgang mit ihm auswirken; etwa, wenn aus Konkurrenzgründen der Blick sich auf Profilierungs- und Abgrenzungsargumente konzentriert oder aufgrund psychischer Beteiligungen bestimmte Themenanteile ausgeblendet werden usw. Schließlich sind subjektive wie soziale Sinnzusammenhänge von Forschung eingebunden in den Kontext der kollektiven (unbewussten bzw. unhintergehbaren) Prämissen von Praxis und Reflexion; d. h. den methodisch wie begrifflich jeder gesellschaftlichen Praxis innerhalb einer bestimmten Kultur vorgegebenen Rahmen. Diese Vermitteltheit von Subjekt und Objekt hat auf der Ebene der praktischen Interaktion sehr handfeste Konsequenzen: Wo Forschung einen Gegenstand behandelt, gerät sie in Kontakt und Austausch mit dessen sozialen Sinnzusammenhang (und mit sich selbst). Sie provoziert eine Realität, die sonst so nicht zustande gekommen wäre: Wer auf bestimmte Weise fragt, bekommt entsprechende Antworten, wer auf bestimmte Weise zuschaut, bekommt etwas zu sehen (bzw. gezeigt). Kurz: Sozialwissenschaftliche Forschung ist in der hier angesprochenen Hinsicht immer auch Intervention in eine bestehende Realität, sie stellt, pointiert gesagt, das her, was sie untersucht. Genauso gilt umgekehrt, dass Forschung auf das antwortet, was ihr geboten wird, auch wenn es den Anschein hat, als wäre Wissenschaft, methodisch hoch gerüstet, gegen Beeinflussungen gefeit.

Mit der Intervention in Bestehendes, allgemein ausgedrückt: Mit der Selektion von bestimmten Möglichkeiten innerhalb eines weiten Horizonts von Alternativen, ist zwangsläufig das Problem der Normativität verbunden. Generell schließt die Thematisierung von Alternativen Entscheidungsprobleme ein, die nicht nur von methodischer Bedeutung sind. Vielmehr werden auch lebenspraktische Alternativen angesprochen und müssen verarbeitet werden. Intervention heißt auch: Aufdecken von latenten Strukturen, Ansprechen von intern nicht Themafähigem, Reflexion von Routinen, im weitesten Sinn (potenziell kritische) Metareflexion. Damit werden jedoch auch Prozesse des Widerstands, der Legitimation, der Übertragung in Gang gesetzt, die ihrerseits auf beiden Seiten zu sekundären Formen der Anpassung führen (können). Die »Ideologie-Problematik« ist daher keine periphere Begleiterscheinung bzw. Kinderkrankheit von sozialwissenschaftlicher Forschung dieses Typs, sondern wesenslogisches Element, mit dem umgegangen werden muss.

Aus diesen Strukturproblemen erklären sich (zum Teil) auch jene »Emanzipationsprobleme«, die die Sozialwissenschaften insgesamt hatten: Sie mussten sich – und müssen sich individuell immer wieder – zunächst gegen Thematisierungsformen durchsetzen, mit denen Alltagsbewusstsein und vorwissenschaftlicher Diskurs arbeiteten; mussten einerseits einen neuen Reflexionstyp entwickeln, ihn andererseits in Beziehung setzen zu dem, was Alltagspraxis immer schon an reflexiven Elementen einschließt. Es ist daher alles andere als Zufall, dass sich moderne »Wissenschaft« zunächst vorrangig als empirisches Paradigma etablierte, also als explizite Abgrenzung gegen jede Form von Spekulation und bloßer vortheoretischer Gewissheit. Obwohl auch (neuzeitliche) Metaphysik am Rande der Wissenschaften überlebt hat, versteht man unter Wissenschaft im common sense ausdrücklich: empirische Forschung. Der »Vorteil«, der damit in Bezug auf die genannten Probleme verbunden ist, liegt vor allem darin, dass durch die Methodologie empirischer Forschung klare Abgrenzungen mit einer völligen Eigenständigkeit der Geltungskriterien verbunden sind. Zugleich ist aus der unendlichen Vielfalt der Ereignisse und den Kosmos des wissenschaftlichen Diskurses ein Filter gesetzt, der nur bestimmte Anteile, und sie nur in bestimmter Form, zulässt. Gleichzeitig ist der praktische Austausch zwischen erkennendem Subjekt und Erkenntnisgegenstand unterbrochen bzw. kontrolliert (vgl. dazu Devereux 1967).

Das positivistische Paradigma hat, so gesehen, auch zur Emanzipation von Restriktionen des Alltagsbewusstseins beigetragen, indem es unmittelbare Abhängigkeiten neutralisiert hat und dadurch der Reflexion die Möglichkeit eröffnete, neben den Modi, die im Alltagsbewusstsein selbst verankert sind, neue Formen zu entwickeln. Diese Möglichkeiten haben in vieler Hinsicht erheblich zur Ausweitung des Wissens beigetragen, die Kosten dafür waren allerdings nicht gering. Denn die Stabilisierung dieser Art von Reflexion ging einher mit einer in vielerlei Hinsicht restriktiven Ausgrenzung wichtiger Anteile von Reflexionsprozessen. So wurden Realitätsanteile, die sich nicht ohne weiteres der Übersetzung ins dominante Paradigma fügten, die quasi im Filter hängen blieben, häufig als »unwissenschaftlich« abqualifiziert, was die Reichweite der Reflexion einschränkte und ihre Ergebnisse verkürzte. Vor allem wurde auch der angesprochene Austausch mit dem Forschungsgegenstand zu einem Nicht-Thema, bzw. soweit es angesprochen wurde, zu einem zu unterdrückenden Vorgang. Praktisch hieß das, dass alles, was auch nur in Verdacht geraten konnte, subjektiv zu sein, ausgeblendet und unterdrückt (statt aufgegriffen und aufgearbeitet) wurde. Auch dies führte zur Verarmung und Verzerrung, vor allem, wo Themen subjektnahe Anteile hatten.

Erst in neuerer Zeit haben sich hier Gegenbewegungen gebildet, die teils aus überlebenden »Oppositionsbewegungen« zum herrschenden Paradigma, teils aus der Einsicht in dessen Grenzen, teils aber auch aus der »Wiederkehr des Verdrängten« (d. h. auch: von außerhalb der Wissenschaft) stammen. Die Hinwendung zu qualitativen Methoden, die Versuche, Alltagsrealität als solche zu erforschen, die Berücksichtigung von Themen, die lange Zeit unterbelichtet waren – dies alles sind Indikatoren für eine zunehmende Sensibilität für die Kosten eines rigiden Empirismus (dem die neueren Versuche jedoch ein Fundament verdanken, auf dem sich »spekulatives« Wissen über das Alltagsbewusstsein hinaus entfalten kann) [5].

2.2. Entwicklung der Familiensoziologie

Was bisher allgemein gesagt wurde, gilt für die Soziologie der Familie in ganz besonderer Weise. Sie gehört zu den Forschungsbereichen, die intensiv mit den Folgeproblemen der Subjekt-Objekt-Dialektik zu kämpfen hatte (bzw. hat). Das zeigt ein Blick auf ihre Entwicklung.

Dass die Beschäftigung mit der Familie älter ist als die Familiensoziologie, liegt auf der Hand: Alle Sinnzusammenhänge werden über handlungskonstituierende Regeln mit Gültigkeitsanspruch und praktischer Steuerungsfunktion vermittelt und integriert. Dabei hängt es vom Entwicklungs- und Differenzierungsgrad der sozialen Funktionen, die thematisiert werden, ab, auf welchem Niveau sich die darin gesammelten Wissens- und Interpretationsbestände angesiedelt haben. Lange vor jeder wissenschaftlichen Beschäftigung mit Familie existierten daher sowohl in Form von Alltagsbewusstsein als auch in literarischer Form Familienwissen. Christensen (1964) nennt dies »Familienfolklore«, die in Sprichwörtern (»Aus den Augen, aus dem Sinn«, »Liebe macht blind« usw.) und »old wives tales« gesammelt und weitergereicht wird. Aus wissenschaftlicher Sicht ist damit wenig anzufangen: »Each society had its family folklore, to be sure, but these guidelines by and large were in the form of traditional beliefs, religious pronouncements, moralistic exhortations, poetic fantasies, and philosophical speculations (...) which were untested and often contradictory« (a. a. O., S. 6). Für (positivistische) Wissenschaftszwecke ist dieses Wissen daher wertlos. Gerade dies ist jedoch der Schlüssel zur Funktion solcher traditionellen Bestände an Alltagswissen: Sie sind nicht methodisch und nach formallogischer Rationalität konstruiert, sondern dienen der Aufrechterhaltung von Sinnstrukturen, was nicht zuletzt die Einordnung in ein widerspruchsresistentes Netz von Interpretationen einschließt. Denn: Familienrealität war schon immer heterogen und widersprüchlich und musste daher Widersprüchlichkeit absorbieren (nicht beseitigen).

Ein erster Schritt in Richtung auf Soziologie war die literarische Beschäftigung mit der Familie, die zunächst noch ganz unter dem Vorzeichen der praktischen Aufrechterhaltung und Kontrolle geschah. Schwägler (1970) nennt vor allem genealogische Arbeiten und die »theologisch-patriarchalischen Hauslehren«, wie sie in Form der »Hausväterliteratur« sowie von »Predigten über den christlichen Hausstand« vorliegen. Für alle diese Thematisierungen ist typisch, dass sie von einem bestimmten Familienmodell ausgingen und strikt auf dessen Realisierung ausgerichtet waren. In der genealogischen Literatur ging es um den Nachweis von Anrechten, sie »richtet sich ... weniger auf die Familie selbst als vielmehr auf die verwandtschaftlichen Verflechtungen und beschränkte sich bei der Aufstellung von Stamm- und Ahnentafeln auf die Sammlung von personen- und familiengeschichtlichen Daten« (Schwägler 1970, S. 12).

Genealogien beziehen sich naturgemäß nur auf adlige Familien, die in einem imponierenden Stammbaum zusätzliche Machtmittel sowie Möglichkeiten der Selbstidentifikation und Außendarstellung suchten – was auch ein Indikator für ein bestimmtes (klassenspezifisches) Familienverständnis ist.

Dagegen wandte sich die »Hausväterliteratur« an bäuerliche und bürgerliche Familien – genauer: an deren »Oberhaupt«.

> »und stellt Anweisungen für die Führung eines naturalwirtschaftlich gedachten Haushaltes auf. Die durch jene Eigentumsstruktur bestimmte Familienform wird als eine soziale und wirtschaftliche Einheit gekennzeichnet, die alle Funktionen ausübt, die heute Betrieb, Schulen, Kirchen, Krankenhäuser, Spielplätze, Fürsorge- und Versicherungseinrichtungen, Erholungs- und Vergnügungsstätten übernehmen« (a. a. O., S. 14).

Dabei wird eine gradlinige Familienideologie vertreten, die in Reinkultur auch in den einschlägigen Predigten verbreitet wird:

> »Die beiden Hauslehren wenden sich an die patriarchalische Familie, die sie theologisch begründen und bejahen. Sie beschäftigen sich mit der inneren Struktur des Hauses, der Rollenverteilung der einzelnen Familienmitglieder und stellen Verhaltensmuster für die Beziehung von Ehemann und -frau, Eltern und Kinder, Hausherr und Gesinde auf (...). Neben der strengen Arbeitsteilung werden vor allem die patriarchalische Autorität des Hausvaters, seine Aufgaben, Rechte und Pflichten herausgestellt; er allein ist verantwortlich für die ›gute Ordnung‹ des Hauses. Nach dieser theologischen

Betrachtung des Hauses (...) ist der Hausvater (...) ›Haus-Bischof‹ (...). Die

patriarchalische Familie wird deshalb durch Gott selbst bestätigt und beschützt. Auch durch die Art der Gattenwahl soll die Autorität des Mannes gestärkt werden. Tunlichst vermeide der Mann (...) (eine) Heirat innerhalb der eigenen Altersgruppe, denn auf Grund seiner Lebenserfahrungen soll die natürliche Autorität des älteren Hausvaters gegenüber seiner Ehefrau gestärkt werden. Da die Frau von Affekten beherrscht und nicht als autonome Persönlichkeit angesehen wird, bedarf sie einer dauernden Lenkung des Mannes« (a. a. O., S. 15f.).

Und so weiter: Neben der patriarchalischen Philosophie werden genaue Ausführungen und nötige flankierende Maßnahmen genannt: Ebenbürtigkeit der Heirat, Relevanz der Arbeitskraft der Ehefrau, Mitgift usw.

Die patriarchalische Hausväterliteratur spiegelt einen Typus von Primärgruppe, der von seinem Lebensstil her vorrangig traditionell war[6]. Traditionell heißt dabei: herkömmliche Positionen und Interaktionsmuster, herkömmliche landwirtschaftliche bzw. handwerkliche Produktionsformen und Produktionsverhältnisse. Traditionen begründen sich hauptsächlich durch sich selbst und durch apodiktische Prämissen; sie setzen positive Normen ohne Reflexion und haben von daher eine auch formale Affinität zu fixierten Verhältnissen. Es ist daher nicht verwunderlich, dass mit dem Aufkommen der bürgerlichen Lebensweise sowohl neue Medien der Reflexion als auch neue inhaltliche Positionen entwickelt werden mussten und wurden. Dabei unterscheidet sich die Position der sogenannten *Moralischen Wochenschriften*[7] ;nicht so sehr in Bezug auf die Machtstruktur selbst, als vielmehr in der normativen Ausrichtung von ihren Vorgängern. Gegen die traditionalistische Auffassung von Familienleben wird jedoch ein neues Prinzip gestellt: »die Neugestaltung des Lebens auf Grund vernünftiger Einsichten« (Schwägler 1980, S. 17). Auch wenn eine theologische Letztbegründung von Ehe und Familie weiterhin als Argumentationshorizont erhalten bleibt, verschiebt sich mit dieser rationalistisch-pädagogischen Wende der Schwerpunkt der normativen Ausrichtung – an die Stelle eines »ordentlichen Hauses« tritt die

»Zielsetzung irdischen Glücks und der Harmonie der Ehepartner (...). Dieses neue Leitbild der romantischen Liebe ermutigt zum Streben nach persönlicher Freiheit und zu einer eher gleichberechtigten und unabhängigen Stellung der Frau (...). (Auch) im Verhältnis von Eltern und Kindern (klingt) eine Lockerung des strengen Autoritätsideals zugunsten eines freundschaftlicheren Verhältnisses (an)« (a. a. O., S. 17).

Traditionelles Familienwissen enthielt demnach vor allem lebenspraktisch relevante Verhaltensregeln und -interpretationen, die auf bestimmte soziale Situationen zugeschnitten waren. Wissensbestände dieser Art
sind auch heute noch (in begrenztem Umfang und mit relativer Gültigkeit) vorhanden und wirksam. Die neuen Thematisierungsformen, um die
es in diesem Text geht, sind jedoch in Form und Inhalt sehr viel mehr von
den sozialwissenschaftlichen Aktivitäten auf diesem Gebiet geprägt: Sie
enthalten sehr viel mehr »objektives« Wissen und, komplementär dazu
sehr viel mehr kritische Selbstreflexion. Wie ist es zu diesem tiefgreifenden Wandel gekommen? Die Antwort ist nicht leicht; sie muss sowohl
strukturelle Veränderungen des Problemfeldes selbst als auch der Art und
Weise, wie reflexiv darauf reagiert wird, berücksichtigen. Beides hängt
eng zusammen und entwickelt sich in wechselseitiger Abhängigkeit und
Stimulierung. Ausgangspunkt war dabei, ganz allgemein gesprochen, die
»Professionalisierung« bestimmter Elemente familiärer Interaktion im
Zusammenhang mit der allgemeinen Zunahme der »Rationalisierung«
von Lebenspraxis, wie sie Max Weber als entscheidendes Merkmal der
mitteleuropäischen Geschichte feststellte (vgl. Weber 1973).

Beide Veränderungen sind zunächst allerdings sehr relativ zu verstehen. Mit der Trennung von theologischen und normativen Vorgaben ist
sowohl vom Problemstand als auch von der Entwicklung der Reflexion
her jedoch ein wesentlicher Schritt in Richtung auf Familiensoziologie
erfolgt. Es ist im Grund nur noch eine Frage der Übersetzung der damit
verbundenen Thematisierungsstrategien in eine stärker abstrahierende
Betrachtungsweise, die den Übergang von der praktisch-kontemplativen
Beschäftigung zur systematisch-analytischen einleitet. Diese Entwicklung vollzieht sich im 19. Jahrhundert – als Antwort auf mittlerweile
durchgreifenden Veränderungen der Familie selbst (s. u.). Dabei bleiben
die frühen – vor allem die konservativen – Stammväter der Familiensoziologie ideologisch der patriarchalischen Position verbunden. Dies gilt
sowohl für Wilhelm Heinrich Riehl (1855) als auch für Le Play, dessen
Arbeit über *Les ouvriers européens* (1856) frühere Ansätze zu einer statistischen Haushaltsstudie fortsetzt und auf ein modernes Niveau sozial-
empirischer Analysen hebt (vgl. Schwägler 1970; König 1972; Weber-
Kellermann 1974). Riehl – der ausgesprochen »moderne« qualitative
Methoden verwendet[8] – leidet vor allem darunter, dass er bei seinen

Wanderungen durch Deutschland überall feststellen muss, dass das »Ganze Haus«, das er als traditionelle und einzig wahre Form der Primärgruppe ansah, weitgehend von einem Trend zur »Familie« verdrängt wird. Nicht ganz so extrem argumentiert Le Play: Er unterteilt die von ihm untersuchten Familien in eine »famille paternelle« (die patriarchalische Großfamilie), die »famille instabile« (das ist das Resultat von Industrialisierung und Individualisierung) und eine »famille souche«, eine zwischen beiden Extremen stehende ideale »Stammfamilie«. Auch ihm geht es um Sozialreform, aber nicht (wie Riehl) um eine völlige Rückkehr zum Althergebrachten, sondern um die praktische Entwicklung von bereits Bestehendem.

Die enge Bindung von normativen Vorgaben und der Untersuchung von Familienrealität hat ihre Ursachen (außer durch methodische Unterentwicklung) nicht zuletzt auch in den oben angesprochenen strukturellen Problemen. Denn durch die fixierten Rahmenbedingungen der Argumentation wird ein Großteil der Interaktion zwischen Subjekt und Gegenstand weggefiltert oder neutralisiert. Es wird sehr viel einfacher, in einem komplexen empirischen und normativen Feld zu argumentieren. Im Schutz dieser »Absicherung« entsteht in den folgenden Jahrzehnten zunächst das, was Christensen (1964) die Phase der »emerging science« nennt. In diesem Übergang zur Wissenschaft vollzieht sich zugleich ein Wechsel in der Bewältigungsstrategie: An Stelle der Normativität als Prämisse bzw. Leitlinie der Argumentation tritt die (positivistische) Norm der Nicht-Normativität. Im Kontext des sich ausdifferenzierenden empirischen Wissenschaftsverständnisses werden explizite Zielvorstellungen als Bezugspunkt ausgeblendet. Statt dessen gelten nun methodische Kriterien – und externe Zweck-Mittel-Vorgaben[9]. Komarovsky und Waller (1945) konstatierten in einer Sekundäranalyse einen starken Trend von vagen und großflächigen, wenig empirisch ausgewiesenen Spekulationen auf der Basis von Erzählungen, Gerüchten, Vermutungen hin zu soliden, statistisch verlässlichen Arbeiten; zugleich einen Übergang von wenig konkreten und großflächigen Ansätzen zu engeren, präzise definierten und problembezogenen Fragestellungen: Was passiert in Scheidungsfamilien? Wie wirkt sich eine »Frühehe« aus?

Christensen nennt diese Entwicklung in Anlehnung an Comte den Übergang von der theologischen und metaphysischen zur wissenschaftlichen Phase der Familiensoziologie. Sie ist keine »alteuropäische«, sondern eine US-amerikanische Entwicklung. Die Gründe dafür sind vielschichtig[10]. Festzuhalten ist, dass der Distanzierungseffekt, der mit dem empirisch-positivistischen Vorgehen verbunden ist, nicht zuletzt deshalb eine neue Qualität der Forschung ermöglicht, weil er paradoxerweise sehr viel mehr Nähe erlaubt: Problemzonen, die im Sinne des Alltagsbewusstseins (welches stark von der empirischen Familienrealität selbst gesteuert wird) heikel sind, können nunmehr beruhigt – streng wissenschaftlich – bearbeitet werden; ein unter Umständen bedrohlicher Austausch zwischen Subjekt und Gegenstand wird aufgefangen. »Ehebruch« als Gegenstand empirischer Forschung ist etwas anderes als das, was man damit praktisch erlebt und lässt sich ein Stück weit durch diese Umdefinition davon trennen[11]. Christensen spricht die Schwierigkeiten dieser Entwicklung (allerdings unter einem etwas anderen Aspekt) an. Er fragt, warum es so lange gedauert habe, bis die Familienforschung wissenschaftliches Niveau (d. h. »reliance upon empirical data and objectivity of the study methods«) erreicht habe und stellt fest:

> »The essential reason is that social science deals with people, who have feelings and vested interests. Since the social scientist is closer to his data, it is more difficult for him to remain objective. And the family scholar has been heavily subjected to pressures and taboos which have retarded the development of his discipline« (1964, S. 11f.).

Schon Komarovsky und Waller (1945) hatten hervorgehoben, dass die Beschäftigung mit der Familie von allerhand inner- und außeruniversitären Unterstellungen und Befürchtungen belastet sei (a. a. O., S. 449f.). Auch Hill (1958) weist darauf hin, dass bestimmte Themen »vulnerable to censorship and negative sanctions« (a. a. O., S. 5) seien. Man ist sich jedoch einig, dass die Familiensoziologie auf dem Weg zu einer gesicherten, anerkannten Wissenschaft sei. Der Grund: Die Öffentlichkeit, vor allem aber die Familie selbst, haben ihren Widerstand gegen die Invasion der Wissenschaftler in die Privatsphäre aufgegeben, so dass nunmehr ohne Probleme auch intime Details empirisch erhoben und theoretisch verarbeitet werden können.

Christensen sieht dabei vor allem in der Wechselwirkung zwischen gestiegenem öffentlichem Interesse an wissenschaftlichen Erkenntnissen, Bereitschaft zur Mitarbeit und Qualität der dadurch möglichen Forschung das Medium des Fortschritts (»both greater willingness to be researched and greater demand for the products of research, which in turn gives additional stimulus to the research efforts« a. a. O., S. 13). In der Tat kann man den Aufschwung der empirischen Familienforschung als Element einer zunehmenden »Öffnung« der Familie nach außen bzw. als eine »Refeudalisierung« der Privatsphäre (Habermas) sehen. Die Innenwelt der Familie wird zunehmend »themafähig«: Der öffentliche Diskurs bestimmt stärker, was an Familienwirklichkeit relevanter Untersuchungsgegenstand ist, wobei ein verstärkter Austausch mit der Umwelt wie auch ein höheres Maß an Problemdruck/Problemverständnis die Voraussetzung bildet. Damit bekommt auch die Wissenschaft eine generelle Prokura, zu thematisieren, was ihr (aus welchen Grund auch immer) zum Thema wird. Was jedoch ausgeklammert wird, sind Vorurteile, Wünsche und Ängste der Wissenschaft und der Wissenschaftler selbst; was (nicht zuletzt deswegen) unerkannt bleibt sind die »Kosten« dieses Erfolgs. Denn der Siegeszug der empirischen Forschung hat zugleich dazu geführt, dass – in der »mainstream science« – wesentliche Dimensionen familialer Realität ausgeblendet wurden: Alles, was nicht empirisch greifbar war, verfiel ebenso dem Verdikt wie die Anteile, die durch Übersetzung in Daten um ihre nur hermeneutisch erschließbaren Anteile verkürzt wurden. Jede subjektive Beziehung zum Thema wurde exkommuniziert. Auf diese Weise entstand (neben einem respektablen Quantum an gezählten und zählbaren Erkenntnissen) ein erhebliches Defizit an Sinnstruktur, welches sich nicht zuletzt in häufig banalen und/oder langweiligen Einzelstudien (die durch Akkumulation nicht ergiebiger wurden) äußerte.

In seinen Anweisungen für die Abfassung von Manuskripten schrieb das *Journal of Marriage and the Family*: »Please do not send narratives of personal experiences, short stories, and poetry« – es steht zu vermuten, dass zwischen unproduktiver Datenhuberei und dieser Ausgrenzung ein inhaltlicher Zusammenhang besteht[12].

Ohne die vielen empirisch-positivistisch angelegten Arbeiten pauschal abqualifizieren zu wollen – ich beziehe mich im Folgenden häufig auf Veröffentlichungen dieses renommierten Journals –: Nur allzu oft findet man z. B. im *Journal of Marriage and the Family* mit großem methodischem Aufwand produzierte Texte, deren Gehalt müßig ist. So stellt White (1983) auf der Basis einer nationalen Repräsentativstudie fest, »that heavy work involvement of husband as well wifes, numbers of children, and a traditional division of labor all reduce the proportion of time couples spend together in joint activity« (a. a. O., S. 511).

Damit ist belegt, was wohl kaum jemand bezweifelt hat. Ein weiterer wichtiger Befund: Der positive Effekt von Interaktionshäufigkeit für die Zufriedenheit mit der Ehe ist eher gering (a. a. O.). Die Bedeutung der Aussage liegt vor allem darin, dass sie frühere Untersuchungen, die diese Beziehung unterstellt hatten, widerlegt. Böse gesagt, ihre Relevanz ergibt sich wesentlich aus der Beziehung zu vorherigen Arbeiten, die ihrerseits ein methodisch generiertes Konstrukt hervorgebracht hatten. Denn es ist schlicht Unsinn, Interaktionsfrequenz und Zufriedenheit unvermittelt in Verbindung zu bringen. Die Komplexität des Verhältnisses von Quantität und Qualität der Interaktion lässt lineare Aussagen gar nicht zu. Jedes Untersuchungsergebnis kann daher nur auf Kosten des Ganzen eindeutig sein – und ist daher zwangsläufig kontingent.

Es wäre jedoch falsch, der unergiebigen quantifizierenden Empirie schlicht die Evidenz des Alltagsbewusstseins gegenüberzustellen, welches auf vielfache Weise nahe legt, Interaktionshäufigkeit und Zufriedenheit nicht unmittelbar gleichzusetzen (und daher auch keine aufwendigen Widerlegungen notwendig werden lässt). Und dass man sich auch ohne Repräsentativstudie denken kann, dass starkes Arbeitsengagement und Familienleben nicht ohne weiteres zusammenpassen, ist noch kein Argument gegen einen statistisch abgesicherten Nachweis dieser Beziehung. Bedenklich ist jedoch, dass die Gelegenheit nicht genutzt wird, die Fragestellungen in ihrem ganzen Umfang anzugehen. Die Qualität von Interaktion entzieht sich der unmittelbaren Messung, erst recht sind latente Sinnzusammenhänge von Interaktion so nicht (direkt) erfassbar. Hier wäre es nötig, die Betroffenen, die Wirklichkeit selbst zu Wort kommen zu lassen. Dies ist jedoch im positivistischen Paradigma nicht vorgesehen. Weder der Autor (die Autorin) noch die Versuchspersonen sind in dieser Hinsicht »Subjekte«; es kommt daher zur Konstruktion einer eigenen statistischen Realität (die dann reichlich Anlass zu in sich kreisenden, selbstgenügsamen Auseinandersetzungen bietet).

Es würde zu weit führen, die vielschichtigen Probleme der Familienforschung hier in extenso zu diskutieren. Festzuhalten bleibt, dass die familiensoziologische Forschung in ihrer Beziehung zum Gegenstand problemgeladen ist, dass ihre Entwicklung als Wechsel der Strategie der Bewältigung dieser Probleme im Kontext der Entwicklung der Familie selbst gesehen werden kann und muss und dass in bestimmter Hinsicht produktive Ansätze in anderer Hinsicht versagen oder verzerren. Ein alleinseligmachendes Paradigma gibt es (noch?) nicht. Das bedeutet nicht, dass es keine objektive Familienforschung geben kann, aber es lehrt, sowohl die eigene Position als auch die angebotenen Ergebnisse kritisch zu befragen, weder methodische noch inhaltliche Ge- und Verbote ohne weiteres zu akzeptieren und sich (ebenso kritisch) aller erreichbaren Ansätze zu bedienen. Allerdings ist die Familiensoziologie weder empirisch noch theoretisch ein monolithischer Block. Gründliche und vorsichtige Arbeiten auf der Basis der herrschenden Paradigmen als auch Ansätze, die von Außenseitern oder gar von Zunftfremden kamen, haben immer wieder die Grenzen der dominanten Forschung überschritten als auch alternativ und weiterführende Sichtweisen entwickelt. Dass es Forscher gibt, die sich auf diese Weise weit über das Übliche hinauslehnen können, ist auch ein Ausdruck der Stabilität und Tragkraft des herrschenden Paradigmas – auch wenn es zugleich solche Aktivitäten direkt wie indirekt behindert. Insofern darf manches, was an Kritik geäußert wird, nicht für bare Münze genommen werden. Was als Streit und Zank erscheint, ist oft das Medium von (vorsichtiger) Weiterentwicklung.

Die Komplikationen familiensoziologischer Forschung haben allerdings den Effekt, dass man, gerade wenn man sich mit einem Thema beschäftigt, welches nur schwer im Sinne empirischer Forschung isoliert und »objektiviert« werden kann, vor dem Problem steht, eine Vielzahl von (heterogenen) empirischen Befunden und Konzeptualisierungsbemühungen innerhalb der Wissenschaft vorzufinden, aber zugleich auch einen Diskurs, der viel zu häufig von seinen internen Zwängen (und nicht von der Thematik her) geprägt ist. So etwa die breit gefächerte Diskussion um die Frage: Ist der Übergang zur Elternschaft eine Krise oder nicht? Oder: Hat es eine Entwicklung von der Groß- zur Kleinfamilie gegeben oder nicht? Im Kontext der schwierigen Balanceproblematik bekommen solche und ähnliche Fragen häufig den Charakter einer Grundsatzfrage, auf deren Klärung (unnötig) viel Zeit und Papier verwendet wird – oder vielleicht gar die Funktion einer Beschäftigungstherapie angesichts großer Schwierigkeiten, mit den gegebenen Mitteln dem Thema tatsächlich näher zu kommen. Es ist daher kein Zufall, dass manches Wissen über Familie außerhalb des wissenschaftlichen Diskurses besser verfügbar ist und dort gesucht werden muss. Hubbard (1983) bescheinigt Romanen, Gedichten, Theaterstücken, dass sie »sehr häufig die Problematik des Familienlebens eindringlich behandeln« (a. a. O., S. 179) – und verzichtet darauf, sie zu dokumentieren und zu diskutieren. Erst recht werden subjektive Erfahrungen nach wie vor außerhalb der Wissenschaft diskutiert. Diese Trennung ist mehr als problematisch, verhindert sie doch, dass die dort thematisierten Realitätsanteile in die wissenschaftliche Analyse eingehen. Vielleicht ist dies jedoch zum gegenwärtigen Zeitpunkt auch ein Vorteil: Erfahrungen stehen zur Verfügung, ohne wissenschaftlichen Ansprüchen genügen zu müssen, die Wissenschaften werden ihrerseits von (gegenwärtig kaum zu lösenden) Legitimationsproblemen entlastet – nur der »Endverbraucher« steht vor den Problem, ausgesprochen heterogene Zugänge integrieren zu müssen.

Zu den Ansätzen, aus denen die Familiensoziologie (jenseits der sich dynamisch entwickelnden empirischen Forschung) wichtige Anregung erfahren hat, gehören vor allem die folgenden:

– Die neuere sozialgeschichtliche Forschung hat sich ausdrücklich soziologischen Fragestellungen zugewendet (also den Horizont »klassischer« historischer Fragestellungen erweitert) und auf diese Weise wichtige Grundlagen für die Erweiterung bzw. Umformulierung familiensoziologischer Betrachtungsweisen beigetragen (vgl. Rosenbaum 1982, Hubbard 1983).

– Für die Fokussierung der Beziehungsrealität von Familien hat sich der »interaktionistische« Ansatz als hilfreich erwiesen, der durch seine Betonung der praktischen Herstellung von Realität die situativen Formen der Konstitutionen und des Aushandelns von Realität »Gegebenes« als Prozess sichtbar werden lässt (vgl. Stryker 1964).

– Auch die familientherapeutische Forschung hat die Perspektiven erweitert, indem sie sich einerseits pathologische Interaktionszusammenhänge und das dabei wirksame Zusammenspiel spezifischer Identitätstypen zugänglich machte, andererseits dabei im weitesten Sinn (latente wie manifeste) Dynamik familiärer Interaktionen zu interpretieren half (vgl. Richter 1969, Skynner 1978).

– Generell hat sich mittlerweile die Betrachtungsweise der Familie von einer statisch-institutionellen zu einer dialektisch-systemorientierten Betrachtungsweise entwickelt: Man sieht Primärgruppen stärker im Austausch mit ihrer Umwelt und als permanenten Prozess (vgl. Neidhardt 1975, Hubbard 1983).

Von großer Bedeutung war die damit verbundene Umorientierung bezüglich der Zeitstruktur von Familien. Während klassische Forschung Familien als zu einem bestimmten Zeitpunkt gegeben (und sich nur unwesentlich verändernd) betrachtete – was häufig den Blick auf externe wie interne Veränderungen einschränkte –, sieht man heute Familie stärker unter dem Aspekt der Entwicklung, als »family life cycle« (vgl. Hill/Rodgers 1964).

Schließlich ist in diesem Zusammenhang die Entstehung der »Psycho-Historie« zu nennen. Sie ist vor allem mit den Namen Ariès und de Mause verknüpft, deren Leistung darin besteht, die strukturellen Veränderungen in den psychosozialen Dimensionen des praktischen Zusammenlebens zugänglich gemacht zu haben (vgl. auch Shorter 1977).

Alle diese Ansätze haben den Blick auf die Familie geschärft und differenziert. Sie sind entstanden aus der Kritik an Beschränkungen der herkömmlichen Sichtweisen, aber auch aus praktischem Problemdruck: als Reaktion auf die Veränderung der Familienwirklichkeit selbst und der Verschiebung bzw. Ausweitung ihres Konfliktpotenzials. In diesem Zusammenhang ist noch eine weitere Entwicklung bedeutsam, die zur Familiensoziologie ein eher distanziertes Verhältnis hat, aber dennoch im Austausch mit ihr steht. Gemeint ist die Entstehung von »anti-familialistischen«, »emanzipatorischen«, »feministischen« Diskussionen. Sie sind häufig ziemlich ideologisch aufgeladen, sind gelegentlich nur expressive »Betroffenheits-Literatur«. Aber es besteht kein Zweifel, dass sie Themen der Familienwirklichkeit angesprochen haben, die von der institutionalisierten Familiensoziologie, sowohl der klassischen als auch der neueren, (nicht zufällig) vergessen, vernachlässigt, ausgeklammert wurden. Die Vertreter der entsprechenden Positionen sagen: absichtlich unterdrückt. Denn ihre Gemeinsamkeit liegt nicht zuletzt darin, dass sie – aus verschiedenen Positionen – vor allem den Herrschaftscharakter auch der gegenwärtigen Familie hervorheben. Gegen die These von der »Partnerschaftsfamilie« setzen sie die nach wie vor existierende Ungleichheit sowohl zwischen Mann und Frau als auch zwischen Eltern und Kindern (vgl. z. B. Beck-Gernsheim 1980). Diese Arbeiten werfen ein grelles Schlaglicht auf eine häufig allzu pazifizierte harmonisierende Diskussion. Sie sind weit mehr als nur ein »Feuilleton«.

Alles in allem hat sich durch diese Entwicklung das Reflexionsniveau der Familienforschung erheblich erhöht. Krass ideologische Positionen werden kaum noch bezogen; man ist sich in Grundzügen einig und dies verhindert, dass subjektive wie objektive Verzerrungen dominant werden können. Dies bedeutet jedoch nicht, dass die Problematik damit gelöst wäre. Wo es um politische Einschätzungen geht (und damit verbunden: um die Gewichtung und Interpretation von Realität), aber auch, wo es um unterschiedliche »Paradigmen« geht, bleiben Kontroversen stehen, flackern hin und wieder heftig auf. Was bleibt, ist auch die indirekte Sektion durch Themen- und Thematisierungswahl, sind die Vorgaben, die durch theoretische und empirische Methoden gemacht werden (und die selbstverständlich ebenfalls Vehikel von undurchschauten Reflexionsbeschränkungen und Selektionen sein können). Diese Risiken der Familienforschung sind jedoch nur indirekt kontrollierbar , aber nicht zu »lösen«.

Spätestens an dieser Stelle sollte sich ein Autor, der solche Feststellungen trifft, auch über seine eigene Position äußern, damit dem Leser die Möglichkeit geben ist, die Selbsteinschätzung in Bezug auf die genannten Themen kennen zu lernen. Ich habe mich, wie unschwer zu erkennen sein wird, nicht ganz zufällig, sondern aus gegebenem Anlass mit der Thematik beschäftigt. Der »Anlass« hat mich sehr viel stärker als ich je vermutet hätte aus den Routinen meiner Lebensorganisation herausgesprengt und mir bis dahin ungekannter Beziehungsqualität und Handlungserfahrung gebracht. Es war mir klar, dass ein Kind für mich ein wichtiges Thema sein würde, auf das ich mich (auch, weil mein Beruf mir diese Möglichkeit bietet) intensiv einlassen würde; das Ausmaß des (psychosozialen) Sogs, der mich in meine Rolle als aktiver Vater hineingezogen hat, war mir jedoch nicht klar (und hat mich zeitweise in tiefe Ambivalenzen gestürzt). Meine Vorstellungen waren anfangs blass bis naiv, entwickelten sich dann deutlicher (um vorzugreifen) in Richtung auf eine spezifische Mischung aus »modernen« und »avantgardistischen« Lebensstil-Elementen mit »traditionalistischen« Einsprengseln. Die

Schwierigkeiten und der Aufwand, die damit verbunden waren, eine solche Position zu erarbeiten und zu stabilisieren, haben die Auseinandersetzung mit dem Thema gefördert und geprägt. Zugenommen hat dabei nicht nur mein Verständnis der Bedeutung und der Komplexität von Eltern-Kind-Beziehungen, sondern auch mein Respekt für die Leistungen von Eltern und Kindern – und mein Erschrecken über die Möglichkeiten des Scheiterns.

Anmerkungen

1 Vgl. dazu die diversen Polemiken bei Schwägler (1970), Schmidt-Relenberg et al. (1976), Rosenbaum (1982) u. a.

2 Diese Problematik ist vielfach variiert worden; die Art der Thematisierung hängt auch vom jeweiligen Paradigma ab. Prominente Kontroversen (wie etwa der »Werturteilsstreit« und die »Positivismusdebatte«) gingen weniger um die Tatsache selbst als um den Umgang mit ihr (vgl. z. B. Adorno et al. 1969).

3 Vgl. dazu ausführlich Devereux (1967) und (zur Sozialpsychologie der Forschung) Mertens (1975).

4 Wem dies zu überdreht erscheint, sollte einen Blick in die Abgründe von Sekundärmotivationen werfen, wie sie von Devereux (1967) geschildert werden.

5 Selbstverständlich unterliegen auch diese Ansätze den Verzerrungen, die sich aus Abgrenzungszwängen ergeben, nehmen am Kampf um Ressourcen teil usw. Sie sind daher nicht eine »bessere« Alternative, sondern entwickeln einen anderen Fokus (mit Vor- und Nachteilen). Sie stellen insgesamt eine Reaktion auf gesellschaftliche Veränderungen dar: Die »Lockerung« von Interaktionsstrukturen, das Eigengewicht der Lebenswelt gegen Systemimperative (um die Unterscheidung von Habermas aufzugreifen) verlangen und ermöglichen andere Formen der Reflexion.

6 Eine ausführliche Beschreibung des sozioökonomischen Musters findet sich bei Brunner (1963). Näheres zur »Hausväter-Literatur« bei Hoffmann (1954).

7 Die *Moralischen Wochenschriften* sind in verschiedener Hinsicht bemerkenswert. Sie stellen nicht nur die zunehmende Autonomie der

bürgerlichen Reflexion dar (und nutzen dabei den erreichten Stand der Kommunikation, d. h. vor allem: den Fortschritt der Drucktechnik und der Distribution), sie zeigen auch den dialogischen Charakter der Reflexion. Außerdem fällt immer wieder auf, wie bei aller »Rationalität« und »Triebeinschränkung« ein erheblicher »romantischer Überschuss« dafür sorgt, dass die Themen nicht völlig steril und repressiv behandelt werden.

8 Auch das Beispiel Riehl zeigt, dass methodische Innovationen aus Problemdruck entstehen (und nicht unbedingt) aus der korrekten Anwendung und Weiterentwicklung des herrschenden Paradigmas). Dass hier »qualitative Methoden« aus konservativen Ängsten hervorgehen, will jedoch nicht so recht ins gewohnte Denkschema passen.

9 So gesehen blieb die Normativität der Forschung in veränderter Gestalt erhalten. Es ging nun jedoch nicht mehr um die Stabilisierung von Ideologien, sondern um die Beantwortung konkreter Fragen, die sich im Rahmen von politischen Zielen stellten (und zu deren Erreichung »objektives« Wissen funktionaler war als eine wie auch immer begründete Ideologie). Das Problem der Normativität wurde dadurch aus dem Wissenschaftsprozess ausgelagert – und konnte von da aus eine ebenso wirksame, aber viel unauffälligere Wirkung erzielen.

10 Die Besonderheiten der US-amerikanischen Soziologie müssen hier undiskutiert bleiben. Vgl. Hinkle/Hinkle (1960) und Dahrendorf (1968).

11 Was nicht heißt, dass die Brisanz des Alltagskonflikts damit aus der Welt wäre. Die Schwierigkeiten, die die Forschung in Konfliktzonen dieser Art für alle Beteiligten mit sich bringt, zeigt immer wieder, dass sie virulent bleiben (und nur auf Kosten der Erkenntnis ausgeklammert werden können).

12 Der Fairness halber muss ergänzt werden, dass dieser Passus seit Beginn der 80er Jahre gestrichen wurde. Dafür hat sich allerdings die Gebühr, die von Autoren für die Veröffentlichung verlangt wird, um die Hälfte erhöht.

3. Begriff und Entwicklung der Familie

3.1. Die Familie als Primärgruppe

Der Begriff »Primärgruppe« stammt noch aus der Pionierzeit der Soziologie. Er wurde zuerst von C. H. Cooley verwendet:

> »By primary groups I mean those characterized by intimate face-to-face association and cooperation. They are primary in several senses, but chiefly in that they are fundamental in forming the social nature and ideals of the individual. The result of intimate association, psychologically, is a certain fusion of individualities in a common whole, so that one's very self, for many purposes at least, is the common life an purpose of the group. Perhaps the simplest way of describing this wholeness is by saying that it is a ›we‹; it involves the soft of sympathy and mutual identification for which ›we‹ is the natural expression. One lives in the feeling of the whole and finds the chief aims of his will in that feeling« (Cooley 1902).

Obwohl er keineswegs davon ausgeht, dass es in Primärgruppen immer harmonisch zugeht, unterstellt Cooley doch, dass letztlich »sympathy« das entscheidende Medium der Integration ist: »The individual will be ambitous, but the chief object of his ambition will be same desired place in the thought of the others, and he will feel allegiance to common standards of service and fair play« (a. a. O., S. 23f.).

Solche Gruppen sind für Cooley: »the family, the play-group of children, and the neighbourhood or community of the elders« (a. a. O., 24), die er als mehr oder weniger universale Bestandteile jeder Gesellschaftsorganisation betrachtet.

Primärgruppen sind zwar nicht unbeeinflusst von dem, was sich in ihrer gesellschaftlichen Umwelt abspielt, aber sie werden nur teilweise davon geprägt. Auf der anderen Seite formen sie, so Cooley, entscheidend die Persönlichkeit der Einzelnen.

> »Primary groups are primary in the sense that they give the individual his earliest and completest experience of social unity, and also in the sense that they do not change in the same degree as more elaborated relations, but form a comparatively permanent source out of which the latter are ever springing« (a. a. O., S. 26f.).

Er bezeichnet sie deswegen als »group nature or primary phase of society, a relatively simple and general condition of the social mind« (a. a. O., S. 29f.)

– sie sind eine Art Vermittlung zwischen Instinkten und den expliziten Konzepten, aus denen Institutionen bestehen.

Cooleys Konzept war relativ vage und hatte seine Bedeutung vor allem in der Begründung seines umfassenden Modells sozialer Organisation. Der Begriff »Primärgruppe« erlangte deshalb zwar eine gewisse Popularität, wurde aber auch kritisiert. So wurde bemängelt, dass der Gegenbegriff »Sekundärgruppe« letztlich eine bloße Residualkategorie sei, die alles erfassen müsse, was nicht »Primärgruppe« ist. Außerdem ergaben sich Abgrenzungsprobleme: Wo hört die Primärgruppe auf, fängt die Sekundärgruppe an? Diese Unschärfe führte dazu, dass zwar in der Gruppensoziologie der Begriff noch aufbewahrt, aber nicht weiter verwendet wird (vgl. z. B. König 1972).

Ein Grund dafür liegt sicher auch darin, dass Cooley im Rahmen seiner »kulturtheoretischen« Argumentation eine Reihe von Interaktionssystemen auf einen Nenner bringt, die – zumindest in differenzierten Gesellschaften – so ohne weiteres nicht zusammenpassen. Es ist nicht unbedingt sinnvoll, die Familie und die »peer-group« direkt nebeneinander zu stellen, weil sie sich in wichtigen Hinsichten unterscheiden. Und auch nicht immer, wenn jemand »wir« sagt, tut er dies bezogen auf eine Gruppe, die auf der Basis konkreter Interaktion existiert. Andererseits gibt es durchaus »face-to-face associations«, die keinen primären Charakter in dem von Cooley genannten Sinn haben: Ein Büro kann, muss aber nicht ein »intimes« Interaktionsprofil haben. Man merkt der Definition zudem deutlich an, dass ihr ein idealistisches bzw. idealisierendes Bild zugrunde liegt – eine »heile Welt«, eine soziale Einheit mit quasi-natürlicher Evidenz und Integration/Integrität. – Cooleys Verwendung des Begriffs ist demnach nicht unproblematisch. Auf der anderen Seite hat der Begriff eine gewisse Prägnanz. Ich möchte ihn daher hier (wieder)verwenden, aber in einem etwas anderen Sinn. Ausgangspunkt sind dabei die Beziehungen, auf denen die Gruppen basieren. Man kann Beziehungen nach dem Grad der Intensität, der thematischen Breite und der Häufigkeit unterscheiden. Wenn hohe Intensität und Häufigkeit mit hohem Maß an wechselseitiger Relevanz als Bezugsperson (nicht notwendigerweise in einem positiven Sinn) korrelieren, so lassen sich *Primärbeziehungen* und *Sekundärkontakte* unterscheiden, je nachdem, ob die Interaktion aus direkten, thematisch diffusen und zugleich engen

Kontakten besteht oder sie vermittelt, thematisch (auf ein Drittes) konzentriert, d. h. funktional ausrichtet und emotional wenig aufgeladen sind.

Es liegt auf der Hand, dass es dabei *Themen* gibt, die per se Primärkontakte bedingen: Sexualität, ichnahe Identifikationen im weitesten Sinn sind nicht »sekundär« zu organisieren; zumindest nicht als Dauerkontakte[1]. Auch gemeinsames Zusammenleben an einem Ort hat zwangsläufig, bedingt durch die große Häufigkeit der Kontakte im Zusammenhang mit großer (physischer) Nähe, primären Charakter. Hier wird die Gemeinsamkeit deutlich, die alle Formen interaktiver Dichte und Nähe teilen und die sie unterscheiden von Interaktionsformen, die – gemessen daran – sekundär strukturiert sind. Empirisch sind die Übergänge dabei fließend: Genau betrachtet weist z. B. die »peer-group« sowohl primäre als auch sekundäre Züge auf, ist also nicht eindeutig zuzuordnen. Und wo Menschen in einem Zelt, einer Wohnung, in einem Haus auf Dauer aufeinander bezogen zusammenleben (und sich – dadurch – nach außen abgrenzen), dominieren Primärkontakte – wie immer sie auch von sekundären Imperativen bedingt und beeinflusst werden. Jeder hat zu jedem eine besondere Beziehung, jeder weiß viel vom anderen, für alle möglichen Themen sind Interaktionsformen (auf der Basis von Einigung oder Dissens) erarbeitet und eingeschliffen. Auf dieser Abstraktionsebene (also bezogen auf die Dominanz eines bestimmten Beziehungs- und Interaktionstyps) lässt sich von Primärgruppen sprechen, ohne dass damit schon eine Festlegung auf eine besondere Gruppenstruktur verbunden wäre.

Eine solche Verwendung hätte den Vorteil, dass man – auf abstrakter Ebene – unterschiedliche Familienformen und nichtfamiliale Formen primärer Kontakte in ihrer Gemeinsamkeit ansprechen kann, ohne gleich in die fatalen Abgrenzungszwänge zwischen Groß- und Kleinfamilie, zwischen Familie und Wohngemeinschaft usw. zu geraten. Es geht bei dieser Begriffsverwendung nicht (wie bei Cooley) darum, einen universalen Set an empirischen Gruppen zu identifizieren, den jede Gesellschaft enthält. Ein solcher Versuch muss scheitern. Statt dessen sollen zunächst auf der Grundlage des Interaktionsprofils strukturelle Besonderheiten und Probleme herausgearbeitet werden. Mit Hilfe des Profils von Primärbeziehungen lassen sich dann transkulturelle/transsubjektive Strukturmerkmale und gesellschaftsspezifische Besonderheiten (inklusive subkultureller Eigenheiten) unterscheiden und beschreiben, was wiederum die Konstitutions- und Entwicklungsbedingungen der auf dieser Basis zustande kommenden (empirischen) Primärgruppen einer differenzierten Analyse zugänglich macht. Die Unterschiede zwischen traditioneller Familie und Wohngemeinschaft beispielsweise lassen sich dann zunächst als unterschiedliche Primärbeziehungen betrachten, durch die sich die Frage der Integration auf andere Grundlage stellt und anders beantwortet wird, ohne dass entschieden werden muss, ob es sich um etwas gänzlich Neues, um eine Gegenwelt zur Familie o. ä. handelt[2].

Eine Begriffsverwendung, die unterschiedliche Organisationsformen von Primärkontakten thematisieren kann, ohne dabei eine bestimmte (etwa die Kleinfamilie) in den Mittelpunkt stellen zu müssen, hat das Ziel, den jeweiligen Besonderheiten gerecht werden zu können. Zu diesem Zweck erscheint es jedoch zunächst ratsam, einige der bereits angesprochenen Strukturmerkmale von Primärkontakten bzw. deren sozialer Organisation näher zu betrachten.

Zur Logik von Primärkontakten gehört, wie erwähnt, dass die Beteiligten besonders intensiv aufeinander bezogen sind: da sie häufig und bezogen auf viele Themen, gleichzeitig intensiv bezogen auf exklusive Themen interagieren. Das bedeutet, dass ihre Beziehung hervorgehoben ist, dass die Partner füreinander hoch relevante Bezugspersonen sind. Daraus ergibt sich unter Umständen – eine bedeutsame praktische Abhängigkeit, die mit der Dauer der Beziehung beträchtliches Eigengewicht gewinnen kann, auf jeden Fall jedoch eine Verdichtung der psychosozialen Interaktion. Je enger Partner zusammenleben, desto mehr bieten sie sich gegenseitig eine »Übertragungsfläche«, desto stärker vollzieht sich auch ein Prozess der psychischen Abarbeitung und Formierung. Durch Primärbeziehungen wird die psychosoziale Identität der Beteiligten im hohen Maß situativ bestimmt und längerfristig geformt, weil Quantität und Qualität der Interaktion ein höheres Maß an Beeinflussungsmöglichkeiten mit sich bringen. Primärbeziehungen implizieren offenere, die Tiefenstruktur stärker einbeziehende Muster, die nicht durch soziale Filter und Grenzen eingeschränkt sind. Dieser »ganzheitliche« Kontakt hat zur Folge, dass sich ebenso umfassende wie spezifische Interaktionsformen herausbilden, in denen externe Vorgaben, soweit sie aufgenommen werden, nur gebrochen und geprägt durch die Beziehungsgeschichte realisiert werden. Es gibt daher bruchlose bzw. standardisierte »Rollenübernahme«. Die jeweilige besondere Beziehungsgeschichte entwickelt sich über wechselseitige Sozialisation, d. h. das allen Ebenen stattfindende »Aushandeln« von Positionen, Rechten, Verteilung.

Dabei gilt für Primärbeziehungen, dass »Sachliches« und »Persönliches« kaum getrennt werden kann. Die Möglichkeit bzw. Wahrscheinlichkeit der »Emotionalisierung« von Themen nimmt zu, wenn sie vermittelt über die jeweilige Beziehung behandelt werden[3]. Der thematische Horizont ist zwar unter Umständen nach innen abgegrenzt, aber nach außen relativ leicht ausweitbar, wobei eine klare Trennung zwischen Themen nicht selbstverständlich ist. Dieses Merkmal hat die strukturell-funktionale Theorie als »Diffusität« bezeichnet. Zu ergänzen ist, dass Primärbeziehungen zugleich »irrational« sind. Irrational heißt hier: Von der Eigendynamik der persönlichen Identität der Beteiligten und ihrer Beziehung geprägt und daher auch nicht nach Kriterien formbar, »rationaler« Logik »berechenbar« Primärinteraktion ist stets psychosozial »aufgeladen« (was Sekundärbeziehungen unmittelbar nicht zulassen). Einen besonderen Akzent haben dabei Eltern-Kind-Beziehungen. Sie unterscheiden sich von Erwachsenen-Beziehungen naturgemäß durch ihr Ungleichgewicht, dadurch, dass das Kind (noch) nicht den typischen Anforderungen an Sozialpartner entspricht. Als »Sozialpartner« bringt es zugleich durch sein Verhalten in vieler Hinsicht ungewöhnliche Anforderungen mit sich und provoziert spezifische psychosoziale Reaktionen. Denn die extreme Abhängigkeit des Kindes verlangt eine außergewöhnliche Zuwendung, die aus dem Rahmen der zwischen Erwachsenen üblichen Formen der Zuwendung herausfallen: Füttern, Windeln, Schmusen sind zwar (vom Windeln abgesehen) zum Teil auch zwischen Erwachsenen üblich, aber meist in anderer Form und mit anderem Akzent. Auf der anderen Seite sind Kinder (je jünger, um so weniger) imstande (oder gewillt), sich auf die sozial gültigen Formen der Verständigung und Einigung (oder der Auseinandersetzung) einzulassen. Das verlangt von den Erwachsenen, wenn sie sich auf die Kinder einlassen, ein besonders hohes Maß an Anpassung: Wo Kinder nicht in den Erwachsenen-Alltag integriert werden können (oder sollen), muss der Alltag ihnen angepasst werden. Kinder sind zwar unmittelbar machtlos, aber gerade Machtlosigkeit gibt ihnen, wo sie als Partner akzeptiert werden, einen mächtigen Sonderstatus: Hilflosigkeit und Bedürftigkeit zwingen die Erwachsenen zur Komplementarität.

Noch ein weiterer Aspekt ist hier von Bedeutung: Die kindlichen Lebensäußerungen sind wesentlich unmittelbar und triebhaft, also nicht gedämpft und gefiltert durch Sozialisation und Ich-Strukturen. Dieses triebhafte Verhalten ist in einer Erwachsenenwelt, die ihrerseits stark diszipliniert und, was Triebhaftigkeit betrifft, domestiziert ist, eine höchst ambivalente Sache. Zum einen provoziert sie Aggressionen und Repressionsmaßnahmen, weil sie wie immer einen Verstoß gegen die »Ordnung« darstellen. Zum anderen jedoch aktualisieren sie oft unterdrückte Triebbedürfnisse, geben dem, was nur oberflächlich unterdrückt und angepasst ist, eine breite Kristallisationsfläche. Zwangsläufig zieht vor allem das kleine Kind (später aber auch die Lebensäußerungen der pubertären Triebkonflikte) ein erhebliches Maß an Aufmerksamkeit und (positiver wie negativer) Identifikation und Projektion auf sich. Je nach dem kann so ein Säugling ein absichtlich provozierendes und gefährliches oder aber ein unschuldiges und ans Herz zu drückendes Wesen sein (oder beides, wo das Innenleben der Erwachsenen selbst ambivalent strukturiert ist). Die Beziehung zu Kindern bringt für Erwachsene daher einen nicht unbeträchtlichen »regressiven Sog« mit sich.

Eltern-Kind-Beziehungen sind daher in jeder Hinsicht Primärkontakte, die auf besondere Weise profiliert und damit auch konfliktgeladen sind. Dies gilt vor allem für die ersten Lebensjahre. Aus psychoanalytischer Sicht ist dabei bedeutsam, dass in der Beziehung zu Kindern die eigene Kindheit psychisch angesprochen und aktualisiert wird. Das heißt vor allem, dass die Grundstrukturen der eigenen Erfahrungen inklusive nicht verarbeiteter Konflikte durch die Konfrontation mit kindlicher Wirklichkeit erneut thematisch werden[4]. Freud sprach davon, dass in einer Eltern-Kind-Beziehung immer drei Personen beteiligt sind: der Erwachsene, das Kind und das Kind, das der Erwachsene einmal war – wobei dieser Dritte sich erheblich bemerkbar macht und einmischt.

De Mause hat in diesem Zusammenhang drei »Grundmuster« der unbewussten Beziehung, die die Eltern zu ihrem Kind aufnehmen, benannt:

»Dem Erwachsenen stehen (...) drei Reaktionen zur Verfügung: 1. Er kann das Kind als ein Vehikel für die Projektionen seines eigenen Unbewussten benutzen (projektive Reaktion); 2. er kann das Kind als Substitut einer Erwachsenenfigur benutzen, die in seiner eigenen Kindheit wichtig war (Umkehrreaktion); oder 3. er kann sich in die Bedürfnisse des Kindes einfühlen und sie zu befriedigen suchen (empathische Reaktion)« (1982, S. 20).

Diese Unterteilung ist zwar nicht gänzlich einleuchtend und wird von de Mause auch nicht immer überzeugend genutzt; vor allem die Unterscheidung zwischen projektiven und Umkehrreaktionen ist logisch schwer begründbar. Wichtig ist jedoch der Hinweis, dass Übertragungsprozesse je nach Entwicklungsniveau sehr unterschiedlich aussehen können (und dass zugleich ihr Profil entscheidend für die praktische Interaktion zwischen Eltern und Kindern ist). Vielleicht trifft folgende Unterscheidung das Gemeinte besser:

– *Fehlender psychosozialer Kontakt* (wenn die Erwachsenen unfähig oder unwillig sind, sich auf die kindlichen Psyche einzustellen bzw. einzulassen);

– *unbewusste Kollusionen* (in denen Erwachsene den Kindern auf mehr oder weniger differenziertem und entwickeltem Beziehungsniveau spezifische – trieb- oder abwehrbestimmte – Beziehungsmuster vorgeben);

– *Differenzierte Objektbeziehungen* (die von Seiten der Eltern durch flexible, die kindliche Wirklichkeit anerkennende und aufgreifende Formen des Kontakts bestimmt sind)[5].

Auf alle Fälle ist es wichtig, die Tiefenstruktur, die die Eltern-Kind-Beziehung kennzeichnet (und die Folgeprobleme, die sich daraus ergeben), zu berücksichtigen, wenn man ihre Besonderheit als Primärbeziehung untersuchen will. Primärkontakte, so lassen sich die bisherigen Gesichtspunkte zusammenfassen, unterscheiden sich qualitativ und quantitativ von allen anderen Beziehungsformen. Es stellt sich nun die Frage, welche Konsequenzen sich daraus für ihre Institutionalisierung ergeben. Welches Verhältnis haben Primärbeziehungen und welche Dauer/Stabilität? Eine eindeutige Antwort ist schwierig, weil dieses Verhältnis ebenso komplex wie widersprüchlich ist. Auf der einen Seite sind Primärkontakte, soweit sie die sich selbst stabilisierende wechselseitige Ausrichtung der Partner einschließen, ausgesprochen »haltbar«, d. h. immun gegen externe Veränderungen und auch ein bestimmtes Maß an internem Wandel. Eine Liebesbeziehung beispielsweise kann erstaunliche Fähigkeiten zur Problem-Absorbierung entwickeln: Wenn ein Partner die Arbeit verliert oder erkrankt, sorgt der andere für ihn. Auf der anderen Seite gibt es jedoch auch genügend Gegenbeispiele, gerade was unsere gegenwärtigen Verhältnisse betrifft. Die hohe Scheidungsquote ist (auch) ein Indikator dafür, dass Primärbeziehungen keineswegs per se dauerhaft sein müssen. Denn das, was der Grund für die »Haltbarkeit« sein kann, ist zugleich ein potenzieller Grund ihren Zerfall, nämlich dann, wenn eine stabile Reziprozität der Beziehung auf allen Ebenen nicht zustande kommt. In diesem Fall liegen Zu- und Abneigung sehr nahe zusammen. Triebdynamik intensiver Art schließt immer auch Formen des Umkippens ein. Daher können Gruppen, die auf Primärbeziehungen basieren auch relativ schnell jede interne Stabilität verlieren. Dagegen sind Sekundärkontakte zwar nicht »von sich aus« stabil, werden aber durch externe Sinnzusammenhänge, unabhängig von persönlichen Beziehungen, erhalten.

Diese eigentümliche Zweideutigkeit hat, institutionstheoretisch gesehen, ihren Grund darin, dass Primärbeziehungen notwendig »primitiv« in dem Sinne sind, dass sie nur begrenzt unabhängig von den konkreten Personen und ihrer psychosozialen Identität formalisiert und technisiert werden können. Es kann sich also nur ein Minimum an formaler Organisation, an Trennung von Person und Funktion usw. entwickeln, weshalb die Grundlagen einer personenunabhängigen Struktur systematisch eingeschränkt sind. Zuneigung ist durch sozialen Status, Macht oder anderen Prinzipien sozialer Strukturbildung nicht beliebig generierbar. – Damit ist natürlich nicht gesagt, dass empirische Primärkontakte nicht auf diese Weise zustande kommen können und erhalten bleiben. Aber dann handelt es sich um Interaktionssysteme, in denen (externe) Funktionen – wie der Zwang zur Gemeinsamkeit, das Bedürfnis nach Sicherheit usw. – dominieren und die primären Beziehungselemente in ihrer Eigendynamik erheblich eingeschränkt und festgelegt sind – was wiederum nicht ausschließt, dass sich ganz massive Folgeprobleme ergeben können. Wenn beispielsweise eine Beziehung extern »gestiftet« wurde, kann es vorkommen, dass wie die einschlägige Ideologie behauptet, die Liebe sich dann schon von selbst einstellt. Wahrscheinlicher ist jedoch, dass sich eine Beziehungsstruktur entwickelt, die aufgrund von

Nähe und Intensität primäre Züge trägt, ohne interne Stabilität und Beziehungsintensität zu entwickeln, was meist massive Abgrenzungs- und Projektionszwänge mit sich bringt. Dass im Adel beispielsweise häufig »eheliche Pflichten« genau so verstanden und befolgt wurden, formal ansonsten aber die Beteiligten ein eigenes Leben führten, ist bekannt. Wo dies nicht möglich war, entwickelten sich unter dem Vorzeichen erzwungener Gemeinsamkeit und Intimität oft schwelende Konflikte, die dann von Generation zu Generation weitergereicht wurden. Das bedeutet zugleich, dass Primärgruppen eine sehr viel eigenständigere Geschichte entwickeln. Primärkontakte bleiben nicht gleich und werden nicht instrumentell erworben und angepasst. Dabei gibt es zunächst einen (für die weitere Geschichte entscheidenden) Prozess der Herausbildung eines bestimmten Beziehungsprofils. Die Dynamik von Beziehungen vollzieht sich dabei über bestimmte Prozessstufen: Auf eine Phase des Kennen lernens, ein gegenseitiges Abtasten folgt meist eine Phase, in der die Beziehung expandiert, in der neue Möglichkeiten (auch bei sich selbst) durch den engen Kontakt festgestellt und ausprobiert werden, was unter Umständen eine besonders intensive und exklusive Beziehung bedeutet (wie sie beispielsweise in »Flitterwochen« stattfindet). Wenn die dabei entdeckten Möglichkeiten an ihre Grenzen gestoßen sind und sicher den Reiz des Neuen verbraucht haben, entsteht gewissermaßen der »Normalbetrieb« der Beziehung: gemeinsame Themen sind bekannt, die Art, wie mit ihnen umgegangen wird, ist eingespielt, Formen der Problementscheidung und der Konfliktbewältigung entwickelt. Zudem hat sich das »Übertragungsprofil« und die damit verbundene emotionale Kooperation und Arbeitsteilung hergestellt – was vorhandene Konflikte und (gemeinsame) Abwehrmechanismen einschließt. Normalbetrieb heißt daher sowohl funktionierende Interaktion auf praktischer und psychosozialer Ebene als auch Stabilität der Widersprüche: Wie man sich streitet und wie mit Idiosynkrasien umgegangen wird, ist ebenfalls »geregelt«. – Das schließt nicht aus, dass es Probleme gibt, die ungelöst und sozusagen mit voller Brisanz institutionalisiert sind: In Paarbeziehungen gibt es häufig ständig schwelende und bei passender (und auch unpassender) Gelegenheit hochkochende Kontroversen, die nicht oder nur begrenzt sozialisiert und pazifiziert werden können und daher immer für einen heißen Konflikt gut sind. Die familientherapeutische Literatur hat gezeigt, dass daraus nicht nur beziehungsgefährdende Krisen mit destruktiven Konsequenzen für die Beteiligten entstehen können, sondern auch, dass sie zum eigentlichen Kern der Beziehung werden können. Wie auch immer das Beziehungsgleichgewicht aussieht, es muss dauernd ausbalanciert werden. Teils wird es durch (zwangsläufige oder zufällige) »life-events« außer Kraft gesetzt, teils ist es die Beziehung selbst, die sich verändert, teils unterscheidet sich die Identitätsentwick-lung der beteiligten Subjekte.

In jedem Fall bleibt die Beziehungsdynamik relevant und wirksam; eine völlige Lösung der Beziehungsstruktur von den Beziehungen der Personen ist nicht möglich. Man kann demnach sagen, dass Primärbeziehungen (begrenzt) von ihrer Umwelt unabhängig institutionalisierbar sind (mit dem Risiko hoher Labilität), dass sie aber auch durch externe Vorgaben institutionalisiert werden können, was auf Kosten der Eigenständigkeit der Beziehungen geht und (dadurch) das Risiko bestimmter Widersprüche erhöht. Je nach dem ergeben sich daraus völlig verschiedene Typen von Primärgruppen (was auch ein wichtiger Grund dafür ist, dass es unmöglich ist, einen bestimmten Typ von Familie zum – normativen oder kategorialen – Bezugspunkt zu nehmen). Unabhängig davon bleibt jedoch prinzipiell charakteristisch, dass institutionalisierte Primärkontakte »primitiv« bleiben. Primitivität ist hier als Strukturmerkmal gemeint und impliziert keinerlei Aussage über die Qualität der Beziehung – lediglich einen Hinweis auf Institutionalisierungsprobleme. Denn formale Organisation ist immer mit einem hohen Maß an Entlastung der Möglichkeit zur funktionalen Differenzierung verbunden. Genau dies ist jedoch im Bereich von Primärkontakten (so) nicht möglich. Sie sind nicht, einmal konstituiert, einfach vorhanden und funktionieren, sondern müssen ständig angepasst, erneuert, bestätigt werden. Aus diesem Grund ist das, was für Institutionen im allgemeinen kennzeichnend ist[6]: dass ihr »produktiver« und ihr »reproduktiver« Prozess trennbar und auf je eigene Weise thematisierbar ist, so nicht gegeben. Der produktive Prozess von Institutionen wendet sich (externen) Themen zu, die (wie auch immer) bearbeitet werden, während der reproduktive Prozess der Aufrechterhaltung der Institution selbst gilt; dafür sorgt, dass sie am Leben bleibt und ihre produktiven Leistungen erbringen kann. Institutionen können ihre Produktivität erhöhen, wenn sie beides trennen, also die Bezahlung der Beamten geregelt ist, wenn sie ihr Klientel bedienen[7]. Das setzt voraus, dass die beteiligten Subjekte auf diese Art von interaktiver Arbeitsteilung hin sozialisiert sind, also sich in entsprechende abstrakte Systeme einpassen können (d. h. mit ihrer Subjektivität »strategisch« umgehen können). Zugleich setzt diese Art von formaler Organisation auch voraus, dass die entsprechenden Themen getrennt werden können und sich formal/abstraktiv behandeln lassen. Beides ist im Zusammenhang mit Primärbeziehungen nur in Ansätzen möglich. Selbstverständlich gibt es auch hier Rollendifferenzierung und Arbeitsteilung, aber diese Ansätze einer formalen Organisation bleiben – wie sehr auch durch gesellschaftliche Muster von außen gestützt – vergleichsweise rudimentär und auch immer personengebunden.

Dies hängt nicht zuletzt damit zusammen, dass die Themen von Primärbeziehungen durch ihre Triebbestimmtheit »geerdet« sind und bleiben. Wenn der Tod eines Ehepartners eine Wiederverheiratung zur Folge hat, bedeutet das eine gewisse Austauschbarkeit. Es ändert sich jedoch das Familienleben erheblich durch die Art, wie eine bestimmte Person die Position einnimmt, d. h. welche Interaktionsangebote sie macht, welche Selbstdefinition sie einbringt, wie die anderen darauf reagieren usw. – die Familie ist nicht mehr die gleiche. In einem Büro ändert sich dagegen wenig(er), wenn ein Angestellter durch einen anderen ersetzt wird (zumindest im produktiven Prozess der Institution; die Art des Klatsches und der Intrigen können sich durchaus ändern). Man kann diese Zusammenhänge institutionstheoretisch auch so kennzeichnen: Primärbeziehungen bleiben konkret personengebunden; haben also nur wenig Potenzial für Transzendenz und Differenzierung. Produktiver und reproduktiver Prozess durchdringen sich immer. Dazu kommt, dass die Reproduktion selbst (zumindest teilweise) das Thema von Primärgruppen ist, beides also zwangsläufig (ein Stück weit) identisch ist. Daher besitzen Primärgruppen zwangsläufig ein hohes Maß an praktischer Selbstkonstitution und Selbstreflexivität. Je mehr dies der Fall ist, desto weniger funktionieren die Methoden der Institutionalisierung durch Formalisierung, desto mehr verlangt die Mitgliedschaft in Primärgruppen entsprechende subjektive Kompetenzen. Durch ihre Merkmale sind Primärgruppen in gewisser Weise »archaisch«. Einerseits besitzen sie ein hohes Maß an Flexibilität und auch Autonomie gegenüber Umweltbedingungen, andererseits können sie wegen ihrer sozialen »Primitivität« nur begrenzt funktional differenziert werden; außerdem bleiben sie über Subjektivität »triebabhängig«. Sie können und müssen daher ihre Binnenstruktur größtenteils selbst herstellen und erhalten; externe Vorgaben sind nötig, reichen aber nicht aus, sondern müssen in einem spezifischen interaktiven Prozess umgearbeitet werden. Gerade darin liegt ja auch ihre besondere Leistung: Sie vermitteln Umweltbedingungen und die Anforderungen subjektiver Identität auf eine Weise, die den Effekt wechselseitiger Ausrichtung hat. Ohne dass damit Widerspruchsfreiheit verbunden sein müsste, lässt sich feststellen, dass Primärgruppen »Gesellschaft« qua Sozialisation in psychosoziale Identität von Subjekten übersetzen und dabei die konkreten Umweltbedingungen nach den Bedürfnissen und Möglichkeiten der beteiligten Subjekte aufbauen und selegieren. Diese Vermittlungsfunktion der Primärgruppe ist in der Literatur immer wieder zu recht hervorgehoben worden; sie kann von keiner Sekundärgruppe übernommen werden: Es ist ihre Besonderheit, dass sie als Medium der Übersetzung von (abstrakter) Sozialstruktur und (sinnlich-konkreter) Identität fungieren kann[8].

Die Primärgruppe ist so eine wichtige Etappe des Kreislaufs von Sozialstruktur und Identität. Umweltvorgaben müssen in die Identität der Erwachsenen übersetzt und integriert werden, um handlungsrelevant zu werden; Handlungskompetenzen müssen sich an den konkreten Umweltbedingungen praktisch werden. Dabei spielt die Eltern-Kind-Beziehung eine besondere Rolle, weil sie gewissermaßen gesellschaftliche Optionen für die Zukunft generiert: Die situations- und zeitspezifische Formierung der kindlichen Identität setzt zugleich den Rahmen, innerhalb dessen sich später die Erwachsenenidentität der Kinder bewegen kann und muss. Diese doppelte Übersetzungsleistung der Primärgruppe – ihre unmittelbare und mittelbare Konstitution und Selektion von Umwelt-Subjekt-Relationen – gehört zu den zentralen Engpässen jeder gesellschaftlichen Entwicklung. Was immer sich verändert, es muss durch das »Nadelöhr« (de Mause) der Primärbeziehungen, wie sie in der Primärgruppe strukturiert sind. Hier finden entscheidende Filter- und Verstärkereffekte statt, ergeben sich emergente Formen der Verarbeitung von (psychischer wie sozialer) Realität.

Auch wenn man sich hüten muss, ein evolutives Modell der Primärgruppenentwicklung voreilig zu unterstellen, lassen sich doch die jeweils für bestimmte Gesellschaften typischen (Konflikt-)Konstellationen im Verhältnis von Primärgruppe und Sozialstruktur benennen. Ohne dies hier im einzelnen versuchen zu wollen, möchte ich zwecks Verdeutlichung einige Punkte – holzschnittartig – ansprechen. Gerade weil die Primärgruppe aufgrund ihrer »Archaik« sowohl produktive als auch reproduktive Funktionen übernehmen und integrieren kann, ist sie der harte Kern einfacher Gesellschaftsformen. Für alle Stammesgesellschaften gilt, dass die Primärgruppenstruktur wesentlich die Sozialstruktur bestimmt und ausmacht; sekundäre Strukturbildungen existieren nur in Ansätzen. Man könnte sie daher auch »Primärgruppengesellschaften« nennen, die ihre soziale Struktur über die Kombination vor organisierten Primärbeziehungen bilden (beispielsweise über Verwandtschaftssysteme u. ä.)[9]. Hier existiert noch wenig Abstand zwischen Primärgruppe und sozialer Umwelt; ihre produktiven und reproduktiven Leistungen sind über weite Strecken identisch bzw. vollziehen sich parallel und simultan. Dabei entfernt sich weder die Sozialstruktur noch die Subjektstruktur von den praktischen Interaktionsprozessen der Primärgruppen; der direkten Relevanz entspricht ein hohes Maß an direkter Bindung. – In komplexen Gesellschaften[10] ändert sich diese Relation. Für sie ist vor allem eine größere Distanz zwischen Sozialstruktur und Primärgruppe kennzeichnend. Dabei hat die Sozialstruktur eine größere Eigenständigkeit und Macht. Je mehr sich Gesellschaft entwickelt und differenziert, desto mehr wird die Primärgruppe eingeschränkt, eingeordnet, wird zum nach wie vor hochrelevanten, aber abhängigen Element eines ausgeweiteten gesellschaftlichen Reproduktions- und Entwicklungszyklus. Jetzt kann man (zugespitzt) davon sprechen, dass die Gesellschaft in Primärgruppen »investiert«, ihr Strukturvorgaben macht und Ressourcen zuteilt und ihren »output« kontrolliert und verwertet (wobei dies natürlich ein viel zu einfaches und rationalistisches Bild dieses Vorgangs ist). Dadurch werden auf der anderen Seite produktive und reproduktive Funktionen der Primärgruppe stärker getrennt bzw. die reproduktiven Funktionen treten als eigenständiges Thema deutlicher in Erscheinung. Interaktion und Identitätsentwicklung (von Gruppen und Personen) unterscheiden sich ebenfalls stärker, wodurch die Transformationsleistung der Primärgruppe mehr Spielraum gewinnt. Es kommt, mit allen Vor- und Nachteilen, im Verhältnis von Sozialstruktur und Primärgruppe zu mehr Heterogenität der sozialen Wirklichkeit, wobei dieses Mehr an Nicht-Identität neue Horizonte der Entwicklung eröffnet: Es ergeben sich mehr Möglichkeiten der Entstehung besonderer Interaktionsformen und psychosozialer Strukturen. Wo die Identitätssteuerung der Erwachsenen und die Entwicklung von Zukunft durch die Sozialisation der Kinder jedoch noch keine großen Differenzen aufweist, weil die Sozialisation und Erziehung der Kinder nur begrenzt ein eigenes Thema ist und (wo sie stattfindet) durch die Bindung an traditionelle Normen und Praktiken dafür sorgt, dass die Identitätsentwicklung wenig oder gar nicht über den gewohnten kognitiven und emotionalen Horizont hinausgeht, wirken sich diese Möglichkeiten kaum aus. Wenn die Entwicklung der Kinder nur wenig Raum für Eigendynamik besitzt, kann subjektive Identität auch wenig Emergenz entfalten; reproduziert die spätere Erwachsenenidentität die Sozialstruktur der Welt, in der sie sich entwickelte. Wo Erwachsene und Kinder sich nicht unterschiedlich aufeinander beziehen (können), bleiben qualitative Differenzierungsschritte aus bzw. werden erheblich eingeschränkt. Solange also die unmittelbare Struktur und mittelbare Wirkung von Sozialisation noch identisch sind, entwickelt die Primärgruppe wenig gesellschaftliches Veränderungspotenzial.

Eine neue Qualität bekommt das Verhältnis von Sozialstruktur und Primärgruppen in komplexen und zugleich dynamischen Gesellschaften, die im Produktionsprozess und/oder in der Sozialstruktur Entwicklung institutionalisiert haben. Vor allem, wenn diese Dynamik einhergeht mit Arbeitsteilung, Technisierung und Funktionalisierung ergeben sich zwei wichtige Veränderungen. Zunächst wird die Familie – als »archaische«, den Anforderungen der differenzierten produktiven und reproduktiven Sozialstruktur nicht mehr gewachsene Institution – »entlastet« von entsprechenden Anforderungen. Jenseits eines gewissen sozialen und technischen Niveaus kann die Familie beispielsweise nicht mehr Produktionseinheit sein, reicht auch eine noch so sehr gedehnte Adelsherrschaft als politisches System nicht mehr aus (und muss daher abdanken). Die Distanz von Sozialstruktur und Primärgruppe radikalisiert sich also, was fast immer einhergeht mit einer Stabilisierung und einem Formwandel der Ressourcen, über die die Primärgruppe verfügt. Dadurch wird sie materiell unabhängiger und abhängiger zugleich. Die neuzeitliche Familie beispielsweise ist, was die Ernährung betrifft, keineswegs mehr autark, sondern angewiesen auf Geschäfte, in denen sie Produkte kauft. Vorausgesetzt, die Warenzirkulation funktioniert, ist sie damit systematisch »versorgt«, muss sich also weniger mit täglichen Versorgungsproblemen herumschlagen. Das setzt frei für andere Zwecke, auch wenn die Bedingungen, auf die sie angewiesen ist, spezifischer werden.

Damit wird die Primärgruppe in ihrer Struktur verändert. Durch die Entlastung von hochrelevanten produktiven Funktionen, auf die die Sozialstruktur existentiell angewiesen ist, wird sie kontingent, muss nicht mehr so und nicht anders entstehen und strukturiert werden. Zugleich bekommt der reproduktive Prozess sehr viel mehr Spielraum, wird mehr und mehr zum entschiedenen Thema der Primärgruppe. Dies korreliert mit den Veränderungen des gesellschaftlichen Bedarfs an subjektiver Identität: Eine Welt mit einem hohen Maß an funktionaler Differenzierung und Heterogenität braucht Subjekte, die sich entsprechend selbst regulieren und den jeweiligen Umständen anpassen können, die genügend »Identitätskomplexität« aufweisen, um die schwieriger werdende Balance zwischen einer anspruchsvollen Welt, aber auch einer ebenso anspruchsvoll werdenden Innenwelt noch bewerkstelligen zu können (dass dies das Risiko des Scheiterns erheblich erhöht, wurde bereits angesprochen). Aus diesem Grund muss der Identitätsentwicklung ein höheres Maß an Zeit, Raum, Zuwendung zur Verfügung stehen; differenzierte Identität braucht eine entsprechende interaktive Differenzierung. So gesehen ist die Entstehung der Kindheit ein gesellschaftlich notwendiger Prozess, der die Veränderungen der Sozialstruktur in Identität übersetzt.

Das hat jedoch zur Folge, dass die Kontrolle der Identitätsentwicklung zunehmend schwieriger wird. »Archaik« der Primärgruppe bedeutet auch, dass sie sich – als eigenständige, eigendynamische soziale Realität – der Kontrolle, vor allem ihren technisierten Formen, ein Stück weit entzieht bzw. die externen Interventionen auf unkontrollierbare Weise umsetzt. Die oben erwähnte Begrenztheit der Möglichkeit, die Binnenstruktur der Primärgruppen quasi auf gleiche Weise zu entwickeln und zu abstrahieren, wie dies extern geschieht, hat zur Folge, dass ein systematischer Widerspruch zwischen der »Modernität« der Umwelt und der »Primitivität« des Familienlebens entsteht und dadurch immer mehr »Übersetzungsprobleme« auftreten. Teilweise sprechen die Imperative der Sozialstruktur und die Triebimpulse nicht mehr die gleiche Sprache, während sie zugleich – auf verschiedene Weise – anspruchsvoller werden. Ihre Vermittlung verlangt (und ermöglicht!) mehr gezielte Anpassung und mehr Autonomie. Die damit verbundenen Kompetenzen haben wesentlich selbstreflexiven Charakter: Die vorher relativ blind sich reproduzierende Primärgruppe wird zur »Brutstätte« sozialen Wissens und interaktiver Strategien – mit weitreichenden Folgen. Identität, die in solchem Kontext sich entwickelt, ist eigenwilliger. Das Interesse der Umwelt an differenzierter Identität muss daher in Kauf nehmen, dass diese Identität zugleich hochgradig autonom und selbstzentriert wird. Es entstehen Strukturen und Kompetenzen, die eine neue Qualität der Wirklichkeit mit sich bringen und sie dadurch verändern bzw. ergänzen: Neben (bzw. in) der durchrationalisierten Sozialstruktur, die mehr und mehr von den Steuerungsimperativen der Funktionalität geprägt wird, entsteht eine zweite Wirklichkeitsebene, in der die Eigendynamik der ausdifferenzierten Emotionalität – eben eine prinzipiell »irrationale« Subjektivität und Beziehungslogik – sich ausbildet und an Macht gewinnt. Diese beiden Realitätsebenen, die auf der Basis der Ausdifferenzierung von Sozialstruktur und Primärkontakten entstehen, interagieren und beeinflussen sich gegenseitig auf höchst eigentümliche Weise[11], Liebe und Technik sind zugleich Gegensätze und einander voraussetzende Konstitutions- und Reproduktionsbedingungen.

Diese strukturellen Verschiebungen spiegeln sich in der historischen Entwicklung des Primärgruppenprofils. Zweifellos ist das Familienleben selbständiger – familiärer – geworden. Äußere Zwänge haben abgenommen. Zugenommen hat die Notwendigkeit interner Auseinandersetzungen: Die Selbstthematisierung von Primärkontakten wird (ge-) wichtiger.

Auch das Thema dieses Textes ist ein Ausdruck dieser Entwicklung. Denn zu den Folgen dieser Verschiebung gehört vor allem, dass die Binnenstruktur der Primärgruppe ein höheres Maß an Kontingenz besitzt, also nicht von vornherein festgelegt ist. Sowohl die Ansätze zu einer formalen Organisation (Rollenverteilung, Arbeitsteilung) als auch die jeweils spezifischen Beziehungen der Mitglieder besitzen Spielraum für »individuelle« Formen, anders gesagt: sie müssen individuell geregelt und entwickelt werden. Damit steigt zwangsläufig der reproduktive Aufwand, der nötig ist, um die Primärgruppe am Leben zu halten. Es werden komplexere und aufwendigere Kommunikations- und Einigungsmodi nötig und möglich. Wo die Primärgruppe zum vorrangig psychosozialen Zusammenhang wird, also produktiver und reproduktiver Prozess weitgehend identisch werden, zeigt sich eine Tendenz von weitreichender Bedeutung. Was weiter oben als organisatorische Primitivität bezeichnet wurde – also die Tatsache, dass Primärkontakte nur im geringem Maße formalisierbar und abstrahierbar sind –, ist zugleich die Voraussetzung dafür, dass ein Prozess der interaktiven Differenzierung (und damit auch der Differenzierung der psychosozialen Identität) in Gang kommt. Weil die für den erhöhten reproduktiven Bedarf benötigten Kompetenzen nicht »technisierbar« sind und die durch die notwendige Konzentration auf Primärkontakte diese eine (Selbst-)Stimulierung erfahren, ist formale Primitivität zugleich mit interaktiver Differenzierung und Entwicklung identisch. Die dadurch auftretenden Probleme können nicht organisatorisch aufgefangen werden. Deshalb entwickelt sich ein Prozess der Ausweitung, der quantitativen wie qualitativen Expansion sowohl der Interaktion als auch der Identität der beteiligten Subjekte; interaktiv differenzierte Primärkontakte beeinflussen die psychosoziale Entwicklung der Beteiligten ganz erheblich.

Damit ist zugleich ein neues Problemniveau erreicht. Einerseits hat dieser Individualisierungssog zur Folge, dass Primärkontakte immer größeren Abstand von ihrer sozialen Umwelt entwickeln und sich zugleich in ihrer Übertragungsdynamik bis zu einer kritischen Masse ausdifferenzieren – die völlig auf sich selbst bezogen und selbstgenügsame Paarbeziehung, aber auch die pathologische Karikatur dieser Beziehung in Form unlösbarer Kollusionen sind Beispiele dafür. Auf der anderen Seite bringt die gleiche Entwicklung ein solches Maß an subjektiver Individualisierung hervor, dass als komplementäres Risiko »überindividualisierte« Identitäten auftreten, die miteinander nicht mehr kompatibel sind, weil die reziproken Erwartungen zu eigenartig sind oder, im Extremfall, dass Subjektivität durch ein zu hohes Maß an Ausdifferenzierung überhaupt die Fähigkeit zu Primärkontakten verliert. So erklärt sich, dass wir gegenwärtig sowohl einen Trend zu immer stärker personenbezogenen Primärkontakten als auch einen Trend zur Auflösung solcher erleben.

Insgesamt lässt sich feststellen, dass im Zuge dieses Strukturwandels von Primärkontakten der reproduktive Prozess von Primärgruppen sich ausweitet, dichter wird, seinen Thematisierungshorizont ausweitet, seine Grundlagen selbst entwickelt und beeinflusst. Damit treten an die Stelle traditioneller Repressions- und Knappheitsprobleme systematisch Balanceprobleme (oder werden von ihnen überlagert bzw. eingefärbt). Die »Ausdehnung« von Primärkontakten macht sie offener, aber auch labiler. Diese allgemeinen Überlegungen betreffen auch die Eltern-Kind-Beziehungen. Auch hier wirken sich die genannten Veränderungen aus: funktionale Beziehungselemente treten zurück, die psychosozialen Anteile nehmen zu und verselbständigen sich. Damit verdichtet sich die Eltern-Kind-Beziehung, dehnen sich Beziehungsphasen, die bis dahin quasi nebenher abliefen, inhaltlich aus und werden zugleich komplizierter, d. h. auf neue Art störungsanfällig. Dies zeigt sich nicht zuletzt an dem, was hier diskutiert werden soll: Während in traditionellen Eltern-Kind-Beziehungen, deren Entstehung und Frühphase kein eigenständiges Thema von Bedeutung war (sieht man von den instrumentellen Problemen ab, die sie mit sich brachten), nimmt die Aufmerksamkeit zu, die ihr gewidmet wird, sind die Übergänge aufwendiger und werden auf vielfältige Weise thematisiert und reflektiert, werden die Einzelheiten des interaktiven Geschehens durch sehr viel mehr Hinwendung hervorgehoben. Während der Übergang zur Elternschaft und die Übernahme der Elternposition in traditionellen Mustern nur in geringem Maß psychosozial differenziert war, ist heute Elternwerden (fast) ein lebensfüllendes Programm, ist die »Geburt der Eltern« mindestens so schwierig wie die des Kindes.

3.2. Entwicklung der neuzeitlichen Familienstruktur

Was in den letzten Abschnitten kurz angesprochen wurde, bedarf noch der sozialgeschichtlichen Erläuterung und Illustration. Bisher wurden die Probleme auf abstraktem Niveau behandelt; um zu verstehen, welche konkrete Form sie angenommen und welche Dynamik sie entwickelt haben, ist es jedoch unerlässlich, einen Blick auf die Entwicklung der Primärgruppen zu werfen und das heißt, bezogen auf den mitteleuropäischen Kulturkreis: auf die Entwicklung der Familie.

Die Entwicklung der Familie gehört zu den besonders umstrittenen Themen der Soziologie. In ihren Anfängen begnügte man sich mit der dogmatischen (Voraus-) Setzung einer bestimmten Familienform. Als dann die Einsicht in die Vielfältigkeit der Formen zunahm, wurde von verschiedenen Theoretikern versucht, ein (mehr oder weniger komplexes) evolutionäres Modell zu entwerfen. Dies führte zunächst zu einer Reihe »institutionalistischer«, sozialdarwinistisch inspirierter Entwürfe.

> »Die Familie wird nicht mehr als natürliche, naturgegebene Einheit, sondern als mit dem historischen Wandel verknüpfte Institution angesehen (...) Während noch Rousseau, Condorcet und Comte die Monogamie als ursprüngliche Eheform ansahen, wird nun mit der Relativierung ihrer zeitlosen Gültigkeit eine Vielzahl von sozialen Beziehungen zwischen Mann und Frau, deren Kinder und der Verwandtschaft festgestellt. Mit der Übertragung darwinistischer Konzepte auf die Geschichte der Gesellschaft, Familie und Ehe wird versucht, einen theoretischen Zusammenhang von Sätzen auszuarbeiten, wodurch den meisten Autoren die Entwicklung der Familienformen von der Vergangenheit bis zur Gegenwart in einer aufsteigenden Linie gesehen wird« (Schwägler 1970, S. 61; vgl. auch Christensen 1964, König 1972).

Nachdem der erste Schock des Wandels überwunden war, schien es wenigstens erstrebenswert, die Gegenwart als Ziel und Endpunkt der Evolution zu interpretieren[12].

Unabhängig davon hat die »institutionelle« Familientheorie des 19. Jahrhunderts der späteren Diskussion ein Leitthema vorgegeben: den (angeblichen) Übergang von der traditionellen Groß- zur modernen Kleinfamilie. Dieses Thema wird von so verschiedenen Autoren wie Maine, Engels und Durkheim variiert. Durkheim verzichtet zwar auf explizit evolutionstheoretische Interpretationen, unterstellt aber eine Entwicklungstendenz von der Verwandtschaftsfamilie der vorindustriellen Gesellschaft zur »familie conjugale«, zur Kernfamilie, die durch »Kontraktion« im Prozess der Industrialisierung aus dem Verwandtschaftsverbund herausgelöst wird. – Dieser Ansatz wurde in der Folge in der Familiensoziologie immer wieder aufgegriffen und diskutiert. Es bildete sich ein gewisser common sense, die Hubbard wie folgt zusammenfasst:

> »In der Großfamilie wohnten mehrere Generationen – Eltern und Kinder sowie Großeltern und andere Verwandte – im gemeinsamen Haushalt unter der patriarchalischen Herrschaft des Hausvaters, wobei das Gesinde zum Familienkreis gehörte und die hausrechtliche Position eines Kindes einnahm. Die vorindustrielle Großfamilie das ganze Haus vereinigte Produktion und Konsum in sich;

außerdem übernahm sie fast allein die Erziehung und Sozialisation der nachwachsenden Generation. Autorität, Stabilität und Solidarität charakterisierten diese Sozialform, in der die Gemeinschaft und nicht der einzelne dominierte. Seit dem Ende des 18. Jahrhunderts unterminierten die Industrialisierung und ihre Begleiterscheinungen – Verstädterung, relative Abnahme des Agrarsektors, Ausbau der Dienstleistungen – die Grundlagen dieses Familientyps. Die gewerbliche Produktion wurde aus dem Haus ausgegliedert und in die Fabrik verlagert; Bauernkinder gingen in die Stadt, auf der Suche nach Arbeit; Dienstleistungen wurden rationalisiert und in Büros oder spezielle Geschäftsräume außerhalb der Wohnung verlegt. Mit der Zunahme industriell angefertigter Konsumgüter seit der Mitte des 19. Jahrhunderts verlor auch die engere Hauswirtschaft insofern an Bedeutung, als sich die Tätigkeit der Hausfrau immer mehr auf die Versorgung von Kindern und Mann beschränkte. Aus der Trennung von Arbeit und Haushalt entstand eine Polarisierung öffentlicher und privater Lebensbereiche, die durch die Schulpflicht und die damit verbundene außerhäusliche Erziehung bald auch die Kinder betraf. Die Entstehung einer solchen privaten familialen Sphäre begünstigte die Emotionalisierung der Beziehungen zwischen den Ehepartnern sowie zwischen Eltern und Kindern. So wurde die Familie zu einem Refugium, in dem man sich von den Strapazen einer konkurrenzerfüllten, versachlichten Außenwelt erholen konnte. Dies galt allerdings nur für die Kernfamilie, denn durch die Ausgliederung der bis dahin häuslichen Produktionstätigkeit und die geographische und soziale Mobilität lösten sich die umfassenderen verwandtschaftlichen Bindungen auf. Unter den neuen sozioökonomischen Bedingungen mit der Betonung auf individueller Leistung und Qualifikation verlor die verwandtschaftliche Solidarität ihren traditionellen Sinn; sie behinderte eher die persönliche Mobilität statt sie zu fördern. Eine Kombination emotionaler und rationaler Überlegungen führte zu einer Beschränkung der Geburten. Mit weniger Kindern stiegen die Chancen, den Lebensstandard der eigenen Familie und die Aufstiegsmöglichkeiten der Kinder zu verbessern. Nach diesen Vorstellungen entwickelten sich die charakteristischen Merkmale der modernen Kleinfamilie: geringe Haushaltsgröße, betonte Privatheit gegenüber Fremden und Verwandten, intensive innerfamiliale Gefühlsbindungen mit Betonung eines Liebesverhältnisses zwischen den Ehepartnern, Beschränkung der wirtschaftlichen Funktionen der Familie auf Konsum und Versorgung. Sie stellte damit eine spezifische Antwort auf die Bedürfnisse der Industriegesellschaft dar. Aus dieser Verknüpfung von ökonomischen und gesellschaftlichen Veränderungen im 19. Jahrhundert folgerte man eine universelle Tendenz zur Kleinfamilie als immanente Konsequenz des sich entwickelnden Systems der Industriegesellschaft« (1983, S. 12f.).

Hubbard fährt fort: »Insgesamt kann diese These den Ergebnissen der jüngsten historischen Forschung nicht standhalten; sie bedarf der gründlichen Revision« (a. a. O., S. 13).

Das liegt allerdings auch daran, dass er die These selbst so zuspitzt, wie sie kaum vertreten wird: Von einem »linearen Übergang von der traditionellen Großfamilie zur modernen Kleinfamilie« ist in der familiensoziologischen Literatur (schon lange) nicht (mehr) die Rede. Alle, die sich mit dem Thema beschäftigen, betonen immer wieder die Komplexität des Themas wie die »Nicht-Linearität« von Entwicklungen, auch wenn Entwicklungslinien hervorgehoben werden (so z. B. König 1972; Schwägler 1970). Die annoncierte Revisionsbedürftigkeit hängt also auch damit zusammen, dass hier den »traditionellen« Theoretikern eine bestimmte Position unterstellt wird, wodurch die Arbeit der »Revisoren« natürlich wichtiger wird.

Dennoch ist es keine Frage, dass die neueren Ansätze zur Familienforschung viel in Bewegung gebracht haben. Vor allem hat die sozialgeschichtliche Analyse ein ums andere Mal verdeutlicht, dass es »die« Familie nicht gibt – zumindest nicht historisch. Vielmehr muss von einer hochgradigen Differenzierung je nach ökonomischen, sozialen, juristischen Rahmenbedingungen gesprochen werden (vgl. dazu Rosenbaum 1978). Die Struktur der Primärgruppe hing und hängt wesentlich von den konkreten Umweltvorgaben, von den Imperativen und Resultaten der ökonomischen und sozialen Verhältnisse ab. Untersuchungen zeigen beispielsweise, dass die Familiengröße unter Umständen sehr direkt von den Möglichkeiten des Überlebens abhängt: Wie viel Personen kann ein Hof ernähren? Aber auch: Wie viele Arbeitskräfte braucht eine Arbeiterfamilie, um zu überleben? Dabei spielen selbstverständlich makroökonomische Variablen die determinierende Rolle (vgl. z. B. Lee 1977). Auf der anderen Seite spielt gerade in Bezug auf die bäuerliche Familie das Erbrecht eine erhebliche Rolle. Schon Riehl hatte festgestellt, dass Familien im Einflussbereich der sogenannten Realteilung zur Zersplitterung tendierten, während bei Anerbenrecht die Haushalte relativ groß und komplex blieben, weil auch die Höfe eine konstante Größe behielten und nicht durch Erbteilung immer kleiner wurden (vgl. dazu Hubbard 1983).

Peter Laslett kritisierte die klassische These mit dem statistischen Nachweis, dass die durchschnittliche Familiengröße auch zu der Zeit, die als die Ära der »Großfamilie« betrachtet wurde, eher gering war. Er errechnete vom 16. bis zum 19. Jahrhundert eine konstante Durchschnittsgröße von 4,75 Personen. Außerdem hätte der Anteil an Drei-

Generationen-Haushalten nie mehr als ca. 10% betragen (Laslett 1972). Er folgert daraus, dass der angeblich moderne Familientyp schon immer dominierte. – Seine Befunde sind allerdings ebenfalls nicht unproblematisch, denn er differenziert nicht nach Phasen der Familienentwicklung, sondern berechnet einen abstrakten Durchschnitt, unabhängig von den Veränderungen der Familien. Da jedoch Kinder nicht nur häufiger starben, sondern das Elternhaus auch früher verließen, verträgt sich beispielsweise eine hohe Geburten- und Kinderrate mit einer eher geringen Durchschnittsgröße, weil die ältesten Kinder längst das Haus verlassen hatten, wenn die jüngeren noch nicht einmal geboren waren. Außerdem muss die hohe Fluktuation, die mit dem Lebensschicksal des jeweiligen Haushaltsvorstandes verbunden ist, stärker berücksichtigt werden[13]. Schließlich besagt eine gleichbleibende Zahl noch nichts darüber, warum sie zustande kommt: Ob 4,75 Personen zusammenleben, weil mehr nicht überleben können oder weil die dominierenden Familienmitglieder absichtlich die Zahl begrenzen, ist ein erheblicher Unterschied[14].

Durch die neueren Beiträge zur Familiensoziologie ist das klassische Bild zwar nicht grundsätzlich widerlegt worden, aber doch so erheblich differenziert und korrigiert, dass es schwer fällt, die für das hier zur Diskussion stehende Thema relevanten Ergebnisse übersichtlich zusammenzustellen. Es erscheint auf jeden Fall sinnvoll, zunächst zwischen säkularen Entwicklungstrends und ihrer Feinstruktur bzw. neueren Entwicklungen zu trennen. Was sich bis zur Mitte des Zwanzigsten Jahrhunderts und in den letzten Jahrzehnten abgespielt hat, liegt zwar auf einer Linie, unterscheidet sich jedoch qualitativ. Das Primärgruppenprofil der achtziger Jahre ist mit dem der frühen fünfziger kaum vergleichbar, obwohl bestimmte Grundstrukturen gleich geblieben sind. Aber erst jetzt werden die vollen Konsequenzen bzw. Spätfolgen von Entwicklungen, die sich schon seit längerem anbahnten, deutlich. Das liegt nicht zuletzt daran, dass sich längerfristige Entwicklungstrends in dieser Phase radikalisiert und anders akzentuiert haben. Was hat sich durch die neuere Forschung für das »klassische« Bild von Familienentwicklung und -struktur ergeben? Das Modell vom Übergang von der Groß- zur Kleinfamilie muss (soweit es existierte) konkretisiert werden: Der Prozess war komplexer. Andererseits kann ein Schrumpfen der Familiengröße und eine Reduktion auf die Kernfamilie im Ernst nicht bestritten werden; dieser Prozess hat allerdings später eingesetzt. Dabei spielt auch eine Rolle, dass sich eine Zeitlang sinkende Geburtenzahlen und steigende Überlebenschancen für Säuglinge kompensiert haben, das heißt aber auch: dass die nackte Zahl im Grunde darüber hinwegtäuscht, dass sich fundamentale Veränderungen in der psychosozialen Struktur und den Konstitutionsbedingungen der Familie abgespielt haben. Es ging und geht im Grunde ja auch nicht um das Dogma der abnehmenden Zahl, sondern um den Strukturwandel, der nunmehr aus verschiedenen Perspektiven beleuchtet wird.

Sieht man also die Entwicklung der Primärgruppe aus größerer Distanz (und unter besonderer Hervorhebung der Beziehungsstrukturen), so lässt sich zunächst feststellen, dass die vorindustrielle Entwicklung vor allem gekennzeichnet ist durch eine Prävalenz ökonomischer (und in beschränktem Ausmaß sozialpolitischer) Determinanten. Die vorindustrielle Primärgruppe in der mitteleuropäischen Kultur ist zunächst Überlebens- und das heißt vorrangig: Wirtschaftseinheit. Otto Brunner (1963) hat schon früh den engen Zusammenhang zwischen der Struktur der Ökonomie und der Organisation der Primärgruppe aufgezeigt. Von ihm stammt eine der ersten Analysen der ökonomischen und sozialen Funktion des »Ganzen Hauses« in der vorindustriellen Gesellschaft. Auch aus heutiger Sicht besteht die grundlegende Differenz in den Strukturvorgaben der Familienkonstitution:

> »Eine große Zahl von Familien in der vorkapitalistischen Gesellschaft ist nicht nur in einem sehr viel umfassenderen Sinne als heute Lebens-, Erziehungs-, Konsum- und ›Freizeit‹-Gemeinschaft gewesen, sondern zugleich – und das im strikten Gegensatz zur ›modernen‹ Familie – die grundlegende Einheit der Produktion. Weder waren diese Familien ohne die Produktionsaufgaben denkbar, noch die Produktion ohne den familialen Rahmen, der sie prägte und begrenzte« (Rosenbaum 1982, S. 19).

Rahmen heißt hier: Die traditionelle Agrargesellschaft war wesentlich gekennzeichnet durch ein geringes Entwicklungsniveau und eine traditionelle Organisation der landwirtschaftlichen Produktion. 80% der Bevölkerung oder mehr lebten von der Landwirtschaft, die bei hohem Einsatz an Arbeit relativ wenig Ertrag lieferte. In diesem Kontext war der Hof die soziale Form der Produktion, d. h. Leben und Arbeiten waren kaum getrennt. »Die Einheit von Produktion und Haushalt bedeutete, dass jenseits aller vorhandenen Differenzierungen sachlich-ökonomische und arbeitsorganisatorische Aspekte im täglichen Leben dominierten« (a. a. O.).

Dieser Grundtyp von Familienstruktur herrschte, wie immer auch im einzelnen variiert, bis in die frühe Neuzeit vor: Es handelt sich um eine erzwungene, zweckrationale Organisation der Primärgruppe. Es liegt auf der Hand, dass bei der Konstitution von Familien emotionale und affektive Kriterien keine Rolle spielten. »Liebe« ist kein Begriff einer traditionellen Agrargesellschaft. Der Ehepartner musste vor allem ebenbürtig sein, sollte von seinem Status her in die bestehende Familienstruktur (und das hieß konkret immer: in die jeweiligen Erfordernisse des Familienzyklus) passen; es wurde von ihm ein gewisses Maß an materieller Ausstattung und vor allem Arbeitskraft verlangt[15]. Es ist ebenfalls klar, dass eine so konstituierte und eingespannte Primärgruppe sich nicht nach außen abschließt und ein ausdifferenziertes (emotionales) Privatleben führt. Die Verhältnisse führten zu einer »Überlebensgemeinschaft«, in der es zwar unterschiedliche Macht gab, der einzelne als Person jedoch eher geringe Bedeutung besaß. Zugespitzt könnte man sagen: Gerade die vorindustrielle Familie ist extrem nach Funktionen und Positionen strukturiert. Die Primärgruppe hat sich unter dem Vorzeichen von Knappheit vorrangig mit basalen Reproduktionsfunktionen beschäftigt; eine weitergehende Differenzierung ist kaum möglich.

Das bedeutet nicht, dass es keine Emotionen gab. Aber ganz wesentlich ist, dass es keine »persönlichen«, individualisierten Beziehungen (und die damit verbundene wechselseitige Sozialisation) gab. Jeder blieb im Grunde emotionaler Einzelkämpfer, der zusehen musste, dass er seine Bedürfnisse im laufenden Betrieb unterbrachte. Dass es dabei zu erheblichen Auseinandersetzungen kam, leuchtet ein. »Im ›ganzen Hause‹ wurden Ratio und Gefühle in immer wiederkehrenden, sicherlich oft schmerzhaften Spannungen gegeneinander ausgeglichen« (Brunner 1963, S. 42).

Entscheidend ist, dass durch die Lebensbedingungen sich weder eine emotional ausdifferenzierte psychische Struktur entwickelte noch ein Interaktionssystem entstand, dass in dieser Hinsicht viel Raum für Eigendynamik gelassen hätte. Immer wieder wird zu Recht darauf hingewiesen, dass allein schon die hohe Mortalität eine enge Personenbindung zu einem unwahrscheinlichen Ereignis werden ließ[16]. Dazu kommt die Härte der Lebensbedingungen, aber auch eine Struktur der Lebenswelt, die in dieser Hinsicht weder anregte noch unterstützte.

Dass es sich dabei um ein Strukturmerkmal von Primärgruppen in vorindustriellen Gesellschaften handelt, wird deutlich, wenn man einen Blick auf den Adel wirft, dessen Lebensbedingungen weitaus komfortabler waren. Aber auch hier bildete sich nicht etwa eine beziehungszentrierte, emotional differenzierte Familienstruktur. Im Gegenteil: Die Imperative der Machterhaltung und -politik waren hier oft noch viel ausgeprägter. Reif (1983) beschreibt ausführlich, dass und wie die Entstehung und der Entwicklungszyklus von Adelsfamilien fast vollständig von der Stellung zum Besitz geprägt wurde:

»Die streng arbeitsteilige Familienordnung, entstanden aus der Verknüpfung von bestimmten im Adel gesicherten Gütern (...) und deren Transmissionsbedingungen (...), primär gesetzten Familien- und Standeszielen (...) und den spezifischen politisch-institutionellen, ökonomischen und sozialen Bedingungen, die der feudal-ständische geistliche Staat den Adel zur Sicherung und Stärkung seiner Herrschaftsposition bot, schrieb dem einzelnen Familienmitglied familiale und ›berufliche‹ Rollen, Status in der familialen Hierarchie und zukünftige Lebenschancen in einer Ungleichheit erzeugenden Weise eindeutig zu, und zwar im wesentlichen nach den Kriterien Geschlecht und Stellung in der Geburtenfolge. Der einzelne war diesem familialen Regel- und Disziplinierungssystem ein- und untergeordnet. Er hatte die ihm zugewiesene familiale Rolle und berufliche Position zu übernehmen und jederzeit wieder aufzugeben, wenn es die in der Familienordnung formulierten Ziele erforderten; nur dann hatte er auch die ihm zugewiesenen Ansprüche auf Partizipation an den in Familie und Stand gesicherten Lebenschancen« (a. a. O., S. 129).

Die neuere Forschung hat sich intensiver damit beschäftigt, wie sich diese Ausgangsbedingungen auf die Eltern-Kind-Beziehungen ausgewirkt haben. Zu den (für heutige Wahrnehmung sehr bedrückenden) Ergebnissen gehört zunächst, dass die Eltern-Kind-Beziehung schon durch die extrem hohe Säuglingssterblichkeit eine vergleichsweise geringe Intensität und Differenzierung erfuhr. Die Zahlen schwanken, aber es steht fest, dass ein hoher Prozentsatz der Neugeborenen im ersten Lebensjahr starben und auch die Kindersterblichkeit bis ins 19. Jahrhundert relativ hoch war (vgl. de Mause 1978; Shorter 1977). Unmittelbar verantwortlich dafür ist – neben materiellem Elend, das häufig zum Tod durch

Unterernährung und Mangelkrankheiten führte – die mangelnde Hygiene und vor allem auch die mangelnde Versorgung der Säuglinge. De Mause und Shorter schildern ausführlich, wie Säuglinge Schmutz, Kälte und bei schlechter Ernährung aushalten mussten und oft von vornherein nur minimale Überlebenschancen hatten.

Nun wäre es falsch, aus den überlieferten Dokumenten den Schluss zu ziehen, bis in die frühe Neuzeit sei die Vernachlässigung von Säuglingen der Normalfall gewesen. Man muss jedoch davon ausgehen, dass solche Ereignisse nicht gerade selten waren. Ein Stück weit hing der Umgang mit Säuglingen auch sehr direkt von den jeweiligen konkreten Arbeitsbedingungen ab: Kinder waren ja nicht unbedingt immer »erwünscht«, sondern wurden mehr oder weniger ungeplant gezeugt und geboren. Säuglinge passten nicht in die Erfordernisse der traditionellen Landwirtschaft (genauer gesagt sie passen in keinen funktional ausgerichteten Produktionsprozess, was sich in der traditionellen Knappheitsökonomie allerdings besonders intensiv bemerkbar machte). Das zwang zur Anpassung der Säuglinge an das Alltagsleben:

> »Die Versorgung der Säuglinge wurde – so gut es ging – in den täglichen Arbeitsablauf eingegliedert. Besondere Umstände konnten seinetwegen nicht gemacht werden. Wenn die Frauen mit aufs Feld mussten und das Kleinkind nicht mitgenommen werden konnte, wurde es beispielsweise stundenlang allein zu Hause gelassen« (Rosenbaum 1982, S. 90)

– aber nicht immer wohlgebettet und versorgt, sondern unter kaum vorstellbaren Bedingungen: auf dreckigem Stroh, an kalten, zugigen Stellen, wo es von Keimen und Ratten wimmelte. Da waren die Kinder, die nach damaligem Brauch »gewickelt« wurden[17] – man wickelte sie so fest in Tücher ein, das sie sich nicht bewegen konnten (und hing sie dann oft an einen Haken an die Decke) – noch vergleichsweise gut dran. – Es gab also erhebliche funktionale Zwänge, die zur geringen Beachtung der Bedürfnisse eines Säuglings führten. Es ist jedoch keine Frage, dass dabei auch ein erhebliches Desinteresse, ein nur müßiges emotionales Engagement der Eltern, eine wesentliche Rolle spielt. Die bekannten Dokumente legen nahe, dass die Beziehung der Eltern zu den Kindern (gemessen an heutigen Vorstellungen) ausgesprochen instrumentell und emotional unterkühlt, wenn nicht gar aggressiv-sadistisch waren (vgl. dazu ausführlich de Mause 1978). Ariès hat darauf verwiesen, dass in der vorindustriellen Gesellschaft ein spezifisches Interesse von Eltern an Kindern (als Kindern) nicht oder kaum existierte. Er wies nach, dass sie als »kleine Erwachsene« (d. h. als unvollkommene Erwachsene) wahrgenommen wurden. Dazu passt, dass Säuglinge – mit denen sich wenig praktisch »anfangen« lässt, die keine Hilfe bei der Arbeit sind, sondern im Gegenteil davon abhalten – als anstrengend und störend erlebt und behandelt wurden. Zwar waren Kinder als Arbeitskräfte und/oder als Erben nötig, aber das änderte nichts an dem Negativ-Status, den vor allem Säuglinge und Kleinkinder in der Primärgruppe als »Überlebensgemeinschaft« hatten.

So gesehen ist die hohe Säuglingssterblichkeit nicht nur ein Resultat mangelnder Nahrung und Hygiene. Sie ist auch ein Ausdruck einer psychosozial belasteten und unterentwickelten Eltern-Kind-Beziehung[18], die sowohl als Bedingung als auch Resultat der engen Kopplung von Primärgruppe und Produktion unter dem Vorzeichen von repressiven und knappen Lebensbedingungen zu interpretieren ist. Generell sind emotionale Kontakte nur gering differenziert und eigendynamisch. Intensive Eltern-Kind-Beziehungen konnten sich nicht entwickeln, weil die Umstände dies nicht zuließen; dies war zugleich Produkt restriktiver Verhältnisse als auch ein sie stabilisierender, regulativer Mechanismus. Denn die gesellschaftliche Produktivität (die über weite Strecken kaum das Subsistenzniveau erreichte) ließ nur eine bestimmte Bevölkerungszahl zu (die in keinem Verhältnis zur potenziellen Generativität stand). Bewusste »Familienplanung« war kaum möglich, was zur Folge hatte, dass die unvermeidliche Beschränkung der Nachkommen sich quasi in die (gefährliche, riskante) frühkindliche Entwicklung verlagern musste. Es wäre daher unangemessen, aus neuzeitlicher Perspektive von intentionaler »Grausamkeit« oder moralischer Defizienz zu reden.

Auch andere Aspekte des Eltern-Kind-Verhältnisses zeigen, dass die ihm innewohnende Dynamik fast ausschließlich von externen (ökonomischen, sozialpolitischen) Variablen gesteuert wird. Schon die Zeitspanne, in der Eltern und Kinder als solche in Beziehung zueinander stehen, ist – wenn sie überhaupt in differenzierter Form existiert – kurz. Die Untersuchungen stimmen darin überein, dass auf dem Bauernhof die Mitarbeit der Kinder schon nach sehr kurzer Zeit verlangt bzw. erzwungen wird. Was heute der Kindergarten ist, war in der vorindustriellen Zeit für die Kinder

der Bauernfamilie das Feld, der Stall, der Hof. Mit der systematischen Einbeziehung der Kinder in den Produktions- und Reproduktionsprozess des »Ganzen Hauses« nahmen zwangsläufig die instrumentellen Beziehungsanteile eine dominante Stellung ein; die Eltern-Kind-Beziehung wurde bestimmt von den Imperativen der jeweiligen Anforderungen (und den sich um sie entwickelnden und von den Beteiligten ausagierten psychosozialen Verarbeitungsmodi). Damit verbunden war ein erheblicher Anpassungszwang. Zu einem Zeitpunkt, wo weder die kognitive noch die psychische Entwicklung des Kindes einen Zustand der Stabilität und Differenzierung erreicht hat, wurde ihr die zwingende Logik der bäuerlichen Lebenswelt mehr oder weniger massiv vorgegeben. Eine »eigenständige« kindliche Entwicklung fand unter diesen Umständen nicht statt, sondern eine Weiterentwicklung unter ständiger Akkommodation an externe Imperative, die auf vergleichsweise gering differenziertem psychischem Niveau übernommen werden mussten. Psychische Entwicklung konnte nur heißen: Bewusstseinsstrukturen bleiben formal wie inhaltlich beschränkt auf selektive und konkretistische Modi, emotionale Prozesse gebunden an rigide und wenig »dialogische« Objekt- und Subjektbilder. Systemtheoretisch ausgedrückt: Die Selbst- und Fremdreferenzen überschreiten nicht das funktionale Niveau unmittelbarer Differenz, werden also nicht reflexiv.

Dabei spielt eine entscheidende Rolle, dass die Eltern nicht als von ihrer Umwelt getrennte Personen auftreten, die singuläre Beziehungen zum Kind entwickeln und aufrechterhalten (analoges gilt für alle primären Bezugspersonen). Statt dessen wächst das Kind in einem sozialen Feld mit statischen Positionen und psychisch wenig autonomen, weitgehend projektiv und introjektiv (inter)agierenden Individuen auf, welches von der Beziehungsseite her ausgesprochen kontingent ist: Wer welche Position innehatte, war zwar keineswegs gleichgültig, aber emotional eine interaktiv nicht zugängliche und beeinflussbare Größe. So war beispielsweise damit zu rechnen, dass im Laufe der Kindheit eines der Eltern starb und durch eine andere Person ersetzt wurde – ganz abgesehen davon, dass auch die leiblichen Eltern keine emotional trennscharfen Bezugspersonen waren.

Man kann nur darüber spekulieren, ob und wie das frühkindliche Schicksal, welches sich unter diesen Vorzeichen typischerweise abspielte, und die Einstellung der Eltern zu ihren Kindern korrelieren. Zu vermuten ist, dass Strukturdefizite der psychischen Entwicklung endemisch vorkamen. Nach allem, was die Sozialisationsforschung gezeigt hat, sind repressive und psychosozial starre Lebensverhältnisse ein Nährboden für basale Strukturkonflikte. Es kann sich kein »Urvertrauen« bilden, die archaischen Elternimagines bleiben primitiv und undifferenziert, Traumatisierungen auf früherer Entwicklungsstufen sind die häufige Folge. Die psychische Stufe der psychischen Autonomie (inklusive komplexer Objekt- und Selbstbeziehungen) wird schwer erreichbar. Auch die kognitive und moralische Entwicklung wird beeinträchtigt. Die Literatur ist (von den üblichen Feindifferenzierungen abgesehen) sich darüber einig, dass auch die spätere Eltern-Kind-Beziehung nur schlecht unter dem Stichwort »Sozialisation« im neuzeitlichen Sinne gefasst werden kann. Es findet Akkomodation (subjektiv) und Enkulturation (sozial) statt. Aber nicht innerhalb eines gezielten, von Seiten der Eltern intentionalen und daraufhin spezialisierten Prozesses der interaktiven Steuerung, der Eigenheiten des Kindes aufnimmt und vermittelt, sondern in Form einer beiläufigen, wenig interaktiv ausdifferenzierten (d. h. latenten) Mit-Thematisierung im laufenden Produktions- und Reproduktionsprozess.

> »Der Erziehungsprozess vollzog sich naturwüchsig, ohne bewusstes Eingreifen und gezielte Bildung und Ausbildung der kindlichen Fähigkeiten. ›Geistig sind die Kinder sich selbst und dem lieben Gott überlassen‹, so fasst Bindlingsmaier die bäuerliche Erziehung zusammen (...) Inhalt und Ziele der ›Erziehung‹ im Bauernhaus können mit dem Begriff ›Erziehung zur Arbeit‹ am besten beschrieben werden. Nur das sehr kleine Kind hatte viel Zeit zum zweckfreien Spiel, wobei die Spielgegenstände und Materialien selbst hergestellt werden mussten. Aber schon früh mischten sich die Arbeitsvollzüge mit dem Spiel. Das allmähliche, aber stetige Heranziehen des Kindes zur Arbeit fand (...) je nach Wohlstand und verfügbaren Arbeitskräften unterschiedlich früh und intensiv statt. Unabhängig davon spiegelt sich aber darin die grundlegende Einstellung des Bauern zu Kindern, die primär als Arbeitskräfte geschätzt wurden« (Rosenbaum 1982, S. 93f.).

Was im Arbeitsprozess angeeignet wurde, waren wesentlich traditionell strukturierte, konkretistische Praktiken, die auf der Basis von einfachem Konditionieren und Imitation übernommen werden konnten. Spätestens mit 12 Jahren – also noch vor Erreichen der Pubertät – galt das Kind als vollwertige Arbeitskraft und wurde entsprechend in den Betrieb integriert oder als Arbeitskraft in den Dienst anderer Höfe abgegeben. – Um Missverständnisse vorzubeugen: Damit ist keineswegs gesagt, dass die gegenwärtigen Verhältnisse »besser« seien – wir leben mit einem anders strukturierten Konfliktprofil. Und auch nicht: dass es sich um eine »zwangsläufige«, um eine teleologische Entwicklung von der vorindustriellen Gesellschaft zur Gegenwart handle. Es handelt sich um eine Entwicklung, aber weder um eine, die nicht anders hätte sein können, noch um eine, die normativ vom Schlechten zum Guten, vom Konflikt zur Harmonie fortschreitet. Angemessener ist eine »ökologische« Sicht: dass bestimmte gesellschaftliche Bedingungen entsprechende psychosoziale Bedingungen voraussetzen und erzeugen. So gesehen ist emotionale Distanz und starke Positionszentrierung der Eltern-Kind-Beziehung der notwendige und passende Modus der Regulation von Problemen und Aufgaben, die anders in dieser Gesellschaft kaum hätten bewältigt werden können. Dies um so mehr, als die Sozialisation durch die Verhältnisse auch in den Jahren der späteren Kindheit keine eigendynamische Entwicklung förderte, sondern sehr viel stärker die basalen Anpassungsmodi stützte. Dadurch unterblieben wesentliche Differenzierungsschritte von Kognition und Emotion[19]; »Ich-Strukturen« bildeten sich nur in sehr begrenztem Umfang, statt dessen dominierte eine Art unmittelbar mit der Umwelt verbundene und von ihr regulierte Identität. Riesman sprach im Zusammenhang mit Identitätsveränderungen im Übergang zur Neuzeit von einem »traditionsgeleiteten Charakter«, der »rückwärts ausgerichtet« ist; d. h. auf die gesellschaftlich etablierten, (seit langem) gültigen Verhältnisse abgestimmt ist und auch in seiner Identitätsbalance vor allem durch die Einbindung in ein konkretes Kollektiv gestützt wird. Auf einer sehr allgemeinen Ebene trifft dies wichtige Aspekte der Identitätsbildung in der vorindustriellen Gesellschaft. Man kann ergänzen: Beziehungen zur Umwelt wie zu anderen Subjekten bleiben relativ unvermittelt; »Objektbeziehungen« werden nicht als Entäußerung von Subjektivität vom Subjekt angeeignet, sondern verbleiben intrapsychisch und dadurch ständig von außen gesteuert, d. h. wenig eigendynamisch. Entsprechend bleibt auch die Selbstbeziehung primärprozesshaft. Insgesamt ist die psychische Struktur wenig stabil und abgegrenzt, entwickelt nur ein geringes Maß an Autonomie und wird dadurch ständig durch die konkreten internen und externen Bedingungen, d. h. Triebimpulse und soziale Kontrolle, gesteuert (und gestützt). Auch wo keine Gewalt direkt vorhanden ist; muss zumindest davon gesprochen werden, dass der »stumme Zwang« der Verhältnisse die Identität der Subjekte dominiert.

Dieses Identitätsprofil wird von Generation zu Generation tradiert: Die im vorherigen Abschnitt angesprochene Bedeutung der eigenen Kindheitserfahrungen für das spätere Elternverhalten hat zur Folge, dass fehlende Kontaktaufnahmen und Traumatisierungen der Kinder sich später erneut umsetzt in mangelnde Fähigkeit zur Kontaktaufnahme und aggressiv-indifferentes Verhalten gegenüber Kindern.

Auf diese Weise sind etablierte Eltern-Kind-Beziehungen ein sich selbst ständig reproduzierender Zusammenhang. Es wäre allerdings (empirisch wie methodisch) falsch, davon auszugehen, dass die Verhältnisse überall mit dieser abstrakten und damit zwangsläufig idealisierten Beschreibung erschöpfend charakterisiert sind. Zum einen (was stets berücksichtigt werden muss) sind die empirischen Verhältnisse hochgradig verschieden und das heißt vor allem: vielfältig. Die Grundstrukturen werden jeweils spezifisch und konkret variiert und gehen daher nicht in einem generalisierten Muster auf, da in jeder Variation auch immer »Dissidenz«, gewissermaßen »Subjektivität« steckt. Zum anderen impliziert ein dominantes Muster nicht dessen Widerspruchsfreiheit; es ist also keineswegs selbstgenügsam und statisch. Im Gegenteil: Je rigider das Muster, desto mehr wird an Differenz und Dynamik »unterdrückt«, desto stärker sind damit auch Anknüpfungspunkte für Weiterentwicklungen gegeben. Wo also (aus welchen Gründen auch immer) das labile gesellschaftliche und psychosoziale Gleichgewicht der vorindustriellen Gesellschaft aufgelöst wird, entwickelt sich schnell ein gesellschaftsveränderndes interaktives Potenzial.

Dies gilt ganz besonders für die Eltern-Kind-Beziehung. Sie hat im Sog des Übergangs zur Industriegesellschaft radikale Veränderungen erfahren und zugleich bewirkt. – Entscheidend sind auch hier zunächst die über Identitätswandel vermittelten Veränderungen der Lebenswelt gewesen. Das vorindustrielle Handwerk, auch die Übergangsform der Hausindustrie haben sich zunächst nicht grundsätzlich verändernd auf die Familienstruktur ausgewirkt, sondern das traditionell bäuerliche Muster lediglich in Anlehnung an Veränderungen der Produktions-

und Reproduktionsbedingungen variiert (vgl. Rosenbaum 1982), was damit zusammenhängt, dass bestimmte Grundstrukturen der Produktion nicht grundsätzlich verändert wurden. Denn nach wie vor bleibt die Primärgruppe vorrangig eine Überlebensgemeinschaft, ist das »Ganze Haus« (und nicht die Familie) der Bezugspunkt der individuellen Existenz und grundlegende Produktionseinheit. Es bahnen sich allerdings hier schon Strukturverschiebungen an, die später von großer Bedeutung wurden. Vor allem zeigen sich Tendenzen der Bedeutungsverschiebung von Kindern. Zwar gehen hier die Meinungen auseinander (und die empirischen Befunde sind nicht eindeutig), aber es scheint, als wäre die unmittelbare Bedeutung der Kinder für den Produktionsprozess zurückgegangen; Rosenbaum (1982) betont, dass die Arbeitskontinuität nur sehr begrenzt auf die Mitarbeit von Söhnen aufgebaut werden konnte, weil im Handwerk Ausbildung und Betriebsorganisation einer anderen Logik folgten[20]:

> »Weder aus ökonomischen Gründen noch aus solchen der Betriebskontinuität hatten Kinder im Handwerkshaushalt mithin eine besondere Relevanz (...) Zweifellos fehlte im Handwerkerhaus jene ausgeprägt instrumentelle Sicht des Kindes, die im Bauernhaus dominierte, wo das Kind eine zentrale Bedeutung als Arbeitskraft, Unterstützung im Alter und als Erbe hatte« (a. a. O., S. 166).

Die Dokumente über die Eltern-Kind-Beziehungen zeigen jedoch strukturell wenig Unterschiede zur bäuerlichen Familie. Auch hier »stört« das Kind, läuft am Rande mit, wird mit groben Methoden »versorgt« (so etwa mit Alkohol, Opium u. ä. »beruhigt«) – frühkindliche Sozialisation bedeutet nach wie vor: Aktivitäten, die das Kind so einfach wie möglich zur Ruhe zu bringen bzw. in den Alltag zu integrieren. Insgesamt hat sich das Niveau der Versorgung erhöht (entsprechend dem durchschnittlich höheren Lebensstandard der Handwerkerfamilie), aber zugleich nahmen die Anpassungszwänge durch die Enge der Verhältnisse unter Umständen noch zu. Was sich jedoch änderte, war die strikte funktionale Determination der Eltern-Kind-Beziehung. Wo die ökonomischen Zwänge fehlten, entstand ein Potenzial an eigenständiger Beziehung, ein Spielraum, der jedoch zunächst nicht oder kaum genutzt wurde:

> »Obwohl die Eltern-Kind-Beziehung im Handwerkerhaus jene ausgeprägt instrumentelle Perspektive auf das Kind fehlte, (...) wodurch Raum für eine

stärkere Zuwendung zum Kind freiwerden konnte, so stand dem offenbar in vielen Fällen die autoritär-hierarchische Verfassung des ganzen Hauses entgegen« (Rosenbaum 1982, S. 170).

Die ein Stück weit ins Eigenständige entlassene Eltern-Kind-Beziehung wurde zunächst massiv durch primitive Formen der Auseinandersetzung gefüllt – die Berichte über Prügel, mit denen die Väter vor allem ihre Söhne bedachten, häufen sich[21]. – Vielleicht nimmt auch nur die Sensibilität der Söhne (und ihre Fähigkeit zur Reflexion) zu, aber selbst dies ist bereits der Vorschein einer sich abzeichnenden Veränderung. Auch wenn tatsächlich der Pegel manifester Aggressivität gestiegen sein sollte, so müsste dies als Indikator für einen sich anbahnenden Strukturwandel gesehen werden. Denn es ist kennzeichnend für Übergangsprozesse, dass neu auftretende Probleme zunächst mit den bisher verfügbaren Mitteln bewältigt werden, und, wo dies nicht ausreicht, häufig zu »regressiven« Bewältigungsmethoden gegriffen wird. Wenn also tatsächlich im Handwerkerhaushalt erste Kontingenzen der Eltern-Kind-Beziehungen auftraten, dann mussten eigenständige Interaktionsstrategien und emotionale Muster entwickelt werden, um sie aufzufangen und zu füllen. Neuerungen sind für traditionelle Gesellschaften immer auch eine Überforderung, zugleich angsterregend. Es könnte sein, dass daher öfter zugeschlagen wurde, wo interaktive Fragen zu regeln waren (bzw. Fragen interaktiv zu regeln waren), weil das Problemniveau die individuellen Kompetenzen überstieg und zugleich die Exponenten der traditionellen Hierarchie sich in Position und Identität bedroht fühlten. So gesehen würde also eine Zunahme gewaltförmiger Auseinandersetzungen dieser Art auf die Vorahnung tiefgreifender Strukturveränderungen schließen lassen. Eine solche Einschätzung passt in gewisser Hinsicht auch zu den Interpretationen von de Mause, der den Übergang zur Neuzeit als Phase der »Ambivalenz« der Eltern-Kind-Beziehung bezeichnet. Damit ist u. a. gemeint, dass Kind (immer noch) eine Projektionsfläche für das elterliche Unbewusste ist, zugleich aber das bloße Agieren von Projektionen überlagert wird durch eine kognitiv formulierte Strategie der Steuerung – Kinder sollen geformt werden. Der Beginn dieser Entwicklung war, so scheint es, von ausgesprochen rigiden Methoden der »Formung« geprägt.

3.3. Das Bürgertum und die Entstehung neuer Beziehungsmuster

Die qualitative Veränderung der Dialektik von Lebensbedingungen und Struktur der Primärgruppe hängt eng mit dem Aufkommen und der allmählichen Profilierung der »bürgerlichen« Familie zusammen. Man kann zwar keine zeitlich klaren Trennungslinien ziehen, aber die Forschung ist sich einig, dass sich spätestens gegen Ende des 18. Jahrhunderts eine neue soziale Klasse herausgebildet hat, die sich in jeder Hinsicht von den Klassen der Feudalgesellschaft und des Ständestaates und von ihren »Vorläufern« unterschied[22]. Die Anfänge der typisch bürgerlichen Lebensweise gehen zurück auf die Entstehung bzw. den Bedeutungs- und Funktionswandel städtischer Lebensformen im Zusammenhang mit der Herausbildung von differenzierterer Warenproduktion und Tauschwirtschaft (vgl. dazu ausführlich Sombart 1920). Die Lebensorganisation auf der Basis von »externer« Ökonomie löste (in ersten Ansätzen) die enge Bindung von Haus und Familie auf, während zugleich die Ökonomie des Warentausches wie auch die Organisation städtischen Zusammenlebens mehr abstraktere soziale Kompetenzen verlangte bzw. hervorbrachte.

Diese ersten Ansätze verblieben jedoch zunächst noch weitgehend eingebunden in feudale bzw. ständische Sozialstrukturen, entwickelten also wenig Eigendynamik. Erst als die spezifisch kapitalistische Ökonomie sich gegen traditionelle Wirtschaftsweisen gesamtgesellschaftlich durchgesetzt hatte und zugleich entscheidende Schritte in Richtung auf das, was als »Industriegesellschaft« bezeichnet wird, erfolgt waren, wurde das strukturell angelegte Entwicklungspotenzial auch empirisch realisiert. Dieser Übergang (und damit auch die Veränderung von Familienformen) vollzog sich schrittweise, und regional bzw. in unterschiedlichen gesellschaftlichen Bereichen sehr verschieden (schnell). Auch hier muss man die Dinge mit einigem Abstand betrachten, wenn man strukturelle Entwicklungslinien erkennen will (die dann entsprechend abstrakt sind). Aus einer solchen Perspektive lassen sich als wesentliche Resultate bzw. Begleiterscheinungen, die im 19. Jahrhundert »etabliert« sind, feststellen:
– Zunächst nimmt die gesellschaftliche Produktivität durch die Entwicklung von Arbeitsteilung, Sozialorganisation und Technisierung der Produktion erheblich zu. Die Folge ist eine beträchtliche Steigerung

des Lebensstandards und der materiellen Ausstattung der Lebenswelt, die vorrangig den besitzenden/privilegierten Klassen zugute kam. Dazu gehörte auch das Bürgertum, welches die damit verbundenen Interaktionschancen (auch) in Beziehungsentwicklung umsetzte.

– Gleichzeitig wird die Trennung zwischen Produktion und Reproduktion, zwischen Büro, Fabrik, Amt und Familie radikal vollzogen, nachdem die bisherige Einheit sich als überflüssig bzw. störend und nicht mehr zu den Erfordernissen des Industriekapitalismus entsprechend erwies: Es entstand eine neue, nach Themen differenzierte Architektur, die den nun sich getrennt entwickelnden Erfordernissen der Produktion und des Familienlebens gerecht wurde.

– Zugleich vollzog sich eine generelle Tendenz zur Ausdifferenzierung, Separierung und funktionalen Eigendynamik von vorher zumindest nicht scharf getrennt gesellschaftlichen Themen und Teilbereichen. Zu den folgenreichsten Effekten der thematischen Spezialisierung und der Entstehung eigenständiger Subsysteme gehört die Trennung und Arbeitsteilung von »Öffentlichkeit« und »Privatsphäre« (Habermas 1963). Sie hat zur Folge, dass Interaktionssysteme sich je nach Thema eigendynamisch entwickelten und entsprechend die Identität der Subjekte sich – themenspezifisch – differenzierte.

– Schließlich verändert sich das Verhältnis von psychosozialer Identität und Sozialstruktur: Die durch abstrakten Besitz und formale Ausbildung konstituierte Existenz ist nicht mehr an Grundbesitz und/oder Zugehörigkeit zu einer lokalen Bezugsgruppe gebunden. Der damit verbundene Typ von Arbeit verlangt zudem ein höheres Maß an (sozialer, regionaler, kognitiver) Mobilität. Dadurch lockert sich der Zusammenhang von Herkunft und Erwachsenenleben – die Lebensweise vereinzelt sich, die Bezugsgruppe wird auf der Basis von persönlichen Kontakten konstituiert, die Bedeutung der »Privatsphäre« nimmt zu: Die Familie wird zum Mittelpunkt der Lebenswelt.

Diese veränderten Rahmenbedingungen setzten sich zunächst im Bürgertum (und von dort aus sich allmählich ausbreitend) in neue Formen der Familienstruktur und -ideologie um. Während die traditionelle Familie Teil und Medium des von spezifischen mikroökonomischen Bedingungen abhängigen Überlebens einer Gruppe war, besteht nun keine objektive Notwendigkeit der Koppelung von Ökonomie und Familie mehr – der

Produktionsprozess basiert nicht mehr auf der Familie, es besteht die Möglichkeit, auch außerhalb der (relativ autark produzierenden) Primärgruppe zu überleben. Damit trennen sich ökonomische und sozialpolitische von subjektiven Motiven, die nun im Familienleben des Bürgertums zunehmend an Bedeutung gewinnen und interaktiven Spielraum zur Entfaltung und Differenzierung gewinnen. Da Eheschließung nicht mehr (allein) aus traditioneller Logik und empirischen Zwängen allein begründet werden muss bzw. kann, werden nun neue Motive gebraucht bzw. nötig. Zunächst noch eingebunden in die Form der »Vernunft« wird »Liebe«: subjektgebundene Identifikation auf emotionaler Basis zum dominanten Kriterium der Partnerwahl und Eheschließung[23]:

> »Zunehmend wurde ›Liebe‹ als zentrales eheschließendes Motiv herausgestellt (...) ›Liebe‹ im Sinne des 18. Jahrhunderts erweist sich als von der Aufklärung beeinflusste ›vernünftige Liebe‹ (...). Es handelte sich um eine Liebe, die auf der Tugendhaftigkeit des geliebten Menschen gründete. Liebe als ein spontanes, leidenschaftliches, auf Erfüllung drängendes Gefühl wurde hingegen abgelehnt, da sie nicht durch den Filter der Vernunft gelaufen war« (Rosenbaum 1982, S. 264).

Noch bleiben die Beziehungen »rational«, aber die Rationalitätsmuster, die gelten sind nicht mehr die gleichen. Denn mit der Koppelung von Vernunft und Liebe ist die traditionelle Überlebenspragmatik aufgelöst. Die Konstitutionsbedingungen der Primärgruppe haben sich entscheidend geändert: Eine sachliche Begründung, der Bezug auf ein Drittes, wird zurückgedrängt,

> »(man) verlangte Gegenliebe in der Ehe. Praktisch lief diese Forderung auf ein Vetorecht der Kinder gegen eine vorgeschlagene Eheverbindung hinaus (...) Diesen Forderungen entsprach ein Eheideal, das die Kommunikation der Ehegatten über häusliche Angelegenheiten, sich selbst, aber auch über Dinge außerhalb des beschränkten häuslichen Horizonts verlangte, beispielsweise über Literatur. Die geistige Beziehung der Ehegatten rückte in den Mittelpunkt. Dass dies auch eine andere Bildung und Stellung der Frau in der Ehe implizierte, liegt auf der Hand. Gegenüber den traditionellen Familienformen von Bauern und Handwerkern, aber auch der hausindustriellen Familie und der des Adels, war diese Betonung der geistigen Gemeinschaft der Eheleute ein Novum« (Rosenbaum 1982, S. 265).

Die Bezeichnung »geistige Gemeinschaft« lässt sich noch weiter präzisieren: Bereits in dieser Fassung war Ehe eine Interaktionsgemeinschaft, in der die *Beziehung der Partner* und (untrennbar damit verbunden) die vorrangig *kommunikative Struktur* dominierte. Wechselseitige Identifikation und praktische Herstellung von Gemeinsamkeit wurde zum Medium der Integration; eine Entwicklung, die sich noch radikalisierte, als folgerichtig in späteren Entwürfen die Liebe sich von der Vernunft »emanzipierte« und zur alleinigen Begründung von Partnerbeziehungen stilisiert wurde. Die damit verbundene Hervorhebung von Sinnlichkeit trennt die Beziehung noch mehr von der (Zweck-)Rationalität der anderen gesellschaftlichen Teilbereiche und spitzt die Eigendynamik der Beziehung noch stärker zu: Reziprozität, auch auf der Ebene triebhafter Impulse, wird zur alleinigen Basis der Beziehung, die Interaktion spezialisiert sich noch weiter in Richtung auf »Intimität« und »Individualisierung« der Partnerbeziehungen.

Beides hängt eng zusammen: Intimität – im Sinne von gegenüber der Umwelt abgegrenzter und sie ausgrenzender Exklusivität und Nähe – verlangt, dass die Partner sich stärker aufeinander beziehen und dabei die Skala der Beziehungsdimensionen, aber auch die psychosozialen Formen des Ausdrucks und der Kommunikation sich ausweitet und insgesamt in Richtung auf mehr »emotionale Solidarität« verschiebt. Zugleich werden Partner immer weniger austauschbar, weil sie nicht auf der Basis von sozialen Merkmalen, sondern subjektiver Zuneigung ausgewählt werden; also nach Kriterien, die sich an bestimmten Personen konkretisieren und nicht beliebig auf andere übertragbar sind. Es liegt auf der Hand, dass eine so konstituierte Beziehung auch eine sehr viel stärkere Eigenentwicklung erfährt: Zwei Partner, die sich vorrangig aufeinander beziehen, sozialisieren sich auch entsprechend. Ihre Interaktion verdichtet sich quantitativ und differenziert sich qualitativ. Um so größer wird der Abstand zur Umwelt und das Eigengewicht der Beziehung: die Binneninteraktion der Primärgruppe verdichtet und spezialisiert sich; der reproduktive Prozess wird zum beherrschenden Thema.

Nun darf man die propagierte Beziehungsideologie, wie sie in der Romantik und vom Biedermeier extrem zugespitzt wurde[24], nicht mit der Beziehungsrealität gleichsetzen. Nach wie vor bleiben Beziehungen so »geerdet«, dass sie kaum in Gefahr geraten, tatsächlich nur noch aus sich selbst heraus bestehen zu müssen: Juristische und soziale Normen bilden einen nach wie vor wirksamen Rahmen, das traditionelle Vorrecht der Eltern bleibt bestehen. Aber allein die Wahrnehmung des Problemfeldes – vermittelt über Bücher, Zeitschriften und informelle Kommunikation[25] –

ist ein unübersehbarer Indikator für tiefgreifende Veränderungen, die in der Folge noch sich erheblich ausweiteten. – Die genannten Veränderungen betrafen zugleich auf analoge Weise die Eltern-Kind-Beziehungen. »Die Individualisierung, die sich mit dem neuen Eheideal verband, hatte zur Folge, die dieser Verbindung zwischen zwei einmaligen Individuen entsprossenen Kinder auch als etwas Besonderes angesehen wurden. Die Eltern-Kind-Beziehung bekam dadurch eine neue Qualität« (Rosenbaum 1982, S. 268).

Auch hier sind zunächst Veränderungen in den objektiven Rahmenbedingungen zu nennen: Die Tatsache, dass Kinder aus den funktionalen Zwängen der Primärgruppenerhaltung entlassen wurden, dass die Lebensbedingungen es erlaubten, mehr materiellen und zeitlichen Aufwand für den Umgang mit Kindern zu verwenden, und – damit verbunden – die Abnahme der Kindersterblichkeit, führten zu einer grundsätzlichen Intensivierung der Beziehung. Mit der Ausweitung der Beziehungsmöglichkeiten und der Verschiebung der Beziehungsinteressen der Eltern gaben sich völlig neue Problemkonstellationen: Eltern konnten (und mussten!) nun mehr über Ziele der kindlichen Entwicklung verfügen. Je mehr situative Alternativen des Umgangs mit Kindern zur Verfügung standen und je mehr vor allem die Zukunft der Kinder sich öffnete und die Bedingungen der prospektiven und sozialen Identität sich verkomplizierten, desto mehr wurde eine intentionale Hinwendung, wurde gezielte interaktive Beeinflussung wichtig. An die Stelle der Enkulturation durch die Macht der Verhältnisse trat reflexiv gesteuerte Sozialisation. Diese Tendenz wurde noch verstärkt durch den Bedeutungswandel der Kinder. Wenn man die oben zitierten Hinweise weiterdenkt, wird schnell klar, dass Kinder an ökonomischer Bedeutung verlieren, aber an emotionaler Bedeutung gewinnen: Wie Kinder sind und was sie werden, wird für die Eltern im Bürgertum zu einer wichtigen Quelle der narzisstischen Befriedigung, von Identitätsstabilisierung. Neben die soziale Anerkennung, die Reputation als Bürger, tritt die familiäre Befriedigung, die nicht zuletzt aus »wohlgeratenen« Kindern gewonnen wird. Damit zerfällt die Einheit zwischen »horizontaler« und »vertikaler« Übersetzungsleistung der Familie. Die Normen, unter denen die Eltern sozialisiert wurden, sind nicht mehr identisch mit denen, die sie für die Sozialisation ihrer Kinder orientieren. Als vermittelnder Prozess tritt das

Selbstverständnis der Eltern und ihr Modell der Zukunft der Kinder zwischen den beiden Ebenen intrafamilialer Sozialisation. Es kommt zu einer systematischen Differenz, die ein sehr viel höheres Entwicklungspotenzial mit sich bringt, aber auch den Aufwand (und die spezifischen Risiken des Scheiterns) zunehmen lässt.

Die kindliche Entwicklung erfährt dadurch eine strukturelle Veränderung. Wichtig ist vor allem, dass jetzt genügend Zeit und Raum zur Verfügung steht, die auf die Entwicklung der Kinder zugeschnitten ist. Daher ist das Schlagwort vom »Entstehen der Kindheit« zutreffend: Neu für die mitteleuropäische Geschichte (und in gewisser Weise auch weltgeschichtlich) ist das soziale Interaktionsfeld, das durch Kinderzimmer, Spielzeug und »Erziehung« gekennzeichnet ist. Bekanntlich sind sich Ariès und de Mause zwar über dieses Faktum, nicht aber über seine Interpretation einig. Während ersterer vor allem von einer Abschüttung der Kinder von wichtigen Realitätsfeldern und damit von einem Erfahrungsverlust spricht, betont de Mause dagegen den Schutz, den die Kinder dadurch gewinnen und die qualitative Bedeutung der Emotionalisierung der Eltern-Kind-Beziehung. Beides schließt sich nicht aus – vermutlich ging die engere Beziehung auf Kosten der Umweltbeziehung (wie auch heute die verstärkte Umweltbeziehung wiederum häufig auf Kosten der Eltern-Kind-Beziehung geht). Auf jeden Fall muss man von einer weitreichenden Umstrukturierung sprechen.

Der Abstand zwischen Eltern und Kindern wird auch größer, weil die zu erwerbenden Kompetenzen komplexer geworden sind, Enkulturation also mehr Zeit und spezifischere Ausbildung verlangt. Dadurch wird auch die Grenze zwischen Erwachsenenwelt und Kinderwelt schärfer gezogen, werden jeweils spezifische Normen- und Interaktionssysteme in einer aufgeteilten Welt institutionalisiert. Vor allem Postman hat unterstrichen, welche Rolle dabei die Ausbreitung der schriftlichen Kommunikation (und die damit verbundene Trennung zwischen den Erwachsenenwelten, die dadurch möglich und begrenzt waren) spielte (1983). Vor allem aber wird der Abstand zwischen Eltern und Kinder dadurch größer, dass die Eltern sich ihren Kindern nunmehr reflexiv zuwenden und sich mit ihnen dezidiert als Eltern beschäftigen. Dadurch werden Erwachsene in der Kinderwelt mehr zu Eltern als dies in traditionellen Familien der Fall war: Wo sie sich den Kindern dezidiert zuwandten, geschah dies unter dem Vorzeichen eines spezifischen, jeweils individuell interpretierten Rollenverständnisses. Die größere Distanzierung hat daher zugleich mehr spezifische Interaktion und damit auch mehr Nähe zur Folge. Der Abstand zwischen Eltern und Kindern wird zugleich geringer, wenn sich die Eltern mehr mit ihnen identifizieren, auf Empathiebasis interagieren. Wo sich Eltern und Kinder extensiver und individueller aufeinander beziehen, wird Identifikation ausgeprägter, bauen sich intensivere emotionale Kontakte auf:

> »Eltern und Kinder sollten gegenseitiges Vertrauen und Zuneigung zueinander entwickeln. Die Kinder wurden (...) in die innige Gefühlsgemeinschaft zwischen den Eltern einbezogen. Das implizierte eine Verringerung der Distanz zwischen den Positionen in der bürgerlichen Familie, insbesondere eine Reduktion der Vater-Autorität« (Rosenbaum 1982, S. 270).

Der Vater wurde präsenter, wurde auch als Person konkreter und eine emotional differenzierte Figur. Er wurde nicht mehr »gesiezt« bzw. fasste Kinder nicht nur ausschließlich zum Prügeln an. – Analog dazu differenzierte sich auch die mütterliche Position in Richtung auf mehr Identifizierung vor allem mit Säuglingen und Kleinkindern (Badinter 1983) [26].

Man kann (und muss) diese Entwicklung auch in Kategorien des strukturellen Identitätswandels beschreiben. Riesman hat die Entstehung der bürgerlichen Gesellschaft griffig (und abstrakt sicher treffend) als Übergang vom »traditionsgeleiteten« zum »innengeleiteten« Charakter beschrieben. In Anlehnung an Freuds Persönlichkeitsmodell meinte er damit, dass die traditionelle Steuerung individuellen Verhaltens durch wenig formierte Triebimpulse und soziale Imperative/Kontrolle der Alltagspraxis (zum Teil) abgelöst und überlagert wird durch »autonome« subjektive Praxis: Es gibt gesellschaftliche Spielräume für individuelle Entscheidungen und damit auch die Möglichkeit der Entstehung von Subjektstrukturen, die dem entsprechen. In der psychoanalytischen Terminologie ausgedrückt: Die Unabhängigkeit des Ichs (der psychischen Instanz der Realitätsprüfung und -verarbeitung) gegenüber Triebimpulsen wie auch externen Steuerungen nimmt zu, die intrapsychische Regulation verfestigt und stabilisiert sich zu einem fixierten »Über-Ich«, welches dem Ich in Kontingenzfeldern als »Kompass« dient und zugleich Handlungsentscheidungen normativ kontrolliert[27].

Mit der Differenzierung der lebensweltlichen Möglichkeiten und

Anforderungen entwickelt sich also auch die Psyche: Sie wird komplexer und eigendynamischer. Auch von daher ist die skizzierte Veränderung der Eltern-Kind-Beziehung ein wesentlicher Teil des Übergangs zur Industriegesellschaft, weil sie durch ihre spezifischen Leistungen diesen Prozess ermöglicht und verstärkt. Die Entstehung der bürgerlichen Lebenswelt und die Ausdifferenzierung von Kindheit sind zwei Seiten derselben Medaille; die Moderne beginnt nicht zuletzt als »Geburt der Eltern«. Denn erst durch diese Dialektik ist ein Interaktionssystem mit personengebundener Struktur entstanden, das als Voraussetzung und Medium für alle neuzeitlichen Individualisierungs- und Reflexionsprozesse angesehen werden kann. Vielleicht ist dies auch der Grund dafür, dass lange Zeit der Übergang von der traditionellen zur bürgerlichen Familie als Wechsel von der »Groß«- zur »Klein«-Familie gesehen wurde: Intimität und Individualität werden eng mit Überschaubarkeit und Kleingruppe assoziiert, während unpersönliche, quasi »serielle« Kontakte eher der Großgruppe zugeordnet werden [28].

Wie immer man den (keineswegs bewusst gesteuerten) Wandel in der Struktur der Primärgruppe im einzelnen einschätzt: Auf jeden Fall ist es notwendig, die mit ihm verbundenen Risiken zu erkennen. Ein Aspekt, der in der Literatur immer wieder betont wird, ist die zunehmende Isolation, in die die Familie durch die Trennung von anderen Lebensbereichen geriet. Auf diesen Punkt hatten bereits früh Autoren wie Horkheimer hingewiesen (1936). Es ist schwierig, analytisch die zwangsläufige Distanzierung von Primärgruppe und Umwelt von den zusätzlichen Abschottungseffekten der eigendynamisch sich entwickelnden Teilbereiche zu trennen; vermutlich ist es richtig, davon auszugehen, dass die Strukturrisiken der Trennung durch interne Prozesse verstärkt werden. Auf alle Fälle lassen sich schon früh deutliche »Isolationsschäden« feststellen [29]. Familien, die gänzlich vom vitalen Austausch mit der Umwelt abgeschnitten sind (oder sich von ihr abgrenzen), werden überlastet, weil zu viel Stabilisierungsleistungen intern erbracht werden müssen. Die mangelnde Absicherung der Gruppenstruktur wie auch der individuellen Identitäten durch externe Bezüge hat zur Folge, dass der interne Kommunikationsprozess ständig von »Überkommunikation« bzw. Aufladung der Kommunikation mit Integrationsproblemen belastet bzw. bedroht ist. Die Gefahr des Scheiterns nimmt zu – und damit auch der

Aufwand an kompensatorischen Strategien. So können beispielsweise Konflikte unter Umständen nicht verarbeitet werden, sondern müssen ausgeblendet werden, was den Effekt hat, das sie im Untergrund weiterschwelen (was naturgemäß die »Explosionsgefahr« und damit die Angst vor Konflikten noch weiter erhöht). Auf der einen Seite wird durch die interne Überlastung der Kontakt zur Umwelt erschwert. Wo eine Primärgruppe zur autochtonen Gruppe wird, verliert sie an Kommunikationsmöglichkeiten – der internen »Überkommunikation« entspricht die externe »Unterkommunikation«; der Austausch wird erschwert und weiter behindert. Auch dabei erhöht sich der Angstpegel, so dass die kommunikativ nicht gefasste Umwelt leicht angsterregend erscheint, was wiederum paranoide Abgrenzungsreaktionen provozieren kann, die dann erneut das familiäre Innenleben belasten usw.

Auch die Intensivierung von Binnenkontakten auf emotionaler, beziehungsbezogener Basis ist ebenfalls nicht ohne Risiken. Die quantitative und qualitative Ausweitung von Interaktion ist wesentliche Bedingung differenzierter psychischer Entwicklung. Sie schließt jedoch auch ein, dass auch die »psychosoziale Verstrickung« intensiviert wird, inklusive der Möglichkeit der Entstehung eines neuen Typus von Konflikt: der Individualneurose[30]. Aus heutiger Sicht ist erkennbar, dass die zuerst von Freud systematisch beschriebene psychosoziale Dynamik der Eltern-Kind-Interaktion das Resultat eines auf die Beziehungen der Mitglieder konzentrierten Familienlebens war. Erst unter dem Vorzeichen des Bedeutungsgewinns der Eltern für die Kinder (und umgekehrt), damit auch der Verdichtung von spezifischen emotionalen Bedürfnissen und deren Ausrichtung auf die Mitglieder der Primärgruppe, entstand jene psychosexuelle Entwicklung, die die Freudsche Entwicklungspsychologie beschreibt. Damit soll nicht gesagt sein, dass es vorher und nachher keine solche Beziehungsdynamik gab. Aber das Zusammenwirken von (relativer) Isolation, hohem Integrationsgrad und spezifischer Rollenverteilung führte zu einer historisch besonderen Zuspitzung. Exemplarisch dafür ist die ödipale Problematik: Das Strukturproblem der Ablösung von den primären Bezugspersonen bzw. der Aufhebung früher Objektbeziehungen in der psychosozialen Entwicklung ist universeller Natur, es führte unter diesen Umständen jedoch zu einer dramatischen Akzentuierung[31]. Die festgefügte und hoch besetzte Paarbeziehung der

Eltern wurde durch die sich entwickelnden (und im emotionalen Klein-klima der Familie geradezu treibhausartig gezüchteten) Beziehungsan-sprüche der Kinder destabilisiert, zugleich geriet die Eltern-Kind-Bezie-hung in eine neue, brisante Konfliktzone. Dadurch wurde die ganze Auseinandersetzung um die notwendigen Neubestimmungen von Posi-tionen nicht nur besonders intensiv aufgeladen, sie gewann eine neue Qualität, die sich vor allem in der heftigen Rivalität zwischen Vätern und Söhnen manifestierte. Um Missverständnissen vorzubeugen: Es handelt sich bei diesen Rivalitäten keineswegs um eine Erfindung des Bürger-tums. Der Generationenkonflikt ist nicht neu, ebenso wenig die für Väter schwierige Übergabe der Macht an Söhne (analog auch der Mütter an die Töchter). Gaunt (1982) beschreibt eindrucksvoll, wie beispielsweise die Hofübergabe in der bürgerlichen Familie immer wieder zu Konflikten führte, weil der Vater sich weigerte, sich aufs Altenteil zurückzuziehen. Man kann den akribisch ausgearbeiteten Ausbedingeverträgen (und den Schilderungen über einschlägige Streitereien) auch entnehmen, dass umgekehrt die Kinder, sobald sie aus der abhängigen in die dominante Position gewechselt waren, dazu tendierten, ihre Eltern knapp zu halten, sie psychosozial sozusagen »fallen zu lassen« (vgl. Hubbard 1938). Auch in traditionellen Familien waren also Konflikte endemisch. Sie bekamen jedoch kaum jene psychosoziale Zuspitzung in dieser Phase der Entwick-lung des Kindes. »Ödipale« Konflikte, wie sie die Psychoanalyse konsta-tierte, sind eng mit der Entstehung der bürgerlichen Familie verknüpft.

Man kann diese Zusammenhänge auch so ausdrücken: Je enger und vielschichtiger die Beziehungen werden, desto mehr Risiken der interak-tiv vermittelten und auf Objektbeziehungen basierenden Konflikte erga-ben sich. Die ödipale Dramatik ist nur ein Beispiel dafür, dass Probleme komplexer werden und zu entsprechenden Folgen führen (können). Die Subjektivierung von Beziehungen führt ganz allgemein zu einer Verstär-kung von Übertragungsprozessen, genauer: Sie entwickeln sich ebenfalls in Richtung auf höhere Differenzierung weiter. War der Vater vorher lediglich eine archaische Machtfigur ohne persönliches Profil, so weitet sich das Beziehungsspektrum aus. Dadurch werden auch ganz andere emotionale Kombinationen und wechselseitige Steigerungen möglich, was dazu führt, dass auch Konflikte sich verändern. Neben die eher »psychotischen« Muster treten neue, subjektivierte Konflikte, die das

Echo des Beziehungs- und Interaktionsprofils der Familie sind (also ihren Schwerpunkt nicht vorrangig in Strukturdefiziten haben). Wo Beziehungen stärker internalisiert und externalisiert, wo durch aus dem praktisch erzwungenen Nebeneinander ein stärkerer Austausch wird, werden auch Konflikte dieses Typs eskaliert, wobei sich die individuellen Verarbeitungsformen wechselseitig beeinflussen. Die bürgerliche Familie ist vom Typ her potenziell ein *Patient Familie* (Richter)[32]; behandlungsbedürftig (weil und wo ihre Konflikte nicht auf externe Widersprüche reduzierbar sind), aber auch »behandlungsfähig«.

3.4. Weitere Entwicklungen in der Primärgruppenstruktur

Die bürgerliche Familie ist der richtungsweisende Typ einer neuen, »modernen« Familie, weil sie in ihrer Struktur eine »Antwort« auf die gesellschaftlichen Veränderungen im Übergang zur Industriegesellschaft darstellt. Sie wird zugleich offener und geschlossener als traditionelle Familientypen, spezialisiert sich auf psychosoziale Funktionen (inklusive der damit verbundenen Risiken) und entwickelt eine »subjektivierte«, differenzierte Binnenstruktur auf allen Ebenen der Interaktion, die jeweils praktisch ausgehandelt und erhalten werden muss. Damit spiegelt sie Struktur und Dynamik des gesamtgesellschaftlichen Prozesses, der – verglichen mit traditionellen Formen gesellschaftlichen Wandels – vor allem der Logik funktionaler Differenzierung (und damit auch der Spezialisierung für spezifische Zwecke) folgt und dabei (vermittelt durch Technisierung und neue Kommunikationsmedien/Formen der Sozialorganisation) eine erhebliche Steigerung des Tempos aufweist. Das verlangt von der Primärgruppe mehr Assimilation und Akkomodation, während zugleich ihr »reproduktiver Prozess« komplexer und aufwendiger wird. Es lässt sich kaum vermeiden, dass durch die Kontrastierung mit den traditionellen Familienformen die Entstehung eines neuen, »modernen« Familientypus als »Fortschritt« erscheint (wenn man von der Position einer individualisierten und selbstgesteuerten Lebenspraxis aus argumentiert, auf der alle Formen neuzeitlicher Reflexion mehr oder weniger basieren). Auch Kritiker der Familienentwicklung kämen kaum auf die Idee, das Rad der Geschichte bis zum

Typus der bäuerlichen Zwangsgemeinschaft zurückdrehen zu wollen. Die Auswirkungen der gesellschaftlichen Entwicklung waren jedoch nicht aufs Bürgertum beschränkt, sondern erfassten von Anfang an auch die Arbeiterklasse, die, ebenso wie das Bürgertum, eine »moderne« soziale Klasse ist, weil ihre Entstehung mit den spezifischen Lebens- und Produktionsverhältnissen der aufkommenden Industriegesellschaft eng verbunden ist. Auch in der Arbeiterklasse kam es daher zur Ausbildung einer neuen Familienform. Allerdings wirkten sich hier die konkreten Lebensbedingungen der Arbeiter zur Zeit des frühen Industriekapitalismus auf andere Weise aus. Auch hier war die Trennung von Arbeitsstätte und Wohnung ein konstitutives Merkmal, aber die Dauer der Arbeitszeit, der häufige Zwang zur Frauen- und Kinderarbeit sowie die allgemeinen schlechten Lebensbedingungen hatten zur Folge, dass Quantität und Qualität der familiaren Interaktion stark beeinträchtigt wurden. Eine typische Arbeiterwohnung in der Mitte des 19. Jahrhunderts war extrem klein (verglichen mit der Familiengröße, die durchweg zunahm, weil das Heiratsalter sank und die sexuellen Kontrollmechanismen der Umwelt außer Kraft gesetzt wurden), ungeheizt, schlecht ausgestattet.

> »Zu viele Menschen lebten auf engstem Raum zusammen, sowohl bezogen auf die Wohnung als auch auf das Haus und das Quartier (...). Verschärft wurde diese Wohnsituation noch durch Untervermietung und das Schlafgängerwesen. Ein Schlafgänger mietete kein Zimmer, sondern nur ein Bett. Sein Anrecht auf Aufenthalt in der Wohnung war auf die Schlafenszeit begrenzt (...). (Sie) wurden vorwiegend von den jungen, ledigen Arbeitern und Arbeiterinnen gemietet. Als Folge dieser Wohnverhältnisse auf das Familienleben wurden im allgemein beklagt: gesundheitliche Schäden und fehlende Nachtruhe. Besonders hervorgehoben wurde die sittliche Gefährdung der Kinder auf Grund des engen Zusammenlebens vieler Menschen. Wo Untermieter und Schlafgänger lebten, waren die Ehen besonders gefährdet« (Rosenbaum 1982, S. 420f.).

Das enge Zusammenleben ohne gemeinsame Außenbezüge und unter schlechten materiellen Verhältnissen, gleichzeitig aber unter dem Vorzeichen der zunehmenden Kontingenz und Isolierung des Familienlebens, führte daher zu vielfältigen psychosozialen Konflikten: Die klassische Studie von Engels (1892) über die »Lage der arbeitenden Klasse in England« zeigt vor allem das Maß an (reaktiver) Gewalt, an Alkoholismus und alle damit verbundenen Folgen[33]. – Schon diese wenigen Andeutungen zeigen, dass die Strukturprinzipien der modernen Primärgruppe allein noch wenig über ihre lebenspraktische Qualität aussagen: Wo materielle und psychosoziale Ressourcen fehlen, verstärkten sich die Risiken von Kontingenz und Isolation zu einem Problemprofil, das die Armutsschäden der traditionellen Familie mit den Strukturrisiken der modernen verband. »Moderne« Familie kann daher nicht per se heißen: »besser«. Sie zeigt gerade in ihrer Entstehungsphase – in der doppelten Genese von bürgerlicher und proletarischer Familie –, dass und wie sowohl bei »Wohlstand« als auch bei Armut erhebliche neue Probleme auftreten und bewältigt werden müssen. Dennoch hat sich dieser Familientyp gesellschaftlich weitgehend durchgesetzt. Dieser »Erfolg« hat seinen Grund vor allem darin, dass er in seiner Binnenstruktur und seiner Beziehung zur Umwelt ein der Industriegesellschaft entsprechendes Profil zeigt, ihre Prinzipien aufgenommen und umgesetzt hat und von daher auch die »angemessenere« Form der Primärgruppe darstellt. Die Tatsache, dass sich gegenwärtig der »moderne« Familientypus praktisch in allen sozialen Klassen und Schichten findet, hängt allerdings auch mit der Veränderung der sozialen Klassenstruktur selbst zusammen: Die bäuerliche Bevölkerung ist erheblich zurück gegangen, während das Bürgertum zur (dominierenden) »Mittelschicht« geworden ist[34]. So uneinheitlich wie diese Mittelschicht selbst ist allerdings auch der Familientypus in seiner konkreten Gestalt. Die Strukturprinzipien finden sich jedoch auch in der bäuerlichen und Oberschichtfamilie, die von ihrer sozialen Lage her noch am ehesten auf traditionelle Rahmenbedingungen beruhen. Da dies jedoch fast ausschließlich auf die Besitz- und Produktionsbedingungen (und nur mit erheblichen Einschränkungen) zutrifft und auch diese Familien im übrigen eingebunden sind in die funktional differenzierte und spezialisierte Sozialstruktur der Industriegesellschaft, kann keine Rede davon sein, dass hier etwa noch traditionelle Familienstrukturen fortexistierten. Allenfalls kann man davon sprechen, dass in diesen »Randzonen« beispielsweise die Wahl des Ehepartners nach Besitz noch eine gewisse Rolle spielt u. ä.

Betrachtet man die gesellschaftliche Entwicklung mit entsprechendem Abstand, so kann demnach kein Zweifel daran bestehen, dass der moderne Familientypus, der sich mit der Entstehung der bürgerlichen und der proletarischen Familie anbahnte, mittlerweile gesamtgesellschaftlich vorherrscht. Allerdings nicht mehr unbedingt in der Form dieser frühen Entwürfe. Die gesellschaftlichen Entwicklungen, die seitdem stattgefunden haben, aber auch die Eigendynamik des (teilweise) freigesetzten Familienlebens hatten einige fundamentale Veränderungen zur Folge, so dass die gegenwärtige Familienorganisation mit der der »klassischen« bürgerlichen Familie kaum noch mehr als abstrakte Strukturähnlichkeiten aufweist; von ihr fast ebensoviel Abstand hat wie jene zur traditionellen bäuerlichen und Handwerkerfamilie. Die Entwicklungen, die dazu geführt haben, lassen sich in aller Kürze charakterisieren[35].

– Die industrielle Produktion hat die Gesamtproduktivität so erhöht, dass (auch bei gleichbleibendem Abstand) alle soziale Klassen und Schichten so gut versorgt sind, dass die Form von Armut, die für traditionelle Gesellschaften kennzeichnend war, nicht mehr vorkommt. Dadurch verbesserten sich Arbeitsbedingungen und Einkommen auch der unteren Schichten in erheblicher Weise. Zugleich hat die industrielle Produktion eine Reihe von Produkten hervorgebracht, die die Lebenswelt durch ihre Leistungen radikal verändert haben – teils durch Arbeitserleichterungen (Heizung, Waschmaschine), teils durch Veränderungen in den Lebensgewohnheiten (Elektroherd, Tiefkühlkost), teils aber auch durch Produkte, die völlig neue Interaktionsformen ermöglichten (Telefon, Auto).

– Analog hat sich die soziale Struktur der Gesellschaft beträchtlich differenziert und ausgeweitet. Es sind nicht nur völlig neue (auf neue gesellschaftliche Themen bezogene) Subsysteme entstanden, auch die traditionellen gesellschaftlichen Bereiche haben unter dem Vorzeichen der Technisierung und des Strukturwandels von Kommunikation und Interaktion sich tiefgreifend verändert.

Daraus ergab sich ein völlig neues institutionelles Profil, das geprägt ist von funktionaler Organisation, von den Folgen makroskopischer Organisationsstrukturen. Zugleich entwickelten sich – trotz oder gerade wegen der Intensivierung der Interdependenz unterschiedlicher Teilbereiche – die einzelnen Subsysteme weiter auseinander. Dadurch ist auch das gesellschaftliche Ganze verändert: Gesellschaft ist abstrakt geworden, als konkreter Zusammenhang nicht mehr ohne weiteres identifizierbar.

– Auf der Ebene der Interaktion haben sich diese Entwicklungen vor allem dadurch bemerkbar gemacht, dass sie dem Individuum mehr (räumliche, soziale, aber auch psychische) Mobilität und Flexibilität zumuten bzw. ermöglichen.

Auch Interaktion ist dadurch erheblich ausgeweitet und differenziert; findet in auf hochspezialisierte Interaktionsformen ausgerichtete Situationen statt, die hochgradige Anpassung verlangt, wird auf der anderen Seite jedoch auch (in anderen Teilbereichen) geöffnet für subjektive Zwecke und Interessen. Davon ist auch die Sinnstruktur der sozialen Wirklichkeit betroffen: Sie hat an Konkretion und Einheitlichkeit verloren, ist zugleich abstrakt und kontingent geworden. Während sozialer Sinn sich immer weiter von der Lebenswelt der Individuen entfernt, wird subjektiver Sinn zu einer individuellen Frage (und dadurch zum Problem).

- Schließlich färbt dies alles auch auf die Identitätsbildung ab. Das Tempo der Veränderung, die vielfältigen Kontakte zu einer differenzierten Umwelt haben auch die Konstitutionsbedingungen subjektiver Strukturen verschoben: Identität ist nicht mehr auf traditionelle Weise von innen und außen direkt gesteuert, aber auch keine Struktur, die, einmal verfestigt, für den Rest des Lebens dem fixierten Programm folgt[36]. Der Austausch mit der Umwelt wird auf neue Weise intensiviert, teils gezwungenermaßen, teils gesucht. Dadurch erhöht sich die »Durchlässigkeit« in beide Richtungen; andererseits nimmt die Stabilität von Strukturen und Beziehungen ab. Dies macht sich unter anderem dadurch bemerkbar, dass die für die Sozialisation in der bürgerlichen Welt typischen »Repressionskonflikte«, d. h. Individualneurosen als Folge von Widersprüchen zwischen Triebimpulsen, Ich-Strukturen und Über-Ich-Imperativen, überlagert bzw. abgelöst werden durch »Balancekonflikte«: Mehr und mehr gelten »Identitätskrisen« und/oder »narzisstische Störungen« als typische Form psychischer Krankheit[37].

Es liegt auf der Hand, dass diese Veränderungen sich ganz massiv auf die Struktur der Primärgruppe ausgewirkt haben. Zunächst verstärkten und radikalisierten sich die Entwicklungstendenzen, die für die »klassische« bürgerliche Familie kennzeichnend waren, im Bereich der Paarbeziehungen: Das Verhältnis der Ehepartner wurde immer stärker zum Mittelpunkt – man könnte von einer zunehmenden Emanzipation der Ehe von der Familie sprechen. Die Lösung von ökonomischen, sozialpolitischen und psychosozialen Festlegungen durch die Umwelt hatte hier zur Folge, dass die *Beziehung der Ehepartner* (allein dieser Ausdruck verdeutlicht, was sich hier verändert) *immer relevanter und gewichtiger wurde.* Die Wahl der Ehepartner wird zwar nicht gänzlich ohne Blick auf Vermögen und Status geregelt (zumal nach wie vor soziale Vorselektionen über Möglichkeiten des Kennen lernens etc. wirksam sind), aber eine Heirat ohne Sympathiebasis wird im öffentlichen Verständnis zur Mesalliance. Dadurch werden gemeinsame Interessen (außerhalb ökonomisch gestifteter Verbindungen) immer wichtiger. Dies gilt für den Bereich der »Freizeit«, also für »Hobbys« usw., aber auch für normative und politische Einstellungen. Gleichzeitig wird dadurch Sexualität zu einem Thema mit sehr viel mehr Bedeutung. Denn zu den zentralen Gemeinsamkeiten einer Paarbeziehung gehören sexuelle Kontakte, was so lange unwichtig (und unbeachtet) blieb, solange die traditionelle und auch bürgerliche Sexualmoral einseitig die Bedürfnisse und Interessen der Männer als Ausgangs- und Bezugspunkt hatte bzw. nahm: Auch Sexualität bleibt unkompliziert, solange eine eindeutig und funktionierende Machtverteilung dafür sorgt, dass Konflikte durch einseitige Zuweisung »neutralisiert« werden. Da die sexuellen Beziehungen der traditionellen Ehen kein »Mitbestimmungsrecht« von Frauen einschlossen, bestimmte der Mann, was sich abspielte. Dadurch blieb die sexuelle Beziehung logischerweise im Normalfall auch undifferenziert und vom emotionalen Umfeld isoliert, weil sich keine interaktive Dynamik entfalten konnte. Sexualität wurde als Bestandteil der Ehe in dem Maße wichtiger, wie externe »Vernunft« als Konstitutionsfaktor zurücktrat, womit sich auch die Beziehungsmuster und -konflikte veränderten.

Diese Verschiebungen in den Paarbeziehungen hängen aufs engste zusammen mit einer generellen Tendenz zu mehr egalitären Strukturen. Auch in dieser Hinsicht ist der Zusammenhang von Herauslösung der Beziehung aus präformierenden Bindungen wie die Auslösung von traditionellen Strukturen deutlich: Wo die Ehe nicht mehr Element einer überlebensnotwendigen, identitätsstiftenden – d. h. in ihrer Hierarchie alternativlosen – Sozialstruktur ist, sondern eine Beziehung, die so oder so eingegangen werden kann und unmittelbar mit dem Überleben eines Kollektivs wenig zu tun hat, entfällt die Grundlage der traditionellen Hierarchie. Das bedeutet: Ungleiche Verteilungen können nur noch normativ, nicht mehr materiell-praktisch konstituiert werden, was länger-fristig ihren Zerfall vorprogrammiert. Die Beziehungsstruktur wird so quasi zum Verhandlungsgegenstand. Der Modus der Integration verschiebt sich: Was vorher durch externen Zwang und interne Hierarchie zusammengehalten wurde, muss nun durch Herstellung von Gemeinsamkeit und Zustimmung der Beteiligten stabilisiert werden. Das bedeutet: Wechselseitige Identifikation und die Balance des (jeweils individuellen) Beziehungsgleichgewichts werden zu unabdingbaren Bestandteilen funktionierender Paarbeziehungen (außer dort, wo eine Einigung auf traditionelle Formen der Stabilisierung zurückgreift).

Diese hier in ihrer Logik skizzierte Entwicklung verlief allerdings historisch-empirisch keineswegs gradlinig und ist auch noch lange nicht abgeschlossen. Aus großer Distanz ist allerdings unverkennbar, dass die Veränderungen der Rahmenbedingungen immer stärker in Richtung auf partnerschaftliche, egalitäre Paarbeziehungen drängen. Empirisch ist dagegen der »Widerstand« der traditionellen Strukturen beträchtlich und noch sehr vital.[38] Nach wie vor gibt es genügend gesellschaftlichen Halt für patriarchalische Strukturen, so dass von empirischer Gleichberechtigung kaum gesprochen werden kann. Naturgemäß geben diejenigen, die etwas zu verlieren haben, ihre Privilegien nicht ohne weiteres und sofort auf. Außerdem handelt es sich nicht um rein formale und äußere Positionsmerkmale, sondern um komplexe Elemente von Geschlechtsidentitäten, die bei aller Zunahme von Flexibilität gerade in diesem Bereich eine beträchtliche Resistenz aufwiesen und -weisen[39].

Dennoch lassen sich relevante Veränderungen in diesem Bereich konstatieren. Der Kampf und die Gleichberechtigung ist, was die formale Seite betrifft, im wesentlichen zu Ende. Zu den wesentlichen Schritten gehörte das gleiche Wahlrecht für Frauen und die Verankerung der Gleichberechtigung im Grundgesetz. Damit sind (formale) Voraussetzungen für eine Teilhabe von Frauen an außerfamiliärer Lebenspraxis gegeben, d. h. die für die bürgerliche Familie typische Bindung von Frauen an die Hausfrauenrolle (mit der Zuständigkeit für Kinder und Küche) ist (formal) gelöst. Von sehr viel größerer praktischer Bedeutung ist jedoch die zunehmende Ausbildung und Berufstätigkeit von Frauen, die ihnen erst die Möglichkeit gibt, auch praktisch Lebenschancen zu realisieren, die über die Hausfrauenrolle hinausgehen. Wo Frauen nicht mehr aus Not arbeiten müssen, sondern aus freier Entscheidung und der Basis der nötigen beruflichen Qualifikation, entsteht die Möglichkeit einer Biografie, die nicht mehr durch die Abhängigkeit von Ehemann bzw. Familie definiert ist. Erst diese Möglichkeit ökonomischer wie sozialer Unabhängigkeit ließ die in der Struktur der Familie angelegte Tendenz zur Entwicklung moderner Strukturen zur »kritischen Masse« werden. Denn sie sorgte einerseits dafür, dass Frauen in der öffentlichen Diskussion quantitativ wie qualitativ ihre Interessen zur Geltung bringen konnten, andererseits konnten dadurch die Ehe als vorrangig beziehungsorientierte Institution mit egalitären Zügen erst praktische Realität werden.[40]

Indikatoren für diese Entwicklung sind zweifellos Diskussionen und (in allerdings sehr viel bescheidenerem Ausmaß) praktische Veränderungen der geschlechtsspezifischen Arbeitsteilung. Nach wie vor ist die große Mehrzahl der im Haushalt wenig bis gar nicht engagiert, aber die Zahl von kochenden, waschenden und (sogar putzenden!) Männern nimmt zu. Auch die, die bisher erfolgreich Abstand davon halten, sind deutlich ideologisch in die Enge gedrängt: Anthropologische Begründungen oder apodiktische Einlassungen wie »Die Frau gehört in den Haushalt« werden selten (und finden sich nur noch in traditionalistisch orientierten Schichten häufiger). Statt dessen wird defensiv-pragmatisch argumentiert – es sei nun mal so, könne allerdings (theoretisch!) durchaus auch anders sein. Damit ist zwar noch kein Teller gespült, aber es ist absehbar, dass hier harte patriarchalische Bastionen sturmreif werden. Zwar besteht kein Grund, unterschiedliche Erklärungen für das gleiche (Nichts-)Tun zu überschätzen, aber angesichts der ausgesprochen kurzen Zeit, in der sich diese Veränderungen abspielen, handelt es sich um tiefgreifende Umstrukturierungen. Empirisch dominiert jedoch immer noch eine deutliche Ungleichverteilung der Aktivitäten (vgl. z. B. Pross 1976, S. 96ff.).

Ein anderer, vielleicht deutlicherer Indikator ist die Scheidungsquote. Sie hat seit Mitte des letzten Jahrhunderts kontinuierlich zugenommen (vgl. z. B. Mühlfeld 1982, 141ff.), was zunächst im Rahmen des bisher Diskutierten als generelle Destabilisierung interpretiert werden kann: Die nicht mehr extern zusammengehaltene, auf die Beziehung der Partner konzentrierte Ehe ist zwangsläufig labiler, weil sie nur auf Konsensbasis erhalten bleiben kann (während die Zwangsgemeinschaft so etwas

Aufwendiges wie Konsens nicht benötigt). Konsens ist in offenen Beziehungen immer knapp und gefährdet, Beziehungen, die auf wechselseitiger Identifikation beruhen, sind riskanter als Beziehungen, die über ein Thema vermittelt und integriert sind. Aus diesem Grund sind »moderne« Ehen wegen ihrer anderen Konstitutions- und Reproduktionsbedingungen auch labiler. – Es ist evident, dass da vor allem Frauen von dieser Möglichkeit Gebrauch machen, was darauf hinweist, dass sie nicht mehr gewillt sind, Beziehungsmuster, die ihren Interessen widersprechen, unbedingt zu akzeptieren.

Schließlich muss, wenn über die Folgen der gesellschaftlichen Entwicklung für die Primärgruppenstruktur gesprochen wird, neben der Tendenz zur höheren Kontingenz und zu egalitären Strukturen, vor allem darauf hingewiesen werden, dass sich das Spektrum an gesellschaftlich möglichen und zugelassenen Formen der Primärkontakte erheblich ausgeweitet und differenziert hat. Ganz erheblich zugenommen hat die Zahl der sogenannten Einzelhaushalte, auf Neudeutsch auch »Singles« genannt. Wichtig dabei ist, dass es sich nicht mehr nur um mehr oder weniger erzwungenes Alleinsein handelt, weil ein Partner gestorben ist oder keiner gefunden wurde, sondern um einen gewünschten Lebensstil (vielleicht auch nur für eine bestimmte Zeit). Entsprechend wird ein Leben als »Single« heute auch nicht mehr (je nach Temperament) bemitleidet oder diskriminiert, sondern ist mehr oder weniger selbstverständlich akzeptiert. Auf der anderen Seite haben sich vielfältige Formen kollektiven Zusammenlebens entwickelt, die vom familiären Muster (teilweise erheblich) abweichen. Was mit mehr spektakulären als problemorientierten Ansätzen in der »Kommunenbewegung« begann, hat sich mittlerweile zu einem breiten Spektrum von biografisch angepassten und situationsspezifisch vielgestaltigen Themen weiterentwickelt: Wohngemeinschaften sind zwar nach wie vor hauptsächlich eine vor allem studentische Lebensweise, weil Studenten als experimentierfreudige soziale Gruppe, die sich in einer Ausnahme- und Übergangssituation befindet, besonders viel Affinität zu »alternativen« Primärgruppen besitzen; sie haben ihre Herkunftsfamilie verlassen, aber noch keinen festen eigenen Lebensstil entwickelt. Aber die Form ist mittlerweile auch über studentische Kreise hinaus verfügbar und genutzt. Zwar ändert sich naturgemäß das Ambiente und auch das Interaktionssystem, aber nicht wenige halten auch in späteren Lebensphasen an den Formen kollektiven Lebens fest (etwa in Hausgemeinschaften usw.).[41]

Allgemein gesprochen: Die Lebensstile haben sich hochgradig differenziert, Biografien sind durchweg komplexer geworden und schließen sehr viel mehr Variationsmöglichkeit ein als das traditionelle Muster. Weder die berufliche noch die persönliche Entwicklung sind in Abfolge und Dynamik festgelegt. Entsprechend haben sich auch die Beziehungsmuster flexibilisiert. Nach wie vor existiert zwar ein ideologischer Prototyp von Primärgruppe, aber empirisch lebt nicht einmal die Hälfte der Bevölkerung in einer solchen Situation (vgl. Grossman et al. 1980) – die anderen leben allein, in Kollektiven, unverheiratet mit Partner, allein mit Kind usw.:

> »at any given point in time, the majority of the households in the United States do not represent the traditional nuclear families. There has been a slow hut steady increase in the percentage of persons residing in single-parent or dual-career nuclear families, as weIl as an increase in thouse living alone or in households comprised of nonrelated individuals« (Macklin 1980, S. 905).

Um es noch einmal zu betonen: Auch in früheren Zeiten konnte keine Rede von der Universalität einer bestimmten Familienform sein. Aber alle anderen Lebensweisen bezogen sich direkt und indirekt auf die Familie (bzw. auf die damit verbundenen Produktions- und Reproduktionsmuster). Gegenwärtig erleben wir dagegen eine Zunahme von Lebensstilen und Primärkontakten, die sich nicht direkt oder indirekt aus der familiären Form legitimieren und ergeben. Auf diese jüngsten Trends wird noch einzugehen sein. Hier geht es zunächst um die Frage, inwiefern davon auch das Eltern-Kind-Verhältnis betroffen ist. Dass dies in ganz beträchtlichem Maß der Fall ist, ist nicht zu übersehen. Zunächst betrifft die strukturelle Veränderung und die Zunahme der Bedeutung von persönlichen Beziehungen auch das Verhältnis der Eltern zu ihren Kindern (und damit auch umgekehrt). Auch hier machen sich die Tendenzen der Abnahme von externen Funktionen und der höheren emotionalen Aufladung bemerkbar: Mehr denn je werden Kinder zum Thema psychosozialer Interessen, werden zum Ausdruck der Beziehung der Eltern zueinander. Ein Indikator dafür sind die quantitativen Verhältnisse. Während die Kinderzahl bis zur Mitte des 19. Jahrhunderts je nach Umständen schwankt, ist gegen Ende eine deutliche Abnahme der Kinderzahl unverkennbar. Es steht zu vermuten, dass bis dahin zunächst die gegenläufigen

Tendenzen der Abnahme der Kindersterblichkeit und der Abnahme der Geburtenhäufigkeit sich neutralisierten. Gegen Ende des 19. Jahrhunderts hat die Abnahme der Kinderzahl jedoch solche Ausmaße angenommen, dass sie nicht mehr durch eine geringere Kindersterblichkeit kompensiert wird. Dass die Zahl der Kinder abnimmt, steht sicher im Zusammenhang mit der Abnahme ökonomischer und sozialpolitischer Imperative, vor allem aber insofern, als nun ein Freiraum für persönliche Entscheidungen entsteht, der die strukturelle Abnahme der Kinderzahl zur Folge hat. Es zeigt sich empirisch, dass eine große Kinderzahl (im allgemeinen) dazu führt, dass die Zufriedenheit der Eltern sinkt und die Beziehungen zwischen Eltern und Kindern an Intensität verlieren.[42] Wo also gerade diese Beziehungen höher bewertet werden, wo das Kind von den Eltern höher besetzt wird, ist logischerweise die Zahl der Kinder niedriger, weil nur so die extensive und intensive Interaktion mit den einzelnen Kindern genügend Raum gewinnen kann. Es ist daher nicht verwunderlich, dass schon um die Jahrhundertwende die durchschnittliche Kinderzahl sich auf 2,5 bis 3 reduziert hatte (vgl. Rosenbaum 1982, S. 353) und seit dem noch weiter gesunken ist.[43]

Dabei ist jedoch noch ein weiterer Trend zu berücksichtigen: Die stärkere Konzentration auf die Beziehung zu den Kindern, das damit verbundene mehr »partnerschaftliche« Verhältnis zu Kindern bedeutet für die Eltern auch eine größere Konzentration, ein Mehr an praktischem und emotionalem Aufwand. Auch hier gilt, was weiter oben über die Paarbeziehung gesagt wurde: Je offener die Beziehung wird, desto stärker wird der reproduktive Anteil der Beziehung desto mehr wird von den Eltern verlangt, die Eigenheiten des Kindes zu respektieren (statt sie zu unterdrücken) und mit den Kindern ein Beziehungsgleichgewicht auszuhandeln. Dieser Aufwand steht nun zwangsläufig im Widerspruch zu den Beziehungsinteressen des Paares und zu den individuellen Interessen, die im Zuge genereller Individualisierungstendenzen ebenfalls erheblich zugenommen haben. Die Anforderungen nehmen also exponentiell zu: Ein Elternteil muss unter diesen Vorzeichen viel Zeit und Zuneigung für seine Kinder und seinen Partner, für seinen Beruf und seine Hobbies aufbringen. Dies alles ist kaum unter einen Hut zu bringen, d. h. in vielen Fällen: Es muss der Aufwand reduziert werden.

In dieser Konstellation sind die Beziehungen zu Kindern am ehesten

»gefährdet«; sie stehen faktisch zur Disposition und werden Berufs-, Beziehungs- und Konsuminteressen »geopfert«. Dies hängt nicht zuletzt mit den Ergebnissen der intensivierten Eltern-Kind-Beziehung selbst zusammen[44]: Sie trägt zur Selbstbezogenheit und Selbstbewusstheit der Kinder bei, die später als Erwachsene biografisch Interessen abwägen. Dabei haben sich zwangsläufig mit den stärker persönlich gefärbten Objekt-Beziehungen auch die Selbst-Identifikationen verstärkt: Persönliche Sinnzusammenhänge sind für Entscheidungen wichtiger als externe Normen etc. Wo Kinder nicht Gegenstand narzisstischer Interessen sind, werden sie daher als Störfaktor erlebt, weil sie von beruflichen und Freizeitaktivitäten abhalten – ganz abgesehen davon, dass sie unter veränderten Bedingungen viel kosten, aber wenig »nutzen«.[45] Aus diesen Gründen hat sich die Tendenz zur Verringerung der Kinderzahl noch radikalisiert: Sie wurde eine Tendenz zur Entscheidung gegen Kinder. Dabei spielt das, was weiter oben als wesentliche Bedingung für eine partnerschaftliche Beziehung genannt wurde – die Berufstätigkeit der Frau – eine wichtige Rolle. Traditionelle Arbeitsteilung zwischen Mann und Frau schloss selbstverständlich die Zuständigkeit für Haushalt und Kinder ein. Je mehr Frauen eigene Berufsinteressen entwickeln (und aufgrund von qualifizierter Bildung in Karriereberufe hineinkommen, die ein permanentes Engagement verlangen), desto stärker wird – vor allem bei faktischer Beibehaltung der Arbeitsteilung – ihr Leben durch die bekannte »Doppelbelastung« schwierig. Häufig sind berufliche Karrieren und Kinder nicht oder nur schwer vereinbar, so dass dann der Verzicht auf Kinder gerade wegen der Partnerschaftlichkeit der Paarbeziehung erfolgt. Auch wenn dies häufig kein expliziter Verzicht ist (Aussagen wie: »Wir wollen keine Kinder, weil dies unsere berufliche Laufbahn stört« sind eher selten), wird doch faktisch die Realisierung eventueller Kinderwünsche so weit hinausgeschoben, dass sie irgendwann sich von selbst erledigen – zumal mit der Dauer einer eingespielten Paarbeziehung der Übergang zu einem neuen Beziehungsmuster oft schwer fällt.[46]

Diese Entwicklungstendenzen im Eltern-Kind-Verhältnis sind insgesamt ambivalent. Auf der einen Seite ist deutlich eine Auflösung der engen Bindungen von Erwachsenen und Elternposition erkennbar. Gestützt und verstärkt durch die Trennung von Sexualität und Fortpflanzung haben sich die Beziehungen gelockert. Von einer Selbstverständlichkeit, Vater oder Mutter zu werden, kann nicht mehr die Rede sein. Während in traditionellen Verhältnissen Elternschaft eine selbstverständliche praktische Konsequenz von sexuellen Beziehungen bzw. Primärbeziehungen war, schiebt sich heute zwischen Sexualität und Elternschaft der dezidierte Entschluss – der auch gegen Kinder fallen kann, vor allem, wenn Kinder mit anderen (subjektzentrierten) Motiven und Interessen konkurrieren müssen und dabei in mancher Hinsicht als lebenspraktischer Nachteil eingestuft werden.

Auf der anderen Seite hat sich da, wo es (trotzdem) zur Geburt von Kindern kommt, die Beziehung zwischen Eltern und Kindern ganz beträchtlich intensiviert. Wenn Kinder da sind, haben sie für die Eltern eine andere Bedeutung. Sie stellen dann vor allem eine Ich- bzw. Beziehungserweiterung und -fortsetzung dar. Damit wird die Zuwendung, werden aber auch die Erwartungen größer und anders; die Eltern-Kind-Beziehungen differenzieren sich erneut praktisch wie emotional. Die wechselseitige Zuwendung – im weitesten Sinn – wächst, wodurch sich die Beziehung ausweitet und zugleich auch verkompliziert.

Denn Beziehungserweiterungen müssen mit entsprechenden Kompetenzen beantwortet werden. Je differenzierter Beziehungsinteressen sind, je individueller und damit auch »unwahrscheinlicher« Beziehungsprofile werden, je mehr Zukunft und Vergangenheit in interaktive Strategien eingehen, desto mehr ist damit die Notwendigkeit verbunden, die Voraussetzungen zu gewährleisten und Folgen aufzufangen. Wo über Abgrenzung und Ausgrenzung der Problem- und Konfliktbestand reduziert ist, treten diese Anforderungen nicht auf. Wer beispielsweise die Philosophie vertritt, dass das Schreien der Säuglinge die Lunge stärkt und die Persönlichkeitsentwicklung (positiv) beeinflusst, kann die mit den entsprechenden Geräuschen verbundene Aufforderung neutralisieren und sich anderen Themen zuwenden. Wer dagegen davon ausgeht, dass ein schreiender Säugling schreit, weil er Zuneigung braucht, muss darauf eingehen, d. h. alles andere zurückstellen. Dadurch verändert sich nicht nur das Interaktionsklima, das Verhältnis der unterschiedlichen Interaktionsfelder zueinander gestaltet sich gänzlich anders. Darauf wird noch einzugehen sein.

Die neu auftretenden Themen, die sich aus der stärkeren Hinwendung und der größeren Bedeutung ergeben, implizieren noch ein weiteres Problem: Die vielfältigen Aufforderungen, Konflikte, sind strukturell so offen wie die Beziehungen selbst. Das heißt: Es gibt nur begrenzt definitive, eindeutige Reaktionsmöglichkeiten. In vielen Fällen gibt es nur die Wahl zwischen Alternativen, die jeweils verschiedene Vor- und Nachteile haben. In anderen sind die Folgen und Zusammenhänge von Handlungen überhaupt nicht absehbar. Ganz allgemein hat die Auflösung traditioneller Beziehungsmuster eine hochgradig labile und wenig überschaubare interaktive Struktur zur Folge. Wer nicht mehr nach alttestamentarischen Prinzipien bestrafen will (und kann), muss sich jedes Mal genau überlegen, was er wie bestraft und wie die Bestrafung eingebettet und begründet wird. Das bedeutet nicht nur, dass Entscheidungen jeweils situativ nach einem komplexen Prinzip getroffen werden müssen, es setzt auch voraus, dass schwierigere Bemühungen um die Integration emotionaler und kognitiver Prozesse stattfinden müssen.

Diese interne Entwicklung der Eltern-Kind-Beziehung wird begleitet und verstärkt durch eine generelle gesellschaftliche Tendenz zur Auflösung bzw. Relativierung traditioneller Sinnstrukturen im Rahmen des Übergangs zur Industriegesellschaft. Wo traditionelle Gesellschaften mit relativ einfachen Regeln und Interpretationen auskommen, müssen Industriegesellschaften ein sehr viel höheres Maß an Wirklichkeitsverständnis und Verhaltenskomplexität hervorbringen – und aushalten. Das bedeutet häufig, dass Situationen offen bleiben müssen, dass Widersprüche erhalten bleiben, mit einem Wort: dass Handlungssicherheit nicht mehr ohne weiteres verfügbar ist. Je mehr man weiß, desto mehr kann man falsch machen, desto schwieriger wird ein unmittelbares, spontanes Verhalten, wo kognitive Vermittlungen eine Rolle spielen und Emotionen reflektiert werden. Genau dies ist mit der typisch modernen Wissensproduktion und -verteilung verbunden: Wir wissen sehr viel mehr über die frühkindliche Entwicklung – und dadurch zugleich sehr viel weniger darüber, wie wir uns verhalten können und sollen, wenn wir bestimmte Ziele erreichen wollen. Zwischen dem Aufkommen der neuzeitlichen Wissenschaft und dem Zerfall der traditionellen Eltern-Kind-Beziehung besteht von daher eine enge Verbindung; schon deshalb konnte an ihre Stelle keine neue Eindeutigkeit treten. Denn wesentliches Merkmal »wissenschaftlichen« Wissens ist sowohl seine Relativität als auch seine Abstraktheit; es stiftet keine unmittelbare Handlungssicherheit. Auch aus diesem Grund ist die neuere Geschichte der Eltern-Kind-Beziehung eine

Geschichte ständiger Suchbemühungen und Versuche, neu auftretende Komplexitäten zu verkraften und Widersprüche auszubalancieren. Dies soll im Folgenden noch näher beschrieben werden.

Anmerkungen

1 Sogenannte »käufliche Liebe« ist ein Beispiel dafür, dass auch diese Primärkontakte durchaus sekundär organisiert sein können. Sie unterscheidet sich von »echter« Liebe aber gerade dadurch, dass die Reziprozität und Intensität der Beziehung fehlt (und sie daher als dauerhafter Intimkontakt nicht denkbar ist – von gewissen Sonderfällen abgesehen).

2 Vgl. dazu die Diskussion um Kommunen und Wohngemeinschaften (Schülein 1978, 1980).

3 Dies gilt auch für Sekundärkontakte, die jedoch durch die (Eigendynamik der) soziale(n) Organisation gefiltert sind und daher im allgemeinen in dieser Hinsicht wenig(er) Spielraum haben.

4 Vgl. dazu z. B. die Studien von Richter (1969; 1972) oder Bernes »Transaktionsanalyse« (1974).

5 Der Vorteil dieser Unterteilung wäre, dass nicht nach Projektionen unterschiedlicher Art differenziert werden müsste, sondern dass das Niveau der Projektion als Bezugspunkt dient.

6 Vgl. dazu ausführlich: Schülein (1987).

7 Dies ist selbstverständlich eine theoretische Konstruktion. Empirisch sind in weiten Bereichen Funktion und Subjektivität nicht zu trennen, so dass direkt wie indirekt »Vermischungen« auftreten. Dennoch handelt es sich um ein fundamentales Prinzip der Entwicklung von formaler Struktur.

8 Vgl. dazu die vielfältige Literatur zur familiären Sozialisation.

9 Vgl. dazu die Studien von Lévi-Strauss (1970).

10 Die Problematik des »Übergangs« bleibt hier, schon aus Gründen der Darstellbarkeit, außer acht; sie ist allerdings für jede entwicklungsbezogene Argumentation von großer Bedeutung.

11 Dabei sind sowohl Trennung als auch Durchdringung von beiden sowohl notwendig als auch problematisch. Ausdifferenzierung auf beiden Seiten setzt eine komplexe Balance voraus, die erhebliche Risiken einschließt.

12 Man muss den hier genannten Autoren natürlich zugute halten, dass sie auf dem Informationsstand des 19. Jahrhunderts argumentierten. Außerdem tendiert die abstraktive Betrachtungsweise – die Stammesgesellschaften und Neuzeit unter einen Hut zu bringen sucht – ohnehin dazu, Differenzierungen interner Art zugunsten externer Gegensätze kleinzuschreiben.

13 So war (wegen der relativ hohen Sterblichkeit der Ehepartner) eine Wiederverheiratung des überlebenden Partners – mit allen Folgen, die dies für Zusammenleben, Vermögensverhältnisse etc. brachte – ein sehr häufiger Vorgang. Mitterauer stellte fest, dass streckenweise die Wiederverheiratung der Handwerkerwitwe häufiger vorkam als die Übergabe des Meisterbetriebs an den Sohn (1978).

14 Um diesen Unterschied geht es im Grunde bei vielen Auseinandersetzungen: An der Zahl wird festgemacht, was eigentlich die Qualität der Interaktion betrifft. Dies erklärt so manche überflüssige und unergiebige Kontroverse.

15 Sehr illustrativ sind dazu die Beschreibungen der bei Shorter (1977, S. 164ff.) und bei Hubbard (1983) abgedruckten diesbezüglichen Abmachungen.

16 Vgl. dazu ausführlich Shorter (1977).

17 Beschreibungen der »Wickelpraxis« bei de Mause (1983).

18 Shorter (1977) diskutiert ausführlich, dass und warum Nahrungsverteilung und Hygiene nicht als selbstverständlich gegebene Faktoren betrachtet werden können, sondern Ergebnis von Selektionen sind (und daher diskussionsbedürftig sind).

19 Vgl. dazu die stufentheoretischen Studien von Kohlberg (1977), Selman (1984) u. a.

20 Mitterauer (1978) zeigt, dass beispielsweise Heirat als Verteilungsmodus relevanter ist als Vererbung.

21 Auch dies ist ein Indikator für die Eigenständigkeit von Beziehungsmustern: Sie reproduzieren nicht einfach Umweltvorgaben, sondern entwickeln sich – im Rahmen der gegebenen Bedingungen – selbständig. Daraus ergeben sich Differenzen und Ungleichzeitigkeiten, die wiederum die Nicht-Identität fördern und stabilisieren.

22 Dass der Begriff »Bürgertum« alles andere als deutlich ist, hat die Diskussion hinlänglich gezeigt. Es gibt sowohl zeitlich als auch von der

Begrenzung her vielfältige Probleme. Verwendbar ist er im Grunde nur, wenn mit hinreichendem Abstand Grobmarkierungen gebraucht werden. Dann lässt sich das Bürgertum des 18./19. Jahrhunderts einigermaßen deutlich gegen »Pfahlbürger« u. ä., aber auch gegen Adel und Arbeiterklasse abgrenzen.

23 Diese Einbindung ist typisch für die »Übergangszeit«. Liebe braucht aus zwei Gründen diese »Stütze«: um psychisch nicht zu überfordern und die soziale Struktur nicht zu plötzlich aufzulockern. Diese Filter-Funktion bestimmter Ich-Strukturen, die emotionale Identifikationen bremst und kanalisiert, wird im Laufe der Entwicklung teils überflüssig, teils abgebaut.

24 Vgl. dazu die Beschreibungen bei Schwägler (1970), Shorter (1977), Rosenbaum (1982).

25 Das Aufkommen schriftlicher Kommunikation eröffnete der Tradierung und Entwicklung von – auch alltagsrelevantem – Wissen neue, revolutionierende Möglichkeiten. Vgl. Habermas (1963), Postman (1983).

26 Shorter (1977) beschreibt die mit dieser Entwicklung verbundenen Qualifikationen, die Mütter nunmehr haben müssen. Sie reichen von konkreten Fähigkeiten der Pflege und Fürsorge bis zu allgemeinen Kompetenzen, die das Mehr an »Häuslichkeit« zwangsläufig mit sich bringt.

27 Vgl. dazu die psychohistorischen Studien von Fromm (1966), Riesman (1970). Nach wie vor grundlegend: Weber (1973).

28 In diesem Zusammenhang steht wohl auch die Widersprüchlichkeit, mit der die Rolle von Verwandten gesehen wird: Einerseits gibt es Vorstellungen, dass Verwandtschaft als Beziehungskriterium an Bedeutung abnimmt. Das stimmt, insofern der Zwang zum Zusammenleben und das Aufeinander-Angewiesensein abgebaut werden. Zugleich nimmt jedoch die psychosoziale Bedeutung von Verwandtschaftskontakten in gewisser Hinsicht zu: Nicht nur die Eltern-Kind-Beziehung wird »emotionaler« und interaktiv verdichtet, auch die »Großeltern-Kind-Beziehung«, die »Kind-Onkel-Beziehung« etc. differenzieren sich. Daher ist diese Entwicklung zugleich eine Abnahme und Zunahme von Relevanz – auf jeweils unterschiedlichen Gebieten.

29 Vgl. dazu die umfangreiche familientherapeutische Literatur, z. B. Richter (1969, 1970), Skynner (1978).

30 Die begriffliche Abgrenzung ist nicht unproblematisch. Jede Neurose ist individuell. Gemeint ist hier eine zunehmende Determination

von individuellen Neurosen durch spezifische biografische Konstellationen (und eine Abnahme der unmittelbaren Bedeutung von Umweltstrukturen).

31 In der Psychoanalyse ist dies am Beispiel der Ödipus-Problematik ausführlich, aber nicht immer klar diskutiert worden. Frühe Bemühungen, den Ödipus-Komplex in einer bestimmten Form zu universalisieren, hängen wohl vor allem mit unzureichender theoretischer Differenzierung zusammen (vgl. Roheim 1977). Heute sind genauere Unterscheidungen zwischen Strukturkonflikt und historisch-spezifischer Konkretisierung möglich (vgl. z. B. Parin/Parin-Mathèy/Morgenthaler 1963).

32 Es wäre daher falsch, davon zu sprechen, dass »früher« Familien intakt waren, »heute« dagegen zerfielen und/oder ihre Mitglieder neurotisierten. Tatsächlich sind die Probleme nicht schlimmer, sondern deutlicher geworden. Das 19. Jahrhundert hatte in dieser Hinsicht einfach mehr Fähigkeiten, Probleme zu übersehen oder repressiv auszugrenzen.

33 Oder aber die eindrucksvolle Beschreibung in Zolas Roman »Germinal«.

34 Allgemein hat sich die vergleichsweise klar strukturierte Stratifizierung verändert: Nicht mehr abgegrenzte, homogene »Klassen«, sondern heterogene, nach Merkmalen differenzierende »Schichten« sind begrifflicher Bezugspunkt von Beschreibungen. Dass damit keine Aussagen über das Verschwinden von Ungleichheit/Ungerechtigkeit etc. verbunden sind muss, versteht sich von selbst.

35 Vgl. dazu die Diskussion zum Thema »Modernisierung« (etwa bei Habermas 1981).

36 So sah noch Freud (implizit) Identitätsentwicklung (vgl. Schülein 1975).

37 Vgl. die Darstellung bei Horn (1972).

38 Worauf immer wieder (zurecht) die feministische Kritik, aber auch des Feminismus unverdächtige Wissenschaftler(innen) hinweisen (vgl. z. B. Pross 1976; 1978).

39 Wie immer man diese Faktum interpretiert: Tatsache ist, dass in diesen Zonen die Relativierung von geschlechtsspezifischen Identitäten am schwierigsten ist. Auch wenn man keine biologischen Erklärungen heranziehen will, scheint es sich hier um einen harten Kern geschlechtsspezifischer Identifikationen zu handeln (was natürlich

nicht bedeutet, dass auch hier längerfristig noch große Veränderungen möglich sind, sie werden allerdings einige Zeit in Anspruch nehmen).

40 Dass externe Interaktionschancen eine so entscheidende Bedeutung besitzen, verweist darauf, dass Emanzipation kein voluntaristischer Vorgang ist. Auf der anderen Seite wäre es falsch, Berufstätigkeit mit Emanzipation gleichzusetzen (s. u.). Auch berufstätige Frauen haben Emanzipationsmöglichkeiten, wenn sie in ihren Beziehungen entsprechende Normen durchsetzen können; auch berufstätige Frauen können in traditionellen Rollenverhältnissen gebunden bleiben. Die Dialektik der Emanzipation ist wesentlich eine Frage der konkreten Übersetzung und des Nachvollzugs in unterschiedlichen Lebensbereichen.

41 Die durchschnittliche Wohndauer von Wohngemeinschaften beträgt ca. 18 Monate. Wer längerfristig in Wohngemeinschaften lebt, entwickelt jedoch »familienähnlichere« Lebensformen (und zieht nicht mehr so schnell ein und aus) – vgl. Schülein (1980).

42 Vgl. die Untersuchungen von Pross 1976, White 1983.

43 In der BRD liegt die Geburtenziffer seit Beginn der Achtziger Jahre knapp unter 2 (Statistisches Jahrbuch 1983).

44 Wobei auch hier wieder gesehen werden muss, dass die Familie zwar etwas »hervorbringt«, aber sie ist Medium von gesellschaftlichen Tendenzen, die sie aufgreift, übersetzt, weiterentwickelt. Man kann daher nicht die Familienstruktur als »Ursache« von etwas dingfest machen – sie ist Teil eines Prozesses.

45 Das ist sehr handfest zu verstehen: Ein Auto kostet weniger und bringt viele Handlungsmöglichkeiten – wenn man die entsprechende instrumentelle Einstellung hat (s. u.).

46 Vgl. dazu die Diskussion aus unterschiedlichen Perspektiven, die weiter unten noch angesprochen werden.

4. Auf dem Weg zur modernen Elternschaft

4.1. Der institutionelle Rahmen

Die bisherigen Überlegungen beschäftigten sich mit dem veränderten Sinnzusammenhang von Primärkontakten und dem damit verbundenen Strukturwandel der Primärgruppe, insbesondere in Bezug auf die Eltern-Kind-
Beziehungen. Die angesprochenen Prozesse führten vor allem dazu, dass
sie die Bedeutung des Kindes für die Eltern änderte; aus einer mehr oder
weniger selbstverständlichen Erweiterung der Familie mit »funktionaler
Ambivalenz« (der Notwendigkeit von Kindern für bestimmte Tätigkeiten
und der Störung der ohnehin belasteten Alltagsroutinen) wurde zunehmend ein »Luxusprodukt«, das Eltern sich vorrangig für »Beziehungs-
zwecke« »zulegen«. Das bedeutet eine sehr viel *stärkere Fokussierung der
kindlichen Entwicklung* und der *Rolle der Eltern*, vor allem aber auch eine
erhebliche *Ausweitung und Verdichtung der Interaktion zwischen Eltern
und Kindern*. Das brachte auch eine größere psychosoziale Intensität des
interaktiven Austausches (im Bereich der Objektrepräsentanzen, der Übertragungen etc.) mit sich. Dieser Prozess der Differenzierung von intrafamilialer Interaktion und Struktur relevanter Interaktionsfelder bedingen
sich gegenseitig.

Auf der anderen Seite ist die Entwicklung der Primärkontakte und die
damit zusammenhängende größere »Schwerkraft« der Primärgruppe das
Pendant der größeren Autonomie und Dynamik von Sozialstruktur: Erst
die Entstehung einer abstrakten und funktional differenzierten Sozialstruktur ermöglicht die Emanzipation der Primärkontakte von Imperativen der Produktion etc. Gleichzeitig ergeben sich jedoch aus einer abstrakt-
funktionalen Umwelt gänzliche neue Orientierungen und Imperative für
die Entwicklung subjektiver Identität wie von Primärbeziehungen. Diese
Umwelt ist zugleich »zwingend« und kontingent. Sie bietet wesentlich
mehr Selbstdefinitionsspielräume; die Zugänge zu relevanten Bereichen
produktiver und reproduktiver Praxis sind weniger durch Vor-Selektionen
verengt, sondern verlangen eine höhere subjektive Eigenaktivität. Damit
sind biografische wie soziale Selektionen ein Stück weit in peinliche Entscheidungen »ausgelagert«, Individualisierung von Lebenspraxis bedeutet

daher nicht nur: mehr Entscheidungskompetenz/Möglichkeit, sondern auch: mehr Eigenverantwortung (und weniger Entlastung durch externe Festlegungen), mehr Bedarf an Legitimation (für kontingente Entscheidungen). Das produziert eine Art »sekundärer Egozentrik«, wo die konsequente Realisierung biografischer Ziele immer mehr Investition (knapper) Zeit und Ressourcen verlangt. Zugleich verändert sich die Umwelt mit solcher Geschwindigkeit, dass ständige Neuanpassung eine conditio sine qua non für Status-Erhalt bedeutet.

Dies alles wirkt sich auf Beziehungen *sowohl* intensivierend *als auch* destabilisierend aus. Auch wenn man den Trend zur Reduktion von Primärbeziehung auf begrenzte und punktuelle Kontakte nicht übertreiben sollte: Erkennbar ist, dass Festlegungen in jeder Hinsicht schwerer fallen – gerade weil sie komplexer und dichter werden! – und mit weitaus mehr Vorbehalten eingegangen werden. Zu diesen Vorbehalten gehört, im Zweifelsfall den eigenen biografischen Interessen den Vorrang zu geben. Ein Rückzug aus verbindlichen, von subjektiven Entscheidungen gelösten Beziehungen geht zwangsläufig einher mit einem Verzicht auf Kinder, die nicht nur festlegen, sondern zugleich ein erhebliches Maß an Zeit, Energie, Aufmerksamkeit absorbieren, welches dann für Berufs- und Freizeitaktivitäten fehlt. Die Eltern-Kind-Beziehungen verdichten sich, weiten sich aus – und werden seltener.

Diese Entwicklungstendenzen haben sich selbstverständlich nicht überall gleich und auf gleiche Weise durchgesetzt, sind aber in ihrer Grundstruktur in allen fortgeschrittenen Industriegesellschaften[1] erkennbar. Wo sie sich entwickelt, sind zugleich einige parallele, damit eng verbundene Prozesse feststellbar:

- es entsteht ein spezifisches System *sozialer Organisationen*, die sich (auf je verschiedene Weise) mit diesem neuen Thema beschäftigen;
- es ergeben sich deutliche Verschiebungen im Bereich des *praktischen Umgangs mit Säuglingen und Kleinkindern*, wobei der Einfluss medial vermittelter themenspezifischer Informationen und Normen zunimmt;
- schließlich gehen damit systematische Verschiebungen in den *dominanten Leitbildern*, im »Vater«- und »Mutterbild«, aber auch im emotionalen Bild des Kindes einher.

Diese Trends nehmen unterschiedliche Formen an; ihre Entwicklungslinie ähnelt sich jedoch meist. Die Entstehung von Organisationen, die sich arbeitsteilig-spezialisiert mit Teilbereichen des Alltagslebens beschäftigen, indem sie einschlägige Dienstleistungen (unentgeltlich oder gegen Honorar, weltanschaulich gebunden oder »neutral«) anbieten, ist nicht auf dieses Thema beschränkt.[2] In allen relevanten gesellschaftlichen Bereichen kommt es im Zuge der Ausbreitung »moderner« Gesellschaftsstrukturen zu einer Überlagerung und Ablösung traditioneller, informeller Interaktionszusammenhänge, die durch praktischen Druck und Umgang zugleich die notwendigen Reflexionsleistungen erbrachten. Sie funktionierten auf der Basis gemeinsamer Lebensweise, gestützt auf räumliche und soziale Nähe. Im Prozess der Modernisierung zerfällt diese Einheit von Praxis und Reflexion; beide entwickeln sich eigendynamisch (und beziehen sich vermittelt und gebrochen über Medien und Institutionen aufeinander). Dabei bilden sich abstrakte Interaktionssysteme, in denen die Themen aus ihrer empirischen Konkretion und Gebundenheit gelöst bzw. übersetzt und dann als (in spezifischer Form zugänglich und angeboten) Information bzw. Interaktionsform zurückgespielt werden. Dies ließe sich an vielen Themen der individuellen und kollektiven Produktion und Reproduktion verdeutlichen, gilt aber in besonderem Maße für die hier diskutierte Thematik. Denn die Entwicklung der Eltern-Kind-Beziehung schloss zwar eine Privatisierungs-Tendenz ein, aber damit war keineswegs eine völlige Isolierung verbunden. Juristische, soziale und politische Interessen und Kontrollen waren dadurch nicht außer Kraft gesetzt, sie wurden teils gelockert, teils reformuliert. Außerdem entwickelte die Industriekultur in Form von »Wissenschaft« und »Reflexion« Modi der Steuerung und Kontrolle, die in ihrer Struktur der Entwicklung der Primärgruppe ähnelten und entsprachen, wo sie traditionelle Interaktionsstrategien und Begründungen ablösten und durch Offenheit und Verfügbarkeit ersetzten. Damit war zugleich ein Medium gegeben, welches den neuen Problemhorizont der Primärgruppe aufgreifen und in einer Weise thematisieren konnte; die den Abbau traditioneller Sinnstrukturen durch den Aufbau reflexiver Kompetenzen kompensieren konnte (bzw. dafür in Anspruch genommen werden konnte).[3]

Neben die traditionellen, halbprofessionellen »Familienberater« (Pastoren, Ärzte, Honoratioren) treten daher Einrichtungen, die professionell mit Beratung und Betreuung beschäftigt sind. Diese Tendenz zeigt sich zuerst in den USA, die, wie in vieler Hinsicht, auch hier schon früh (und sehr krass) die Dynamik der Moderne erleben und zeigen.

Kaum wandte sich die Wissenschaft (angetrieben und unterstützt von einer zunehmend interessierten Öffentlichkeit) dem Thema zu, musste sie feststellen, dass es Defizite und unpassende Relikte früherer Zeiten in Erziehungsmethoden amerikanischer Eltern gab:

>Some beliefs and skills which formerly had been learned in families were no longer being taught here. At the same time, shifts in other social institutions, such as the church and the neighbourhood community, were being viewed as problems or problemcreating situations. The result of many of these institutional changes was a loss of social control: parents, religious institutions, and local communities seemed unable, for example, to obtain the same socialized behavior from children as had previously been possible« (Kerckhoff 1963, S. 881).

Diese Einsicht schien so sehr common sense zu sein, dass ein Urheber dieser Feststellung nicht genannt werden muss. Zu vermuten ist, dass von Seiten der Eltern selbst entsprechende Vorstellungen geäußert wurden, sicher sind aber auch jene daran beteiligt gewesen, die zugleich bereitstanden, die aufscheinenden Probleme in Angriff zu nehmen:

>There was already movements afoot which could be utilized in the founding of this new field. There was (...) a new body of knowledge about human behaviour and about children. Psychiatry and psychoanalysis, the beginnings of a mental health movement, and an evolving child development brand of home economics presented data for facthungry parents. Community child study courses tried to held parents covert these ideas into answers to such practical questions as how make children behave correctly. Meanwhile, psychology an sociology, along with economics and biology, had enough interesting facts and new ideas to make it possible for a college course of family relationship to look like an academically respectable contribution. Health education, character education, citizenship education, home management education and other inventions of the school would fit well enough with the new effort to be seen as sometime allies of family education. The whole progressive education movement gave heart to those who wanted the new family field to be functional, real and useful education. Sex education (...) also began to show signs of conversion into something more positive for family living« (Kerckhoff 1963, S. 882).

– womit die Liste noch keineswegs vollständig ist. Juristen, Kulturanthropologen, Sozialarbeiter – sie alle stehen bereit, sich auf ihre Weise um die Familie zu kümmern.

Das Netz der für die Familie tätigen Einrichtungen nahm bald eindrucksvolle Ausmaße an. Eine Übersicht (die allerdings sehr umfassend angelegt ist), beginnt zunächst mit Regierungseinrichtungen:

»Under the agencies of the United States government whose programs are most closely related to the concerns of American families are the Departments of Agriculture, Commerce, Defense; Health; Education and Welfare, Interior, Justice, Labor, the Treasury; the Atomic Energy Commission; the Housing and Home Finance Agency; the Selective Service System; and the Verterans Administration« (Brown 1963, S. 824).

Leider wird nicht im einzelnen ausgeführt, worin die speziellen Leistungen der Atomenergiebehörde für die Familie liegen, sondern nur allgemein festgestellt: »The Departments (…) all help to protect American families from many hazards no single family could cope with alone« (a. a. O.).[4]

So gesehen ist selbstverständlich auch das FBI mit seinem ständigen Bemühen, das Verbrechen zu bekämpfen, eine Säule, auf die die Familie sich stützen kann (a. a. O.). Allerdings (und hier wird der Rahmen wieder etwas enger) sind es konkret vor allem spezielle staatliche und private Einrichtungen, die sich um die Familie kümmern. Man kann den umfangreichen Aufzählungen von Brown (1963) und Kerckhoff (1963) entnehmen, dass die ersten Ansätze nach der Jahrhundertwende begannen, dass sie in den zwanziger Jahren einen steten Aufschwung erlebten, der anhielt und vor allem in den frühen sechziger Jahren explosive Ausmaße annahm. Ein Beispiel dafür ist das »Children's Bureau«, welches 1913 als ersten Schritt zu einem »Parent Education Program« ein Buch mit dem Titel *Infant Care* veröffentlichte, welches immer wieder überarbeitet und aufgelegt wurde. Ihm folgte eine lange Serie ähnlicher Publikationen. Sie wurden landesweit vom Government Printing Office vertrieben. In den frühen vierziger Jahren wurde in der »Child Study Division« eine Expertin für »parent education« beschäftigt, die zunächst nur die hauseigenen Schriften vertrieb. Bald darauf wurde aus der Abteilung eine »Research Division«, wurde das Personal aufgestockt, das Angebotsspektrum erheblich ausgeweitet und Kontakt mit anderen Organisationen aufgenommen. Ende der fünfziger Jahre startete dann ein großangelegtes Projekt für »nursing supervisors«, Regionalkonferenzen und ein Netzwerk von Einrichtungen verbreiten das akkumulierte Wissen systematisch. Zusammen mit anderen wichtigen Einrichtungen (Institute of Child Development der Minnesota University u. ä.) wurde ein »Directory of parent education specialists« der USA und Kanada entwickelt und angeboten. Das Beispiel zeigt, wie aus bescheidenen Anfängen mächtige Apparate wachsen – und wie sich zwischen das ursprüngliche Klientel und die

Organisation eine ganze Reihe von Medien und Mediatoren schieben: Von der direkten Beschäftigung mit Familien geht der Weg dieser Organisationen häufig hin zur Beschäftigung mit Experten, die dann wiederum die Experten trainieren, die es schließlich konkret mit Eltern und ihren Kindern zu tun haben.

In gleicher Richtung entwickelten sich die vielfältigen privaten Stiftungen, die für die Entwicklung der amerikanischen Öffentlichkeit kennzeichnend sind. So etwa die *General Foundation of Womans Clubs*, die *Family Service Association of America* und nicht zuletzt der gewaltige *Congress of Parents and Teachers*, dessen Vorläufer schon 1898 erste Anleitungen in schriftlicher Form herausbrachte, und bereits 1906 ein eigenes Magazin druckte, das regelmäßig Familienberatung auf wissenschaftlicher Grundlage anbot. 1923 wurde dann ein eigenes *Standing Commitee on Child Development* eingerichtet, aus dem dann das *Bureau of Parent Education* (sic!) wurde, welches heute als *Standing Commitee on Parent and Family Life Education* firmiert (dessen Aktivitäten kaum zu überblikken sind).

Der »Family and Life Education« widmeten sich auch Schulen und Hochschulen. 1920 wurden die ersten College-Kurse für »marriage preparation« (Kerckhoff 1963, S. 884) angeboten. 1930 gab es bereits an 50 Colleges solche Kurse. Die Studenten forderten mehr und 1940 waren es bereits 450 Colleges. Ende der vierziger Jahre boten über 50% mindestens einen Kurs an, Mitte der fünfziger weit 80%. Damit war es auch Zeit für allgemeine Definitionen[5] und inhaltliche Festlegungen bzw. Curricula. Das Normalprogramm sollte z. B. wie folgt aussehen

1. Differences between men and women.
2. The reasons for marriage.
3. The permanently unmarried.
4. Can a woman successfully combine wage earning and marriage, homemaking and child rearing?
5. When to marry.
6. Courtship.
7. Engagement.
8. Choosing a marriage partner.
9. Wedding and honeymoon.
10. Personality adjustment in marriage.

11. The importance and use of money in marriage.
12. The use of leisure time in marriage.
13. Reproduction.
14. Divorce (vgl. a. a. O.).

Jedoch nicht nur Colleges, sondern alle Schulen wurden in die sich ausweitenden Programme einbezogen. In Washington, D. C., wurde ein komplettes Modell der »family life education from kindergarten to the twelfth grade« entwickelt (Kerckhoff 1963, S. 889). Man sieht: Den Erziehungsbemühungen sind kaum Grenzen gesetzt. Bemerkenswert ist in diesem Zusammenhang auch der »ideologische« Kontext, die Zielvorgabe, die sich dabei allmählich durchsetzt. Angefangen hatten die Bemühungen als Versuch, die alte Gehorsamkeit der Kinder mit neuen Mitteln herzustellen, sowie »Risikopatienten« zu helfen. Im Rahmen der Weiterentwicklung zum »family life education« generalisierten sich die Ziele, zugleich ergaben sich aber auch wichtige inhaltliche Akzentverschiebungen: In den vierziger Jahren dominierte das Bild einer Persönlichkeit, die auf allen Lebensstufen etwas zu lernen hat, wozu dann auch das frühe Erwachsenenalter gehört: »During early adult life, he needs to learn how to adjust as a self-sustaining individual in home and community relationssships, with or without marriage« (zit. nach Kerckhoff 1963, S. 888).

Dies gilt als unmittelbares Ziel für die Eltern-Erziehung, wird aber zugleich als Fernziel der Erziehung des Kindes betrachtet. Es fällt auf, dass hier bereits das Individuum in das Zentrum der Argumentation gerückt ist. Zwar wird von ihm wesentlich Anpassung verlangt, aber Anpassung an ein Bild der persönlichen Autonomie, das eher mit einem Zurechtkommen (egal in welcher Situation) als mit Unterwerfung assoziiert ist. Dazu passt auch der propagierte Lehrstil:

> »There are certain characteristics sucessful family life education in the school must have. It must be coeducational, must be developed cooperatively among parents, students, teachers and others, must really allow for individual differences, must be geared to the developmental needs of individuals, and must be a community program in the true sense of the expression« (Kerckhoff 1963, S. 888).

Es mag zweifelhaft sein, ob die Kurswirklichkeit diesen Vorgaben immer entsprochen hat. Fest steht jedoch, dass sich die hier erkennbaren Tendenzen in der Folgezeit noch stärker herauskristallisieren. 1962 hat sich die

Programmatik der »family life education« ausgeweitet präzisiert und noch weiter auf die Anleitung der Individuen zu richtigem Sozialverhalten spezialisiert. Unter den Zielen findet sich:

> »To guide the individual in the selection of a proper mate. To teach individuals so to adjust themselves that neither one's personalitys dwarfed. To help individuals find an agreement method of courtship. To give them the knowled necessary in the legal preparation for marriage. To teach necessary influences for happiness in marriage. To prepare the future parent to adjust himself if his family life becomes disorganized. To show what processes are involved in the reorganization of a family. To stress the importance of a well-organized economic program. To aid in the working out of a satisfactory formula for getting along with the other members of the family« (zit. nach Kerckhoff 1963, S. 889).

Erkennbar ist die zunehmende Bedeutung technischer Details, hinter der eine ebenfalls zunehmende praktische Unsicherheit – und ein gesellschaftliches Interesse an mikrosozialer Steuerung zu vermuten sind. Bei alledem kommt jedoch die Familienideologie nicht zu kurz. »To extol the family and the home as the true source of real, wholesome fun« bleibt auch im individualisiertesten Lernprogramm die Maxime.[6]

Es hat in Deutschland eine insgesamt ähnliche, jedoch anders sich vollziehende Entwicklung gegeben. Im Unterschied zu den USA

– hatte sich das Problemprofil »moderner« Primärgruppen noch nicht so weit herausgebildet und wurden auch noch nicht in dem Maße zur Kenntnis genommen: Es herrschten noch weitgehend traditionalistische Integrationsmechanismen auch dort vor, wo die reale Beziehungsstruktur sich längst verändert hatte;

– bestand zwischen Wissenschaft und gesellschaftlicher Realität ein größerer Abstand und »geringerer«, d. h. methodisch wie thematisch gefilterter Kontakt, während umgekehrt auch soziale Probleme nicht in diesem Ausmaß öffentlich diskutiert und in Kategorien der praktischen Intervention bedacht wurden;

– brachte der Faschismus eine vorübergehende Unterbrechung sowohl der Primärgruppenentwicklung als auch der Institutionalisierung wissenschaftlich inspirierter Familienberatung mit sich, weil er als dominante Ideologie ein patriarchalisch-autoritäres Prinzip der Familienorganisation zu etablieren versuchte und alles, was in andere Richtung wies, unterdrückt;

– war die Nachkriegszeit zunächst eine Phase auch des ideologisch-normativen Wiederaufbaus, d. h. auch des Rückgriffs auf Vorstellungen und Praktiken der Zeit vor 1933, wodurch die durchaus vorhandenen realen Entwicklungstendenzen zugedeckt, umdefiniert oder auf traditionelle Weise angegangen wurden.

Dies alles hatte zur Folge, dass in Deutschland ein organisatorisches Netz ähnlichen Ausmaßes erst spät entstand, zu einem Zeitpunkt, zu dem sich bereits die lebenspraktischen und ideologischen Veränderungen ergeben hatten, auf die noch weiter unten eingegangen wird.

Ein anderes wichtiges Element des institutionellen Rahmens bilden verschiedene Zweige des medizinischen Systems. Sie ist Teil einer medizinisch-technischen Entwicklung, zugleich jedoch auch Ausdruck eines bestimmten sozialen Problemverständnisses, welches die technisch-naturwissenschaftliche Herkunft psychosozialer Landschaft wesentlich verändert hat. Der Fortschritt der Medizin hat das Eltern-Kind-Verhältnis zwar nicht allein bestimmt, aber er hat durch seine Ergebnisse entscheidend zur Entwicklung in bestimmte Richtungen beigetragen. Zu nennen ist dabei zunächst die Kinderheilkunde[7]: Die Entdeckung der Infektionskrankheiten und ihrer Behandlung verminderte vor allem auch die Säuglings- und Kindersterblichkeit. Durch die Entwicklung eines Diphterieantitoxins, was Emil von Behring 1893 gelang, sank beispielsweise die Prozentzahl tödlich verlaufender Erkrankungen auf weniger als 10%. Diese und andere Fortschritte der Medizin entschärften die Kinderkrankheiten in einem nie gekannten Ausmaß.

Von weitreichender Bedeutung waren auch die Fortschritte der *Empfängnisverhütung*.[8] Die herkömmlichen Methoden waren sowohl unsicher als auch gefährlich. Nun wurde zunächst durch die Entdeckung der Struktur des weiblichen Zyklus eine Kontrolle der Empfängnis durch zeitweise Abstinenz möglich. Die moderne Biochemie schließlich erlaubt die Synthese von Hormonen (was die »Anti-Baby-Pille« ermöglichte) und führte zur Produktion verschiedener spermizider oder auf anderer Weise empfängnisverhütenden Mitteln. Damit war endgültig die Verbindung von Sexualität und Generativität zerbrochen: Zumindest theoretisch wurde der Weg frei zu einer Welt, die ausschließlich von »Wunschkindern« besiedelt ist.

Schließlich muss in diesem Zusammenhang vor allem auch die *Perinatalmedizin*[9] genannt werden. Bekanntlich hatten die katastrophalen hygienischen Zustände der frühen Neuzeit dazu geführt, dass viele Mütter und Kinder an Infektionskrankheiten starben.[10] Außerdem waren Ärzte und Hebammen auf Geburtskomplikationen nur schlecht vorbereitet, so dass ein Großteil der Säuglingssterblichkeit auf das Fehlen angemessener medizinischer Versorgung zurück zu führen war. Es gehörte daher zu den vordringlichen Aufgaben der Kinderheilkunde, ein den Risiken der Geburt entsprechendes System der Vorsorge, Kontrolle und Versorgung zu entwikkeln. Aus diesem Bemühen entstand der moderne Kreißsaal mit seinem ausgefeilten Maschinenpark (vom CTG bis zum Brutkasten) – zweifellos ein Fortschritt der medizinischen Möglichkeiten, aber problematisch in seinem psychosozialen Effekt.[11]

Auch die zunehmende medizinische Beschäftigung mit Problemen der Empfängnis, Geburt usw. kann man als Ausdruck eines größeren Interesses, eines erhöhten Problem- und Kontrollbedürfnisses sehen. Das Thema der Beratungseinrichtungen hat sich von der Primärgruppe selbst zunächst stärker auf die in ihr lebenden Individuen verschoben[12]; auch die Medizin teilt diesen Atomismus. Sie radikalisiert ihn sogar noch, indem sie im Rahmen des medizintechnisch Möglichen (und Nötigen) immer speziellere Themen immer weiter aus ihrem psychosozialen Kontext isoliert und als isolierte behandelt. Damit gerät das ursprüngliche (soweit es überhaupt im medizinischen Subsystem präsent war) völlig außer Sicht, so dass die Technik zum dominierenden Faktor werden konnte. Extrembeispiel dafür wurde die moderne *Kliniksgeburt*[13]: Die Gebärende wurde als Kranke definiert und behandelt; der Geburtsvorgang den Imperativen der technischen Kontrolle und Steuerung angepasst. Die Geburt sollte tunlichst erfolgen, wenn es in den Dienstplan der Klinik passte (was durch Wehenmittel beeinflussbar wurde), die Anstrengung und Schmerzen wurden (als archaische Natur) qua Chemie aus dem Kreißsaal verbannt, wodurch die mütterliche Aktivität zugleich so eingeschränkt wurde, dass der Einsatz weiterer Geburtstechnik unumgänglich und sinnvoll wurde: Die programmierte Geburt wurde standardisiert und entsubjektiviert, die medizinische Technik und der Arzt übernahmen das Kommando. Was für Risikogeburten sinnvoll war, wurde unter der Hand zur Norm für die Normalgeburt. An dieser Entwicklung entzündete sich nicht zuletzt jene

Kritik, auf die noch einzugehen sein wird. Schon hier ist jedoch unverkennbar, dass der institutionelle Kontext der Eltern-Kind-Beziehung auch als ideologischer Rahmen interpretiert werden muss. Dass immer mehr Beratungseinrichtungen sich um den Prozess der Eltern-Kind-Beziehung kümmern und dass die Medizin in dieser Weise nicht nur pathologische Vorgänge übernimmt, sondern auch normale Vorgänge »pathologisiert«, ist symptomatisch. Hier wird ein aus der Balance geratenes Interaktionssystem von verschiedenen Seiten »refeudalisiert«. Das soll nicht heißen, dass die Beratungseinrichtungen per se negative Effekte haben müssten (und natürlich auch nicht, dass die Perinatalmedizin nur Nachteile hätte), aber es zeigen sich Kontrolltendenzen und darüber hinaus in den zunehmenden Formen der Übersetzung von Interaktion in Technik neue Strategien der Bewältigung, die auf der generellen Entwicklung von Industriegesellschaften liegen. Darin liegt (und lag) ein Konflikt, der früher oder später zu einer Kontroverse führen musste, weil sich zunehmende Individualisierung und Subjektivierung einerseits und Bemühungen, interaktive Steuerung technisch in den Griff zu bekommen, letztlich nicht auf einen Nenner bringen lassen, ohne dass es nach der einen oder anderen Seite zu Destabilisierungen kommt.

Insgesamt hat sich, so lassen sich diese Entwicklungen charakterisieren, das Umfeld der Eltern-Kind-Beziehungen verändert. Jene homogene Nahwelt, die praktisch »beteiligt« ist und traditionell erarbeitete und bewährte Routinen für die anstehenden Themen bereithält, so dass ein größerer »Abstand« zwischen Praxis und »Theorie« kaum auftritt, verliert an Bedeutung und Struktur. Parallel zum Verblassen der Nahwelt werden Eltern-Kind-Beziehungen stärker zu einem Beziehungsthema der Eltern, die ihren höheren Reflexionsbedarf und die erforderlichen praktischen Strategien weniger von Angeboten der direkten Umwelt übernehmen, sondern im Kontakt mit relevanten sozialen Organisationen. Deren abstrakte, d. h. personenunabhängige Angebote werden zum wichtigen Medium der Entwicklung je spezifischer sie zur Verfügung stehen, entwickelt. Der öffentliche Diskurs und die Feinstruktur der Organisationen mit ihren expliziten und impliziten Normen und Orientierungen ersetzen die traditionellen Bezugsgruppen.

Wie wirken sich diese strukturellen Veränderungen aus? Zunächst steigern sie die Autonomie der Eltern-Kind-Beziehung, weil und wo Nahwelt und Reproduktionszwänge wegfallen oder relativiert werden. Damit erhöht sich der Sinnbedarf, weil die »Entlastungen« durch externe Imperative wegfallen. Es muss also intern mehr Sinn generiert werden. Dazu werden Umweltangebote (wie sie von den einschlägigen Institutionen bereitgehalten werden) aufgegriffen, vor allem, wo die individuellen Verarbeitungsmöglichkeiten eingeschränkt sind. Es bleibt zwar ein Auswahl- und Entscheidungsspielraum, aber wo die dafür erforderlichen Kompetenzen fehlen, steigt die Abhängigkeit von Medien, Kliniken, Kinderärzten – ohne diese Agenten und Agenturen tatsächlich die Eltern-Kind-Beziehung steuern und kontrollieren könnten (vgl. Abschnitt 6.2.ff.). Inhaltlich hat die zunehmende Bedeutung von gesellschaftlichen Angeboten dieser Art (und dieser Form) keine eindeutigen Effekte. Was deutlich wird, ist eine »Homogenisierung«, weil abstrakte Modelle immer gegen die Nahwelt-Eigenheiten vorgehen. Auf der anderen Seite sind abstrakte Angebote konkretisierungsbedürftig, so dass sie je individuell aufbereitet werden (müssen). Sie erlauben/provozieren daher ein höheres Maß an subjekt- bzw. beziehungsspezifischer Definition. Wenn also von den Organisationen eine bestimmte »Ideologie« propagiert und vermittelt wird, dann muss zugleich berücksichtigt werden, dass sie keine »Exekutivmacht« besitzen; Ideologie also (mindestens) situationsspezifisch gebrochen und relativiert wird. Dem entspricht, dass diese Organisationen auch nur sehr beschränkt im traditionellen Sinn »Ideologien« anbieten, nicht nur, weil sie unter dem Banner von Wissenschaft und Aufklärung arbeiten, sondern auch, weil ihr Interaktionssystem zu abstraktiv, zu funktional ist, um ohne weiteres zu »holistischen«, lebenspraktisch konkret verankerten Ideologieangeboten fähig zu sein. Was die Entstehung themenspezifischer Organisationen damit unterminiert, sind traditionelle, metaphysisch begründete, autoritative Muster der Legitimierung. Was sie in Form und Inhalt propagieren, sind zweckrationale, funktionale Muster. Sie können, wie die amerikanische Entwicklung zeigt, durchaus in ideologische Muster eingebettet sein; ihr harter ideologischer Kern besteht jedoch eher in der Dominanz des funktionalistischen Paradigmas. Das Beispiel Kliniksgeburt hat verdeutlicht, was dies bedeuten kann: Extreme Debalancierung eines komplexen physio-psycho-sozialen Geschehens mit dem Effekt, dass die selbst produzierten Konflikte immer mehr an konfliktverstärkenden »Lösungen« erfordern. Die Ausgrenzung subjektiver Identität und Struktur bzw. der Versuch, beides durch Technik zu ersetzen, haben erhebliche Folgen gehabt. Auf der anderen Seite sind soziale Organisationen ihrerseits – wegen ihrer Distanz zum Thema – ein Stück weit – indifferent gegenüber Ideologien (und unter Umständen auch fähig, reflexiv Distanz zur eigenen zu entwickeln: Organisation ermöglicht auch Organisationskritik). In gewisser Hinsicht ist die funktionalistische Ideologie aufgrund ihrer Differenz zu »klassischen« Ideologien »opportunistisch« und fähig zur Selbstthematisierung. So bot sie (trotz aller ideologischer Einseitigkeit und der Fixierung auf funktionale reine Problemdefinitionen) auch die Möglichkeit, Alternativen zu entwickeln und zu verbreiten. Daraus erklärt sich die Paradoxie, dass gerade die Einrichtungen, die die funktionalistische Ideologie förderten und verbreiteten, zumindest indirekt die Ausbreitung einer gegenwärtig immer stärker werdenden Gegenbewegung wurden. Nach einer Phase der Dominanz der Technisierung und Entsubjektivierung kehrte das Ausgegrenzte zurück – und konnte sich gerade mittels Publikationen, Beratungsstellen usw. relativ schnell und gut ausbreiten.

4.2. Veränderungen der Einstellung und des praktischen Verhaltens

Die Veränderungen der sozialen Institutionen (und ihrer Ideologien) sind für die Entwicklung der Eltern-Kind-Beziehung zwar bedeutsam[14], aber nicht identisch mit dem Wandel der interaktiven Praxis und den damit einhergehenden Interpretationen und Einstellungen. Es ist schwierig, hier ein klares Bild zu zeichnen, weil die Kenntnis der tatsächlichen empirischen Praxis eher gering ist, die sich in keiner Weise in einheitlicher, linearer Entwicklung wandelt. Ähnlich wie sich die Familienstruktur empirisch nicht im Gleichschritt von einer Form zu nächsten entwickelt (und daher erst dem distanzierten Blick strukturiert erscheint), lassen sich auch auf dem Gebiet des Umgangs mit Säuglingen und Kleinkindern erhebliche Unterschiede feststellen, die nur bei hinreichender Abstraktion ein gewisses Maß an Richtung aufweisen.

Die empirische Analyse des frühen Umgangs mit Kindern begann erst um 1950, wuchs jedoch dann sehr schnell zu einer umfangreichen

Sparte sozialpsychologischer Forschung.[15] Für die Zeiten davor kann im Grunde nur spekuliert werden, wobei allerdings sekundär analytische Studien weiterhelfen.

Bronfenbrenner hat die bis zur Mitte der fünfziger Jahre vorhandenen (sich häufig widersprechenden) Daten zusammengefasst und interpretiert.

Eine empirische Analyse von Erziehungsstilen im Umgang mit Kleinkindern von Davis und Havighurst (1948) kam zu dem Schluss, dass Eltern der Mittelklasse ihre Kinder strenger erziehen und weniger permissiv auf kindliche Bedürfnisse eingehen. Dem widersprachen die Ergebnisse von Maccoby und Gibbs (1954), die genau umgekehrt feststellten, dass die Mittelschichteltern permissiver als Unterschichteltern sind. Dieser Gegensatz führte zu einer heftigen Auseinandersetzung, die Bronfenbrenner als »Kampf um Klassen« interpretierte: »During the past dozen years, a class struggle has been taken place in American social psychology – a struggle, fortunately, not between classes but about classes« (1958, S. 400).

Zweifellos war die Debatte ideologisch aufgeladen, es schwangen untergründig normative Präferenzen und Qualifikationen mit. Bei genauerem Hinsehen zeigte sich außerdem, dass die gesamte Diskussion an Problemen der Operationalisierung litt: Was war z. B. »permissiv«? Konnte ein so definiertes Verhalten nicht in Wirklichkeit Desinteresse und/oder Nachlässigkeit sein (vgl. Sears et al. 1957, S. 445ff.)? Auch aus diesem Grund waren die Befunde nicht unmittelbar kompatibel, ohne deswegen jedoch unvereinbar zu sein. Bronfenbrenner hat als erster versucht, die empirische Essenz der vielfältigen Untersuchungen, die im Rahmen der Kontroverse angestellt wurden, zusammenzufassen. Er beschrieb folgende praktische Tendenzen:

– Die Einstellung zum Stillen ist sehr unterschiedlich, erkennbar ist eine Tendenz zur Flaschenfütterung sowie eine stärkere Orientierung am kindlichen Bedürfnis (statt an Stillplänen). Beide Trends sind in der Mittelschicht ausgeprägter. Der Zeitpunkt des Abstillens liegt früher, dafür wird länger das Saugen an der Flasche erlaubt.

– Reinlichkeitserziehung beginnt später und wird weniger rigide als in früheren Zeiten angegangen: Die Kinder bekommen mehr Zeit und werden mit weniger Druck dazu gebracht, sich den Reinlichkeitsnormen anzupassen.

– Dabei zeigen sich eigentümliche Umkehrungen der klassenspezifischen Strategien: Die Haupttendenz geht dahin, dass die Mittelschicht-Eltern früher rigider waren, um 1950 jedoch weniger rigide als Unterschichteltern (genauer: -mütter) verfahren, die jetzt zu mehr »Strenge« neigen.

Bronfenbrenner sieht jenseits aller regionaler und sozialer Differenzen einen einheitlichen Trend:

> »Over the last 25 years, even though braest feeding appares to have become less popular, American mothers – especially in the middle class – are becoming increasingly permissive in their feeding and toilet-training practices during the first two years of the childs life« (Bronfenbrenner 1958, S. 412).

Er sieht die Ungleichzeitigkeiten der Entwicklung vor allem dadurch bedingt, dass die Mittelschichteltern früher die von den Institutionen angebotenen Informationen aufnehmen und in Praxis umsetzen.

»Child-rearing practices are likely to change most quickly in those segments of society which have closest access and are more receptive to agencies or agents of change (e. g., public media, clinics, physicians, and counselors)« (a. a. O., S. 411).

In der Tat zeigen inhaltsanalytische Studien, dass sich die (quasi-) offizielle Ideologie in genau diese Richtung entwickelt hat. Eine Studie von Wolfenstein (1950), die sich mit dem oben erwähnten Buch »Infant Care« beschäftigt, zeigt, wie sich von Auflage zu Auflage allmählich die ideologischen und praktischen Orientierungen verschieben. Während die erste Auflage noch dazu anleitete, Abstillen und feste Nahrung, Reinlichkeitserziehung etc. nach festem Plan und ohne zu praktizieren, wurde in den späteren immer stärker Rücksicht auf die kindlichen Bedürfnisse und Lebensäußerungen zur Leitlinie. Wolfenstein interpretiert dies auch als Wandel des impliziten Kind-Imagos: Während noch um die Jahrhundertwende das Kind ein gefährlicher Gegner ist, von dem man sich um alles in der Welt nicht unterkriegen lassen darf, wird es von Auflage zu Auflage »harmloser«, werden seine Lebensäußerungen immer weniger Gegenstand von Kontrollzwängen. Sie zeigt, dass beispielsweise im Laufe der Zeit Daumenlutschen und Masturbation keine verfolgungswürdigen Vergehen mehr sind; dass Reinlichkeitserziehung immer mehr Zeit hat und sanfter wird (a. a. O., S. 120ff.).

Es ist allerdings die Frage, was hier Ursache und Wirkung ist. Sicherlich ist richtig, dass die Mittelschicht diese Art von medialer Information und die damit verbundenen Interaktionsangebote besonders intensiv nutzt(e). Der Grund dafür dürfte nicht zuletzt darin bestehen, dass es eine enge Beziehung zwischen den Institutionen und der Mittelschicht selbst gibt. Wir haben es hier nicht mehr mit dem traditionellen Bürgertum, sondern mit einer neuen Schicht [16] zu tun, die nicht in dem Maße von Kapital und/oder Bildung, sondern vielmehr von einem breiteren Spektrum an Lebenscharakteristika gekennzeichnet ist: Berufstätigkeit, Einkommen, Ausbildung, Wohnort, soziale Beziehungen, »Hobbies« – kurz: Mittelschicht heißt nicht zuletzt ein Lebensstil, der ein Pendant der Sozialstruktur moderner Gesellschaften ist. Denn diese Art von Lebensstil hängt sowohl von dem produktionsbedingten Beschäftigungssystem als auch von der produktbedingten Lebensweltstruktur zusammen: Angestellte und Beamte, Ingenieure und Lehrer sind auf je verschiedene Weise abhängig von spezifischen Interaktionssystemen, die ihre Lebensweise ermöglichen (und die sie – jeweils individuell verschieden – psychisch verinnerlicht haben). So gesehen leben die Angehörigen der Mittelschicht in besonders engem Kontakt mit Organisationen und infrastrukturellen Einrichtungen – zum Teil sogar sehr direkt, weil und soweit diese Institutionen ihr Personal wesentlich aus dieser (neuen) Mittelschicht rekrutieren.

Kommunikative Nähe und Interaktionsdichte, wie sie sich daraus auch im Kontakt mit den (sich dynamisch entwickelnden) Formen der sozialen Betreuung von (werdenden) Eltern ergeben, sind jedoch nur der äußere Zusammenhang. Man kann davon ausgehen, dass hier die Veränderungen in der Struktur der Eltern-Kind-Beziehungen in Richtung auf »Modernität« besonders ausgeprägt sind und sich schneller als in anderen Schichten entwickeln. Der Anpassungsvorsprung der Mittelschicht an eine Gesellschaftsstruktur, der sie ihre Entstehung verdankt, hängt umgekehrt auch damit zusammen, dass die vorherrschende Ideologie entsprechend mittelschichtslastig ist – die Einflussnahme vollzieht sich nach beiden Seiten. Die opinion leaders der diversen Einrichtungen sind nicht nur ihrer Herkunft nach meist Exponenten eben dieser Mittelschicht (wie z. B. auch die Familienforscher), sie vertreten letztlich eine Lebenspraxis, die mittelschichtspezifisch ist.

In der Mittelschicht ist daher sowohl die Bereitschaft, Themen der Eltern-Kind-Beziehung auf nicht-traditionelle Weise zu definieren als auch die, sich auf die von Institutionen angebotenen Definitionen und Bewältigungsstrategien einzulassen, besonders ausgeprägt. Man könnte dann die Verschiebungen, die aus den empirischen Befunden sprechen, auch so interpretieren, dass sich erst in der Zeit zwischen den Kriegen jene neue Mittelschicht – als Nachfolgerin des traditionellen Bürgertums – in interaktiv relevanter Form herausgebildet hat. Dann könnte man vermuten, dass die anfängliche Rigidität noch das Abgrenzungskriterium des Bürgertums gegen die (eher unterstrukturierte) Arbeiterklasse war (und noch an der Leitidee des »innengeleiteten« Menschen orientiert war, das für die Arbeiterklasse nie in dem Maße Gültigkeit und Wirksamkeit besaß), während die neue Mittelschicht sich gerade durch höhere Durchlässigkeit, durch mehr Egalität und Verfügbarkeit von psychosozialer Identität auszeichnete. Dies unterscheidet sie zugleich von der (neuen) Unterschicht, die im Zuge der Modernisierung (und der Erhöhung sozialer Aufstiegschancen) möglicherweise zunächst sich mehr an den traditionellen bürgerlichen Normen (der Disziplin usw.) orientierte. Diese Interpretation ist selbstverständlich sehr spekulativ, könnte unter Umständen jedoch den eigentümlichen »Positionstausch« erklären, der empirisch festgestellt wurde.

Unabhängig davon lässt sich jedoch als genereller Trend feststellen, dass von der Jahrhundertwende bis in die fünfziger Jahre hinein ein Großteil traditionalistischer Anschauungen und Praktiken abgelöst oder doch so weit unterminiert wurde, dass sie keinen lebenspraktischen Halt mehr hatten, d. h. zu labilen Konventionen degeneriert waren. Geade traditionalistische Interaktionsformen sind hochgradig abhängig von stabilen Mustern und Ideologien, weil sie über weite Strecken auf der Basis von Selbstverständlichkeit existieren und Alternativen schlecht vertragen. Dadurch bringt allein schon durch die Existenz alternativer Entwürfe den traditionellen Mustern Schwierigkeiten: Sie müssen verstärkt Legitimation und Macht entwickeln und einsetzen, was sie zum Teil abnutzt, zum Teil auch verändert.[17] Andererseits ist der Übergang von traditionell konstituierten Interaktionssystemen zu reflexiven Interaktionssystemen kein plötzlicher Sprung von Null auf Eins; die Entwicklung der dazu erforderlichen Kompetenzen vollziehen sich nur schrittweise und bedarf häufig der Absicherung nicht zuletzt durch die Leistungen, die traditionell konstituierte Systeme erbringen. Dadurch kommt es zunächst zu einer Vielfalt an »Mischformen«, aber auch zu einer Art »sekundärem Traditionalismus«, der erst auf dem Hntergrund der Probleme, die die Reflexivität von Interaktionssystemen mit sich bringt, identitätsstiftend wid – ein »Traditionalismus«, der seinerseits gewisse reflexive Züge aufweist, zugleich aber gegen die entstrukturierenden Tendenzen von Reflexion immunisiert.

Das Wesentliche der Primärgruppenentwicklung in der ersten Hälfte des Zwanzigsten Jahrhunderts liegt demnach zunächst darin, dass in dieser Zeitspanne ein neuer Typ von Primärkontakten in immer deutlicherer Form durchgesetzt und – schichtenspezifisch verschieden – dominant wurde. Die »Geburt der modernen Familie« (Shorter 1977) blieb allerdings zunächst noch beschränkt auf bestimmte Themen und soziale Randzonen. In der Bevölkerungsmehrheit dominierten – manifest – bis in die sechziger Jahre oft nur geringfügig modernisierte Vorstellungen. So etwa, dass Väter sich nicht oder wenig für Kinder interessieren, die noch nicht sprechen und gehorchen, die also noch nicht »erziehbar« sind, und wenn sie sich für Kinder interessieren, dann für Söhne, denen sie Leistungs- und Anpassungsnormen vermitteln (vgl. Aberle/Naegele 1952). Aber die systematische Umstrukturierung der Eltern-Kind-Beziehungen hat in anderen Bereichen sich längst vollzogen und diese Bereiche bereits erreicht. Denn das väterliche Desinteresse hat sich verringert und auch einen anderen, weniger aggressiv-abgrenzenden Charakter bekommen. Zwar wird nach wie vor der Sohn aufs Berufsleben, das Mädchen auf die Heirat vorbereitet, aber das Berufsleben ist anders und die Erwartungen der Väter in ihre Söhne sind stärker oral narzisstisch getönt: Der Aufstieg des Sohnes soll der väterlichen Ich-Erweiterung dienen, nicht seine Machtbedürfnisse befriedigen. – In anderen Bereichen (eben denen der frühkindlichen Sozialisation) haben sich dagegen die egalitären, beziehungszentrierten, emotional aufgeladenen Interaktionsformen weitaus stärker durchgesetzt.[18]

Es mutet auf den ersten Blick seltsam an, dass Individualisierung, Subjektivierung und Emotionalität, also Eigendynamik der singulären Beziehung, in dieser Entwicklungsphase zugleich einhergehen mit einem ebenso zunehmenden Maß an Technik und Beziehungstechnologie; an »medizinischem Imperialismus« und der Umzingelung der Familie durch hochorganisierte und rationalisierte Einrichtungen. Aber es scheint, als wären »adjustment« und Technisierung eine, »Emanzipation« und Emotionalisierung der Eltern-Kind-Beziehung die zweite Seite derselben Medaille. Beide stellen eine Auflösung traditioneller Lebensweltstrukturen dar; beide bedingen und brauchen sich in dieser Phase gegenseitig (was nicht bedeutet, dass sie sich nicht gegenseitig auch behindern). Durch die Entlassung aus anderen gesellschaftlichen Sinnzusammenhängen, den Bedeutungszuwachs von Primärkontakten provoziert die Familienentwicklung zugleich den Einsatz von Kontroll- und Stützungstechniken, die ihr eigentlich nicht entsprechen, die jedoch zugleich eine fortschreitende Ablösung traditionalistischer Strukturen ermöglichen und erzwingen. Der technisierte Kreißsaal ist so nicht nur das Symbol der Zerstörung der emotionalen Struktur des Geburtsvorgangs, er ist auch die Grundlage zu seiner vollen Entfaltung – dadurch, dass er Gefahren bannt, aber auch dadurch, dass er den Weg zu einer »individualistischen« Nutzung freimacht. Diese Dialektik zeigt eine spezifische Ambivalenz, die in den frühen sechziger Jahren dann zu einer neuen Phase der Entwicklung führte.

4.3. Die »Beziehungsrevolution« der Sechziger Jahre

Die Darstellung der Entwicklungen, die aus dieser Ausgangskonstellation in den frühen Sechziger Jahren begannen, ist schwierig. Vieles ist noch nicht definitiv abgeschlossen, das meiste auch nicht eindeutig konsolidiert – am auffälligsten ist vielleicht die ausgeprägte Heterogenität von Entwicklungslinien. Aber auch die Tatsache, dass sich an der Oberfläche extrem auffällige Ereignisse abspielen, deren reales Gewicht ad hoc nur selten einschätzbar ist, hat zur Folge, dass man nur allzu leicht aufs interpretative Glatteis gerät und dann aus der bunten Vielfalt der Ereignisse die heraushebt, die der eigenen Wahrnehmung positiv oder negativ am meisten imponieren – oder aber umgekehrt die Kontinuität überbetont (nach dem Motto: »plus ça change, plus c'est la même«).[19]

Diesen Risiken entgeht dieser Text natürlich auch nicht. Wenn ich trotzdem versuche, die für das hier zur Diskussion stehende Thema relevanten Prozesse zusammenzustellen, dann mit der Einschränkung, dass es sich um Interpretationsversuche handelt. Mehr ist (mir) nicht möglich, mehr wird möglicherweise auch gar nicht gebraucht, wenn es darum geht, das soziale Klima und seine Sektoren zu bestimmen, die gegenwärtig die Geburt eines Kindes zur »Geburt der Eltern« werden lassen. Ein definitiver theoretischer Anspruch kann damit jedoch nicht verbunden sein.

Man muss zunächst fragen: Ist der Übergang von den »Fünfzigern« zu den »Sechzigern« überhaupt eine trennscharfe Linie – und wenn ja, warum? Auf die erste Frage kann man zu Recht mit »nein« antworten, wenn man beispielsweise ökonomische oder sozialpolitische Entwicklungen betrachtet. Eine Differenz ergibt sich mehr auf der Ebene der interaktiven Praxis und der psychosozialen Identität. Ein wichtiger Aspekt ist dabei das Ende der Nachkriegszeit, also der Übergang einer Zeit, die nicht mehr hauptsächlich durch die unmittelbaren Nachwehen eines dominanten historischen Ereignisses bestimmt ist. Die politische Landschaft ist weltweit neu geordnet, die Ökonomie hat von Kriegs- und Nachkriegsstruktur wieder auf Normalbetrieb umgeschaltet, vor allem verlieren die verschiedenen psychosozialen Formen der Auseinandersetzung mit Krieg, Faschismus usw. an Bedeutung. Besonders in der BRD findet auch eine zunehmende Gewöhnung an die ökonomischen und technischen Besonderheiten des »Konsumkapitalismus« statt; eine neue Generation hat den »Wohlstand« bereits als prägende Kindheitserfahrung (und nicht als Schlaraffenland nach Jahrzehnten des Terrors und des Verzichts) erlebt. In relativ kurzer Zeit war der Anschluss an »moderne« Gesellschaftsstrukturen gefunden – zumindest was Technik, Produktion und Konsumtion betraf. Dagegen hielten sich im Bereich der Politik, der öffentlichen Kommunikation, der Beziehungsstrukturen trotz der sich mittlerweile auch hier anbahnenden Veränderungen traditionalistisch orientierte Strukturen.[20]

Dies war symptomatisch für ein Konfliktprofil, das aufgrund der Nachkriegssituation in vielen Formen und an vielen Stellen auftrat. Man kann diese Zuspitzung auch als akkumulativen Effekt langfristiger Entwicklung sehen: Dass beispielsweise das Ende der patriarchalischen Familienstruktur gekommen sei, hatten (mit unterschiedlichen Akzenten) schon etliche Autoren festgestellt[21]; faktisch hatten sich jedoch patriarchalische Normen – in Deutschland nicht zuletzt durch den Faschismus gestützt – weitgehend erhalten. Von einigen wenigen Emanzipationsschritten abgesehen, war die Gleichberechtigung beispielsweise kaum realisiert. Sie stand im Grundgesetz, das aber (zunächst noch) gut vertrug, dass Frauen weniger Entscheidungsrechte in Familienangelegenheiten hatten, weniger verdienten usw.[22] Aber trotz dieser empirischen Dominanz war wegen der strukturellen Verschiebungen die Basis für solche Praxis so weit labilisiert, dass es nur noch eines Anstoßes bedurfte, um in kurzer Zeit zentrale Verhältnisse in Bewegung zu setzen. Sozialisationstheoretisch könnte man sich diese Entwicklung so vorstellen, dass von Generation zu Generation sich kleine Schritte der Veränderung von Interaktion und Identität ergaben, die, ohne immer auffällig zu sein, doch eine »kritische Masse« darstellten, die dann nur noch eines entsprechenden »Zünders« bedurfte.

Dieser »Zünder« war jene Krise der Nachkriegsidentität bzw. der krisenhafte Übergang zur Normalität der modernen Industriegesellschaft. Die für unser Thema bedeutsamste Entwicklungen sind zweifellos die »Emanzipation der Frau« und die »Emanzipation der Kinder«, wenn man diese Bezeichnungen zunächst ohne Wertung akzeptieren will. Der Kampf der Frauen für Gleichberechtigung ist bekanntlich nicht neu, er hat aber in den Sechziger Jahren einen ungeahnten Aufschluss erlebt, hat sich in Form der feministischen Bewegung der Siebziger Jahre noch verstärkt. Es muss hier nicht im einzelnen diskutiert werden, was sich dabei abspielte; festzuhalten bleibt, dass immer lauter und immer konsequenter das Recht der Frauen auf Selbstbestimmung eingeklagt wurde. Seit Betty Friedans Attacke auf den »Weiblichkeitswahn« (Friedan 1963) ist die Zahl der einschlägigen Aktionen exponentiell gestiegen, was darauf schließen lässt, dass hier ein fruchtbarer Boden vorhanden war: Eine neue Generation von Frauen hatte die Struktureffekte der Primärgruppenentwicklung (vor allem die angedeutete Unterminierung traditioneller Hierarchien) so weit realisiert und war bereit, interaktive Konsequenzen zu ziehen.

Diese Konsequenzen bezogen sich zunächst auf die Abhängigkeit vom (Ehe-)Mann. Der Pascha, der sich bedienen lässt, dem Hausarbeit zu lästig ist, dem Frauen als Sexualobjekt dienen, aber auch der prügelnde Haustyrann gerieten verstärkt unter Beschuss – und zeigten (in gesellschaftlichen Teilbereichen) Wirkung. Zwar kann von einer empirischen Gleichberechtigung nach wie vor keine Rede sein, aber es ist erstaunlich, was die Emanzipationsbewegung in relativ kurzer Zeit in Gang gesetzt hat: juristische, politische, soziale Anerkennung, vor allem ein sehr viel geschärftes Problembewusstsein der Öffentlichkeit und einen mächtigen Platz im öffentlichen Diskurs (was nicht immer gesellschaftlicher Macht identisch ist).

Die Emanzipationsbewegung der Frauen beeinflusste naturgemäß auch das Verhältnis zu Männern und deren Selbstdefinition; in einem komplementären Positionssystem wirkt sich die Veränderung einer Seite zwangs-läufig auf die andere aus. Je mehr also von Frauen Gleichberechtigung, Selbstbestimmung und Unabhängigkeit reklamiert wurde, desto mehr waren Männer gefordert, auf Vorrechte zu verzichten, Autonomie und Autorität von Frauen anzuerkennen. Zweifellos ist es damit empirisch nicht so weit her. Auf Privilegien zu verzichten, ist unter Umständen schwieriger, als sie zu erkämpfen. Außerdem ist der externe Verände-rungsdruck auf die typische männliche Identität (noch) nicht so groß, dass eine ebenso starke »Männerbewegung« sich in Richtung auf gleichberech-tigte Beziehungen bewegte.[23] Denn nach wie vor sind im Kampf um Karriere und sozialen Status traditionell(e) männliche Tugenden gefragt und erfolgreich – wenn auch nicht mehr so ausschließlich und ohne weite-res. Unabhängig von den jeweils aktuellen Konjunkturen im Verhalten lässt sich deutlich erkennen, dass Schritt für Schritt personale Autorität, vor allem expressivautoritäres Verhalten, aus Sachkommunikation verdrängt wird und dass zugleich die soziale Hierarchie nicht mehr (so ausgeprägt) mit Über-/Unterordnungsverhältnissen gekoppelt ist. Im Betrieb ist der autoritäre Führungsstil mehr und mehr abgelöst worden von »management by communication«; die Oberschicht der zweiten Hälfte des 20. Jahrhun-derts grenzt sich nach wie vor ab, kann aber in weiten gesellschaftlichen Bereichen keine selbstverständlichen Privilegien mehr in Anspruch nehmen oder auf (unbezahlte) Unterwürfigkeit etc. rechnen. Das bedeutet auch, dass der traditionell »männliche« Verhaltensstil zunehmend dysfunk-tional wird oder auch einfach nicht mehr differenziert genug ist, um komplexen Verhaltensanforderungen gerecht zu werden.

Dennoch ist damit die patriarchalische Struktur von sozialer Orga-nisation wie auch der Primärgruppe nicht aufgehoben. Zwar hatten Bur-gess und Locke schon 1945 die »companionship form of the family« (Burgess/Locke 1945, S. 26) als die Ehestruktur der Zukunft gesehen, aber dies ist (meist) immer noch Zukunft. Zwar legen Männer mittler-weile großen Wert auf Gemeinsamkeit, aber genauso großen Wert auf herkömmliche Arbeitsteilung:

> »Die Ehe wird von den meisten Männern als Gefährtenschaft konzipiert. Gefährtenschaft meint eine Vertrauensbeziehung, die allen anderen Bezie-hungen vorgeordnet und auf Dauer gestellt ist (...). Gefährtenschaft bedeutet im Verständnis der meisten Männer allerdings nicht eine Verbindung von

sozial Gleichen. Vielmehr gilt die Ehe als Gemeinschaft, in der man gemeinsame Aufgaben getrennt erfüllt. Die Aufgaben werden wiederum verschieden bewertet. Aus der Sicht der Männer ist ein Teil der als typisch weiblich erachteten Pflichten von minderem Rang« (Pross 1978, S. 94f.).

Ein harter Kern von geschlechtsspezifischer Ungleichheit in Primärbeziehungen existiert nach wie vor. Er ist jedoch kaum vergleichbar mit dem Ausmaß an Ungleichheit, welches beispielsweise noch um die Jahrhundertwende herrschte. Entscheidungskompetenzen und -macht von Frauen haben zugenommen, die emotionale Abhängigkeit der Männer ist dadurch größer bzw. besser sichtbar geworden. Schließlich zeigen die Scheidungsziffern, dass vor allem Frauen von der Möglichkeit, unerträgliche Beziehungen (formell) zu beenden, Gebrauch machen. Damit entfallen wichtige Grundlagen für machtverzerrte Beziehungen.

Ein Kristallisationskern von Macht ist jedoch geblieben: Kinder. In dieser Hinsicht haben sich zwar ebenfalls die genannten Lockerungen und Verschiebungen von Positionsdefinitionen und Rollenverständnis abgespielt, so dass es heute (in der Mittelschicht) selbstverständlich ist, dass auch der Vater den Kinderwagen schiebt – am Wochenende, werktags ist es in den meisten Fällen die Mutter, oder, wo sie berufstätig ist, ein Kindermädchen bzw. die Oma (gelegentlich auch Opa) ein. Was nach wie vor Gültigkeit besitzt, ist die enge soziale Mutterbindung von Kindern. Die (äußeren) Zusammenhänge sind bekannt: Frauen gebären die Kinder und sind von ihrer Sozialisation her stärker auf die entsprechenden Identifikationen ausgerichtet, außerdem verdienen die Männer meistens mehr Geld, auch wenn die Frauen arbeiten, so dass selbstverständlich ist, dass die Frauen ihren Beruf aufgeben. Selbst wo dies nicht der Fall ist, bleibt qua traditioneller Arbeitsteilung und Rollendefinition die Hausarbeit und Kinderbetreuung hauptsächlich an ihnen hängen; Männer haben es leichter (und es fällt ihnen leichter), sich dieser Arbeit zu entziehen. Es ist daher nicht weiter verwunderlich, dass Kinder(kriegen) von der frühen Emanzipationsbewegung als wesentliches Hindernis auf dem Weg zur Gleichberechtigung angesehen wurde. Für die späten Sechziger und auch noch die frühen Siebziger Jahre ist kennzeichnend, dass gerade Feministinnen Kinder ablehnen, weil damit das Risiko der Abhängigkeit von Männern (und der Verzicht auf Selbstverwirklichung) verbunden zu sein schien. Die »große Verweigerung« musste nicht zuletzt darin bestehen, die herkömmliche Mutterrolle abzulehnen und das hieß zunächst einmal: keine Kinder zu wollen. Auch wurde ernsthaft darüber nachgedacht, wie eventuell die biologische Verbindung von Frauen und Kindern so aufgehoben werden könnte, dass daraus nicht mehr zwangsläufig eine intensive Abhängigkeit verstärkende Exklusivbeziehung würde. Diese frühe Phase war also noch stark von dem gesellschaftlichen Trend zu weniger oder gar keinen Kindern geprägt, weil sie im Grunde diese Entwicklungstendenz (bezogen auf die Emanzipationschancen von Frauen) auf den Punkt brachte. Nach 1970 ergaben sich jedoch bemerkenswerte Veränderungen: Es kam zu einer neuen, gewissermaßen »postemanzipativen« Mütterlichkeit. Diese Tendenz hing wohl zunächst damit zusammen, dass zu diesem Zeitpunkt – nachdem Ende der Auseinandersetzungen um die Studentenrevolte – politisch einseitige Problemdefinitionen allmählich an Bedeutung und Integrationskraft verloren. Außerdem waren wesentliche Ziele der Bewegung zwar nicht erreicht, aber themafähig und zum Teil sogar prominent/dominant geworden. Schließlich bildete sich quasi als Negation der vorherigen »männlichen« Variante weiblicher Gegen-Identität nun eine betont »weibliche« Form. Ganz allgemein verlor die Auseinandersetzung mit Männern, die Abgrenzung gegen sie an Bedeutung. Man wendete sich mit neuem Selbstbewusstsein der eigenen Identität und ihren Fähigkeiten zu. Dazu gehört sicher auch die Fähigkeit, Kinder zu gebären: In der neueren feministischen Bewegung spielt die neue Mütterlichkeit – als unbestreitbarer, natürlicher Kern von Weiblichkeit – eine ganz wesentliche Rolle.[24]

Komplementär dazu hat sich auch eine neue Väterlichkeit gebildet, die nicht sehr verbreitet ist, aber in bestimmten sozialen Schichten (siehe unten) bereits zu einem wichtigen sozialen Leitbild geworden ist. Voraus ging dem eine von der Kritik der Frauenbewegung ausgelöste Selbstkritik von Männern. Als Echo entstanden Männergruppen, in denen das Elend der überkommenen Männlichkeit und die Suche nach einer neuen Identität als Mann im Vordergrund standen. An die Stelle von Zwang zur Stärke sollte Offenheit gegenüber den »wahren« Gefühlen treten:

> »Wir Männer haben anscheinend große Schwierigkeiten, mit unseren Gefühlen und Emotionen umzugehen. Wir sind weitgehend unfähig, zu begreifen und einzugestehen, dass vieles, was wir für ›sachlich‹ und ›objektiv‹ halten, oft subjektive Merkmale unserer Persönlichkeiten beinhalten (...). Während unserer Sozialisation innerhalb der Familie, der Schule und des Berufes wurde und

wird uns immer wieder eingetrichtert, keine Emotionen und Gefühle zu zeigen. Da aber solche Phänomene zum Grundbestandteil unserer Anthropologie gehören, leben wir sie im Verborgenen aus. Nur unsere Frau oder unser bester Freund hat uns (wenn überhaupt) weinen sehen, schwach und hilflos erlebt. Auch unsere Freude, unserer Sympathie für andere, unsere Dankbarkeit halten wir weitgehend zurück (...). Männerbeziehungen sind Zweck-Mittel-Beziehungen (...). So wie wir mit toten Dingen umgehen, so gehen wir auch mit lebendigen Menschen um« (Jokisch 1982, S. 7f.).

Der Mann als emotionales Wesen – das war tatsächlich ein neues Leitbild. Es entwickelte sich konsequent weiter in Richtung auf entsprechende Objektbeziehungen. Dass dieser »neue Mann« zu Frauen ein anhängliches, zärtliches Verhältnis entwickelte, war folgerichtig (was, bedingt durch die Zeitumstände, häufig die Züge einer Identifikation mit dem Aggressor annahm).[25]

Als dann die Frauenbewegungs-Avantgarde das Kind als Krone der Weiblichkeit (wieder)entdeckte, zogen die neuen Männer nach und propagierten ein neues Vater-Ideal, welches sich dem der neuen Mütter stark anglich: Statt erst spät und dann als (strafende und normierende) Autorität für Kinder aufzutauchen, sollte der neue Vater von Anfang an als pflegende, liebende, versorgende Bezugsperson präsent sein.

»Im Gegensatz zu den ›alten‹ Vätern gestalten die neuen ihre Rolle aktiv und bewusst. Immer mehr Väter sind bereit, sich wie die Frauen um die Kinder zu kümmern. Sie erleben die Schwangerschaft ihrer Frau bewusst intensiv mit, beteiligen sich an den Vorbereitungen für die Geburt (...). Dass sie bei der Geburt dabei sein können, ist ihnen nicht nur wichtig, sondern eine unabdingbare Voraussetzung für den Aufbau einer (im Verhältnis zur Mutter) gleichwertigen Beziehung zum Kind (...). Für die neuen Väter ist es selbstverständlich, dass sie nach der Geburt zumindest einige Wochen zu Hause bleiben und Mutter und Kind in der ersten Zeit versorgen. Sie lernen von Anfang an mit dem Neugeborenen umzugehen und beherrschen das Einmaleins der Säuglingspflege ebenso wie die Mütter. Ihr Kind ist ihnen vertraut, und sie wissen die Äußerungen des Säuglings genauso gut zu deuten wie die Frauen. Manche Väter gehen in der Umgestaltung ihrer Rolle sogar noch weiter: Sie tauschen die Rolle mit der Frau und bleiben als Hausmann zu Hause beim Kind, damit die Frau nach einiger Zeit wieder ihrem Beruf nachgehen kann. Aber auch dort, wo es nicht zu einem totalen Rollentausch kommt, ist nicht mehr von vornherein selbstverständlich, dass die Mutter nach der Geburt zu Hause bleibt. Zumindest versuchen viele neue Väter in ähnlicher Weise wie die Mütter, ihr Leben auf das Kind einzustellen« (Bullinger 1983, S. 14f.).

Das Bild des neuen Mannes trägt – gemessen an traditionellen Vorstellungen – starke »weibliche« Züge: Er kann und darf weinen, er wäscht Windeln und ist bereit, für Kinder auch auf seine berufliche Karriere (ein Stück weit) zu verzichten. Ohne dass damit die Unterschiede zwischen Mann und Frau verwischt wären, kommt es doch (auf der Ebene der idealisierten Positionsdefinition) zu einer erheblichen Angleichung, mehr noch: unter Umständen sogar zu einer Konkurrenz gerade wegen der größeren Nähe der weiblichen und männlichen Position. Es ist der neue Mann selbst, der die Gleichberechtigung in Bezug auf das Kind sucht und einklagt; nicht das Abschieben der Kleinkindern in den Tätigkeitsbereich der Mutter und die Orientierung an externen Themen kennzeichnet hier die Position des Vaters. Der neue Vater orientiert sich stärker an seinen Primärkontakten, er mischt sich ein und will beteiligt sein. Es kann natürlich nicht die Rede davon sein, dass allüberall neue Männer und Väter auftauchen; sie fallen statistisch noch kaum ins Gewicht. Das liegt wohl auch daran, dass diese neue Väterlichkeit an hochspezifische soziale und psychische Voraussetzungen gebunden ist.[26]

Diese Entwicklung spiegelt sich auch in den Einstellungen zu Kindern. Die »Kinderbilder« der neuen Väter und Mütter sind in gewisser Weise das »Endprodukt« einer Verschiebung, die ebenfalls in den Sechziger Jahren begann. Den Auftakt bildete dabei die sogenannten »antiautoritären« Kinderläden, die sich, in pointierter Abgrenzung gegen herkömmliche Kindergärten mit ihrer Vorliebe für Ruhe, Ordnung und Anpassung dezidiert auf das kindliche Recht auf Ausdruck und Selbstentfaltung beriefen: Kinder sollten tun und lassen dürfen, was sie selbst wollten und nicht, was die Erwachsenen von ihnen wollten. Mit (teilweise sehr vagen) Anleihen bei Wilhelm Reich und Neill wurden neue Eltern-Kind-Beziehungen konzipiert, die auch hier Gleichberechtigung, mehr noch: Vorrecht der Kinder beinhalteten. Daraus entwickelte sich in der Folgezeit eine breite und lautstarke »kinderfreundliche« Bewegung. In der Pädagogik entstanden erziehungskritische Ansätze verschiedener Ausrichtung, die bis zur »Anti-Pädagogik« reichte, die den Erwachsenen jedes Recht zur Einmischung in die kindliche Entwicklung absprach. Im pädagogischen Alltag entbrannte ein heißer Kampf in und um Institutionen, in denen Eltern veränderte Bedingungen für ihre Kinder einklagten – bessere Spielplätze, mehr Rücksicht auf Kinder beim Wohnungs- und Straßenbau, freiere

Kinderbetreuung in Kindergärten und ähnliches mehr. Zugleich wurde die »Kinderfeindlichkeit« der industriellen Lebenswelt gegeißelt, wurden Gewalttätigkeiten gegen Kinder aufgedeckt und bekämpft.[27]

Diese Entwicklung führte insgesamt dazu, dass das Kind als Interaktionspartner Recht zugebilligt bekam. Dies ist sicher nicht nur Verdienst der »antiautoritären Bewegung«. Auch hier ist unverkennbar, dass sie als Speerspitze einer fälligen gesellschaftlichen Entwicklung Dinge in Gang setzte, die ihre Basis in Strukturveränderungen hatte. Die angesprochene Zunahme der Bedeutung der Kinder, der größere Respekt, der ihnen entgegengebracht wurde, die Sorgfalt, die ihrer Entwicklung gewidmet wurde – dies alles hatte seine Grundlagen in den prinzipiellen Veränderungen von Primärkontakten. Von daher drängte die Entwicklung schon länger auf eine »Emanzipation der Kinder«, wobei nicht zuletzt auch die Medien (auf der Suche nach neuen Themen und Konsumenten) und die Industrie (auf der Suche neuen Käuferschichten) diese Befreiung auf ihre Weise kräftig unterstützten. Insgesamt ging die Entwicklung von mehr Kontrolle und fester Bindung in Richtung auf mehr Bewegungsfreiheit der Kinder und mehr Anpassung der Eltern. In der Pädagogik spiegelt sich dies in einer Umorientierung vom »erziehen« zum »wachsen lassen«; in den Erziehungsinstitutionen wird der Unterschied augenfällig beim Vergleich eines Kindergartens von 1960 und 1985.

Es ist kaum übertrieben zu sagen, dass sich zwischen 1960 und 1980 eine Beziehungsrevolution abgespielt hat. Sie ist, wie sich zeigte, das Resultat einer Strukturveränderung, die schon lange vorher begann und in dieser Zeit lediglich in eine Phase geriet, weil die gesellschaftlichen Bedingungen sich mittlerweile so weit und so schnell geändert hatten, dass traditionellen Identitäts- und Interaktionsformen der Boden (zunächst in sozialen Randzonen) mehr und mehr entzogen wurde Verlaufsform ähnelt sich in allen Bereichen, die hier angesprochen wurden:

– Zunächst werden von kleinen Minderheiten pointierte Gegenpositionen gegen die gesellschaftliche Normalität bezogen, wobei Abgrenzungszwänge Themenformulierung und -präsentation stark einfärben. Gesellschaftlich sind diese ersten Anfänge in einer isolierten Position, werden entsprechend ausgrenzend beachtet behandelt und unter Umständen als Projektionsfläche genutzt, d. h. stigmatisiert und marginalisiert.

– Eine Veränderung ergibt sich, wenn relevante Teile der Öffentlichkeit und qualitativ bedeutsame soziale Gruppen sich der Thematik annehmen und sie in eine Form übersetzen, die Vermittlungschancen im gesamtgesellschaftlichen Prozess hat. Zugleich bekommt die Avantgarde durch die erhöhte Aufmerksamkeit mehr Artikulations- und Entwicklungschancen, die meist in Richtung auf Radikalisierung der eigenen Position und experimentelle Ansätze zur Organisation genutzt werden.

– In der darauf folgenden Phase der Normalisierung ergibt sich eine Differenzierung der Bewegung: Während ein Teil der ursprünglichen Ansätze in moderater Form in den öffentlichen Diskurs und die Lebenswelt großer sozialer Gruppen eingehen, institutionalisiert sich die Avantgarde als eigenständige Subkultur, in der auch extreme Themenformulierungen versucht und erhalten werden.

Es kommt also zu einer Segmentierung, nach der Grundelemente der Bewegung etabliert sind und zugleich die Hauptthemen weit ausgefächert wurden.

Dieses Muster ist zwar nicht verbindlich, aber doch von seiner Logik her kennzeichnend für viele Emanzipationsbewegungen. Es lässt verständlich werden, wieso beispielsweise die Emanzipationsbewegung von Frauen zunächst sich hart abgrenzte gegen traditionelle Mütterlichkeit (und gegen traditionelle Männer), dann aber einen eigenen Mütterlichkeitsstil entwickelte, der in gemäßigter Form gesellschaftliche Verbreitung fand, in zugespitzter Form dagegen zum Lebensstil kleiner Minderheiten (die gleichwohl lautstark sind und viel Aufmerksamkeit auf sich ziehen) wurde. Aus dieser Konstellation von thematischer Segmentierung heraus können sich auf allen Ebenen weitere Veränderungen leicht entwickeln, weil die Art von »Arbeitsteilung«, die damit institutionalisiert ist, eine wechselseitige Stützung und Stimulierung erlaubt und provoziert.

Versucht man eine Gesamtbilanz der »Beziehungsrevolution« zu ziehen, so lässt sich festhalten, dass die Primärkontakte sowohl zwischen Männern und Frauen als auch zwischen Eltern und Kindern in allen sozialen Schichten sich verändert haben: Sie sind egalitärer geworden, haben sich stärker in Richtung auf partnerschaftliche, kommunikative Formen hin entwickelt, sind thematisch stärker konzentriert auf sich selbst und auf die Identität der Beteiligten, sind emotional und in Bezug auf ihre soziale

Struktur differenzierter und komplexer geworden. Dies ging einher mit einem erheblichen Wandel des öffentlichen Umgangs mit Primärkontakten: Sowohl das Ausmaß der Thematisierung als auch die Art und Weise, wie sie diskutiert werden, hat sich systematisch in Richtung auf mehr Eigenständigkeit, höhere Subjektzentrierung und (zugleich) mehr »Wissenschaftlichkeit«, d. h. Verobjektivierung verschoben. Das öffentliche Bild von Primärkontakten ist geprägt von Zuneigung, von Gleichberechtigung und Freiwilligkeit.

Dazu ist allerdings erneut anzumerken, dass Ideal und Wirklichkeit sich nicht unbedingt entsprechen. Auch der defensive Patriarchalismus hat noch ziemlich viel Halt. Außerdem ist die Progressivität der Normen und Leitbilder nicht zwangsläufig verbunden mit entsprechender Praxis, sondern unter Umständen mehr ein Ausdruck von verbaler Anpassung bei gleichzeitigem Festhalten an Überkommenem. Insofern darf das, was zu hören ist und gedruckt wird, nicht mit Beziehungsrealität verwechselt werden. Dennoch bleibt die Tatsache, dass die qualitativen und quantitativen Veränderungen beträchtlich sind.

Sie haben sich jedoch je nach sozialer Gruppenzugehörigkeit sehr unterschiedlich abgespielt. Nach allem, was gesagt wurde, liegt auf der Hand, dass bestimmte soziale Schichten sehr viel mehr vom Beziehungswandel betroffen, sehr viel näher an die ihm zugrunde liegenden Veränderungen gebunden sind und auf sie reagieren. Die Affinität zur Strukturveränderung von Beziehungen ist nicht gleich verteilt. Ob die sozialen Gruppen, für die dies insbesondere zutrifft, mit der Zuordnung »Mittelschicht« hinreichend gekennzeichnet sind, ist fraglich. Dies hängt vor allem auch damit zusammen, dass dieser Begriff selbst inzwischen an Trennschärfe verloren hat. Zwar hat sich Schelskys These von der Entwicklung in Richtung auf eine »nivellierte Mittelstandsgesellschaft« nicht bestätigt, d. h. es gibt weiterhin erhebliche soziale Differenzen. Was sich jedoch verändert hat, ist die Art der Verteilung. Die verschiedenen Indikatoren (Einkommen, Ausbildung, Herkunft, Berufstätigkeit usw.) korrelieren nicht mehr unmittelbar; der jeweilige Lebensstil lässt erhebliche Differenzen in einzelnen Bereichen oder, anders ausgedrückt: je spezifische Variationen innerhalb eines weiter gespannten Rahmens, zu. Außerdem sind die Grenzen unscharf geworden – zwischen »Arbeitermilieu« und »Angestelltenmilieu« herrscht schon deshalb keine scharfe Trennung, weil sich die

Formen der Arbeit systematisch verändert haben. Dadurch bestehen zwischen »neuen« Arbeitern und Angestellten oft weniger Unterschiede als zwischen »alten« und »neuen« Arbeitern. – Schließlich hat sich insgesamt das Lebensniveau erhöht, so dass die »Armutsgrenze« an Bedeutung (auch als Unterscheidungsmerkmal) verloren hat. Der gesellschaftliche Reichtum bleibt ungleich verteilt, aber auf höherem Niveau. Dadurch entfallen viele qualitative Differenzen: Auch Arbeiter können sich bestimmte Lebensstil-Varianten leisten.[28]

Mittelschicht kann also nur eine Hilfsbezeichnung sein, man muss näher auf die spezifischen Lebensstilkombinationen blicken, um innerhalb der Mittelschicht die Gruppen identifizieren zu können, die Träger der Entwicklung sind. Zweifellos sind dabei die von besonderer Bedeutung, die im weitesten Sinn »postmaterialistisch« orientiert sind (und sich dies materiell wie psychisch leisten können oder müssen). Auf jeden Fall entsteht insgesamt durch die Bewegungen, die die »Beziehungsrevolution« auslöste (bzw. in denen sie sich ausdrückte), und durch die damit verbundene Koexistenz unterschiedlicher Beziehungs-Paradigmen eine ungewöhnliche Konstellation von Lebensentwürfen. Das vorrangig klassenspezifisch differenzierte System von Sozialisations- und Einstellungsmustern (mit gemeinsamen Bezugspunkten) wird gebrochen durch eine Auffächerung nach Lebensstilen und -orientierungen. Das führt zu verstärkten Kontakten zwischen den verschiedenen Modellen, damit auch zur verstärkten Notwendigkeit, Unterschiede zu verarbeiten und zu integrieren. Damit verbunden sind Entscheidungen für bestimmte Alternativen, wenn Themen antagonistisch behandelt werden können. Trotz der Individualisierungstendenz zeigen sich typisch Entscheidungsmuster, die insgesamt ein bestimmtes »Verteilungsmodell« bilden. Dadurch entsteht eine neue soziale Teilstruktur: Soziale Gruppen unterscheiden sich (auch) in Bezug auf ihr Verhältnis zum alten und neuen Beziehungsparadigma.

– Sozialkonservative Gruppen haben wenig bis gar nichts von den neuen Modellen zur Kenntnis genommen oder, wo dies der Fall ist, lehnen sie sie ab. Dazu gehört, dass an traditionellen Orientierungen festgehalten wird, wobei dies auch ausdrücklich in Abgrenzung gegen »moderne« Tendenzen geschieht. Hier ist *Traditionalismus* ein stabiler Lebensstil und/oder ein begründetes Programm.

- Viele soziale Gruppen sind lebenspraktisch wie normativin gewisser Weise von Veränderungen betroffen oder beeinflusst, haben sie teilweisezustimmend zur Kenntnis genommen und praktizieren sie auf selektive und wenig ausgeprägte Weise, die man sowohl als *gebrochenen Traditionalismus* als auch als *rudimentäre Modernität* charakterisieren kann.
- Einige soziale Gruppen haben die Entwicklung mitgetragen oder intensiv verfolgt, sie praktizieren neue Modelle konsequent im Rahmen ihrer jeweiligen Möglichkeiten; d. h. nicht um jeden Preis und nicht verbissen, aber so weitgehend wie möglich. Die notwendigen Kompromisse werden auch als solche angesehen; die lebenspraktische Orientierung tendiert eindeutig zum neuen Beziehungsparadigma, d. h. zur *dezidierten Modernität* (im Rahmen der Möglichkeiten).
- Schließlich existieren kleine Gruppen, die sich weitgehend bis vollständig der Praktizierung neuer, radikal formulierter Modelle verschrieben haben. Meist handelt es sich um ein umfassendes »Paket« von Lebensorientierungen: Zur neuen Beziehungsqualität gehört, dass man Müsli mag und grün wählt, Fahrrad fährt, sich mit Baubiologie beschäftigt. Dieser »avantgardistische« Lebensstil der *»progressiven Subkultur«* zeigt das neue Beziehungsparadigma in pointierter Weise (mit allen Folgeproblemen und Zuspitzungen, die damit verbunden sind).

Empirisch, so zeigen die einschlägigen Untersuchungen, liegen die Schwerpunkte (immer noch) bei der zweiten Gruppe – mit einer Tendenz in Richtung auf die dritte.[29] Das bedeutet, dass im statistischen Mittel die anderen Gruppen mehr oder weniger untergehen. So wird weder der Abstand zwischen den Extremgruppen deutlich noch wird die Bedeutung, die den einzelnen Gruppen (z. B. in ihrer Schrittmacher-Funktion) zukommt, sichtbar. Denn es kommt nicht nur auf die Zahl einer Gruppe, sondern auch auf ihre Macht und ihr Verhältnis zu strukturellen Entwicklungstendenzen an. So ist beispielsweise die »Avantgarde« zahlenmäßig eher unbedeutend, aber im öffentlichen Kurs – d. h. für die Steuerung des gesamtgesellschaftlichen normativen Prozesses – sehr wichtig, weil sie etwas vor-lebt (und damit positive wie negative Beispiele setzt, also gewissermaßen ausprobiert, was die Mehrheit – noch – nicht kann, aber was als Thema auch auf sie zukommt).

Außerdem ist die »Avantgarde« publizistisch aktiv und diskussionsfreudig, d. h. auch überrepräsentiert in den Medien. Umgekehrt sind die

»Traditionalisten« vielleicht die Gruppe, deren Größe und Bedeutung (daher auch ihren Einfluss) man am ehesten unterschätzt. Es ist daher aus mehreren Gründen nicht sinnvoll, nur statistische Durchschnittsbeschreibungen der »Geburt der Eltern« heranzuziehen. Statt dessen soll im Folgenden versucht werden, das Spektrum der Entwicklungen aufzuzeigen, d. h. es werden qualitativ bedeutsame Typen beschrieben. Das ist eine statistische Verzerrung, lässt aber die Entwicklungsrichtung deutlicher werden. Dabei wird aus Gründen der sprachlichen und argumentativen Vereinfachung von »Traditionalismus«, »Modernität« und »Avantgarde« gesprochen, was als Hinweis auf die genannten Gruppen stehen soll. Außerdem ist vorrangig von den beiden letzten Gruppen die Rede, weil sie deutlicher Modernisierungseffekte ausleben und zum Ausdruck bringen.

Anmerkungen

1 Auch diese Beziehung ist mehr als unscharf; es fehlt an entsprechendem Vokabular, welches Gesellschaften hinreichend deutlich klassifizieren könnte. Gemeint ist, dass für alle diese Gesellschaften ein Vorrang der industriellen Produktion(-sweise), funktionelle, nach Zweck/Mittel-Relationen organisierte Sozialstruktur und Aufhebung traditioneller Lebenspraxis/Normen kennzeichnend ist.

2 Zum »Beratungsboom« vgl. Schülein (1976).

3 Dazu trug erheblich bei, dass der Sog der Modernisierung, nach dem sie einmal zum dominanten Prinzip wurde, ganz erheblich war: Traditionelle Praktiken und Normen gerieten in erhebliche Legitimationsprobleme, während »moderne« Strukturen (etwa des Wissens in Form von Wissenschaft) einen erheblichen Anpassungsvorsprung hatten und sich so – unabhängig von ihrer Qualität – durchsetzen konnten.

4 Im Grunde ist dies mehr eine Illustration der alten These, dass alles mit allem zusammenhängt. Die einzelnen Abhängigkeiten sind jedoch ebenso real wie wichtig für die Familienstruktur.

5 So lautet die »working definition« von Avery: »Family life education involves any and all school experiences deliberately and consciously

used by teachers in helping to develop the personalities of students to their fullest capacities as present and future family members – those capacities which equip the individual to solve most constructively the problems unique to this family role« (zit. nach Kerckhoff 1984, S. 884).

6 Diese sehr pathetischen Worte sind wohl auch Ausdruck des (wie auch immer kontrafaktischen) »Familialismus«, wie er für die US-amerikanische Mittelschicht typisch ist.

7 Eine kurze Beschreibung ihrer Entwicklung findet sich bei Hellbrügge (1984).

8 Seit der Entwicklung der »Pille«, vor allem aber wegen der Ent-Tabuisierung von Sexualität haben sich hier erhebliche Veränderungen abgespielt. Empfängnisverhütung ist ein selbstverständliches Thema, es gibt genügend praktizierbare Methoden und vor allem ein mehr oder weniger akzeptiertes Recht auf Selbst-Bestimmung in diesem Bereich. Dass so fundamentale Veränderungen im Verhältnis von Sexualität und Generativität nicht widerspruchslos und – frei »ablaufen«, zeigen die schwelenden Auseinandersetzungen (etwa um die Enzyklika Humanae Vitae).

9 Bisher fehlt noch eine Arbeit über die Sozialgeschichte der Perinatalmedizin. Ideologiekritische Anmerkungen finden sich bei Vogt-Hägerbäumer (1977), Bullinger (1983).

10 Vor allem durch das gefürchtete »Kindbettfieber«; einem durch die Denaturierung der Geburtsbedingungen – also unzureichende und mangelhafte Veränderung ursprünglicher Verhältnisse – erst provoziertes Problem, dem viele Frauen zum Opfer fielen. Vgl. z. B. Siegrist (1965, S. 320ff.).

11 Zur »Medizinalisierung der Geburt« vgl. Bullinger (1983), Vogt-Hägerbäumer (1977); s. u.

12 Neuere Entwicklungen weisen allerdings stärker in Richtung auf eine neue Gruppenorientierung. Der »Psychoboom« ist über weite Strecke ein individualisiertes, aber gleichwohl gruppenorientiertes Geschehen.

13 Zur Kritik vgl. Bullinger (1983), Vogt-Hägerbäumer (1977) u. a. m.

14 Institutionen wie etwa soziale Organisationen und gültige Normensysteme geben zwar den Rahmen ab, auf den sich praktisches Familienleben bezieht, aber Abweichungen sind normal und gehen so weit, so dass über weite Strecken das Verhältnis zu externen Vorgaben vom Bemühen der Distanzverkleinerung bzw.-verleugnung geprägt ist. Dennoch ist die Leitlinien-Funktion von hervorragender Bedeutung.

15 Dies ist sicher nicht nur eine Folge der Expansion des Wissenschaftssystems (welches zur Folge hatte, dass alles und jedes thematisiert wurde), sondern auch eine Frage zunehmenden Kontroll-Interesses und -Bedarfs. Vgl. dazu auch Schülein (1976).

16 Vgl. Anmerkung 47. Kleining (1975) hat versucht, in diesem ideologisch verminten Gebiet die Beziehungen zwischen Terminologie und Realität zu verdeutlichen.

17 Auf der anderen Seite muss man ihnen ein erhebliches Maß an Überlebensfähigkeit bescheinigen, was auf lebenspraktischen Halt schließen lässt. Es scheint, als wäre Traditionalismus auch (oder gerade) im Zeichen der Modernität ein Modell, welches durch seinen Gegensatz zu dessen Risiken ein Residuum besonderer Stabilität darstellt.

18 Dies verdeutlicht die Ungleichzeitigkeit und Uneinheitlichkeit von Entwicklungstendenzen dieser Art: Sie schreiten nicht in gleichem Tempo einheitlich voran, sondern entwickeln bereichsspezifisch verschiedene Modi und Tempi.

19 Dieses an sich sehr dialektische Aperçu wird leicht zur Selbstberuhigungsstrategie von Konservativen, die sich schwer tun mit der Einsicht in tiefgreifende Veränderungen. Vgl. Watzlawick (1969).

20 Dieser Widerspruch nahm jeweils themen- und organisationsspezifisch unterschiedliche Formen und Ausmaße an. Vor allem Einrichtungen, die direkt mit reflexiver Praxis beschäftigt waren, wurden wegen ihrer Abhängigkeit von externen und internen Sinnstrukturen (bzw. der besonderen Verhältnisse von produktivem und reproduktivem Prozess) besonders betroffen. Ein (sehr plastisches) Beispiel ist die Entwicklun der Universitäten in der Nachkriegszeit. Schon bei Schelsky (1963) wird die »Schere« zwischen den verschiedenen Imperativen, die sich aus dem Thema und seiner Eigendynamik ebenso wie die Probleme der Integration und Balance heterogener und widersprüchlicher Entwicklungen deutlich. Mutatis mutandis hatten (und haben) jedoch Schulen, Kirchen, therapeutische Einrichtungen analoge Probleme.

21 So z. B. Horkheimer (1936).

22 Vgl. dazu die umfangreichen »Mängellisten« kritischer Forscher(innen) und Politiker(innen), die faktische Benachteiligungen in praktisch allen öffentlichen Belangen beinhalten.

23 Aus diesem Grund ist die »Männerbewegung« bisher auch bei weitem nicht so umfangreich geworden wie die »Frauenbewegung«:

Ihr fehlt nicht nur der Problemdruck, sondern auch das Soli-
darisierungspotenzial.

24 Ein Beispiel dafür ist das Buch von Chesler (1980), die mit voller
Emphase die Begeisterung und Enttäuschung einer »modernen«
Mutter schildert.

25 Daraus erklärt sich auch die häufig in diesen Gruppen anzutreffende
(leicht masochistisch gefärbte) »mea-culpa«-Haltung.

26 Die »neuen Väter« rekrutieren sich vorrangig aus der »Akademiker-
Fraktion« der neuen Mittelschicht, die einerseits von ihren Lebens- und
Arbeitsbedingungen her sich am ehesten den Luxus einer solchen
Konzentration bzw. Arbeitsteilung leisten können (deren »Planstelle«
also mehr subjektive Balancemöglichkeiten bietet) und die andererseits
von ihrem psychosozialen Profil her wichtige Schritte in Richtung auf
neue Formen der Identität und Interaktion getan haben. Vgl. dazu
weiter unten.

27 Zur »Anti-Pädagogik«: v. Braunmühl (1978), der ebenso konsequent
wie lautstark Eltern und Erziehern nicht nur Inkompetenz vorwirft,
sondern mehr oder weniger jede Intervention in die kindliche Entwikklung als pädagogisches Kapitalverbrechen darstellt. Hier tauchen
alte Motive Rousseauschen Ursprungs wieder auf, jetzt aber muni-
tioniert mit den Erkenntnissen über die Effekte repressiver Sozialisation. Zur »Kinderfeindlichkeit«: Vgl. dazu schon früh Wetterling
(1966); später wurde dieser Blickwinkel von der »anti-autoritären
Bewegung« wieder aufgegriffen.

28 Dies soll selbstverständlich keine abschließende Behandlung des
Themas »neue Mittelschicht« sein. Für das hier angesprochene Thema
ist vor allem wichtig, dass die neue Schichtungsstruktur weitaus weniger im traditionellen Sinn »geschichtet« ist (d. h. säuberlich getrennt und
stratifiziert) sondern sich eine vieldimensionale Gliederung zeigt, die
sehr viel mehr Differenzierungen und Übergänge einschließt. Daher
relativiert sich auch das Verhältnis von sozialem (Teil-) Status und
Praxis/Ideologie. Die Einstellung zu Kindern ist unter diesen Umständen nicht unbedingt von der Berufstätigkeit, sondern vom Lebensstil
geprägt: Der »neue Arbeiter« steht dem »neuen« Akademiker unter
Umständen näher als dem »alten Arbeiter«. Es scheint, als seien dabei
die Schichten, die insgesamt eher »traditionell« ausgerichtet sind (»alte
Arbeiter«, »klassisches Besitz- und Bildungsbürgertum«) am ehesten

resistent gegen Modernisierungstendenzen – mit allen Vor- und Nachteilen, die das impliziert. Die Bemerkung über das insgesamt gestiegene Konsumniveau und die Auswirkungen auf die Teilnahme an relevanten Interaktionssystemen muss natürlich beschränkt werden auf diejenigen, die Arbeit haben: Auch die »Neue Arbeitslosigkeit« dequalifiziert sozial.

29 Zur schichtenspezifischen Verteilung vgl. etwa die Befunde von Pross (1976, 1978) u. a. m.

5. Die ersten Schritte in Richtung Elternschaft: Kinderwunsch, Schwangerschaft, Geburt

5.1. Kinderwunsch und Familienplanung

Wie gesagt: Durch die Möglichkeiten der Empfängnisverhütung, generell durch das höhere Niveau an Reflexivität von Primärkontakten, sind Kinder nicht mehr unbedingt gottgewollt, sondern prinzipiell zum Entscheidungsthema geworden. Weil es Alternativen gibt, müssen Motive gesucht und begründet werden und diese Motive müssen mit anderen, ihnen widersprechenden Motiven konkurrieren. Die Statistiken zeigen für die letzten Jahrzehnte mit großer Deutlichkeit, dass dieser Entscheidungsprozess nicht immer für Kinder ausgeht: Die Zahl kinderloser Ehe- und Einzelpersonen und auch die Zahl von Familien mit nur einem Kind nimmt zu.[1]

Dabei dominiert nach wie vor normativ die Vorstellung, Erwachsene würden/müssten früher oder später heiraten und dann auch Kinder zu bekommen. Zumindest in der amerikanischen Gesellschaft ist Elternschaft immer noch als das »natürliche« Ziel einer Ehe (wenn auch nicht mehr jeder sexuellen Beziehung): »Children are defined as the meaning of marriage, and as sources of intrinsic satisfaction which are necessary for the achievement of social maturity and for the maintainnance of stable and adjusted personalities« (Veevers 1975, S. 473).

Aus dieser Perspektive gelten Erwachsene, die keine Kinder wollen, auch wenn sie ansonsten (Berufsverhalten, Konsumverhalten) »normal« sind, als »abweichend«. Das heißt u. a., dass sie Probleme haben, ihren Lebensstil zu begründen. Im Normalfall sieht eine solche Begründung eher vorsichtig und defensiv aus. Das ist schon zu erkennen, dass selbst in einer ausgewählten Gruppe von kinderlosen Frauen (die sich für eine Befragung meldeten und vorrangig aus Mittelschichtsangehörigen bestand) nur ein Drittel dezidiert eine Entscheidung gegen Kinder traf. Die Mehrzahl überließ die Entscheidung einer Kette von anders deklarierten Vertagungen und Verschiebungen, die sich schließlich ohne ausdrückliche Entscheidung zu einer Festlegung summieren. Dies könnte auch damit zusammenhängen, dass jede ausdrücklich geäußerte Ablehnung von Kindern massiv sanktioniert wird: »All the wives (...) reported that virtually everyone disapproved with their rejection of motherhood (...). The woman reported social pressure from their parents, parents in laws, siblings, work associates, friends and doctors« (Veevers 1975, S. 474).

Dass sie trotzdem zu der direkt oder indirekt getroffenen Entscheidung stehen, hängt durchweg mit der Unterstützung durch den Partner zusammen. Wo also ein Paar sich entschließt, kann es auch massiven externen Druck relativ gelassen aushalten. Es bleibt allerdings das Problem der Legitimation des eigenen Lebensstils. Was nahe liegt (und sich empirisch bestätigt), ist zunächst die Ablehnung traditioneller Mütterlichkeits-Ideologien: die »biologische« Notwendigkeit von Kindern wird bestritten, die Geburt als schwierig und gefährlich betrachtet, vor allem werden Kinder als anstrengend und sonstigen Lebenszielen abträglich eingestuft. Noch pointierter charakterisieren kinderlose Erwachsene Elternschaft als »Falle«, in der persönliches Glück und Selbstverwirklichung eingefangen und vernichtet werden (Peck 1971).

Um dieses Weltbild zu stabilisieren, bedienen sich die Betroffenen häufig selektiver Wahrnehmungen (d. h. sie greifen von Eltern-Äußerungen nur die negativen, nicht die positiven auf), aber auch einer entsprechenden Selektion von sozialen Kontakten (Veevers 1975, S. 476ff). Sind dezidierte Nicht-Mütter unter sich, so fallen auch leicht despektierliche Äußerungen vor allem über Mütter – sie werden als »Gebärmaschinen« oder auch als Versager in der »plannend-parenthood«-Ausbildung diskriminiert. Vor allem überzeugte Hausfrauen und Mütter sind Zielscheiben ätzenden Spottes (Veevers 1975, S. 479). Das heißt: Der »normale« Lebensstil wird niedrig eingestuft, der eigene entsprechend idealisiert. Dies ist allerdings eine Retourkutsche. Le Masters (1970, S. 19) verglich die vorherrschende Einstellung zu Nicht-Eltern mit der zu Wehrdienstverweigerern: Nicht-Eltern drehen (genau wie jene) den Spieß um und sehen Eltern als Menschen, die ohne Nachdenken ihre »Pflicht« erfüllen. Damit verbunden ist die Umkehr-Strategie, die Ablehnung durch die Umwelt als puren Neid zu interpretieren: Die meisten Eltern wären nur feige, sich einzugestehen, dass sie auch lieber ohne Kinder leben würden. Schließlich wird noch damit argumentiert, dass Kinder heutzutage ein Privileg seien, auf das man verzichten könne, unter Umständen sogar müsse; die Welt ist ohnehin überbevölkert. Diesen Legitimationsbemühungen sieht man ihre defensive Struktur auch da an, wo sie in die Offensive gehen. Zwar wird von verschiedenen gesellschaftlichen Teilbereichen ein kinderloses Leben mehr oder weniger direkt erwartet bzw. unterstützt, aber eine dezidierte Stellungnahme gegen Kinder gilt noch als egoistisch und wird als asozial eingestuft.

Einen zusätzlichen Akzent bekommt die gewollte Kinderlosigkeit in der »progressiven Subkultur«. Es wurde bereits kurz erwähnt, dass sich hier zwischen den Sechziger und Achtziger Jahren einige Frontwechsel ergaben: Während zunächst die Pille als Möglichkeit zur Selbstbestimmung, zur sexuellen Befreiung und Absage an traditionelle Rollendefinitionen begrüßt wurde, geriet sie bald als Mittel, mit dessen Hilfe Männer Frauen risikolos sexuell verfügbar machen konnten, unter feministische Kritik. Noch blieb jedoch Kinderlosigkeit wegen der damit verbundenen höheren Emanzipationschancen als Gegennorm erhalten, es wurden zunächst nur alternative Verhütungsmittel gesucht (wobei auch die Männer zur Aktivität aufgefordert wurden). Diese Phase war noch von massiven feministischen Attacken gegen die Männerwelt (und, in bescheidenerem Ausmaß, mit Demutsgebärden der progressiven Männer) gekennzeichnet. Sie wurde abgelöst von jener schon zitierten neuen Mütterlichkeit, die zum Teil die Fortsetzung der Entwicklung war, weil sie, nachdem die Abgrenzung konsolidiert war, auf der Suche nach neuen Zielen und auch neuen Gemeinsamkeiten, die natürliche Generativität als neue Möglichkeit des Selbstausdrucks »entdeckte« – nunmehr auf dem Hintergrund der vollzogenen Abgrenzung gegen traditionelle Lebensstile. Zugleich jedoch stellt sich der Übergang auch als Rückschritt dar, wenn man an den Normen der »Emanzipationsphase« festhält.

Aus dieser Position kritisiert Gebbert die Hinwendung zu Kindern einer Generation, die sich ursprünglich aufgemacht hatte, die Welt politisch zu verändern.

»Es gibt eine Entwicklung, die verläuft von der ›Neuen Sensibilität‹ zu einer neuen Toleranz: Widersprüche nicht mehr überwinden zu wollen, sondern mit ihnen umgehen lernen und dabei selber offener werden. Unter dem Deckmantel dieser Tugenden und der mit ihnen verschwisterten Privatwünsche hält das Realitätsprinzip seinen Einzug in die Köpfe, die sich ehedem an ihm gestoßen haben; was nicht die krude Wirklichkeit vergoldet, was indes die Patina der gebläuten Köpfe bezeugt« (Gebbert 1982, S. 190).

Aus dieser Sicht kehrt mit der Heirat und den Kindern in jedem Fall das ehedem kritisierte kleinfamiliale Leben(-sideal) mit allen seinen einschränkenden Folgen wieder.

> »Der ›linke‹ Kinderboom der letzten Jahre sowie das interne Aufheben, das (...) um ihn gemacht wird, sind (...) auch eine gleichsam politische Folge der Niederlage dieser Linken in der BRD (...) Natürlich zieht die Neue Linke eine breite Wirkungsgeschichte hinter sich her (...), hat sich gewissermaßen verbreitert, aber um den Preis ihrer ursprünglichen Radikalität (...). So steht das Kinderkriegen und das Kinderhaben ein für ein breites Bedürfnisspektrum, das sich der Kinder nur bedient, um desto nachdrücklicher den Fehde- mit dem Glacéhandschuh vertauschen zu können (...). Mit dem allfälligen Hinweis auf das Wohl und Wehe der Kinder tut sich ein unendlicher Kosmos der Ausreden und Apologien auf, der nur um den Preis des schlechten Gewissens, der Selbstbeschuldigungen zu entrinnen ist« (Gebbert 1982, S. 193ff.).

Hier trifft sich die progressive Abgrenzung mit der »normalen« Distanz zu Kindern: Eltern sind »sozial kastriert«; fallen aus für exzentrische, aufwendige Zwecke und Interessen. Auffällig ist hier jedoch die Wut und die Enttäuschung darüber, gewissermaßen allein gelassen zu sein auf einem Weg, den ehedem eine relativ große Gruppe begann und der nunmehr nur noch von einer kleinen Minderheit einer Generation weiter verfolgt wird. Diese Kritik (bzw. die damit verbundene Begründung für Kinderlosigkeit) ist offensiv; sie kann es sein, weil sie sich auf explizite und implizite Normen einer bestimmten Subkultur bezieht, in der von vornherein die traditionelle Selbstverständlichkeit der Elternschaft nicht nur außer Kraft gesetzt, sondern gerade besonders intensiv kritisiert worden war. Das gibt dieser ablehnenden Position mehr Offensiv-Legitimation, verschärft aber auch ihre Isolation. Dies wiederum schärft den Blick für die häufig sehr umständlichen Verstrickungen gerade »progressiver« Eltern – sowohl im Umgang mit sich selbst als Eltern als auch im Umgang mit ihren Kindern. Gemeinsam ist den verschiedenen Positionen, aus denen heraus Kinder abgelehnt werden, dass sie vor allem auf die Verteidigung bzw. Bedrohung eines hochspezialisierten, anspruchsvollen, aufwendigen Lebensstils der Subjekte bezogen sind. Gemeinsam ist ihnen auch, dass sie aus einer eigentümlichen praktischen Stärke heraus argumentieren, weil sie für erfolgreiche Identitätsformen stehen, dass sie zugleich aber deutlich von ihrem Minderheitenstatus gekennzeichnet sind. Man muss dies als indirekten Hinweis auf die nach wie vor dominante Bedeutung von Kindern für Primärbeziehungen sehen, die trotz aller Gegentendenzen sich erhalten und in den sozialen Feldern, wo dies der Fall ist, qualitativ noch an Bedeutung gewonnen hat. Auch in Bezug auf eine positive Entscheidung für Kinder haben sich strukturelle Veränderungen ergeben. Was sich bei Ablehnung von Kindern zeigte, gilt hier quasi umgekehrt: Es wird zwar eine Entscheidung getroffen, sie steckt aber oft voller Zweifel und Unsicherheiten. Ein unübersehbares Zeichen dafür ist die empirisch durchgängig feststellbare Tatsache, dass ein sehr hoher Prozentsatz von Kindern nicht geplant zur Welt kommt, sondern seine Entstehung einer eher indifferenten Nicht-Entscheidung verdanken. Urdze und Rerrich stellten fest: »Bei etwa der Hälfte entschied der Zufall bzw. mangelnde Verhütungstechniken und -mittel über den Zeitpunkt der Geburt des ersten Kindes« (1981, S. 50).

Diese Ergebnisse stimmen mit amerikanischen Untersuchungen überein (vgl. Grossman et al. 1980, S. 55f.). Es ist sicher kein »Zufall«, dass ein so hoher Prozentsatz auf die Möglichkeit einer gezielten Kontrolle verzichtet, statt dessen »es darauf ankommen lässt«. Es wäre denkbar, dass sich hier Ambivalenzen bemerkbar machen: Man will (vielleicht) ein Kind, weiß aber nicht genau, warum und fürchtet zugleich die Folgen. Solche Entscheidungsprobleme werden häufig durch Wegschauen gelöst, d. h. man vermeidet eine intentionale Entscheidung und überlässt den Umständen eine definitive Festlegung.

Auf der anderen Seite zeigt sich empirisch ein deutlicher Trend zur Verschiebung des Zeitpunktes der Geburt des ersten Kindes. Eltern werden gewissermaßen älter; eine Verschiebung, die allerdings sozial differenziert stattfindet: Es sind vor allem die Ausbildung, Berufstätigkeit und Berufsengagement von Frauen, die für eine »verspätete« Elternschaft sorgen. Je niedriger der Ausbildungsstand und die Berufstätigkeit (vor allem der Frauen) ist, desto früher werden Kinder geboren, und Eltern, die früh Kinder bekommen, haben weniger Einkommen und Ersparnisse. Auf der anderen Seite bedeutet ein früher Zeitpunkt für die Geburt des ersten Kindes auch eine höhere Wahrscheinlichkeit, dass mehrere Kinder geboren werden (vgl. Wilkie 1981, S. 583f.). Die Zusammenhänge sind auch hier deutlich: Je stärker das Interesse an einer eigenständigen Biografie (vor allem bei Frauen) ist, je mehr also eine eigene Berufstätigkeit – vor allem mit hohem Ausbildungsniveau und Sozialstatus – als wichtig eingestuft wird, desto weiter wird ein Kinderwunsch hinausgeschoben.[2] Die Planung von Kindern wird also gesteuert durch die biografischen und Beziehungs-Interessen der Eltern.[3] Auch dies ist ein Indikator dafür, dass Entscheidungen für Kinder sich – wenn sie dezidiert getroffen werden – unter – bzw. einordnen müssen in komplexe und (zeit-)aufwendige Planungen von Lebenslauf und Beziehungsentwicklung. Es versteht sich von selbst, dass damit auch die Möglichkeit verbunden ist, dass bei unvorhergesehenen Entwicklungen oder bei großer Gewöhnung an den Zustand ohne Kinder ein weit hinausgeschobener Kinderwunsch sich irgendwann in eine Entscheidung gegen Kinder umwandelt. Auf der anderen Seite bedeutet eine solche Phase der Kinderlosigkeit aber auch, dass die Möglichkeiten der Begründung, damit auch der Begründungsaufwand, zunehmen. Je länger man sich mit einem prinzipiell »irrationalen« Thema beschäftigt, desto stärker kann man sich in die entsprechenden Begründungsschwierigkeiten verstricken, desto mehr können sich auch die unterschiedlichen emotionalen Aspekte der Thematik differenzieren und ein Eigenleben führen: Befürchtungen und Hoffnungen verdichten sich, das Übertragungsgeschehen konzentriert sich im Vorgang der Antizipation.

Was werden unter diesen Vorzeichen hauptsächlich für Gründe genannt, sich für Kinder zu entscheiden? Einschränkend muss hier betont werden, dass die empirischen Befunde mehr als unsicher sind: Zu viel wird unter dem Druck sozialer Normen geäußert, zu komplex sind die unbewussten Sinnzusammenhänge, die (mit-)thematisiert werden. – Ältere Theorien haben vor allem die biologische Grundlage des Kindeswunsches betont. Vor allem Frauen, so hieß es, seien physiologisch auf Mutterschaft vorprogrammiert. Psychoanalytische Konzeptualisierungen ergänzten früh die rein biologischen Vorstellungen durch psychodynamische Interpretationen. Freuds Konzept der Bedeutung von Kindern für die Mutter als »Penisersatz« – sprich: als Möglichkeit, Macht und Stärke in einer männlichen Welt zu gewinnen – wurde von Helene Deutsch (1945) dahingehend ergänzt, dass sich im Kinderwunsch auch das Bedürfnis nach der Realisierung von Zärtlichkeit, Altruismus und nach einer eigenen Produktivität und Integrationsfähigkeit ausdrückt. Benedek (1966) erweiterte diese Sichtweise mit dem Hinweis auf die explizit »orale« Färbung aller Vorgänge um die Geburt: Es geht um Geben und Nehmen, um Verschmelzung und Identifikation.

Mit der psychoanalytischen Sichtweise war zunächst ein Blick auf mögliche pathologische Dimensionen des Kinderwunsches geöffnet. Der Kinderwunsch selbst galt noch als so weit »normal«, dass er kaum diskutiert wurde, während unbewusste Wünsche (die Ehe zu stabilisieren, mit der eigenen Mutter zu konkurrieren, die eigene Leistungsfähigkeit unter Beweis zu stellen usw.) näher untersucht wurden. Dagegen begnügten sich Befragungen zum manifesten Kinderwunsch zunächst mit der Feststellung, dass man Kinder gern mochte, dass man auf seine Kinder stolz ist u. ä. (vgl. Grossman et al. 1980, S. 46ff.). Erst in den Sechziger Jahren wurden die externen Motivanteile erkannt und näher untersucht. Dabei wurde deutlich, in welchem Ausmaß die (amerikanische) Familienideologie Erwachsene nötigt, eine bestimmte Linie zu verfolgen: Man soll so viele Kinder haben, wie man sich leisten kann; wer keine hat, ist egoistisch. Zu vermuten ist, dass diese Position bereits die angesprochene Entwicklung zu mehr Distanz ausdrückt, obwohl die Anpassung an die Norm dies noch nicht deutlich werden lässt. Soviel Kinder wie man sich leisten kann – damit ist bereits ein Beziehungsmotiv als Kriterium für Kinder(zahl) in den Vordergrund gerückt.

Auch neuere Untersuchungen zeigen, dass sich die Begründung, Kinder zu mögen – d. h. ein Passepartout, der alle möglichen (und unmöglichen) Gründe transportieren kann – nach wie vor am häufigsten genannt wird. Stolz und Wunsch nach Unsterblichkeit sind dagegen keine häufig genannten Motive mehr. Grossman et al. bekamen vorrangig Antworten zu hören wie: »I have wanted children for some time. Having a family will lend meaning and continuity to my life and our marriage.« – »Looking forward to creating a life and helping in its development« – »enough to start a family and still have a life of my own.« (1980, S. 51f.). Ähnliches bekamen LaRossa/LaRossa zu hören: »I just thought there was a little bit more to life than just what restaurant to go to« (1982, S. 104). Trotz aller aus methodischen Gründen notwendigen Einschränkungen lässt sich feststellen, dass die Begründungen stärker bezogen sind auf die Identität der Eltern. Auf der einen Seite möchte man das Abenteuer Familienleben genießen (freilich ohne auf persönliche Ambitionen zu verzichten), auf der anderen Seite möchte man zugleich Sinn gewinnen und Sinn stiften. Pointiert ausgedruckt: Gegenüber den Befunden der früheren Erhebungen fallen (oral-) narzisstische und selbstbezogene Akzente stärker auf.[4]

Diese Akzentverschiebung wird noch augenfälliger, wenn man liest, was in der »progressiven Subkultur« an Begründungen gegeben werden. Aus der Sicht der neugierigen Mikrosoziologie ist dabei besonders dankenswert, dass selbige ein sehr viel offeneres Verhältnis zu Themen dieser Art hat und es vor allem auch lautstark veröffentlicht. So lassen sich komplette Situationsschilderungen inklusive der intrapsychischen Dynamik zitieren, die die hohe narzisstische Relevanz, aber auch die Widersprüchlichkeit von Impulsen eindrucksvoll schildert. Hier geht es um eine (mittlerweile hochzufriedene) Mutter, die nach dem positivem Schwangerschaftstest in der Wohngemeinschaft die Sektkorken knallen lässt, dann aber in den Strudel der Fürs und Widers gerät:

»Warum will ich ein Kind? Will ich es, um mir die emotionale Sicherheit einer fast familiären Lebensstruktur zu schaffen? Will ich A. an mich binden? Oder das Kind? Ist die Angst vor dem Alleinsein, die mir plötzlich den Mut gibt, mich auf gigantische Verbindlichkeiten einzulassen? Werden meine Widerstände gegen das sogenannte ›normale Leben‹ jetzt, Mitte Zwanzig, nach zermürbenden Wohngemeinschaften, nach sehr chaotischen Lebensphasen, nach komplizierten Männerbeziehungen, nach krassen psychischen Schwankungen von höchster Euphorie bis hin zu kellertiefen Depression, nach Erfahrungen der Leere und des Vakuums langsam lahm? Was will ich? Ehe und Kind? Erfahrungen vor sich hin kochendes Süppchen auf dem Herd, ein schlafendes Baby auf dem Schoß, Frieden, Ruhe und Glück um mich herum, einen Mann, der mich liebt – und nichts mehr sehen wollen von der Kaputtheit der Welt, den Menschen und mir selbst? Nesttrieb? Mich einigeln? Ein aus den Fugen geratenes Universum verdrängen und dafür ein kleines, eigenes, heiles bauen? Dieses konservieren, schützen, verteidigen? Es warm haben? Unterkriechen? Selbst wieder Kind sein in meinem Kind? Beschützen und beschützt werden, wärmen und gewärmt werden, lieben und geliebt werden? (...) Ein bisschen was ist an allem dran: Sehnsucht nach einem anderen Leben, das bunter und lebendiger, ehrlicher und unverkorkster ist. Der Wunsch, jemandem Liebe zu geben, der sie auch braucht und (höchstwahrscheinlich) annimmt und (vielleicht) erwidert; inmitten einer entsinnlichten Umwelt das Prinzip Leben durchsetzen; einfach ganz mutig ein Kind machen. Die Sehnsucht nach einer Lebenskontinuität, nach Regelmäßigkeiten, Rhythmus, nach einem Inhalt; aber auch einfach das Bedürfnis, die Kapazitäten meines Körpers und meiner Psyche auszuschöpfen, nach jahrelanger Unterforderung mich reinzubegeben in eine Situation, in der ich wirklich gefordert werde; die Neugier darauf, wie es wohl aussehen und sein mag, so ein Kind, das aus meinem Bauch gekrochen kommt; jemanden wachsen sehen, begleiten, bis er alleine kann (...)« (Seck-Agthe/Maiwurm 1981, S. 11f.)[5]

Dieses Zitat ist nicht unbedingt repräsentativ im Sinne von »Durchschnitt«, es zeigt jedoch die Richtung, in der sich Begründungsprobleme im Zusammenhang »progressiver« Identitäts- und Beziehungsdynamik entwickelt. Man sieht, wie die Gedanken buchstäblich kreisen, wie alle möglichen und unmöglichen Verbindungen hergestellt, Vermutungen angestellt, Optionen abgewogen, zukünftige Möglichkeiten durchgedacht werden. Dabei steht hinter jedem Argument auch schon die Kritik, sind Argumente selbstkritisch bis zur Verdächtigung – oder aber emotional aufgeladen in einem Maß, das traditionelle Idealisierungen noch weit übertrifft. Ein wichtiges Thema sind Bindungsängste und -bedürfnisse: Die Befürchtung, sozial wie emotional gefesselt zu werden, zugleich aber auch der Wunsch, eine harmonische, unkomplizierte, emotional stabile Beziehung erreichen zu können. Dies spiegelt deutlich die psychischen Dimensionen komplexer und labiler gewordener Primärbeziehungen, in denen Partnerschaft zwar differenzierter, dafür aber weniger selbstverständlich und aufwendiger geworden ist. Es ist schwieriger, sich auf jemanden einzulassen – wegen dessen Eigen-Art, aber auch wegen der eigenen Unabhängigkeit. Dadurch wird ein Kind zu einer Bedrohung, aber auch zu einer Hoffnung. Ein zweites Thema, welches in verschiedenen Überlegungen mitschwingt, ist die Frage des politischen Horizonts einer Entscheidung für Kinder. Schon die oben zitierte Kritik von Gebbert hatte verdeutlicht, dass es sich hierbei um eine kritische Zone für jede politisch-kritisch definierte soziale Identität handelt. Auch hier taucht ausführlich die Frage auf, inwieweit man sich mit einem Kind nolens volens Anpassung und Identifikation mit einer Umwelt einhandelt, gegen die man sich abgrenzt. Umgekehrt wird (eher zaghaft) die Möglichkeit einer Gegen-Wirklichkeit angesprochen – das Kind als Utopie einer besseren Welt, wobei die Wortwahl verdeutlicht, wie stark diese Utopie »orale« Züge trägt, wenn von Wärme, von Unterkriechen, Beschützen die Rede ist. Auch hier zeigt sich die dialektische Struktur von Identitätsbildung: Gerade wo sie sehr stark »politisch«, d. h. in abstrakter Beziehung zur Umwelt definiert wird, verstärken sich zugleich die Anlehnungsbedürfnisse.[6] Eine reflexiv begründete und auf Distanz basierende Identität setzt offensichtlich ein hohes Maß an unsicherem, deshalb vielleicht utopischem Nähebedürfnis frei.

Dies alles hat jedoch ausgesprochen subjektzentrierte Züge: Die gesamten Überlegungen beziehen beispielsweise den Partner als konkret Beteiligten kaum ein. Soweit an die Umwelt gedacht wird, geschieht dies vermittelt über subjektives Erleben – das neue Mini-Universum ist zwar in der Welt, aber zunächst für die Mutter selbst gedacht. Ist dies jene Egozentrik, die traditionelle Einstellungen kritisierten? In gewisser Weise ja: Mit der weitgehenden Öffnung von Beziehungsstrukturen werden Begründungen privater, verengt sich der Sinnhorizont auf die je spezifische Biografie (der Mutter). Es wird stärker aus den Erfordernissen der Identitätsbalance her gedacht; Reflexion ist zunächst subjektiv. Auf der anderen Seite sind die zitierten Äußerungen auch der Ausdruck von mehr Offenheit: Skrupel und Zweifel können besser ausgedrückt werden, wo die traditionelle Familienideologie nicht als Zensor wirkt und zu wohnangepassten Standardäußerungen führt. Denn verglichen mit Begründungen wie »It's fun to have children« (Grossman et al. 1982 passim), die stereotyp klingen, sind dies Aussagen, die Erleben spiegeln und bearbeiten. Unter Umständen wäre ein Teil der für die »progressive Subkultur« typischen Konflikte und Argumente in weniger elaborierter Form und mit anderen Akzenten in weiten Bereichen der Mittelschicht wiederzufinden, wenn dort so genau gefragt und geantwortet würde, wie dies hier der Fall ist.

Wie steht es mit den Männern? Sie tauchen bemerkenswerterweise im Zusammenhang mit der Frage nach Art und Ausmaß von Kinderwünschen in der Literatur kaum auf. Man muss regelrecht von einer Art »Vaterlosigkeit« des Kinderwunsches (zumindest in der Forschung) sprechen. Man kann für diesen Sachverhalt sicher die Tatsache verantwortlich machen, dass Männer nur geringfügig am Kinderkriegen beteiligt sind. Auf der anderen Seite zeigen noch die Befragungen der Sechziger Jahre (die im übrigen noch häufiger Frauen und Männer undifferenziert einbezogen), dass zu diesem Zeitpunkt noch eine gesamtgesellschaftlich sozusagen indirekt männliche Einstellung zu diesem Thema vorherrschte, also subjektive Motive (noch) unter dem Kuratel einer dominanten Mütterlichkeitsideologie und den dahinter stehenden Formen geschlechtsspezifischer Arbeitsteilungen stand. Danach konzentrierte sich das Forscherinteresse stärker auf Frauen, was insofern auch gerechtfertigt war, als im Zuge der größeren Bedeutung und Differenzierung weiblicher Biografien es mehr und mehr die Frauen waren, die aktiv bestimmten, wann ein Kind geboren werden sollte (vgl. Lorber 1975, Wilkie 1981). Auch hier könnte man damit argumentieren, dass Verhütung vorrangig von Frauen betrieben wird, was ihnen mehr Kontroll-

und Steuerungsmöglichkeiten gibt. Darauf lässt sich Entwicklung jedoch nicht reduzieren. Es handelt sich um einen prinzipiellen Entscheidungs- und Machtzuwachs von Frauen. Männer können auch in »Durchschnittsfamilien« nicht mehr ohne weiteres qua Durchsetzung ihrer Familienvorstellungen (inklusive Kinderzahl und Arbeitsteilung) traditionelle Machtverhältnisse etablieren; sie sind mehr und mehr angewiesen auf einen aktiven Entschluss von Frauen (und müssen dazu ihre eigene Position zur – partiellen – Disposition stellen). Und je mehr dieses Moment in den Vordergrund tritt, desto deutlicher wird, dass Männern (noch) weniger zum Thema Kinderwunsch einfällt.

Empirische Untersuchungen der Frage, ob Männer Kinder wünschen, sind daher seltsam unergiebig. In diesem Zusammenhang wird häufig auf die geringe Bedeutung, die Väter im allgemeinen für Kleinkinder haben und umgekehrt: die Kleinkinder für Vater haben, verwiesen. Dieser Erklärungsansatz ist sicher richtig, denn solange das Männlichkeitsbild alle jene Tugenden ausschließt, die im Umgang mit Säuglingen und Kleinkindern verlangt werden: Fähigkeit zur Empathie, orale Identifikation, körperlicher Ausdruck von Zärtlichkeit und Akzeptieren von Schwäche, Hilflosigkeit, geringe Zweck-Mittel-Struktur von Handlungen (statt dessen hoher expressiver Gehalt) – solange ist die Kontaktaufnahme für Väter schwierig. Und wenn dann noch die Möglichkeit phallischen Stolzes wegfällt, man also nicht mehr den »Stammhalter«[7] vorzeigen und sich dabei seine Potenz bestätigen kann, ist auch die sekundäre Besetzung von Säuglingen problematisch. Der Vater wird in der Entscheidung für ein Kind zu einer eher blassen Figur von zweitrangiger Bedeutung.

Dies gilt auch für die »progressive Subkultur«. Auch hier sind die Väter trotz allen Engagements bei den Entscheidungen, die der Geburt vorausgehen, nur indirekt beteiligt. Ihre Zustimmung wird zwar gefordert, aber sie ergibt sich meist von selbst, wenn die Partnerin sich deutlich entscheidet. Bullinger fasst seine Erfahrungen so zusammen:

> »Nach vielen Gesprächen mit Männern und werdenden Vätern, die ihre Rolle nicht traditionell gestalten wollen, hat sich bei mir der Eindruck verfestigt, dass beim Zustandekommen der Entscheidung für ein Kind die jeweiligen Partnerinnen dieser Männer die treibende Kraft waren. Da der Wunsch nach einem Kind es in der Konkurrenz mit den ›anderen‹ Wünschen des Mannes sehr schwer hat, kommt es zu einer Entscheidung für ein Kind in vielen Fällen erst dadurch, dass die Frau den Mann zu einer Entscheidung zwingt oder dass aus Mangel an

klarer Entscheidungsfähigkeit die Entscheidung dann doch durch nachlässige oder unterlassene Empfängnisverhütung getroffen wird« (Bullinger 1983, S. 36).

Auch hier zeigt sich die weibliche Dominanz:

> »Die heutige Generation von neuen Vätern (ist) in vielen Fällen bei der Realisierung ihres Kinderwunsches auf Frauen angewiesen. Zum einen ist die Entscheidungsmacht auf Grund der Gebärfähigkeit sowieso auf Seiten der Frau, zum anderen wären die meisten Männer ohne die treibende Kraft der Frauen von sich aus nicht zu einer klaren Entscheidung für ein Kind fähig« (a. a. O.).

Objektive Abhängigkeit und subjektive Unentschiedenheit bedingen eine unter Umständen besonders ausgeprägte Zweitrangigkeit männlicher Interessen, obwohl sie sich in dieser sozialen Gruppe deutlich verändert haben. Dadurch entsteht zugleich ein neues Machtverhältnis mit physischen, aber auch psychosozialen Grundlagen: Der »neue Mann« kann nicht mehr wie der »alte« über Kinder selbstverständlich eine Machtposition erreichen, im Gegenteil liegt es nun in der Macht der Frauen, eventuelle Kinderwünsche von Männern zu realisieren. Ein Mann, der Kinder haben möchte, muss daher in Kauf nehmen, dass seine Identität sehr viel stärker von seiner Partnerin mitbestimmt wird. Dies scheint zumindest als historische Möglichkeit auf. Bullinger hält für möglich, »dass im Zuge einer Bewegung der neuen Väter der Kinderwunsch von Männern immer mehr aus seiner physischen Abhängigkeit von der Frau heraustritt und sich ein in Ansätzen autonomes männliches Bedürfnis nach einem Kind konstituiert« (a. a. O.).

Je mehr dies geschieht, desto mehr kehren sich traditionelle Machtverhältnisse (an diesem Punkt) um.

Insgesamt zeigt sich, dass sich in der Einstellung zu Kindern (schichtspezifisch und gruppenspezifisch sehr verschieden) erhebliche Veränderungen ergeben haben:

– Kinder werden zum kontingenten Resultat von Beziehungen; Beziehungen lösen sich von Generativität und entfalten eine intensive Eigendynamik. Dadurch werden Kinder zum Gegenstand von Wünschen, d. h. auch zum Ausdruck von Beziehungen und zugleich zur Projektionsfläche für individuelle wie gemeinsame psychosoziale Vorgänge.
– Dadurch verschieben sich die Begründungen für Kinder immer weiter von instrumentellen sowie »phallisch« eingefärbten Vorstellungen hin

zu mehr oralen und ausgeprägt narzisstischen Einstellungen. Zugleich ändert sich auch die »Zielvorstellung«: Kinder sollen nicht mehr unbedingt wohlangepasst und ordentlich, sondern selbstbewusst, autonom und leistungsstark sein.

– In jeder Hinsicht sind Kinder zum »Thema« geworden, welches erheblich mehr an Reflexion, an Legitimation und persönlicher Investition verlangt. Alternative Interessen müssen abgewogen und balanciert werden, wodurch insgesamt, schon bevor ein Kind auch nur gezeugt ist, der interaktive Aufwand an Vorbereitung und Planung beträchtlich ist – soziale Wirklichkeit dehnt sich (nicht nur) an dieser Stelle erheblich aus.[8]

5.2. Vorbereitungen auf das entscheidende Ereignis

Bevor nun versucht wird, die Prozesse der individuellen und gemeinschaftlichen Vorbereitung auf die Geburt des ersten Kindes näher zu beschreiben, ist noch einmal ein kurzer Blick auf die verfügbare Literatur nötig. Über prinzipielle Schwierigkeiten der Sozialforschung in sozialen Feldern dieser Art wurde bereits besprochen, auch darüber, dass das Thema sich noch nicht allzu lange der Zuneigung der Wissenschaft erfreut. Noch einmal betont werden muss außerdem, dass die große Mehrzahl der wissenschaftlichen Literatur aus den USA stammt; empirische Untersuchungen sind in der BRD eher rar. Wie weit die amerikanischen Befunde tragbar sind, ist nicht sicher einzuschätzen. Da jedoch davon ausgegangen werden kann, dass Grundstrukturen sich ähneln, ist ein Verweis auf anglo-amerikanische Texte vertretbar und sinnvoll. Andererseits müssen amerikanische Trends nicht unbedingt (so) auch hier gültig sein, so dass Vorsicht auf jeden Fall angebracht ist. Ein weiterer Punkt: Die gesamte Literatur ist »mittelschichtlastig«. Die meisten Stichproben sind nicht repräsentativ, teils, weil dies zu aufwendig wäre, teils, weil sie auf freiwilliger Teilnahme basieren. Und hier wird in fast allen Studien deutlich, dass es vor allem die gut ausgebildeten und finanziell gut versorgten Mittelschichtsangehörigen sind, die sich auf empirische Untersuchungen dieser Art einlassen. Während Umfragen zum Kinderwunsch im allgemeinen noch eine mehr oder weniger repräsentative Stichprobe erreichen, basieren alle ausführlicher werdenden

Untersuchungen auf wenigen Einzelfällen (aus der Mittelschicht). Das hat zur Folge, dass dieser Bereich nicht nur überrepräsentiert, sondern auch sehr viel besser bekannt ist. Wie weit beispielsweise in der Landbevölkerung oder in ausgesprochen traditionellen Arbeiterfamilien neue Tendenzen verbreitet sind, lässt sich daher nur vermuten. Ob und wieweit »Modernität« in diesem Bereich praktisch wirksam ist, kann nur spekulativ behandelt werden. Die Gründe für diesen ausgeprägten Mittelschichtsbias liegen auf der Hand: Die meisten suchen Probanden in den relevanten sozialen Institutionen, d. h. in staatlichen Vorsorgeeinrichtungen, in Vorbereitungskursen usw. Hier sind vor allem die sozialen Gruppen präsent, die einerseits keine (großen) Probleme im Umgang mit formalen Institutionen haben, andererseits mit den Thema Kinderkriegen so stark identifiziert sind, dass sie selbstverständlich von sich aus Kontakt zu ihnen suchen. Sie sind auch gewohnt, Themen reflexiv (und mehr oder weniger öffentlich) zu behandeln und zu verbalisieren. Qualitativ gut repräsentiert ist auch die »progressive« bzw. »alternative« Subkultur, die sehr mitteilungsfreudig und besonders verbal-expressiv orientiert ist. So ist es leicht, gerade über hoch besetzte Themen viele Veröffentlichungen aus diesen Gruppen zu finden – ohne dass allerdings damit zwangsläufig bereits empirische Repräsentativität verbunden sein müsste. Da diese Gruppe ohnehin zahlenmäßig eher klein ist und dazu tendiert, kritische Distanz zu öffentlichen Einrichtungen zu pflegen, sind sie in den meisten empirischen Untersuchungen eher unterrepräsentiert. Ihre eigenen Äußerungen sind dagegen nicht ohne weiteres zu gewichten, aber zumindest als »Stimmungsbild« und Verarbeitung von Erfahrungen sehr eindrucksvoll.

Insgesamt bietet demnach die Literatur keineswegs ein umfassendes und schon gar nicht einheitliches Bild. Dazu kommt, dass die Thematisierungsstrategien selektiv sind, d. h. in den jeweiligen Betrachtungsweisen kommen zum Teil bestimmte Themenaspekte gar nicht vor oder werden nur am Rande erwähnt. Die folgenden Darstellungen beziehen daher immer wieder außerwissenschaftliche Erfahrungen und Vermutungen ein.

Es versteht sich von selbst, dass eine Schwangerschaft eine einschneidende Veränderung der Verhältnisse ist. Sie äußert sich zunächst in physiologischen Symptomen der Schwangeren, die aus den erheblichen hormonalen Umstellungen stammen, jedoch auch mit den psychischen Reaktionen und Verarbeitungen in Zusammenhang stehen. Dabei müssen diese Zusammenhänge nicht notwendig Gegenstand expliziter Reflexion sein. Gerade traditionelle Subkulturen bäuerlicher und handwerklicher Art, in den die Einstellung zu Kindern relativ nüchtern und die Frauenrolle instrumentell definiert ist, legten (und legen) den Schwangeren nahe, um die eintretenden Veränderungen kein besonderes Aufheben zu veranstalten.

Laurence Wylie beschreibt, wie 1950 in Peyrane, einem Dorf in der Vaucluse, auf das bevorstehende »freudige Ereignis« reagiert wurde:

> »Die Schwangerschaft verändert das Leben einer jungen Frau wenig. Sie soll so normal wie möglich leben. Als Madam Vidal, die Frau eines armen Ockerarbeiters, schwanger wurde, putzte sie weiterhin jeden Morgen das Rathaus. Madame Bonerandi half in ihrer freien Zeit weiter ihrer Mutter im Haushalt und arbeitete auch noch für ihren Onkel, den Schneider. Wären diese Frauen krank geworden, wäre jeder bereit gewesen, ihnen zu helfen, aber solange es ihnen gut geht, erwartet man von ihnen, dass sie ihr gewohntes Leben weiterführen« (Wylie 1969, S. 152).

Dass sich das Leben der Männer nicht änderte, war ohnehin selbstverständlich; es wurde lediglich die »Solidargemeinschaft der Frauen« aktiv, die für alle (Not-) fälle bereit stand. Dieser Umgang mit Schwangerschaft erscheint als »Normalisierungsstrategie«: Sie gilt als selbstverständliches und gewöhnliches Lebensereignis, dem nur in Ausnahmefällen besondere Aufmerksamkeit zukommt.

Nun bringt eine Schwangerschaft vieles mit sich, was so einfach nicht »rationalisierbar« ist. Physische Umstellungen und psychische Reaktionen gibt es natürlich auch in bäuerlichen und handwerklichen Subkulturen, wie sich indirekt an Wylies Schilderungen ablesen lässt:

> »Da der Staat vorgeburtliche Untersuchungen bezahlt, geht jede schwangere Frau zum Arzt. Trotz der zuversichtlichen Worte des Arztes nach jeder Untersuchung waren Madam Bonerandi und ihre Mutter beunruhigt. Verstandesmäßig schenkten sie den Ammenmärchen, die man sich erzählte, keinen Glauben; sie spotteten über die Vorstellung, eine schwangere Frau, die Angst habe, bekäme ein Kind mit einem Muttermal. Doch war bezeichnend, was mir Madame Borel von Charles Pian erzählte. Seine Mutter soll die während der Schwangerschaft von einem Schwein erschreckt worden sein, das ihr Mann schlachten wollte. Es entkam ihm und lief blutüberströmt auf sie zu. Zwei Monate später wurde Charles geboren; die eine Hälfte seines Gesichts war von einem roten Muttermal bedeckt« (Wylie 1969, S. 152f.).

Auch hier treten Ängste und Phantasien auf, drängen ins Bewusstsein, werden jedoch nicht akzeptiert, sondern qua Aufgeklärtheit ausgegrenzt (und erst recht nicht direkt thematisiert). Das hindert sie allerdings nicht, auch ins Handeln vorzudringen: »Als Madame Vidal im sechsten Monat war, starb ihre jüngere Schwester, die bei ihr sich wohnte (...). Madame Vidal ging zu Verwandten und kam nicht zur Beerdigung« (Wylie 1969, S. 153).

Bemerkenswert sind Wylies Beobachtungen auch, weil sie einen Hinweis darauf geben, dass in traditionellen Kulturen sogenannter »Aberglaube« die Funktion der Angstabwehr hatte: Rituelle Vorkehrungen, manifest bezogen auf die Sicherheit von Mutter und zukünftigem Kind, sorgen dafür, dass in einer Zone der Unsicherheit und emotionalen Verhaltens- und Gefühlssicherheit gewonnen wird. Diese Funktion wird nicht zuletzt dadurch deutlich, dass es der Aufklärung zwar gelungen ist, kontrafaktische Unterstellungen als »Ammenmärchen« zu diskreditieren, aber damit sind die Ängste und Phantasien nicht aus der Welt. In Peyrane wird versucht, Ängste durch betonte Nicht-Betonung zu neutralisieren, was jedoch eher dazu führt, dass sie »irrational«, d. h. isoliert und desintegriert zum Ausdruck kommen.

Ängste und relevante Phantasien haben wohl »zeitlose« wie »zeitspezifische« Anteile. Sie haben auf jeden Fall erhebliches Gewicht; dies wird gegenwärtig sichtbarer denn je, weil ein verändertes Verhältnis zum eigenen Körper und eine kommunikativere Struktur der Primärkontakte fast zwangsläufig mehr Durchlässigkeit mit sich bringt; d. h. Ängste und Phantasien werden eher an die Ich-Oberflächlichkeit bzw. bewusst (zugelassen). Außerdem hat, wie erwähnt, das Ereignis selbst sehr viel mehr an Bedeutung gewonnen und wird schon deshalb intensiviert und verarbeitet. Aufklärung – wenn man darunter verlässliches Wissen über Zusammenhänge und Folgen versteht – kann so dabei sogar eher den Effekt haben, dass die »Irrationalität« der Auseinandersetzung noch zunimmt: Je mehr verfügbar ist, desto mehr können sich psychische Impulse daran festmachen schärfer profilieren sich mögliche Risiken und Kosten – und desto weniger ist es möglich, ihnen mit traditionellen Methoden der Angstabwehr zu entkommen.

Dass die Reaktion auf eine Schwangerschaft von den jeweiligen Umständen abhängt liegt auf der Hand. Wo sie langfristig geplant, vorbereitet und gewünscht wurde, wird sie naturgemäß freudig begrüßt. Dies ist, so legen empirische Befunde nahe, vor allem dann der Fall, wenn Elternschaft hinausgeschoben wird und (zunächst Berufsambitionen (vor allem) der Frau Vorrang haben (vgl. Grossman et el. 1980, LaRossa/LaRossa 1982). Eine ungewollte Schwangerschaft erhöht dagegen die Wahrscheinlichkeit einer negativen psychischen Reaktion und damit auch die physischer Komplikationen. Gewissermaßen dazwischen liegen die (relativ vielen) Fälle, in denen eine Schwangerschaft weder gewollt noch vermieden wurde, sie also dem »Schicksal« überlassen wurde. Wenn man davon ausgeht, dass hier die Einstellung zu Kindern ambivalent ist, steht zu vermuten, dass diese Ambivalenzen sich im Erleben und Handeln ausdrücken. Konkret bedeutet dies vor allem, dass die typischen körperlichen Effekte der Frühschwangerschaft (Übelkeit, Schlappheit usw.) besonders intensiv psychisch aufgegriffen werden. Außerdem können sich sowohl die Realisierung des Kinderwunsches als auch die Angst, nunmehr definitiv auf ein angenehmes und ungestörtes Leben verzichten zu müssen, sich ein für allemal festgelegt zu haben, in Form psychischer Wechselbäder auswirken. Körperliche Beschwerden können dann als erste Vorzeichen kommenden Übels erscheinen, aber auch als Indiz dafür interpretiert werden, dass die eigenen negativen Wünsche bereits das Kind geschädigt haben usw.

Die Reaktion der Männer ist bisher kaum dokumentiert. Vermutet wurde, dass sie innerlich zunächst wenig beteiligt sind, aber auch, dass sie noch viel unsicherer als Frauen sind, weil es für die gegenwärtig typische Vaterrolle keine klaren Definitionen und auch keine Einstiegsformen gibt (vgl. Blum 1980). Sicher ist das traditionelle Männerbild geprägt von einer erheblichen Distanz und Indifferenz zum Geschehen. Der »zukünftige Vater« ist im traditionellen Muster keine wichtige Figur. Er selbst verbuchte möglicherweise die Schwangerschaft als Männlichkeitsbeweis und Möglichkeit, entsprechend an Status zu gewinnen und/oder Gegenstand von einschlägigen Gesprächen zu werden. Hier ist bzw. war also von »Verunsicherung« wenig zu spüren. Goldberg (1979) verweist allerdings (ohne Quellenangaben) auf die Zunahme psychosomatischer Störungen und Auffälligkeiten im Sozialverhalten werdender Väter:

> »Es gibt psychologische und medizinische Untersuchungen darüber, dass junge Männer während der ersten Schwangerschaft ihrer Frau oft über Kopfschmerzen, Übelkeit, Verdauungsstörungen und Rückenschmerzen klagen und außerdem Magengeschwüre entwickeln. Damit nicht genug: Werdende Väter werden

offenbar signifikant häufiger als andere Männer für sexuelle Straftaten verhaftet, wie zum Beispiel Belästigung von Kindern, Masturbieren in der Öffentlichkeit, versuchte Vergewaltigung und obszöne Telefonanrufe. Die übliche Erklärung für diese Phänomene ist, dass sich der werdende Vater in diesem Stress regressiv verhält. Ich glaube aber, dass diese Symptome auch einen unbewussten Protest anzeigen können, den Wunsch, vor der Verantwortung der Vaterschaft zu fliehen – Gefühle, die er sicherlich schon immer hatte, aber bis zur Schwangerschaft seiner Frau aus seinem Bewusstsein verdrängen konnte« (Goldberg 1979, S. 124).

Man könnte die Überlegungen und Befunde von Blum und Goldberg auch als Indikatoren für das Auftreten eines neuen Vatertyps verstehen, der nicht mehr fest im traditionellen Selbstverständnis von Männern verwurzelt ist, aber auch noch nicht den Durchbruch zu einer »neuen« Identität mit moderner Stabilität gefunden hat. Der traditionelle »werdende Vater« war eine Randfigur, die kaum in die Ereignisse einbezogen war.

Auch in der »progressiven« Subkultur treten Verunsicherungen bei Frauen und Männern auf, sie werden jedoch ausdrücklich thematisiert und regelrecht »gepflegt«. So entwickelt sich beispielsweise die oben zitierte Auseinandersetzung mit dem Kinderwunsch auch in interaktiver Hinsicht dynamisch weiter. Der ersten Euphorie und den folgenden Grübeleien folgt eine intensive Auseinandersetzung intrapsychischer Art ein: Will ich das Kind oder nicht? Eilig angeschaffte Literatur, aber auch die Kommentare von Mitbewohnern und Freunden (bemerkenswerterweise jedoch nicht des Vaters ...) mischen sich ein und sind Kristallisationskern neuer Hins und Hers: »(Als) ich das Regal ›Schwangerschaft und Geburt‹ im Frauenbuchladen aufkaufte und mit stolzen Muttergefühlen in Cafes bei der Lektüre dieser Bücher saß, da kam sie: die ganz, ganz große Depression. Ich kann das doch nicht« (Seck-Agthe/Maiwurm 1981, S. 11). Es folgt körperliches und psychisches Elend, der Entschluss zur Abtreibung.

> »Sehr forsch und realitätstüchtig kam ich mir vor, als ich am Tage drauf (...) bei Dr. F. vorfuhr – eine aufgeklärte und moderne Frau des 20. Jahrhunderts, die vernünftig handelt, die verantwortungsbewusst und sicheren Schrittes ihre legale Abtreibung in die Wege leitet« (a. a. O., S. 12).

Ihre eigene Entschlossenheit (und die Erleichterung ihrer Umgebung) lassen den Entschluss jedoch wiederum fraglich werden; sie kommt zu der Einsicht, dass diese Vernunft nicht ihren Bedürfnissen entspricht. Die Situation wird hinterfragt:

»Wieso hatten jene Leute, die von ›falschem Zeitpunkt‹ (weil ich gerade Examen machte) oder von ›schlechten Ausgangsbedingungen‹ (weil ich keine tolle Wohnung habe, nicht viel Geld und auch keine ›ideale‹ Beziehung) sprachen, plötzlich soviel Einfluss auf mich? Warum nicht die, die mir Mut machten und ihre Hilfe anboten? Mir wurde klar, dass ich jetzt genau das tat, was ich schon mein ganzes Leben lang gemacht hatte: erst etwas wollen, es dann anleiern und schließlich zurückschrecken, wenn es konkret wird« (a. a. O., S. 13).

– woraus dann an einem Morgen zwischen sechs und zehn der Entschluss geboren wird, das Kind zur Welt zu bringen. Auch die »neuen Väter« werden mit einem umfassenden Fragenkatalog konfrontiert, der das gesamte Spektrum der tangierten Identitäts- und Beziehungsdimensionen umfasst. Zum Beispiel:

»Soll sich durch das Kind Deine Beziehung zu Deiner Frau verändern? Welche Veränderung erwartest Du? Kannst Du Dir in Deiner jetzigen Beziehung ein Kind gut vorstellen, oder hast Du Angst, dass sich durch das Kind ein Zwang zur Aufrechterhaltung Deiner Beziehung ergeben könnte? Ist es Dir wichtig, dass diese Frau die Mutter Deines Kindes wird, oder könntest Du Dir das mit einer anderen Frau besser vorstellen?«

Und weiter:

»Musst oder willst Du Dir durch die Vaterschaft irgendetwas beweisen? Ist ein Kind für Dich eine wichtige Bestätigung Deiner Männlichkeit? Falls Du früher keinen Kinderwunsch hattest: Wodurch hat sich dies verändert?«

Sowie:

»Welche Deiner Männerfreiheiten sind Dir besonders wichtig? Welche siehst Du durch das Kind gefährdet? Passt das Kind in Deine Pläne, oder hattest Du für die nächste Zeit bereits feste Pläne, die Dir unheimlich wichtig sind und die durch ein Kind gestört werden? Welche Befürchtungen hast Du, wenn Du an ein Kind denkst? Welche spontanen Gefühle verknüpfst Du mit dem Gedanken an ein Kind? Warum willst Du unbedingt ein eigenes Kind? Welche Wünsche konkurrieren bei Dir mit Deinem Wunsch nach einem Kind? Welche Gefühle werden bei Dir ausgelöst, wenn Du an das Zusammenleben mit einem Kind denkst?« (Bullinger 1983, S. 44ff.)

Man sieht, dass die neuen Mütter und Väter sehr viel stärker mit der Entscheidung konfrontiert werden bzw. sich mit ihr konfrontieren, wobei nicht nur die kognitive Dimension, sondern auch die emotionalen Aspekte von besonderer Bedeutung sind.

Grossman et al. haben in ihrer breit angelegten Studie, die den Übergang zur Elternschaft vorrangig unter der Perspektive von »adoption« und »coping« betrachtet, insgesamt ein hohes Niveau an (gelungener) Anpassung festgestellt. Ihre (Mittelschichts-)Mütter in spe haben sich im Großen und Ganzen mit den anstehenden Problemen im Griff:

> »Overall, our data indicated that the level of positive adaptation to the pregnancy was quite high (...). A large majority of the women felt that this was much the right time in their lives to be having a child. When the pregnancies were confirmed, most reported that they felt delighted, exited, or very happy« (Grossman et al. 1980, S. 23)

Festgestellt wurde dabei vor allem eine hohe Zentrierung der werdenden Mütter auf die Schwangerschaft: »For woman pregnant the first time, the pregnancy becomes absolutely central to their lives, and their reactions to it are more global: they are the pregnancy and the pregnancy is them« (a. a. O., S. 24).

Dabei spielen zunächst die Identitätsbalance der Frauen eine wichtige Rolle bezüglich der Qualität dieser Zentrierung. Frauen mit hoher »psychischer Gesundheit« erleben diese Phase auch angenehmer, während (wenig überraschend) Frauen mit ausgeprägten Angst- und Depressionswerten mehr Probleme mit der Situation haben. Hinter psychologischen Faktoren werden jedoch auch mikrosoziologische und soziostrukturelle Konstellationen sichtbar: »A higher level of martial satisfaction was predictive of fewer pregnancy symptoms (...) For the first time mothers, the more egalitarian the martial style, the fewer the symptoms the woman experienced during pregnancy« (a. a. O., S. 34).

Dies wird von den Autoren als Effekt der Reduzierung von Zukunftstendenz gesehen:

> »Probably, the issue of who performs with household tasks for the baby – in anticipation of who will do which tasks for the baby – is a very active one in couples having their first baby, and it seems that a more egalitatian martial style promotes the woman's sense of comfort, at least during the pregnancy itself« (a. a. O.).

Diese Beziehungsstruktur wiederum korreliert mit sozioökonomischem Status. Es scheint, als wären größere Beziehungsgleichheit, geringere Inanspruchnahme institutioneller Unterstützung und »Sozialer Stress« eng miteinander verbunden.[9] »Social class was related to symptomatology during pregnancy (...) Woman of lower socioeconomic status often receive less adequate prenatal care, suffer form increased stress in their daily lives and (...) particulary in their marriages« (a. a. O.).

Es steht zu vermuten, dass hier ein schichtspezifisches Problemprofil dominiert:

Die werdenden Väter dieser Schichten sind wenig identifiziert mit der Schwangerschaft ihrer Frau, haben nur in geringem Maß die Elemente »moderner« Rollenverständnisse übernommen. Daher sind sie auch weniger geneigt, ihre Frauen praktisch wie emotional in schwierigen Situationen zu unterstützen, sondern tendieren im Gegenteil dazu, weiterhin die gleichen Erwartungen wie vor der Schwangerschaft an sie zu richten. Und da vor allem die Inanspruchnahme institutioneller Hilfe auch sehr stark von Beziehungsfaktoren abhängig ist, erklärt sich, dass sie gerade von den Frauen, die sie von ihren Ausgangsbedingungen besonders nötig hätten, am wenigsten genutzt werden.[10]

In den Beziehungen von Angehörigen mit niedrigem sozioökonomischem Status wirkt sich also die partielle Modernisierung (die traditionelle Bindungen löst, aber noch nicht dazu geführt hat, dass moderne Beziehungsformen realisiert werden) eher negativ aus. Es gibt jedoch noch andere Beziehungskonstellationen, in denen es zu ähnlichen Effekten kommt. Grossman et al. berichten von einer dual-carreer-Beziehung, in der es zu Problemen kommt, weil die zukünftige Mutter wenig Unterstützung von ihrem Ehemann (einem vielbeschäftigten Zahnarzt) erfährt und außerdem antizipiert, dass für sie das Kind eine Menge von Einschränkungen und Verluste bedeutet. Ihr Körperleben ist negativ eingefärbt; sie fühlt sich dick und unattraktiv. Während sie selbst davon spricht, dass sie ihre Probleme nicht mit ihrem Mann besprechen kann, findet er, dass man ihr die Schwangerschaft eigentlich gar nicht anmerke – so normal sei sie (Grossman et al. 1980, S. 30ff.). Hier zeigt sich, dass die unterschiedliche Wahrnehmung ebenfalls darauf basiert, dass bezüglich der Schwangerschaft eine erhebliche Distanz existiert und sich der Mann nur gering auf sie einlässt. Zu vermuten steht, dass er untergründig von seiner Frau verlangt, dass sie keine Symptome zeigen soll, was ihm wiederum die Möglichkeit bietet, alles als bestens zu erleben, während sie im Zirkel ihres konfliktträchtigen Erlebens eingesperrt ist. Auch in Schichten mit hohem sozioökonomischen Status kommt es also zu den beschriebenen Disparitäten in der Verteilung der Lasten und Unsicherheiten in dieser Phase der Schwangerschaft.

Wo es zu einer »Verunsicherungsphase« kommt, wird diese Verunsicherung (sieht man von extremen Konstellationen ab), nach einer bestimmten Zeit überwunden. Konkret bedeutet dies vor allem, dass die von der Konfrontation mit kommenden Veränderungen ausgelösten Verarbeitungen ein relativ stabiles Niveau erreicht haben; sowohl euphorische als auch dysphorische Gefühle haben einen Höhepunkt überschritten und weichen einer Phase der normalisierten Schwangerschaft. Begünstigt wird dies nicht zuletzt dadurch, dass im Normalfall nach den ersten Wochen die hormonelle Umstellung des weiblichen Körpers vollzogen ist und daher die unangenehmen Begleiterscheinungen der Frühschwangerschaft abklingen. Zugleich macht sich ein psychosozialer Gewöhnungseffekt bemerkbar, d. h. die Tatsache, dass sich etwas verändern wird, wird zum selbstverständlichen Bestandteil des Erlebens und Handelns. Übereinstimmend berichten empirische Untersuchungen daher auch von einer Abnahme depressiver Gefühle, zunehmender Akzeptierung und positiver Besetzung der Schwangerschaft, stärkerer Vorausorientierung. Allgemein nehmen »psychische Gesundheit« und Stabilität zu (vgl. Grossman et al. 1980; zusammenfassend Gloger-Tippelt 1985). In dieser Phase sind die geäußerten Befürchtungen und Ängste eher schwach, Optimismus und Vorfreude dominieren.

In dieser Zeit ist die Schwangerschaft nicht so anstrengend wie vorher und nachher. Körperliche Beeinträchtigungen sind nicht mehr und noch nicht intensiv, der Anpassungsstress ist teils abgeklungen, teils steht er noch nicht unmittelbar bevor. So kommt es zu einer Phase, in der die Schwangerschaft selbst als expressives Medium und als Gegenstand psychosozialer Aktivität genutzt werden kann. Leider gibt es darüber keine genauen Erhebungen, aber Alltagsbeobachtungen zeigen immer wieder, dass in dieser Zeit die Paare häufig sozialen Kontakt suchen (und ihren Sonderstatus genießen). Sie nutzen die Zeit für mehr oder weniger ausgeschmückte Antizipationen dessen, was auf sie zukommt, vielleicht auch noch zu einem letzten Urlaub zu zweit. Auch werden Pläne geschmiedet, welche Einrichtungsgegenstände angeschafft werden sollen, wie das Kind heißen soll usw. Gleichzeitig ändert sich die Wahrnehmung: Übereinstimmend berichten Eltern in spe, dass sie auf einmal sehr viel mehr Säuglinge und Kleinkinder in ihrer Umwelt sehen und Impulse verspüren, sich mit ihnen auseinanderzusetzen. Fachliteratur wird beschafft, Arzttermine stehen an, ein neues Feld von wichtigen Aktivitäten tut sich auf und wird von den Eltern aufgearbeitet.

Sowohl in eher traditionalistischen als auch »progressiven« Subkulturen verläuft diese Phase anders. In ersteren werden keine besonderen Aktivitäten unternommen, sondern der Anschein von Normalität wird weiterhin gepflegt (während die technischen Vorbereitungen eher unauffällig und beiläufig in Gang kommen). Anders dagegen die »neuen« Väter und Mütter: Für sie gehen die Turbulenzen so intensiv weiter, wie sie begonnen haben, jetzt allerdings ebenfalls unter dem Vorzeichen definitiver Entwicklungen und der »Gewöhnung« an die Situation. Durch die intensive Konzentration auf das Geschehen werden dabei die frühen Ambivalenzen nicht gänzlich überdeckt, sondern bleiben virulent. Unter der Überschrift *Neun Monate auf und ab* lesen sich Tagebuchauszüge einer werdenden Mutter dann etwa so:

> »(...) zur Zeit fehlt mir der emotionale Bezug zur Schwangerschaft völlig. Alles kommt mir wie gesponnen, wie geträumt vor, irreal. Wie der Fötus wohl aussieht? Ob er sich ganz normal entwickelt? Ob er sich bewegt? Wie das Gesicht wohl ist? Der Ausdruck? Merkwürdig, das einem etwas so nahe sein kann, das man nicht sehen kann« – »(...) die wandelnde Glückseligkeit bin ich nicht geworden durch meine Schwangerschaft. Das Hier und Jetzt, der Examensdruck, Schwierigkeiten in der Wohnung nehmen mein Bewusstsein mehr in Anspruch als der kleine Mensch in meinem Bauch. Doch immerhin ist es so, dass ich, sobald mir jemand klar machen will, wie idiotisch mein Entschluss ist (und das kommt öfters vor), fauche wie eine Katze« – »Es ist momentan eine glückliche Lebensphase, in der ich bin. Ich bin ruhig und produktiv, fühle mich sicher, warm und wohl und kriege das tägliche Chaos gut in den Griff« – »Scheußliche Träume!« (Seck-Agthe/Maiwurm 1981, S. 97f.).

Dies alles sind Auszüge aus einem kurzen Zeitraum, in denen sich die unterschiedlichen psychischen Zustände spiegeln. Und je mehr sie gespiegelt werden, desto extensiver und intensiver ist das Erleben der intrapsychischen Dynamik, die, so kann wohl vermutet werden, kein Privileg »neuer« Mütter ist, sondern in ihrer Grundstruktur auch andere betrifft, die sie jedoch nicht so aufgreifen und bearbeiten – vielleicht ist die Dauerreflexion das funktionale Äquivalent der verschwundenen angstabwehrenden »Ammenmärchen«?[11]

Auch die »neuen Väter« können die Zeit zwischen Frühschwangerschaft und Geburtsphase nur beschränkt genießen. Dies allerdings ist für sie kennzeichnend: dass sie sie überhaupt (mit-)genießen, wobei auch hier eine Abhängigkeit vom Erleben der Frauen im Vordergrund steht. »Die Freude auf das Kind und die Freude auf das Zusammensein mit der Frau während der Schwangerschaft« (Bullinger 1983, S. 63) unterscheiden ihn von traditionellen Männern. Allerdings zeigt sich auch hier eine gewisse Abhängigkeit von den Empfindungen der Frauen:

> »Welcher Gefühlszustand bei werdenden Vätern (...) dominiert, scheint (...)nicht unwesentlich davon abzuhängen, wie sich die Beziehung von Mann und Frau während der Schwangerschaft gestaltet. Da die Beziehung des werdenden Vaters zum Kind im Bauch hauptsächlich über die Mutter vermittelt wird, kann sich Vorfreude auf das Kind oftmals nur entwickeln, wenn zwischen Mann und Frau eine enge emotionale Bindung besteht und der Mann alle psychischen und körperlichen Veränderungen der Frau bewusst miterlebt. Je zärtlicher, intensiver und euphorischer sich das Zusammensein während der Schwangerschaft gestaltet, um so mehr wird die Freude auf das Kind im Vordergrund stehen. Bei manchen werdenden Vätern kann man sogar den Eindruck gewinnen, dass die Freude auf das Kind eigentlich gar keine eigenständige Freude ist, sondern mehr das Ergebnis des schönen und intensiven Zusammenseins mit der Partnerin« (Bullinger 1983, S. 63).

Auch die »neuen Männer« haben Probleme, sich in dieser Phase als eigenständig Handelnde zu verstehen und in Szene zu setzen. Dazu kommt, dass, wie zitiert, das weibliche Erleben gerade der »neuen Mütter« keineswegs stabil und durchgängig euphorisch ist. Das führt erst recht dazu, dass die »neuen Väter« in eine sekundär definierte Position kommen, weil und wo sie die jeweiligen Schwankungen nachvollziehen bzw. kompensieren müssen oder sollen. Ihr eigenes Erleben – differenzierter und intensiver als das traditioneller Männer – kommt so kaum zur Entfaltung. Bullinger beschreibt einen circulus vitiosus von Angst und Unsicherheit: Gerade »neue Väter« fürchten (zu Recht) radikale Einschnitte, können aber diese Ängste nicht äußern, weil sie von den (ihrerseits unsicheren) Frauen als Solidaritätsmangel interpretiert wird. Dadurch müssen die Männer ihre Ängste ausklammern (und werden gewissermaßen wieder auf traditionelle Männerrollen zurückgeworfen).

Gleichwohl sind die Gefühle dem »neuen Vater« präsent. Zu den bemerkenswertesten Gefühlen gehört auch das, was in der Literatur unter dem Stichwort »Gebärneid« diskutiert wird. Die höhere Identifikation mit der Situation der Frau schließt auch ein, dass sich die geschlechtsspezifischen Orientierungen ändern:

> »Je mehr der Mann am Erleben der Frau teilnimmt und sich auf die Schwangerschaft einlässt, um so eher wird sich bei ihm das Gefühl einstellen, dass ihm als Mann etwas Schönes und Aufregendes, eine zentrale existentielle Erfahrung, verwehrt bleibt. Dieser Neid auf die Gebärfähigkeit der Frau muss ihm dabei keineswegs selbst bewusst sein, wird in seinen Reaktionen aber trotzdem deutlich. So demonstrieren etwa die häufigen Bevormundungsversuche von Vätern im Hinblick auf die Geburt unübersehbar, wie groß bei ihnen der Neid sein muss« (Bullinger 1983, S. 64f.).

Dass die Fähigkeit des Gebärens für Männer ein potenzieller Konflikt ist, zeigen vielfältige ethnologische und auch psychopathologische Untersuchungen. Bekannt sind Couvade-Phänomene, die durchgängig als Form der Teilhabe an Schwangerschaft und Geburt interpretiert werden. Die Psychoanalyse interpretiert die während der Schwangerschaft der Frau auftretenden Beschwerden der Männer als (unbewusste) Dokumente der Identifikation und Konkurrenz mit Frauen (vgl. Bräutigam 1980). Unter dem Vorzeichen patriarchalischer Strukturen ist es zu einer Reduzierung bzw. Verdeckung dieser Beziehungsdimension gekommen, teils, weil die männliche Identität im Bereich emphatischer Teilhabe und coenästhetischer Wahrnehmung eingeschränkt wurde, teils aber auch, weil die soziale Macht den Männern genügend Kompensation bzw. eigenständige Leistungsfähigkeit und -kriterien bot. In der »progressiven Subkultur« gilt beides (so) nicht mehr, was den Effekt hat, dass diese Beziehungsdimension nun wieder (re-)aktiviert wird.[12] Es wird noch deutlich werden, dass dies geradezu paradigmatisch für die hier sich entwickelnden Beziehungs- und Konfliktkonstellationen ist.

Das, was in der psychologischen Literatur (entsprechend der dort vorherrschenden Begrifflichkeit) als »Anpassungsphase«, später als »Konkretisierungsphase« beschrieben wird (vgl. Gloger-Tippelt 1985), ist von seiner Grundstruktur her eine Übergangszeit, die zwischen zwei besonders hervorgehobenen Veränderungen liegt. Die Schwangerschaft steht fest und ist zum Bestandteil der subjektiven und gemeinschaftlichen Wirklichkeit geworden, die physischen und psychischen Anfangsprobleme sind normalisiert; die Geburt ist dagegen noch nicht unmittelbar in Sicht. Es leuchtet ein, dass diese Übergangsphase nur dort besonders deutlich wird, wo die Schwangerschaft zum eigenständigen Beziehungsthema wird. Wo noch weitgehend traditionelle Orientierungen vorherrschen, wird die Besonderheit der Situation gerade nicht besonders betont, sondern eher versucht, die Ereignisse relativ beiläufig zu behandeln und in den Alltag zu integrieren. Wo Traditionalismus praktisch noch dominiert, obwohl Modernität bereits die Beziehungsstruktur (von der Arbeits- und Lebenssituation, aber auch in Teilen der Rollenverteilung) prägt, ergeben sich Konfliktzonen durch die lebenspraktische Relevanz der Übergangsphase (und damit verbunden: durch ihren Aufforderungscharakter), ohne dass es in den Beziehungsmustern zu adäquaten Formen der Auseinandersetzung kommt. Vielmehr zeigt sich auch hier, dass unter Stress solche »Mischstrukturen« zu regressiven/dysfunktionalen Reaktionen tendieren.[13]

Wo jedoch Modernität sich weitgehend durchgesetzt hat, kommt die Besonderheit der Übergangsphase ausgeprägt zur Geltung. Sie muss dies auch, weil hier bereits wesentliche Weichen gestellt und Vorleistungen erbracht werden. Es handelt sich, psychosozial gesehen, gewissermaßen um eine Latenzzeit, in der die Entwicklung, Veränderung der Verhältnisse weniger Dynamik besitzt und daher Zeit und Raum für intensive Auseinandersetzungen zur Verfügung stehen. Die Art der Thematisierung dessen, was sich ereignet und sich ereignen wird, d. h. wer darüber spricht und wie darüber gesprochen wird und erst recht der praktisch-interaktive Umgang mit den auftretenden und antizipierten Problemen enthält in mehr oder weniger kleiner Münze bereits Vor-Formen und Verständigungen über zukünftige Beziehungsentwicklungen und Rollen/Identitäts-Verteilungen. In den vielfältigen Formen der Reflexion und Antizipation kristallisiert sich bereits heraus, wie der gesamte Komplex der Umstellungen angegangen und verarbeitet wird. Es stellt sich praktisch heraus, wer was anspricht, wie er/sie dies tut; wer wobei das Sagen hat und welche Thematisierungsstrategie/-form dabei als beziehungsadäquat gilt. Gleichzeitig regelt sich, wer welche Aufgaben, die im Vorfeld der Geburt auftreten, übernimmt und wie sie erledigt werden.[14]

Die »Latenzphase« ist auch dadurch geprägt, dass sich (im Zusammenspiel mit der Feinstruktur der Beziehung) auch das spezifische Abwehr- und Projektionsmuster der Partner individuell und gemeinschaftlich präzisiert und profiliert. Die vielen Anlässe, über die Zukunft (und die Gegenwart) zu reden und mit Schwierigkeiten umzugehen, sind immer zugleich auch Auseinandersetzungen mit den intrapsychischen Objektrepräsentanzen – die Bilder, die man von sich selbst hat, die Hoffnungen und Befürchtungen, die sich damit verbinden, verdichten sich und werden in der emotionalen/psychischen Färbung der Handlungen und Äußerungen beantwortet. Dabei spielt naturgemäß die Auseinandersetzung mit zentralen Konflikten, die ausgelöst und/oder aktualisiert werden, eine große Rolle. So lassen sich beispielsweise – in Anlehnung an Richters Typologie (Richter 1972) »angstneurotische«, »hysterische« und »paranoide« Abwehr- und Bewältigungsstrategien unterscheiden, je nachdem, welche Formen des Konflikterlebens und der praktischen Bearbeitung im Vordergrund stehen. »Angstneurotische« Paare tendieren dann eher dazu, jedes kleine Signal zum Anlass ausführlicher Besorgnisse und Schutzmaßnahmen zu nehmen. »Hysterische« Paare dagegen inszenieren und zelebrieren ihre Schwangerschaft. »Paranoide« Strategien zeigen sich in dem Ausbau mentaler und praktischer Kontaktsperren zur Umwelt, aber auch im »verschwörungstheoretischen« Umgang mit Themen.

Weitere mögliche Formen sind »Verdrängungsorientierungen« (d. h. es herrschen verschiedene Strategien des Nicht-zur-Kenntnis-Nehmens vor) oder »Zwanghaftigkeit« (wo vor allem die Korrektheit der Vorbereitung im Mittelpunkt der Auseinandersetzung steht). Es steht zu vermuten, dass diese psychosozialen Bewältigungsstrategien mit sozioökonomischen Statusmerkmalen korrelieren: Verleugnung hängt mit Traditionalismus, aber auch mit »dual-carreer«-Modernität eng zusammen[15], während die »progressive Subkultur« eher hysterisch und angstneurotisch reagiert. Es liegt außerdem auf der Hand, dass sich bei Differenzen in der persönlichen Auseinandersetzungsweise erhebliche Beziehungskonflikte ergeben können. Wenn (z. B.) der Mann gern verleugnet, während die Frau »angstneurotisch« reagiert, ist ein Dauerkonflikt vorprogrammiert.[16]

Anzumerken ist noch, dass die verschiedenen Aktivitäten der Latenzzeit schließlich auch die Funktion haben, ein im Grunde nicht konkret antizipierbares Ereignis zugänglich und handhabbar werden zu lassen. Zu den Besonderheiten der »rites de passage« gehört stets, dass sie in einem sozial diffusen Feld des Umgangs, in einer Situation des »nicht mehr« und »noch nicht« Halt geben und Richtung weisen, indem sie beispielsweise Rollenattribute vorab aktivieren. Man kann sich bereits als Vater und

Mutter erleben, ohne es bereits zu sein. Zugleich aber auch: ohne es bereits sein zu müssen, d. h. in der Latenzphase gibt es auch die Möglichkeit der Probeidentifikation, des Ausprobierens, der spielerischen Identifikation ohne hohe Verbindlichkeiten und Verantwortlichkeit. Auch damit wird der Übergang gebahnt und erleichtert.

Dabei zeigen sich naturgemäß auch die Konfliktlinien der beteiligten Individuen und ihrer Beziehungen jeweils gebrochen bzw. geprägt durch schichtspezifische Vorgaben. Es scheint, dass traditionalistische Beziehungen noch auf institutionalisierte Gruppengefüge zurückgreifen können, in den beispielsweise die Frauen der Verwandtschaft und Nachbarschaft für die Schwangere die relevanteste Bezugsgruppe sind. »Halbmodernisierte« Beziehungen tendieren dagegen eher zur Isolierung und Segmentierung; Frauen bleiben häufiger mit ihren Problemen allein. In »modernisierten« Beziehungen ist die Einbeziehung der Männer in das Geschehen mittlerweile selbstverständlich, auch ihre verstärkte emotionale Teilhabe (wenn auch mit Vorbehalten und einer beträchtlichen Rest-Distanz). In der »progressiven Subkultur« ist die Gemeinsamkeit (so weit dies möglich ist) dominierendes Merkmal, die Männer sollen (und wollen) beteiligt sein; eine intensive Kooperation und Auseinandersetzung ist nötig und selbstverständlich. Dass bei alledem ein Hin- und Herschwanken zwischen den verschiedenen Optionen, aber auch zwischen den früheren und zukünftigen Identitätsentwürfen stattfindet (und dies dem Ganzen seinen Stempel aufdrückt), ist selbstverständlich.[17]

5.3. Die »heiße Phase«

Je näher das entscheidende Ereignis rückt, desto mehr ändern sich auch die physischen, psychischen und sozialen Konstellationen. In den letzten Wochen der Schwangerschaft nehmen die physischen Belastungen stark zu. Mit der Größe des Fetus und der damit verbundenen Ausdehnung der Gebärmutter ergeben sich nicht nur Gewichtsprobleme (im Schnitt müssen 10–15 kg »Mehrgewicht« verkraftet werden, die zudem an technisch gesehen ungünstiger Stelle getragen werden müssen). Der Druck nach unten (auf die Blase) und nach oben (auf die Lunge) nimmt zu, sowohl Laufen als auch

Liegen verursacht Beschwerden, Bänder und Muskulatur werden zunehmend strapaziert usw.

Damit ist die Zeit der relativ unbelasteten Vorbereitung vorbei; der Stress nimmt zu, der Wunsch, das Kind nun zur Welt zu bringen (d. h. auch: es loszuwerden) ebenfalls. Empirische Untersuchungen zeigen übereinstimmend, dass die letzte Zeit vor der Geburt wenig komfortabel ist und auch psychisch eher negative Färbung zeigt. Geäußert werden u. a. mehr Ängste und Depressionen als in der »Latenzzeit«, Zunahme psychosomatischer Symptome sowie der negativen Einstellung zur Schwangerschaft (vgl. Brüderl 1982, Grossman et al. 1980, Doering et al. 1980). Das Verhältnis von psychischen Reaktionen und physischen Veränderungen ist dabei allerdings vielschichtig, es kann nicht einfach kausal betrachtet werden. Denn zweifellos sind dysphorische Erlebnisse in gewisser Weise funktional: Je unangenehmer die Situation wird, desto wahrscheinlicher ist auch, dass die »innere Trennungsarbeit« beginnt, dass die werdende Mutter psychisch bereit ist, das, was noch ein Teil von ihr ist, auch herzugeben.

Durch die physischen und psychischen Veränderungen werden auch die Beziehung beeinflusst. Es wird ernst. Die massiven Beschwerden verlangen häufigere Arztbesuche und ziehen mehr Aufmerksamkeit (und Sorge) auf sich; Zeit für entspannte und spielerische Aktivitäten nimmt ab. Da nunmehr auch die Geburt kurz bevor steht, also drängt, steigt auch der Druck auf die Fertigstellung eventueller Vorbereitungen. Für Planungen ist nun kein Raum mehr, Entscheidungen müssen getroffen sein und dann immer mit Blick auf die noch verbleibende Zeit in die Tat umgesetzt werden. Ausprobieren kann man nun nicht mehr viel, statt dessen sind Festlegungen erforderlich.

Häufig ist dies jedoch schon längst geschehen. Da, wie angedeutet, die Vorbereitung auf das Kind einen hohen narzisstischen Eigenwert für moderne Eltern hat, ist hier die praktische Vorbereitung keineswegs nur funktional, sondern mit intensiver emotionaler Beteiligung: In die Ausstattung der Welt, in die das Kind hineingeboren werden soll, wird ein beträchtliches Maß an Wünschen, Utopien, eigenen Bedürfnissen investiert. Das bedeutet selbstverständlich nicht zuletzt auch, dass viel Geld investiert wird. Es fehlen in diesem Zusammenhang empirische Studien, aber Alltagserfahrungen zeigen immer wieder, dass die Empfangsvorbereitungen für das Neugeborene bei modernen Eltern ausgesprochen aufwendig und intensiv sind. Dabei beteiligen sich meist auch nahe Verwandte und Bekannte, die ihrerseits ein Scherflein zur Ausstattung beitragen (um damit ihre Zuneigung zu den Eltern auszudrücken, aber auch, um mittelbar teilzuhaben am Geschehen).

Da es diesbezügliche Bedürfnisse in großem Umfang gibt und eigene Herstellung (von Kleidung, Möbelstücken usw.) nicht mehr (oder noch nicht) üblich ist, hat sich eine eigenständige Baby-Ausstattungsindustrie entwickelt, die (vor allem für das gefüllte Portemonnaie) ein umfassendes Angebot[18] bereitstellt und per Katalog bewirbt. So kommt es, dass so manches Kinderzimmer ausgesprochen exquisite Betten und Wiegen enthält: Ein »wunderschön gedrechseltes Himmelbett mit Stoffbaldachin« komplett für ca. 500,- Euro oder ein »Wunderschönes Kinderbett«. Ausstattung: Hochwertige Spitzenbettwäsche auf feinem Batist mit aufwendiger Lochstickerei und Doppelrüschen an Himmel und Kissen« (ebenfalls ca. 500,- Euro). Wem das zuviel ist, greift vielleicht zum »Romantischen Kinderbettchen mit gedrechselten Sprossen und Exklusiv-Design mit Enten-Applikation« (ca. 300,- Euro). Wer noch weniger Geld hat, muss mit einem »rustikalen Verwandlungsbett« (ca. 250,- Euro) Vorlieb nehmen. Es muss ja noch Geld übrig bleiben für die jeweils passende Wickelkommode, die, passend zum Batist, auf 400,- Euro kommt, und den dazugehörigen Kleiderschrank für ca. 450,- Euro. - Dazu kommen dann (je nach Bedarf) Tragekörbe »Aus modischem Knautschlack« oder mit »luftdurchlässigem Palmgeflecht«, sicher auch ein Kinderwagen – vielleicht ein »City-Car«, ein »Mini-Verdecksportwagen«, ein »Globetrotter-Sportwagen« oder ein anderes High-Tech-Fahrzeug (bis zu 1000,- Euro). Und damit ist noch kein einziges Stück Wäsche erworben. Auch dafür können beachtliche Beträge ausgegeben werden.[19]

Nun geht es beim Kauf von Baby-Ausrüstungen nicht immer so romantisch (und aufwendig) zu, wie es der Katalog mit seinen eindrucksvollen Photos und Darstellungen nahe legen möchte. Aber man kann davon ausgehen, dass die Werbung etwas aufgreift und überhöht/verzerrt, was real vorhanden ist: ein Bedürfnis der Eltern, ihrem Kind nur das Beste und Schönste zu bieten. Kaum eine Situation ist so narzisstisch geladen wie die Ausgestaltung des »Nestes« für das Neugeborene, das zu diesem Zeitpunkt sich noch nicht selbst geäußert hat und deshalb ausschließlich von projektiven Antizipationen existiert. Und diese Baby-Bilder sind bei modernen

Eltern warm und weich, sind pastellfarben und rundum harmonisch. Funktionalität ist zwar wichtig, wird aber als selbstverständlich vorausgesetzt.

Ein weiteres auffälliges Moment in diesem Zusammenhang ist, dass regelmäßig viel Unpraktisches eingekauft wird. Dies erklärt sich natürlich auch aus mangelnder Erfahrung: Da man nicht weiß, was alles wirklich gebraucht wird, kauft man lieber zuviel, damit auf jeden Fall nicht zu wenig da ist – Überfluss und »Durchlässigkeit« kennzeichnen das Kaufverhalten von werdenden Eltern sehr oft. Auch wird sehr oft nach den eigenen ästhetischen und emotionalen Kriterien vorgegangen: Man stellt sich vor, wie schön doch ein gesticktes Batisthemdchen dem Kind stehen würde (worin sich vom Bedürfnis, so etwas für sich selbst zu erwerben, das Kind nach den eigenen Vorstellungen zu gestalten, sehr viel ausdrückt). Dazu kommt, dass auch die Umwelt großzügig und projektiv schenkt, so dass die Zimmer oft überquellen von Möbeln und Wäsche, die für Drillinge reichen würde.

Im allgemeinen ist diese Vorbereitung qua Anschaffung jedoch abgeschlossen, wenn die »heiße Phase« beginnt. Die restlichen Arbeiten müssen nunmehr unter Druck beendet werden; nach dem Ende der Latenzzeit sinken sie wieder zu funktionalen Aktivitäten herab, weil jetzt die bevorstehende Geburt alle Aufmerksamkeit absorbiert. Wenn jetzt Väter immer noch hingebungsvoll an Einrichtungsgegenständen herumbasteln, dann hat dies mehr den Charakter einer Beschäftigungstherapie, der Überbrückung eines nervenzehrenden Wartens.

Zu den Themen, die nun auch geklärt sein müssen, gehört auch die Frage nach der Organisation der Geburt. Zunächst müssen gewissermaßen die grundsätzlichen Bedingungen geklärt werden. In traditionalistischen Subkulturen geht die geringe Ausdifferenzierung der »Latenzphase« über in eine stark sachliche praktische Vorbereitung der Geburt, die nach bewährten Mustern vorbereitet und begleitet wird. Wylie berichtet 1950 aus Peyrane:

> »Gegen Ende der Schwangerschaft hielten sich die Familien Vidal und Bonerandi bereit. Die Babywäsche war gerichtet. Es waren Verabredungen mit Verwandten getroffen worden, die zur Zeit der Geburt halfen und den Haushalt in Ordnung halten sollten. Man blieb mit Doktor Magny in Saint-Satumin in Verbindung. Zweimal innerhalb von vierzehn Tagen mussten die Gendarmen Doktor Magny wecken, weil er in Peyrane gebraucht wurde (...) Bei beiden Frauen dauerte die Geburt fünf bis sechs Stunden, nach Ansicht der meisten Leute eine normale Zeit« (Wylie 1969, S. 153).

Die Beschreibung ist so nüchtern wie die Vorgänge selbst offenkundig angelegt werden. Selbstverständlich werden die notwendigen Vorkehrungen getroffen, selbstverständlich hilft der Mann weder bei der Geburt noch macht er den Haushalt in den Tagen danach. Und selbstverständlich (?) gibt es auch keinen »Fehlalarm« – wenn der Doktor gerufen wird, werden die Kinder auch geboren; dass eine »Hausgeburt« praktiziert wird, versteht sich von selbst, die Klinik ist nur für Kranke da.

Für moderne Eltern sieht die Sache anders aus. Zunächst ging mit der Modernität auch eine zunehmende Medizinalisierung der Geburt vor sich. Wie angedeutet, sorgte die Perinatalmedizin dafür, dass zunächst die Kliniksgeburt, dann auch vor allem die technisch hochgerüstete Geburt zum »Normalfall« wurde. In den sechziger Jahren hatte sich diese zunehmende Instrumentalität – verbunden mit einer Verdrängung von Hebammen sowie einer Anpassung der Frauen an die Imperative von Klinik und Geburtstechnik – weitgehend durchgesetzt. Genau dies war jedoch einer der Punkte, an denen sich die feministische Kritik, die schnell von weiten Mittelschichtskreisen aufgegriffen wurde, konzentrierte. Kritisiert wurde die Entmündigung der Mütter und Väter, kritisiert wurde auch die Technisierung von Geburt – eine Kritik, die erstaunlich schnell Wirkung zeigte. Mittlerweile ist fast selbstverständlich, dass Kliniken Geburten nicht mehr chemisch programmieren, dass Väter bei der Geburt zugelassen sind, dass schmerzstillende Mittel nur auf Wunsch benutzt werden und die Geburt, soweit dies möglich ist, nicht mit Instrumenten vollzogen wird.

> »In manchen Krankenhäusern darf der Vater auch heute noch aus hygienischen oder räumlichen Gründen erst dann in den Kreißsaal, wenn die letzte Phase der Geburt unmittelbar bevorsteht; andere Krankenhäuser sind großzügiger und schließen den Vater lediglich von den Vorbereitungen seiner Frau auf die Geburt (wie Rasieren, Einlauf usw.) aus. In einigen Krankenhäusern bekommt der Vater zudem vom Krankenhauspersonal vermittelt, dass er nichts weiter sei als eine zusätzliche Belastung, die heute leider nicht mehr vermieden werden könne« (Alt 1983, S. 87).

Gerade der letzte Hinweis zeigt jedoch, dass hier massiver Druck von Seiten der Eltern (sowie ökonomische Zwänge) dafür gesorgt hat, dass die Anwesenheit des Vaters sich nicht mehr vermeiden lässt.

Dies steht für eine umfassende Umorientierung der modernen Eltern in Bezug auf die Geburt. Kennzeichnend ist, dass der Vater nicht mehr nur nervös rauchend im Wartezimmer auf und abgeht, sondern, entsprechend der Intensität seiner vorherigen Teilnahme und Identifizierung, auch bei der Vorbereitung der Geburt und bei der Geburt selbst sehr viel eher dabei ist und im Rahmen des Möglichen aktiv wird. Kennzeichnend ist aber auch, dass überhaupt die Geburt ebenso sorgfältig vorbereitet wird, wie dies mit anderen Aspekten der Elternschaft geschieht. Das heißt: Es wird nicht einfach die nächstbeste Klinik aufgesucht, die der Hausarzt anordnet, sondern es werden verschiedene Möglichkeiten diskutiert; das mittlerweile wieder ausgedehnte Spektrum von Möglichkeiten (von traditionellen Kliniken bis zur neuen Hausgeburt) wird eventuell erwogen, meist werden auch Besichtigungen veranstaltet, man lässt sich vor Ort zeigen, wie was gehandhabt wird und sucht sich dann das Angebot aus, welches optimal erscheint.

Außerdem werden besonders von Mittelschichtsangehörigen die einschlägigen Vorbereitungskurse besucht, die von den meisten Kliniken, aber auch noch anderer Institutionen angeboten werden. Dabei geht es vordergründig um richtiges Atmen während der Geburt und um die korrekte Windeltechnik; die Hauptfunktion dürfte jedoch in der (mehr oder weniger ritualisierten) Gewöhnung und Annäherung an den Ernstfall liegen. Man hat dann die Kliniken, die Hebammen, den Kreißsaal schon gesehen und Kontakt zu ihnen aufgenommen; gewinnt aus dem Kontakt mit anderen Paaren in ähnlicher Situation Sicherheit und Stabilität und erwirbt praktische Kompetenzen im Umgang mit den Institutionen. Diese Annäherung ersetzt die selbstverständliche Strukturierung traditionalistischer Art und relativiert die (Unterwerfung unter die) Macht der Ärzte, die die Sechziger Jahren prägte.

Riemer Sacks und Donnenfeld haben in einer (nichtrepräsentativen) Studie untersucht, welche Kriterien bei Eltern in spe den Ausschlag für die Wahl einer bestimmten Geburtssituation geben. Sie fanden bei der Untersuchung von Eltern, die zwischen Kliniken, »maternity-center« und Hausgeburt wählten, dass diejenigen, die sich für die beiden letzten Alternativen entschieden, sehr viel mehr Überlegung in ihre Entscheidung investiert hatten und auch sehr viel besser informiert waren. Gleichzeitig – und hier dürfte es eine kausale Verbindung geben – gilt auch, dass diese beiden Gruppen vor allem Wert darauf legten, nicht von ihrem Kind getrennt zu werden, in einem direkten wie indirekten Sinn:

»For both maternity-center and home-birthcouples, avoiding separation from the child was designated as one of the most important factors. This seemed relevant to their choice of nonmedical environment and a desire to avoid exessive obstretical management (...). The choice appeared to result from a desire to give birth without unnecessary interruptions and separations« (Riemer Sacks/Donnenfeld 1984, S. 473).

Demgegenüber stand für die Klinik-Bevorzuger Sicherheit im Vordergrund, auch wenn keine physiologischen Komplikationen zu befürchten waren. Auch sie legten jedoch Wert darauf, dass Anwesenheit bei der Geburt möglich ist.

Dass Eltern, die ein »maternity-center« bzw. eine Hausgeburt vorzogen, egalitäre Partnerschaftsvorstellungen vertraten und eher »progressive« Vorstellungen vom Familienleben hatten (a. a. O., S. 274), überrascht nicht. Dieser Befund unterstreicht noch einmal die Einheitlichkeit konzeptueller Differenzen: Zu eher traditionalistischen Orientierungen »passt« mehr Sicherheitsdenken, während »progressive« Paare – Sicherheit selbstverständlich voraussetzend – ausgeprägte aktive Vorstellungen vom Geburtsvorgang haben, auch auf Distanz zum medizinisch-technischen Komplex stehen und vor allem die ständige Nähe zum Kind als wichtigstes Kriterium der Wahl sehen. Bemerkenswert ist noch, dass insgesamt die Väter der Ansicht waren, dass die werdenden Mütter die Entscheidung letztlich trafen, während die Mütter den Entscheidungsprozess als gemeinschaftlich einstuften. Unabhängig davon zeigen die Väter der Kliniksgeburt-Paare eine ausgeprägte Unfähigkeit, überhaupt die Struktur der Entscheidung thematisieren zu können, während die anderen Väter sowohl technisch besser informiert als auch mit dem Vorgang der Entscheidung besser vertraut waren. Auch dies bestätigt noch einmal die größere (kognitive und soziale) Aktivität in dieser Gruppe, während in der traditionellen Entscheidungssequenz mit der Klinik eine mächtige Institution beteiligt ist, die (vor allem den Vätern) jede Entscheidung abnimmt und damit auch nicht ihr Reflexionspotenzial sonderlich fördert (wobei noch zu klären wäre, was Ursache und was Wirkung ist: ob mangelndes Interesse der Väter ihre Entmündigung provoziert oder eine starke Institution keine subjektiven Kompetenzen zur Entfaltung kommen lässt – vermutlich stimulieren sich hier zwei Entwicklungen gegenseitig).

Je moderner die Beziehung, desto mehr ist die Geburt des (ersten) Kindes ein Ereignis mit Festcharakter, das keinesfalls passiv im Griff einer Institution absolviert werden soll, sondern von den werdenden Eltern (mit-) zelebriert wird. Zweifellos handelt es sich bei den Auseinandersetzungen um die Organisation der Geburt um eine ideologische und auch sozialpolitische Auseinandersetzung, die teils symptomatisch für gesellschaftliche Konfliktlinien ist, teils aber auch als Ausdruck handfester Interessengegensätze zu sehen ist. Die Durchsetzung der Klinikgeburt als Normalfall ist in der damaligen BRD erst in den späten fünfziger Jahren erfolgt. Sie konnte sich durchsetzen, weil die intensive medizinisch-technische Betreuung in allen Risikosituationen von lebenswichtigem Vorteil ist, was im Rahmen sicherheitspolitischer Argumentationen, aber auch mit dem Rückenwind einer zunehmenden Technikidealisierung zur Normaldefinition erhoben werden konnte. Dahinter standen sicher Interessen von Ärzten, Kliniken und dem medizinisch-technischen Komplex. Argumentiert wurde zunächst doppelt: Die Klinikgeburt sei hygienischer, sicherer usw. und sie komme auch dem »natürlichen Schamgefühl« der Frauen entgegen, die in einer Extremsituation nicht von Verwandten, Freunden oder gar dem Ehemann umgeben sein können. Denn die Begleiterscheinungen – wie unwillkürliche Entleerungen usw. – könnten eine Belastung der Beziehung (und damit auch der Geburt) werden (vgl. Bullinger 1983, S. 111ff.).

Diese Position steht für eine allgemeine Tendenz der Segmentierung von Lebensbereichen, der Abschottung und Ausgrenzung von vitalen Funktionen – und nicht zuletzt für eine Verschiebung der Machtverhältnisse. Von medizinischer Seite wird diese Entwicklung mittlerweile selbst als zu einseitig eingestuft:

>»Der Einbruch der Technik in die Geburtshilfe hat uns fasziniert. Aus den Geburtshelfern – Ärzten, deren Tätigkeit von den bedeutenden Chirurgen und Internisten unseres Jahrhunderts wenig ernstgenommen wurde – entwickelten sich die Geburtsmediziner. Wir begannen, gewiss nicht zu Unrecht, uns in den sechziger Jahren mehr für die Physiologie, die naturwissenschaftlich erfassbaren Beziehungen von Mutter und Kind, als für die Psychologie, die emotionalen und seelischen Beziehungen (...) zu interessieren. Laborwerte, Herzstromkurven, Ultraschallbilder und Blutgasanalysen erschienen lange Zeit als die einzigen Maßstäbe. Sie waren die Checkliste der Aktivitäten. Wir müssen hinzulernen und uns vielleicht auch auf manches gestrige besinnen« (Bräutigam 1980, S. 138).

Auffällig ist die (ungewollte) Formulierung, man habe sich zu Recht mehr für Physiologie als für Psychologie interessiert; gesagt sollte vermutlich werden: man habe sich zu Recht für Physiologie interessiert (und dabei in der Hitze des Gefechts die Psychologie vernachlässigt). Das lässt darauf schließen, dass die latenten Sinnzusammenhänge: dass hier eine Medizinergruppe mit niedrigem Status die Chance sah, ihr Image in der Profession zu verbessern und ihren Aktionsbereich auszudehnen, doch wichtiger waren, als es diese Selbstkritik darstellt. Institutionskritiker sahen die Sache daher auch anders:

> »Tatsächlich ging es den Ärzten darum, ihre uneingeschränkte Expertenmacht jeder Kontrolle zu entziehen. Nachdem die Hebammen als Konkurrenz ausgeschaltet oder im Krankenhaus der Weisungsbefugnis des Arztes unterworfen waren, musste (...) noch die Kontrolle und die ›Störung‹ durch den Vater ausgeschaltet werden, um den Geburtsvorgang endgültig und ohne Einschränkung der Herrschaft der männlichen medizinischen Experten zu unterwerfen« (Bullinger 1983, S. 113).

Diese pointierte Formulierung muss zwar insofern relativiert werden, als es sich zweifellos nicht um eine intentionale und strategisch inszenierte Machtergreifung handelte, aber die Struktur der Interaktion zeigte objektiv in diese Richtung (und war vermutlich subjektiv auch so aufgeladen). Es ist daher auch nicht den Aktivitäten der Ärzte zu verdanken, dass sich hier Veränderungen abgespielt haben, sondern der Initiative nicht zuletzt der »progressiven Subkultur«, die sich vehement für Alternativen einsetzte und mit ihrer Kritik auch weite Kreise ansprach und »ansteckte«. Dadurch wiederum kam es – im Rahmen der allgemeinen »Revolte der Klienten« zu einer Veränderung in der Nachfrage, die die Kliniken und Ärzte des schrumpfenden »Marktes« entsprechen mussten.

> »Konventionelle Geburtshelfer, die bislang nach der ›hoppla-jetzt-komm-ich‹ Methode den Frauen bis in alle Einzelheiten vorschreiben, wie und – bei der programmierten Geburt – sogar wann sie zu gebären haben, müssen sich umstellen, sonst laufen ihnen die Damen weg. Die Baby-Baisse hat zur Folge, dass immer mehr Kliniken im Konkurrenzkampf um rare Schwangere sich den Wünschen der Frauen anpassen« (Schreiber 1980, S. 128).

Druck der Verhältnisse hat sicher den Lernprozess der Ärzte beschleunigt:

> »Wir machen schon einen Lernprozess durch. Wir erkennen, dass das Verbleiben des Kindes bei der Mutter, das Rooming-in, auch im klinischen Wochenbett,

die Mutter-Kind-Beziehung erleichtert. Auch der Vater muss nicht mehr bei der Aufnahme im Krankenhaus beim Pförtner abgegeben werden. Immer häufiger wird der Vater auch im Kreißsaal als willkommener Partner für Mutter und Schwester und Arzt begrüßt. Wir nennen das familienorientierte Geburtshilfe« (Bräutigam 1980, S. 139).

Auch hier steht noch die Funktionalität im Vordergrund: Einsichtigen Medizinern bleibt nicht verborgen, dass sich die psychosoziale Isolation und die Einschränkung der Handlungskompetenz der werdenden Mütter negativ auf Geburtsverläufe auswirkte und so das, was als Absicherung gedacht war, dazu tendierte, sich selbst ständig erforderlich zu machen.

Dennoch: In relevanten Teilen der Ärzteschaft – gerade der jüngeren Generation – haben sich analoge Veränderungen zu denen abgespielt, die für »moderne Eltern«, bezüglich der Geburt kennzeichnend sind. Gegenüber den Vorstellungen der »progressiven Subkultur« bestehen, von Ausnahmen abgesehen, jedoch nach wie vor erhebliche Vorbehalte. Es handelt sich auch um eine natürliche Gegnerschaft, denn die hier entwickelten Vorstellungen von Geburt versuchen den Arzt völlig zu verdrängen oder doch in seinem Tätigkeitsbild so zu verändern, dass das herkömmliche Arzt-Schema nicht mehr passt. Schon Dick-Read war ein (allerdings erfolgreicher) Außenseiter, Leboyer und Odent – die Leitfiguren einer »sanften Geburt« – gelten in der Profession dagegen als Scharlatane (»Das von dem französischen Geburtshelfer in die Entbindungsräume verschleppte Piano stellt wohl kaum einen vernünftigen Ersatz für Monitore und andere technische Geräte dar« – Bräutigam 1980, S. 138).

Es sind vor allem die in der »progressiven Subkultur« entwickelten Leitbilder der Geburt, die medizinischer Technik und herkömmlichen Ärzten keinen Platz mehr einräumen. Hier hat die Geburt (in der Literatur) – entsprechend der hohen emotionalen Bedeutung der Schwangerschaft und der Intensität des Erlebens – einen besonderen Akzent als krönender Abschluss, der gewissermaßen zelebriert wird. Dies ergibt sich folgegerecht aus den vorhergehenden Aktivitäten und der »Besetzung« des gesamten Vorgangs. Hier ist aus diesem Grund die Hausgeburt – nicht als einfachste und praktischste Form, sondern als wiederangeeignetes Lebensereignis – die sich anbietende Wahl.

»Im Krankenhaus sollte unser Kind nicht zur Welt kommen. Das stand für mich und meinen Freund fest (...). Meine Schwangerschaft war sehr schön, und die Vorstellung, dass sie ihren Höhepunkt und Abschluss ausgerechnet in einem Krankenhaus haben sollte, erschien mir geradezu pervers« (Seck-Agthe/Maiwurm 1981, S. 194).

Entsprechend sieht hier das Personal anders aus: Neben der Hebamme, mit der man sich schon seit einiger Zeit getroffen und angefreundet hat, sind der zukünftige Vater, Freundinnen als praktische und emotionale Stütze (und vielleicht der – befreundete – Fotograf, der alles im Bild festhält) zugegen. Was geschieht, ist (wenn alles planmäßig abläuft) für die Beteiligten eindrucksvoll und erhebend:

> »Der Jonny ist nachts um viertel vor elf geboren und wir haben noch bis 4 Uhr morgens gesessen und immer wieder von der Geburt erzählt. Geschlafen habe ich erst wieder in der folgenden Nacht, ich konnte einfach nicht, zu sehr erfüllte mich noch das Nacherleben der Geburt, die (...) so schön und voller Harmonie war« (a. a. O., S. 198)

Die Entscheidung für eine Hausgeburt ist in vielen Fällen auch eine (lebens-)politische Entscheidung. Als Teil der »progressiven« Institutionskritik wendet sie sich gegen Technisierung und Verwaltung und versteht sich als Ausdruck einer neuen Autonomie, die gegen Apparate Gefühlsqualität setzt.

> »Zu Hause gebären heißt, sich gegen die Institution Krankenhaus wehren. Heißt: Geburt wieder als ein schönes, ungeheuer wichtiges Erlebnis für Frauen und ihre Umgebung zu begreifen. Die Frau ist Subjekt dieses Ereignisses. Sie bestimmt den Ablauf, nach ihrem Gefühl und ihren Bedürfnissen in einer Umgebung, in der sie sich wohlfühlt« (Herkenrath 1981, S. 200).

In der »progressiven Subkultur« ist dadurch jedoch nicht nur der Anspruch auf Selbstbestimmung, die Beteiligung der Väter und (daher) auch ein höherer Informationsgrad festzustellen. Es entsteht auch ein höherer Erwartungsdruck: Je mehr die Geburt als besonderes Ereignis hervorgehoben wird, desto mehr setzt man sich auch selbst unter Druck, etwas besonderes zu erleben. Es entsteht ein neuer Leistungsdruck, der schon mit dem Zwang zur Teilnahme an der Geburt beginnen kann: »Da es heute für viele Paare selbstverständlich ist, dass der Vater bei der Geburt dabei ist, ist eine neue Verhaltensnorm entstanden, an der die Umgebung den Vater misst« (Bullinger 1983, S. 121).

Auch wenn ihm nicht danach zumute ist, hat der »progressive Vater« wenig Chancen, die Geburt außerhalb des Kreißsaals abzuwarten. Immerhin kann dies ein Anlass zur Reflexion eigener Befürchtungen und Ängste sein. Dabei zeigt sich erneut, dass die »neuen Väter« eine tiefe Unsicherheit im Umgang mit traditionellen wie neuen Rollenattributen erleben. Es ist die (vermutete) Erwartung, sicher und stabil zu sein, deren Erprobung traditionelle Väter ausweichen bzw. -wichen, indem sie bei der Geburt nicht anwesend waren (bzw. sind), die hier jedoch unausweichbar wird. Ihr fühlen sich die neuen Väter oft nicht gewachsen, wie Äußerungen zeigen, die Bullinger gesammelt hat:

> »Vor allem macht mir zu schaffen, dass ich derjenige sein muss, der da die Ruhe vermittelt. Das ist so ein Anspruch, den ich an mich selbst habe, dass ich den Überblick und die Sache im Griff habe.« – »Je näher die Geburt kam, desto mehr beschäftigte mich die Frage, ob ich den Anforderungen der Geburt auch wirklich gewachsen bin oder ob ich nicht im entscheidenden Moment dermaßen in Panik gerate, dass mit mir nichts mehr anzufangen ist« (Bullinger 1983, S. 122/124).

Auch diese Befürchtungen verstärken noch die Ablehnung der Klinik – sie wird als »Auswärtsspiel« erlebt und gefürchtet. Zu Hause fühlt man sich sicherer:

> »Bei mir verknüpft sich die Befürchtung, dass ich durchdrehen könnte oder gar umkippen, sehr viel mehr mit der Situation im Krankenhaus als mit der zu Hause. Im Krankenhaus kommen als zusätzliche Belastungen für mich die ungewohnte Umgebung, das Gefühl des Ausgeliefertseins und die Skepsis gegenüber den Ärzten und der heutigen Geburtshilfe hinzu. Dies alles macht mich sehr viel unruhiger, zumal mein Vertrauen in die Ärzte und die Medizin nicht gerade groß ist« (Bullinger 1983, S. 123).

Man sieht, wie sehr die »Subjektivierung« der Geburt verbunden ist mit einem interaktiven Arrangement, das auch subjektive Kontrolle über die Situation verspricht. Die Wahl der Hausgeburt ist so zum Teil ebenfalls eine Reaktion auf (auch selbstgesetzten) Erwartungsdruck.

In dieser Hinsicht ist noch ein weiterer Aspekt von Bedeutung. Der Leistungsdruck bezieht sich vor allem auch auf die emotionale Qualität und kann unter Umständen gefährliche Folgen haben, nämlich dann, wenn reale Gefahren unterschätzt oder verleugnet werden.

> »Wenn (...) Vorstellungen (über eine ›sanfte Geburt‹) (...) den Rang von Glaubensbekenntnissen einnehmen und in dogmatischer und oft unrealistischer Weise ohne eigene Erfahrungen mit unterschiedlichen Geburtsabläufen ver-

absolutiert werden, können sie sich leicht ins Gegenteil verkehren und zu Klischees werden, die keine Veränderungskraft entfalten. Solche Klischees sind nicht nur problematisch, weil dadurch leichtfertig das Leben von Mutter und Kind aufs Spiel gesetzt werden kann, sondern auch, weil sie neue Abhängigkeiten von Geburtshelfern hervorbringen und ein individuelles Geburtserleben unmöglich machen kann« (Bullinger 1983, S. 127).

Außerdem legt eine Ideologie fest und setzt irreale Maßstäbe, die eine Enttäuschung vorprogrammieren:

»durch sie werden neue Normen gesetzt, an denen die werdenden Eltern ihr eigenes Geburtserlebnis messen. Wenn eine Geburt nicht nur auf natürliche Weise abgelaufen ist oder wenn irgendwelche Komplikationen aufgetreten sind, sehen sich die Eltern nicht selten um das ›eigentliche‹ Erlebnis der Geburt betrogen. Zu dem Gefühl, versagt zu haben, kommt dann noch die Enttäuschung, das Eigentliche, Schöne, versäumt zu haben und sich mit einem als zweit- und drittrangig bewerteten Erlebnis zufrieden geben zu müssen« (Bullinger 1983, S. 130).

Gerade wenn sich die Idealisierungen der Geburt so weit verdichtet und abgeschottet haben, dass sie von Projektionen unendlichen Glücksgefühls beherrscht werden, wenn darauf gewartet wird, dass sich spontan innige Liebe und vollkommene Zufriedenheit einstellen, ist eine Enttäuschung unvermeidlich, weil Geburtserlebnisse zwar intensiv, aber vorrangig anstrengend sind und daher auch ein Stück »Entlastungsdepression« zur Folge haben (können). Das beladene Selbstbild führt dann möglicherweise nicht nur zur Enttäuschung, sondern auch zur Beeinträchtigung des Selbstwertgefühls und zur Dissoziierung von Rollenidentität und Selbst – »ich bin nicht, was ich sein sollte«.

Diese und ähnliche Komplikationen treten in traditionell strukturierten Geburtsabläufen nicht in dieser Form auf – es steht jedoch zu vermuten, dass sich in sogenannten »Wochenbett-Depressionen« einiges an desintegrierten und verleugneten Gefühlen ausdrückt. Mit dem größeren psychosozialen Engagement und Identifizierung der Eltern steigt dagegen nicht nur die Möglichkeit, die Geburt interaktiv besonders zu betonen und zu qualifizieren, es nehmen auch die Risiken neuer psychosozialer Komplikationen zu, wie sie sich in zugespitzter Weise in »progressiven« Kreisen zeigen, aber in Ansätzen auch bei »modernen« Eltern auftreten (können). »Traditionalistische« Muster entgehen diesem Problem durch weitgehende Indifferenz: Die Geburt ist notwendiges Übel, nur das »Ergebnis« zählt; sie selbst verschwindet so schnell wie möglich im Vergessenen (und wird nicht zum Teil der thematisierten Familiengeschichte). – Die persönliche Aneignung und »Reprivatisierung« der Geburt verkennt nicht nur gelegentlich ihre reale Abhängigkeit vom medizinisch-technischen Komplex, sie ist auch in Gefahr, projektiv überladen zu werden. Dies ist jedoch der Preis, der für den Zuwachs an Kenntnis, Reflexivität und kommunikativer Struktur gegenwärtig gezahlt werden muss.

Anmerkungen

1   Vgl. dazu die Zahlen in den Statistischen Jahrbüchern. Die »Gesellschaftlichen Daten« zeigen bereits seit Mitte der Siebziger Jahre eine deutliche Mehrheit von Ein- und Zwei-Personen-Haushalten.

2   Aber auch bei niedrigem Sozialstatus wird mehr und mehr festgestellt, dass der Beruf für Frauen an Bedeutung gewinnt. Eigene Berufstätigkeit steht für Unabhängigkeit und ist daher relevant, auch wo die Tätigkeit selbst nicht hoch motiviert ausgeübt wird (z. B. Pistrang 1984).

3   Dies wird in der Literatur übereinstimmend als Tendenz festgestellt. Vgl. z. B. Lorber (1975), Belsky et al. (1983) u. a.

4   Und was sagen die Männer? Die Literatur – sieht man von »avantgardistischen« Texten ab – berichtet darüber sehr wenig. Dies könnte auch damit zusammenhängen, dass »männliche« Motive – traditionellerweise phallisch-narzisstisch gefärbt – an Bedeutung verloren haben (und Männer nicht mehr so gefragt sind/werden).

5   Ähnliche Passagen finden sich in den meisten avantgardistischen Texten, z. B. Chesler (1980), Klaus (1982), Wilberg (1981).

6   Auch im zeitlichen Verlauf von Prozessen und Abspaltungen kommt es häufig zu einer »Wiederkehr des Verdrängten«; wandeln sich (in bestimmter Hinsicht) »asketische« Lebensphilosophien in ihr genaues Gegenteil nicht zulassen (können), aber auch hier tritt zwangsläufig der jeweils überbetonte, ungekonnte Charakter der Einstellungen in den Vordergrund.

7   Dieser sehr bildhafte Ausdruck verlangt geradezu nach einer (ironisch!?) psychoanalytischen Interpretation. Vermutlich soll der Sohn den schlaff werdenden Penis des Vaters stützen...

8   Der Übergang zur Industriegesellschaft verursacht in allen Bereichen

eine »Ausdehnung« von sozialer Realität; nicht nur durch die Entwicklung von Technik, die neue Interaktionsmöglichkeiten zur Folge hat, sondern auch durch die Differenzierung von Interaktion in funktionale und subjektspezifische Imperative, woraus direkt wie indirekt sich neue Dimensionen des Aufbaus von Beziehungen, der Reflexion usw. ergeben. Dies gilt direkt wie indirekt für das Eltern-Kind-Verhältnis, welches sich immer mehr ausweitet und Feinstruktur entfaltet, wo vorher eher einfache und selbstverständliche Modi das Geschehen beherrschten, zugleich aber komplexere Umweltbedingungen verarbeiten muss.

9 Dies gilt in dieser Form allerdings nur für die Mittelschicht. Nach den vorliegenden Erkenntnissen ist geschlechtsspezifische Ungleichheit sowohl in der Ober- als auch in der Unterschicht nicht unbedingt ein »Stressfaktor«, sondern unter Umständen ein konstitutives Moment der Beziehungsstruktur (und daher – auch – entlastend) (vgl. Pross 1976, 1978).

10 Man muss hier geradezu von einer Akkumulation der Risiken in Randschichten sprechen: Zu strukturellen Defiziten der Paarbeziehung kommen Schwierigkeiten in der Kontaktaufnahme zum Kind; beides potenziert sich gegenseitig, so dass dann häufig selbst Basisfunktionen der Versorgung des Kindes nicht ohne Probleme funktionieren. Dies geht fast immer einher mit physischer Anfälligkeit der Kinder (von psychischen Schädigungen ganz abgesehen). Auch hier zeigt sich, dass strukturelle Risiken sich im gesamten Spektrum der sozialen Themen auswirken und zugleich punktuell eine hochriskante Tendenz zur Steigerung durch interne Verstärkung und externen Kontaktverlust implizieren.

11 Es ist daher auch nicht verwunderlich, dass gerade in der Alternativ-Szene teils symbolisch, teils ernsthaft versucht wird, den Mythos – zum Beispiel in Gestalt von Märchen – zu restituieren. Die Attraktivität dieser Art von Metaphysik hängt vermutlich mit Versuchen, sich gegen die Funktionalität der Industriekultur abzugrenzen, zusammen, enthält in nuce jedoch auch die Einsicht, dass balancierte Beziehungen zur Realität diese Dimension einschließen (müssen). Vgl. auch Bettelheim (1980).

12 Ausführlich dazu: Bullinger (1983, S. 78ff.).

13 Dies ist auch umgekehrt zu verstehen: Mischungen (d. h. unkontrolliertes Ineinanderfließen von heterogenen Strukturen, die auf beiden

Seiten destabilisieren) verursachen Stress und wirken sich daher in dieser Richtung aus (s. u.).

14 Ein Thema mit Signalfunktion ist dabei die Art und Weise, wie die erforderlichen Dinge besorgt werden. Dabei muss zunächst geklärt werden, welcher finanzielle Rahmen gilt (d. h. wie die Ausgaben für das Kind zu anderen Ausgaben stehen), welcher »Stil« praktiziert werden soll (und wer darüber entscheidet), wer aussucht und entscheidet und wer schließlich die praktische Logistik übernimmt. Das moderne Exposé tendiert hier insgesamt zu partnerschaftlichen Modellen, mit einem Übergewicht der weiblichen Entscheidungskompetenzen (und einem männlichen Akzent der ausführenden Tätigkeiten).

15 Dies jedoch auf jeweils eigene Weise: Traditionalismus tendiert eher zur »primären« Verleugnung, d. h. Themen bleiben unterhalb der Wahrnehmungsschwelle, während »moderne« Verleugnung wohl Kontakt zur Thematik einschließt, und »sekundär« versucht, es zu begrenzen bzw. kleinzuschreiben. An die Stelle eines robusten »ach was!« tritt daher hier eine mehr moderierte Strategie der Umdefinition.

16 Diese sehr typische Konstellation – sie hängt eng mit der Konstitution geschlechtsspezifischer Identität unter den gegebenen Bedingungen zusammen und enthält daher eine gewisse Vorab-Komplementarität – ist andererseits ein wesentlicher Grund dafür, dass sich relativ schnell (auch ohne objektiven »Zwang«) genauso typische geschlechtsspezifische Arbeitsteilungen einspielen: Der verdrängende Mann übernimmt die »Führungsposition«, kann im Schutz der sich ängstigenden Frau noch seine Verdrängung stabilisieren, während sie – umgekehrt abgesichert und eingeschlossen durch den männlichen Schutz – sich quasi ganz in die Ängste fallen lassen kann. Dadurch verstärkt sich die Tendenz zur psychosozialen Arbeitsteilung, die funktional sein kann, solange die jeweiligen Abwehrstrategien einigermaßen kompatibel sind. Da sie jedoch auch eine wechselseitige Bedrohung einschließen, ist zugleich immer ein struktureller Konflikt angelegt.

17 Dieses »Schwanken« ist für die Umwelt zugleich ein »Angriffspunkt«: Sie kann dort mit ihrem Einfluss steuernd eingreifen, wo die Exposés unsicher und ungefestigt sind (und sie in bestimmte Richtung »schieben«). Ein instabiles Exposé bedeutet daher immer auch die strukturelle Möglichkeit der Anpassung an den normativen Sog der Umwelt.

18 Das hier Zitierte stammt aus: *Themen. Illustrierte für junge Eltern*, herausgegeben von ardek (Arbeitsgemeinschaft der Kinderausstatter).

19 Es muss kann betont werden, dass »alternative« Eltern nicht bei modischen »Kinderausstattern«, sondern im Bio-Laden kaufen, wenn sie ihre rohwollenen Sachen nicht selbst stricken. Strukturell ist jedoch die Differenz nicht sehr groß: Auch hier geht es um eine eigenwillige Behandlung der Kinder.

6. Das neue Leben: Wie Kinder das Leben von Erwachsenen verändern

6.1. Kindliche Entwicklung und Elternrolle

»Es ist nichts mehr so, wie es früher war« (Wylie 1969, S. 154) – auf diesen Nenner lassen sich die Veränderungen bringen, die durch die Geburt eines Kindes ausgelöst werden. Hat es erst einmal, wie es lyrisch heißt, »das Licht der Welt erblickt«, dann sind aus zwei jungen Erwachsenen Eltern geworden: »Of men and woman (the infant) makes fathers and mothers« (Rheingold 1968, S. 283).

Aus dieser Position führen nur noch extreme Ereignisse heraus; sie bestimmt – in unterschiedlichem Maß und auf noch zu untersuchende Weise – das Leben der Erwachsenen entscheidend. Die Welt, die das Kind erblickt, ist zugleich für die Eltern nicht mehr die Welt, in der sie vorher lebten – sie sind mit Aufforderungen konfrontiert, die lebensgeschichtlich neu und einmalig sind. Mit der Geburt des Kindes erreicht die Geburt der Eltern, ein evolutiv einmaliger Prozess[1] mit ungewöhnlichem Profil und erheblicher Bedeutung, ihren entscheidenden Punkt.

Das Neugeborene ist bekanntlich zugleich völlig hilflos und bedürftig. Seit sich die Evolution entschloss, mit der Gattung homo sapiens ein Säugetier zu entwickeln, dessen Nachwuchs extreme Nesthocker-Charakteristika aufweist, hat sie zugleich einen neuen, quantitativ wie qualitativ differenzierten Typ von Pflegeverhalten hervorbringen müssen. Denn die ausgeprägte Abhängigkeit in Verbindung mit dem Bedarf an Zuwendung führt zu einer ausgesprochen »exzentrischen« Konstellation von Eltern-Kind-Beziehung. Anthropologische Untersuchungen zeigen, dass diese Konstellation das Medium der spezifischen Merkmale menschlicher Existenz ist – ohne extreme Abhängigkeit kein ungewöhnliches Maß an sozialer Formierung bzw. individueller Entwicklung. Mit dieser strukturellen Offenheit der kindlichen Entwicklung ist zwangsläufig eine ebensolche Offenheit der Eltern-Identität verbunden. Wo ein Neugeborenes Identität im Austausch mit seiner Umwelt und den primären Bezugspersonen entwickeln muss, müssen diese ihrerseits die jeweiligen Besonderheiten der Situation verarbeiten und in Handlungsstrategien umsetzen können. Mit fixierten Verhaltensprogrammen, wie sie etwa »Brutpflegein-stinkte« aufweisen, sind die Erfordernisse nicht mehr hinreichend zu bewältigen. Damit weitet sich auch der Prozess der Anpassung auf Seiten der Eltern systematisch aus. Statt bereitliegende Muster einfach nur zu ak-tualisieren, wenn die entsprechenden Schlüsselreize auftreten, müssen nun Verhaltensweisen praktisch entwickelt und reflexiv verarbeitet werden, wobei an die Stelle der Instinktsicherheit psychosoziale und emotionale Flexibilität und Entwicklungsfähigkeit tritt, d. h. auch hier spielen sich anstelle der Interferenz »passender« Verhaltensweisen komplexe und eigendynamische Prozesse ab.

Zwar gibt es, so legen die Ergebnisse der Forschung wie der Erfahrung nahe, residuale Instinkte, sowohl beim Neugeborenen als auch bei Eltern (oder muss man hier schon einschränkend sagen: Müttern?). So ist bekannt, dass Säuglinge instinktiv auf bestimmte Reize reagieren (vgl. dazu die Untersuchungen von Spitz 1963) und dass umgekehrt das »Kindchensche-ma« bei Erwachsenen im allgemeinen zärtliche Impulse auslöst. Aber selbst dies sind nicht immer verlässliche Reaktionen und vor allem: Sie sind höchs-tens Inseln in einem Meer von Verhaltensanforderungen und -möglich-keiten. Zwar kann man davon ausgehen, dass die Möglichkeit zur Identi-fikation mit einem Neugeborenen vorhanden sein muss, damit die notwen-dige Zuwendung erfolgt. Eine Triebgrundlage für Pflegeverhalten ist also Bedingung (auch für das Überleben der Gattung). Aber die bisher disku-tierten Themen haben bereits in aller Deutlichkeit gezeigt, dass von selbst-verständlichen und umstandslos funktionierenden Verhaltenskomplexen nicht die Rede sein kann – nicht nur die Identität der Kinder, sondern auch die der Eltern entwickelt sich erst, und zwar vielfach vermittelt über psychi-sche und soziale Rahmenbedingungen.

Das bedeutet, dass der Übergang zur Elternschaft auch nicht nur die Addition neuer instrumenteller Kompetenzen verlangt (wie Füttern, Wickeln, Waschen), sondern dass dabei vor allem eine Beziehung zum Kind entwickelt werden muss, zu dem ein entsprechendes Selbstbild gehört. Diese Entwicklung ist naturgemäß krisenträchtig, da sie zu einer Destabilisierung des intrapsychischen wie sozialen Gleichgewichts der Identität führt bzw. führen kann, je stärker sie Veränderungen impliziert, die nicht einfach instrumenteller Art sind. Sie vollzieht sich auch nicht als plötzlicher Schritt, sondern erfordert längere Zeit, bringt also eine Reihe von »Übergangsphasen« mit sich, die je nach Bedingungen einen unterschiedlichen Verlauf nehmen können. Schließlich tangiert dieser Übergang auch die sozialen Beziehungen der Beteiligten, vor allem die Primärkontakte. Besonders wo vorher eine ausdifferenzierte, exklusive Paarbeziehung bestand, mischt sich nun ein(e) Dritte(r) ein – und zwar in ganz erheblichem Ausmaß.

Die Triade, die durch die Geburt eines Kindes entsteht, zeichnet sich vor allem durch ihr Ungleichgewicht aus. Eines der »Mitglieder« ist völlig hilflos – und gerade deshalb besonders »mächtig«. Objektiv sind naturgemäß die Erwachsenen in jeder Hinsicht überlegen, aber gerade deshalb liegt die gesamte Verantwortung für das (Über-)Leben des Neugeborenen bei ihnen. Wenn sie sich mit diesen Anforderungen identifizieren, sind sie gezwungen, Hinwendung zu zeigen, da das Neugeborene dazu nicht fähig ist. Hilflosigkeit kann also unter bestimmten Voraussetzungen durchaus eine Macht sein, weil und wo sie andere zwingt, sich auf sie einzulassen. Dadurch definiert die Beziehung zum Neugeborenen auch die der Eltern und provoziert zugleich deren Veränderung. Als Eltern müssen sich Erwachsene nicht nur in Bezug auf das Kind, sondern auch zueinander neu bestimmen. Auch dies kann (potenziell) zu einem krisenhaften Prozess werden. Das gleiche gilt für die Beziehung zur Umwelt, die ebenfalls neu bestimmt und balanciert werden muss. Schon allein die Bedeutung, die das Thema Kind nunmehr einnimmt, aber auch die Zeit, die es verbraucht, verändern die Einstellung und den Austausch mit der Umwelt unter Umständen entscheidend.

Der Prozess, in dem sich die diversen Veränderungen abspielen, ist auf der einen Seite definiert durch das Kind und seine Entwicklung (die ihrerseits durch diesen Prozess beeinflusst wird).[2] Die Vorgaben, die das Kind in die Triade einbringt, ändern sich jedoch sehr schnell. Die kindliche Entwicklung vollzieht sich gerade zu Beginn in atemberaubendem Tempo: Bei der Geburt ist zwar die sensorische Wahrnehmung des Kindes schon entwickelt, aber Motorik wie auch der Kontakt zur Umwelt sind noch unkoordiniert und rudimentär. Schon nach wenigen Wochen jedoch bilden sich erste Objektbeziehungen, die sich schnell stabilisieren und differenzieren. Im ersten Lebensjahr verdoppelt das Neugeborene sein Gewicht und wird um die Hälfte größer. Dies sind zwar nicht so sensationelle Wachstumsraten wie bei vielen Tierarten, aber diese Relationen verdeutlichen, wie dynamisch die Entwicklung tatsächlich ist. – Übereinstimmend berichten Eltern, die sich intensiv mit der Entwicklung ihres Kindes auseinander setzen, dass sie immer mit dem jeweiligen Entwicklungsstand des Kindes identifiziert sind, also etwa beim Kontakt mit einem größeren Kind sich nicht vorstellen können, dass ihr kleines Wesen einmal so groß werden könnte oder umgekehrt, angesichts eines kleineren Kindes, sich nur schwer erinnern können, dass ihres auch einmal so klein war. Dieses »Miterleben« sorgt dafür, dass dieses Beziehungssystem auch bei schnellem Wandel der Problemlagen das Tempo mithält. Dies verlangt jedoch ein bestimmtes Maß an Abkoppelung von anderen Beziehungen.

Die Hilflosigkeit des Neugeborenen ist jedoch nicht identisch mit mangelnder Fähigkeit zur Kommunikation. Es verfügt über vorsprachliche, aber expressiv hoch wirksame Kommunikationsmöglichkeiten:

– das Schreien, welches unmissverständlich Unbehagen und Unmut ausdrückt, auch wenn nicht klar ist, was gemeint ist. Das Schreien eines Säuglings stellt für Erwachsene eine unüberhörbare Handlungsaufforderung dar, der sie sich nur durch massive Abgrenzung bzw. Uminterpretation entziehen können;

– (ziemlich bald auch) das Lächeln, welches ebenso unmissverständlich ein Zeichen für Zufriedenheit und Glück darstellt, auch ohne semantische Klarheit. Auch das Lächeln hat eine zentrale kommunikative Funktion, ohne die, so lässt sich vermuten, Eltern (bzw. Mütter) sehr viel häufiger an ihrer Last verzweifeln.

Schreien und Lachen sind zwei basale und komplementäre Möglichkeiten des Ausdrucks, über die grundsächliche Sachverhalte mitgeteilt und grundlegende Beziehungsstrukturen hergestellt werden können. Damit sind die Voraussetzungen für die erforderliche Kommunikation gegeben, eine Kommunikation allerdings, deren Differenzierung noch fehlt, so dass zusätzliche Medien der Informationsproduktion und -verarbeitung erforderlich werden. Über die frühen kognitiven und emotionalen Aktionen und Reaktionen von Neugeborenen können wir nur spekulieren[3]. Erwachsene setzen, wie stets in Situationen mit unvollständiger Information, ihren Erfahrungs- und Erlebnishorizont als Medium der Verarbeitung dessen, was das Neugeborene äußert, ein. Es kommt daher von Seiten der Erwachsenen sowohl durch die ungewöhnlichen Anforderungen, mit denen sie konfrontiert sind, als auch durch die Unvollständigkeit der Informationen zu einem intensiven Übertragungsgeschehen: Die »Exzentrik« und Unbestimmtheit dessen, womit sich der Erwachsene konfrontiert sieht, provoziert projektive Verarbeitungsweisen ebenso wie die Regression auf genetisch frühere Formen der Wahrnehmung und Bewältigung. Die Lebensäußerungen des Neugeborenen rufen also nicht nur »zweckrationale« Reaktionen, sondern tiefergehende psychosoziale Muster ab; sprechen an, was an entsprechenden Dispositionen subjektiv vorhanden ist.

Unter diesen Vorzeichen ist bereits die frühe Interaktion von Eltern und Neugeborenen ausgesprochen komplex und vielschichtig. Unterschiedliche theoretische Modelle stimmen zumindest darin überein, dass Eltern und Kind sich wechselseitig »sozialisieren«, indem sie jeweils in actu und systematisch auf bestimmte Aktionen mit bestimmten Reaktionen antworten. Dieses Zusammenspiel wird sowohl lerntheoretisch als auch interaktionistisch und psychoanalytisch als Herausbildung eines spezifischen Interaktionssystems gesehen. So wird beispielsweise von Rheingold beschrieben, wie das Kind über Schreien und Aufhören zu schreien das Verhalten der Eltern reguliert und zugleich in seinen Äußerungen davon beeinflusst wird.

> »Of the greatest importance, and not to be lost sight of, is the observation that the cry originates with the infant; it is he who cries and he who stops crying. Whatever operation of the caretaker that brought about its cessation is reinforced; that is, the probability of its being used when the infant cries again is increased. Thus, the cry not only summons the mother to his side, but the cessation of the cry instructs her about what will effect the cessation. While for the infant the consequence (caretaker's ministration) may reinforce the cry, for the caretaker, the cessation of the cry reinforces her ministration. Her response to his cry (it's nature and timing) modifies the subsequent occurance of the cry; similarily his response (to cry or to stop crying) modifies her subsequent behavior« (Rheingold 1969, S. 784).

Ähnliches gilt für alle anderen Lebensäußerungen. Vor allem in dieser frühen Phase sind dabei die Eltern als Schüler, die Neugeborenen als Lehrer zu sehen:

> »The infant modulates, tempers, regulates, and refines the caretaker's activities. He produces delicate shades and nuances in these operations to suit his own needs of the moment. By (his) responses (...) he produces elaborations here and dampening there (...). He teaches the parents how the caretaking operations should be performed. He makes them search for and invent new operations (...). The caretakers, then, adapt to him and he appears content; they find whatever they do for him satisfying, and thus are reinforced« (Rheingold 1969, S. 785f).

Aus interaktionistischer Sicht ließe sich dieser Vorgang als Prozess der reziproken Herstellung von Rollen und Identität beschreiben. Über die Definition von Situationen und die Auseinandersetzung mit den vom Gegenüber angebotenen Definitionen entwickeln sich aktive Formen der Herstellung von Identität, die das Gegen-Über einschließt – es wird eine Beziehung nicht nur praktisch hergestellt, sondern »ausgehandelt« und immer wieder neu balanciert. Auch die Psychoanalyse hebt zunächst den Prozess der Verständigung über die Art der Interaktion zwischen Eltern und Kind hervor. Lorenzer (1972, 1974) hat in diesem Zusammenhang das Modell der »Einigung« auf »bestimmte Interaktionsformen« entwickelt – die Art und Weise, wie Mutter und Kind jeweils ihre Bedürfnisse und Reaktionen äußern und aufeinander abstimmen, mündet in ein spezifisches Interaktionssystem, in dem sich beide identifizieren und in ihrer Entwicklung steuern. Was die Psychoanalyse hinzufügt, dass diese »Einigung« nur zum Teil bewusst abläuft und vor allem auch eine »unbewusste« Einigung einschließt, d. h. es findet auch auf dieser Ebene eine Interaktion statt, in der sich die psychosozialen Syndrome der Eltern mit dem, was das Neugeborene einbringt, zu einem für beide Seiten hoch relevanten und steuernden Muster verschränken.[4]

So gesehen sind die Beziehungen zwischen Eltern und Kindern von Anfang ein Prozess *wechselseitiger* Sozialisation. Nach allem, was weiter oben über den historischen Wandel der Eltern-Kind-Beziehung gesagt wurde, ist jedoch evident, dass dies zunächst nur eine allgmeine Bestimmung ist. Was konkret sich abspielt, ist so verschieden, dass es kaum auf einen Nenner zu bringen ist. Liest man die oben zitierte lerntheoretische Beschreibungen auf ihre Voraussetzungen, dann wird schnell deutlich, dass sie (selbstverständlich) voraussetzt, was gegenwärtig in den meisten sozialen Schichten auch (nicht ganz so selbstverständlich) gegeben ist: dass überhaupt diese Art von Bereitschaft und Interesse am Kind auf- und in die Beziehung einbringen. Würde man versuchen, das Modell auf eine Situation anzuwenden, in der Kinder alleingelassen wurden oder auch auf eine, in der es als pädagogisch angebracht galt, Kinder schreien zu lassen, zeigte sich schnell, dass man zwar (abstrakt) auch hier von einem Interaktionssystem sprechen kann, dass aber hier (aufgrund externer Zwänge und der Identitätsstrukturen der Erwachsenen) die Lernprozesse anders verteilt sind und auch sehr verschieden aussehen. Ähnliches gilt für die interaktionistische Perspektive.[5] Und auch der psychoanalytische Blick auf die Übertragungsprozesse und die unbewusste »Einigung« setzt immerhin voraus, dass ein bestimmtes Niveau der Objektbeziehungen gegeben ist. Wenn das Kind nur mäßige emotionale Reaktionen auslöst oder diese Reaktionen hochgradig pathologisch sind, ist diese »Einigung« ein ebenso einseitig bestimmter wie repressiver Vorgang. Kurz: Die angesprochenen Theorien sind neuzeitlich, sie setzen einen bestimmten Grad an Differenzierung und Reziprozität sowie eine bestimmte Intensität der Beziehungen inklusive entsprechender psychosozialer Färbung bereits voraus. Sie thematisieren, auch wo sie in ihrer Grundstruktur allgemeiner angelegt sind, weitgehend ein »modernes« Beziehungssystem von Eltern und Kindern. Dass lässt sich auch umgekehrt verstehen: Diese neuen Beziehungsmuster verlangen mehr theoretische Differenzierung, um ihrer praktischen Komplexität gerecht zu werden. Von daher ist der Hinweis auf die historische Bedingtheit und die Voraussetzungen auch kein Argument gegen den differenzierten theoretischen Blick, sondern nur die Erinnerung daran, dass diese Muster bereits Resultat von empirischen Differenzierungsschritten (und nicht als selbstverständlich gegeben) sind. – Je komplexer die Verhältnisse sind, desto bedeutsamer für die Entwicklung von Eltern-Kind-Beziehungen sind die impliziten und expliziten Entwürfe, die Eltern einbringen (und die sie in der Auseinandersetzung mit Umweltvorgaben, Selbst-Repräsentanzen und -konzepten sowie Vorstellungen von Kindern und Beziehungen entwickeln). Diese Exposés sind Medien der Verarbeitung wie der interaktiven Steuerung, ohne definitive Festlegungen zu sein. Exposés organisieren eine heterogene Struktur, bahnen Wege in vielfältigen und vielschichtigen Entscheidungsprozessen, legitimieren und stabilisieren praktische Interaktionsformen, definieren Situationen. Sie vermitteln also zwischen Umwelt, Welt der Eltern und Lebenswirklichkeit der Kinder; werden nötig und möglich, wo unmittelbare Verbindungen und Strategien der Bewältigung mehr ohne weiteres funktionieren.

Das folgende Kapitel versucht, die gegenwärtig wichtigsten Exposés zu skizzieren, indem ihr »Kinderbild«, ihr »Elternbild«, die damit verbundenen Ziel- und Mittelvorstellungen und Umweltbezüge dargestellt werden. Dabei wird analytisch danach unterschieden, ob »Modernität« (traditionalistisch) eingeschränkt, zur Geltung gebracht oder (avantgardistisch) zugespitzt wird.

6.2. Entwürfe der Eltern-Kind-Beziehung

6.2.1. Das traditionalistische Exposé

Am Anfang des letzten Abschnitts stand ein knappes Zitat über die Veränderung, die ein Neugeborenes mit sich bringt. Der soziale Kontext dieser Aussage ist das traditionelle dörfliche Milieu, welches Wylie beschreibt. Dies ist das Zitat im Zusammenhang:

> »Nach wenigen Tagen nahmen beide Frauen ihr gewohntes Leben wieder auf. Madame Bonerandi hatte Glück, meinten die Leute. Sie lebte mit ihrer Mutter zusammen, die ihr half, das Baby zu versorgen. Obwohl Madame Vidal eine staatliche Unterstützung erhielt, fühlte sie sich verpflichtet, so schnell wie möglich wieder zu arbeiten. Nach wenigen Tagen reinigte sie wieder jeden Morgen die Böden im Rathaus. Sie bat eine ihrer Schwestern, während ihrer Arbeitszeit das Baby zu versorgen. Da sie keine Beschwerden hatte, musste sie die gewohnten Mühen wieder auf sich nehmen, wieder normal leben. Aber ›wieder normal leben‹ ist ein Ausdruck, der jungen Ehepaaren mit ihrem ersten Kind wenig sagt, denn es ist nichts mehr so, wie es früher war. Wenn die Begeisterung über das erste Kind sich gelegt, hat, wenn sie sich daran gewöhnt haben, zu dritt, anstatt zu zweit zu sein, stellen sie mit Schrecken fest, was für Erwachsene in Peyrane als ›normal‹ angesehen wird. Gewiss, in ihrem bisherigen Leben haben sie von ihren Eltern und anderen Erwachsenen Klagen über das schwere Leben gehört, diese ›Hure von Leben‹, wie die Männer sagen. Selbstverständlich wünscht sich jeder Glück und Frieden, aber diese Hoffnungen erfüllen sich nie. Und Kinder sind die schlimmsten von allen Enttäuschungen. Man möchte sie haben; man liebt sie; man arbeitet für sie. Doch im Grunde verursachen sie viel Ärger und Sorgen. Madame Canazzi, die Frau des Bäckers, meint: ›Wenn sie gesund sind, machen sie Dir Ärger, und wenn sie krank sind, wird man vor lauter Sorge selbst krank.‹ (...) Die einzige glückliche Zeit im Leben ist die vor der Heirat, so lange man jung ist und das Leben genießen kann. Wenn junge Leute eine Familie gründen, verlieren sie ihre Unabhängigkeit, während Arbeit, Verantwortung und Sorgen sich beträchtlich vermehren« (Wylie 1969, S. 153f).

Diese Skizze des Umgangs mit Problemen, die sich aus der Elternschaft ergeben, greift vor, sie kennzeichnet aber einige für eher traditionelle Subkulturen typischen Züge, vielleicht besonders zugespitzt durch die ausgesprochen affektisolierende, »stoische« Kultur des Dorfes, welches Wylie untersuchte. Typisch ist jedoch, dass hier schnell zur Tagesordnung übergegangen wird: Wenn dies möglich ist, arbeitet die Mutter schon nach wenigen Tagen wieder – zu einem Zeitpunkt, wo viele Frauen der städtischen Mittelschicht noch nicht die Klinik verlassen haben. Man kann den Worten Wylies entnehmen, dass dies sowohl Fremd- als auch Selbsterwartungen sind: »Mutter« ist nur in reichen Familien eine eigenständige und identitätsstiftende Position.

Dazu gehört auch, dass die Mutter-Kind-Beziehung nicht besonders betont wird.

> »Zu Hause überlässt man das Baby so viel wie möglich sich selbst, außer, wenn es Gästen vorgeführt wird. Die Mutter hat zu viel zu tun, um sich ständig um es kümmern zu können, es sei denn, sie glaubt, es habe Hunger, sei schmutzig oder krank, oder wenn sonst ein triftiger Grund vorliegt« (a. a. O., S. 41).

Das heißt nicht, dass das Kind keine zärtliche Behandlung erführe. Wenn es aufgenommen wird, dann wird es auch angenommen und angesprochen. Dem Amerikaner Wylie, der aus dem Land der »rocking chairs« kommt, fiel dabei besonders auf, wie viel gesprochen wird:

> »Es wird nicht geschaukelt, denn in Frankreich gibt es keine Schaukelstühle, aber es wird von dem, der es beruhigen will, in den Armen gewiegt. Man küsst es und spricht ständig mit ihm« (a. a. O.).

Aber von einer sozial geförderten und akzeptierten »Verschmelzung« kann keine Rede sein.

Im Umgang mit dem Kind lässt sich ein traditionsgeleiteter, in gewisser Hinsicht orale Befriedigung gewährender Stil erkennen: Es wird nicht nach Plan, sondern nach Bedürfnis gefüttert (auch dies registriert der Amerikaner Wylie mit einer gewissen Verwunderung). Und es wird das Kind so versorgt, wie es immer praktiziert wurde. Die ältere Generation, die im allgemeinen im selben Haus oder in der Nähe wohnt, hilft selbstverständlich mit und tradiert in dieser Selbstverständlichkeit auch die schon immer praktizierten Formen. Dabei ergeben sich zum Untersuchungszeitpunkt (1950), nicht zuletzt durch verstärkten interkulturellen Austausch (und die Anwesenheit des Sozialforschers und seiner Familie im Dorf) bedingt, bereits erste Dissonanzen, die jedoch (noch) durch Festhalten an bewährten Traditionen gelöst werden. Ein Beispiel dafür ist die Verarbeitung von Widersprüchen, die sich aus unterschiedlichen Praktiken der Säuglingsbehandlung ergaben. In Peyrane wurden Säuglinge traditionellerweise straff gewickelt, d. h. von der Hüfte abwärts völlig eingebunden[6]; eine Prozedur, die mit erheblichem Aufwand verbunden ist. Bekannt war, dass in den größeren Städten das Wickeln kaum noch angewendet wurde und auch, dass die Wissenschaft Bedenken hat (die durch die Lehrerin, eine Städterin, ins Dorf getragen wurden). »Die Leute respektierten die Ansicht der Lehrerin, können andererseits nicht einsehen, inwiefern das Wickeln in der Vergangenheit Schaden angerichtet haben soll, und die Lehrerin hat sich darüber noch nicht geäußert« (a. a. O., S. 40).

Nun kamen jedoch noch die Kinder von Wylie als lebender Beweis dafür, dass auch ungewickelte Kinder gerade Beine haben, ins Dorf und verschärften die Dissonanz.

> »Als ich (Frau Bonerandi) sagte, dass Babys in Amerika gar nicht gewickelt würden, schien sie überrascht. Nach kurzem Schweigen sagte sie: ›Ihre Kinder haben aber doch gerade Beine, so mag an dem, was die Lehrerin sagt, doch etwas dran sein.‹ Dann nach einer kurzen Weile: ›Aber wir machen es hier eben so‹« (a. a. O., S. 41).

Bemerkenswert an dieser Episode ist nicht nur, wie gut es auf dieser Basis gelingt, Widersprüche (ohne sie zu verleugnen) zu neutralisieren: Eine Berufung auf Traditionen stabilisiert sich selbst, auch angesichts augenfälliger Gegensätze. Man kann auch sehen, wie sehr Pflegepraxis und Verhaltenssicherheit verzahnt sind: Gerade weil bestimmte Formen selbstverständlich gelten, können sie als Organisator von Alltagsroutinen – inklusive der Begründungsstrategien – fungieren. Es ist sicher weniger der Inhalt als die formale Struktur der Praxis, die Handlungssicherheit und kognitive Sicherheit stiftet, d. h. es könnte auch eine andere Praxis sein – die sinnstiftende Wirkung liegt in der Struktur der Interaktionsform.

Große Bedeutung kommt der Beziehung der Jungeltern zur dörflichen Umgebung zu. Das Neugeborene wird voll Stolz vorgezeigt, um nicht zu sagen: vorgeführt und die Dorfbevölkerung zollt dem Kind (und damit indirekt den Eltern) den fälligen Respekt. Es handelt sich daher bei Ausflügen ins Dorf um Ausnahmesituationen, in denen die Funktionalität und Distanz weitgehend aufgehoben ist.

> »(...) Wenn (das Kind) im Kinderwagen ausgefahren wird, ist die Sache ganz anders. Dann wird paradiert. Wie die Familie auch finanziell gestellt sein mag, keine Ausgabe wird gescheut, einen eleganten Kinderwagen zu erwerben, welcher der Familie alle Ehre macht, wenn das Baby durch das Dorf geschoben wird. Die Dorfbewohner sind voller Bewunderung. Das Baby wird aus dem Wagen gehoben, geküsst und liebkost, und von einem zum anderen gereicht. Die Leute stupsen es am Kinn und am Bauch, und machen dabei leise

schmatzende Geräusche. Sie sagen ihm in Babysprache, wie hübsch und gesund es aussieht. Sie schaukeln es auf den Knien oder in den Armen« (a. a. O., S. 42).

Dass der teilnehmende Beobachter hier fast in eine »ethnomethodologische« Sprache verfällt (»schmatzende Geräusche«), hängt sicher damit zusammen, dass ihm diese Art von dörflichem Aufnahmeritual fremd ist. Auch könnte es sein, dass er (wie auch der Autor dieses Textes) zwar die – mittelschichtsspezifischen – Formen der Präsentation und Anerkennung kennt, aber eher als privates Ereignis und im übrigen nicht im Zusammenhang einer relativ strikten Trennung von überbordender Zärtlichkeit des Publikums (oder coram publico) und relativer Sachlichkeit im »Normalbetrieb«.[7]

Ansonsten gibt es eine Reihe von »rites de passage« für die Jungeltern wie für die Dorfbevölkerung. Dazu gehören Hausbesuche, deren symbolischer Gehalt jedoch schon deutlich zugunsten pragmatischer Bedeutungen zurückgehen – auch hier drängen »moderne« Motive traditionelle zurück. Ein Beispiel dafür ist der »Antrittsbesuch« von Freunden:

> »Sobald sich die Mutter wohl fühlt, empfängt sie ihre Freunde, die sie und das Baby sehen wollen. Früher war es üblich, dass der erste Besucher ein Hühnchen mitbrachte, aus dem der Mutter eine Hühnerbrühe gekocht wurde, aber wie die meisten Traditionen, die mit wirtschaftlichen Opfern verbunden sind, wurde auch diese aufgegeben. Aber das Baby bekommt manchmal noch einige Geschenke, hauptsächlich gestrickte Babysachen« (a. a. O., S. 42).[8]

Ob solche Traditionen tatsächlich aus finanziellen Gründen aufgegeben werden, sei dahingestellt. Auf alle Fälle zeigt sich, dass diese Art von sozialer Bindung sich zurückentwickelt (und die moderne Form des Geschenks noch nicht üblich ist).

Analoges gilt für die Taufe.

> »Alle Eltern in Peyrane lassen ihre Kinder taufen, gleichgültig, welche religiösen und politischen Überzeugungen sie haben. Manche lassen ihre Kinder aus religiösen Gründen taufen, aber die meisten bestehen auf der Taufe aus ganz praktischen Gründen. Ein nicht getauftes Kind, so meinen sie, das später jemanden heiraten möchte, der auf der kirchlichen Trauung besteht, müsste nachträglich getauft werden und sich einer für Erwachsene unbequemen und unangenehmen Zeremonie unterziehen. Man tut es besser zur gewohnten Zeit. Nebenbei bietet die Taufe Gelegenheit für ein Familienfest« (a. a. O.).

Der betonte Pragmatismus (der vielleicht durch die Darstellung des Ausländers, der diese Art von Nüchternheit im öffentlichen Diskurs nicht gewohnt ist, überbetont wird) unterstreicht ein weiteres Mal, wie identitätsstiftend traditionelle Regeln wirken (können), selbst wenn sie inhaltlich weitgehend ausgehöhlt sind.

Dass das Verhältnis zwischen Mutter und Vater unter traditionellen Vorzeichen kein Thema ist, versteht sich von selbst. Der Vater taucht nur am Rande auf. Die Säuglingsbetreuung ist Frauensache, der Vater ändert seinen Lebensrhythmus nicht. Er wird vielleicht in der Dorfkneipe von anderen Männern (respektvoll und anerkennend) gefrozzelt und ist zuständig für die Anmeldung des Kindes auf der Gemeinde. Auch bei Ausflügen im Dorf ist er dabei.

> »Aber es ist nicht seine Sache, für (Kinder) zu sorgen. Nur unter ungewöhnlichen Umständen bittet man ihn, ein Auge auf sie zu haben. Es gab einen Vater im Dorf; dem es offensichtlich Spaß machte, für sein Baby zu sorgen, aber man war der Meinung, er benähme sich nicht normal, und schrieb es dem Umstand zu, dass er und seine Frau aus dem Elsaß stammten« (a. a. O., S. 44).

Diese Interpretation verweist auf das Verhältnis von Innen und Außen sowie die Bedeutung von Migration. (Die Frage, ob die ersten Ansätze zu einer modernen Vater-Kind-Beziehung sich in Europa im Elsaß entwickelt haben, kann hier leider nicht weiter verfolgt werden).[9] In Peyrane war um 1950 das Elsaß weit weg. Der Vater tauchte als relevante Bezugsperson erst auf, wenn das Kind nicht mehr gewindelt werden musste und sprechen konnte – und auch dann nur in ausgesprochen reduzierter Weise. Deutlich wurde seine Position erst, wenn es um die Einpassung in die Erwachsenenwelt ging.

Die charakteristischen Züge traditionalistischen Umgangs mit einem Neugeborenen bzw. mit den Folgeproblemen, die sich für die Beziehungen der Eltern ergeben, tauchen in diesem Beispiel in spezifischer, in dieser Form allerdings nicht ohne weiteres generalisierbaren Form auf. Erkennbar ist vor allem, dass zwar die Geburt ein wichtiges Ereignis ist, dass aber die Mutterposition (und erst recht die Vaterposition) keine exklusive Dominanz besitzen. Man kehrt zur Tagesordnung zurück, sobald dies möglich ist, auch wenn am Sonntag das Kind mit Stolz vorgeführt wird. Die Erfordernisse des Alltags, aber auch die traditionalistische Lebenseinstellung und -philosophie beinhalten keine besondere Hervorhebung der

Umstellung, keine ausgedehnte Zuwendung zum Neugeborenen, die alles in den Schatten stellt. Der Übergang wird vielmehr von der Mutter mit Hilfe der (weiblichen) Verwandten und Nachbarn »gemanagt« (ein Wort, das absolut nicht passt, aber die instrumentelle Seite des Vorgangs trifft). Für die Eltern sind Kinder der Punkt, an dem sie definitiv die Erwachsenenposition übernehmen (müssen). Ein Neugeborenes ist für sie biografisch ein doppelter Wendepunkt, weil nunmehr die Arbeit anstrengender und verbindlicher wird, sie zugleich im Dorf einen definitiven Status bekommen. Diese Koppelung ist hier naheliegend, weil der Normalfall relativ frühe Heirat und selbstverständlich Kinderkriegen bedeutet, so dass sich daraus klare (familien-) biografische Abfolgen ergeben. Schließlich bringt ein Neugeborenes für die Eltern sicher erhebliche Umstellungsprobleme mit sich, aber die Linien des Übergangs sind klar gezogen – es kommt zu keinen Rollendefinitionskonflikten, weil die männliche und weibliche Rolle deutlich getrennt und festgelegt sind. So vollzieht sich der Übergang zur Elternschaft in traditionellen Subkulturen zwar auch mit beträchtlichen Belastungen (der Mütter), die zu Spannungen und destruktiven Konsequenzen führen können. Aber die für »moderne« Beziehungen typischen Übergangsprobleme treten (so) nicht auf.

Zu vermuten ist, dass einige der Spezifika von Peyrane für traditionelle Lebenswelten typisch sind: die geringe explizite Thematisierung wie auch die Tendenz, das Kind weitgehend in den bisherigen Lebensrhythmus einzupassen (und nicht umgekehrt den Lebensrhythmus dem Kind anzupassen) ebenso wie die Arbeits- und Rollenverteilung von Mann und Frau. Es dürfte jedoch ganz erhebliche Unterschiede nicht nur regionaler, sondern auch sozialer Art geben. Vor allem lassen dörflich-agrarische Verhältnisse nicht ohne weiteres auf städtisch-industrielle schließen. Selbst wenn beispielsweise eine Arbeiterfamilie von ihrer Struktur her traditionalistisch angelegt ist, so ergeben sich doch erhebliche Differenzen allein schon durch die veränderten Bedingungen des Kontakts zu Verwandten und Nachbarn, aber auch durch eine Lebenswelt, die quantitativ und qualitativ differenzierter und heterogener ist. Auch das kommunikative Umfeld und die städtischen Lebensformen tragen dazu bei, dass hier »Traditionalismus« anders aussieht (und beispielsweise für die Frauen, die ihre Arbeit aufgeben – müssen – mehr Isolation usw. mit sich bringt). Schließlich lässt sich der dörfliche Traditionalismus nicht hochrechnen zu dem, was an traditionellen Orientierungen und Verhaltensweisen etwa in der oberen Mittelschicht vorhanden ist, wo typischerweise die Rollenverteilung strikt konservativ aussieht. Auch hier sind Kinder Frauensache. Aber dies ist oft völlig anders mit den übrigen Strukturen der Lebensorganisation verbunden. Von daher sind die hier nur exemplarisch zitierten traditionalistischen Bilder vorrangig als Hinweis (und als Kontrastmittel) zu verstehen und (in dieser Form) nicht generalisierbar.

Dieser ländliche Traditionalismus unterscheidet sich in einigen wichtigen Aspekten auch von den städtisch-bürgerlichen Traditionen, wie sie sich im 19. Jahrhundert entwickelten und verfestigten. Im Zusammenhang mit der Ausbreitung der Industriekultur und der empirischen Wissenschaft entwickelte sich eine Erziehungsphilosophie, die das Kind (des Bürgertums) von Anfang an sehr viel stärker an subjektive Ideale (die gesellschaftlichen) anpassen wollte. Das hatte zur Folge, dass auch die Verhaltensweisen der Eltern stärker modelliert, vorgeschrieben und von entsprechenden Kontroll- und Steuerungsimpulsen geprägt waren. Ohne dass daraus eine einheitliche Tradition entstand (weil auch hier die Konfliktlinien komplizierter waren), zeigte sich eine Tendenz zu »wissenschaftlich« begründeten, im Ansatz modernen Vorstellungen, die gleichwohl in der Haupttendenz noch der Kontrolle und Anpassung verpflichtet waren. So findet man in einem pädagogischen Handbuch von 1887 die Maxime: »Der Säugling braucht und empfängt Zucht. Sie besteht auf ihrer ersten Stufe nicht aus Belehrung, sondern ist reine Tat, Machtäußerung, Beugung des sich entwickelnden Willens. Der Wille muss gebrochen werden« (zit. nach Eltern-Sonderheft 1985/86, S. 82).

Das *Enzyklopädische Handbuch der Pädagogik* von 1908 argumentiert weitaus differenzierter. Es wird ausdrücklich darauf verwiesen, dass der Säugling kein kleiner Erwachsener sei (und deshalb nur begrenzt so behandelt werden dürfte). Auch wird die Bedeutung »frühkindlicher Sozialisation« für die spätere Entwicklung des Kindes nicht nur negativ, sondern auch positiv gesehen. Bemerkenswert aus heutiger Sicht ist dabei, dass – in scharfer Auseinandersetzung mit der »Reklame der Nährmittelfabriken« (S. 641) – das Stillen als non plus ultra der Säuglingsernährung vertreten wird – allerdings eingebettet in traditionelle Normen. So heißt es:

188

»Der Säugling darf nicht häufiger (...) angelegt werden; die Pausen sind streng einzuhalten. Zwischen der Geburt und dem ersten Anlegen (nach 12–24 Stunden) soll dem Kinde nichts gegeben werden (kein Fencheltee!). Jede Mahlzeit dauere 1/4 bis 1/2 Stunde, nicht länger. Nachts soll eine Ruhepause von mindestens 6–8 Stunden eintreten; durch frühzeitiges Gewöhnen lässt sich diese Vorschrift unschwer durchführen« (S. 643).

Die Aufgabe der Mutter wird auch hier vorrangig in der Grenzziehung und Einhaltung von Regeln gesehen:

»Genau so wie ein Kind – wenn von Anfang an darauf geachtet wird – sich sehr leicht an das Einhalten einer 3-stündigen Nahrungspause gewöhnen lässt, ebenso kann man es auch dazu erziehen, nachts eine Reihe von Stunden (6–8) ohne Mahlzeit auszuhalten und durchzuschlafen. Es ist eine solche Gewöhnung recht wichtig für gesunde, geistige und körperliche Entwicklung eines Säuglings. Beim Einschlafen-lassen vermeide man im allgemeinen die Anwendung künstlicher Hilfsmittel (Umhertragen, Einsingen, Trinkenlassen, Wiegen usw.); es ist viel besser, das Kind selbständig einschlummern zu lassen, was auch einer vernünftigen Mutter fast stets gelingen dürfte« (S. 645).

Die einschränkenden Formulierungen (»im allgemeinen«, »fast stets«) kann man als Hinweis darauf verstehen, dass der Widerspruch zur empirischen Realität und auch die Härte der Aufgabe (am Rande) registriert wird. Aber eine »vernünftige Mutter« – und dies ist das Leitbild des aufgeklärten Bürgertums – meistert sie trotzdem.

Auch die weiteren Anweisungen gehen davon aus, dass es »vernünftig« ist, das Kind in seinen Äußerungen nicht zu unterstützen oder zu stark auf sie zu reagieren. »Die Kinder sollen – außer zum Trinken – möglichst wenig aufgenommen werden, vor allem nicht, wenn man sie dadurch beruhigen will; die Gefahr der Verwöhnung ist zu groß, den Schaden hat davon das Kind sowohl als auch die Mutter« (S. 646).

Untermauert wird dies von der Vorstellung, dass die kindliche Entwicklung (außer der Begrenzung) nur Ruhe braucht:

»Zum Geübt-Werden der Sinne bedarf es beim Säugling unserer Mithilfe in keiner Weise, je weniger wir uns mit ihm abgeben, je mehr wir ihn psychisch sich selbst überlassen, desto besser fördern wir die gesunde Entwicklung seines Nervensystems und die seiner geistigen Funktionen« (a. a. O.).

Das richtig behandelte Kind will eigentlich auch gar keine besondere Beschäftigung – dies ist bereits ein Zeichen für Fehlentwicklungen:

>»Das Brustkind zeigt uns, dass es nach dem Aufwachen stundenlang ruhig und zufrieden im Bettchen liegen kann, bald mit den Beinchen strampelnd, bald andächtig und fidel mit seinen Fingerchen spielend, oder stillvergnügt vor sich hin jauchzend; es braucht keine Gesellschaft und nur ganz wenig oder nur sehr einfaches Spielzeug. Welch ein Gegensatz zwischen diesem Säugling, dessen Sinne und Nerven auch während des Wachseins ausruhen, und dem Kind, das für die Erwachsenen gleichsam ein Spielzeug und das (...) immerzu unter (...) Inanspruchnahme seiner Sinnesorgane (...) beschäftigt wird« (a. a. O.).

Dies sind die einzigen Passagen, die eine gewisse Empathie zulassen – allerdings nur aus der Distanz. Zuschauend darf die Mutter sich oral-narzisstisch identifizieren; praktisch hat sie auf Abstand zu achten. Hinter der Vorstellung, dass aktive Interaktion das Kind zu sehr strapaziert, wird erkennbar, dass eine intensive Eltern-Kind-Beziehung verdächtig ist: Eltern missbrauchen ihre Kinder als Spielzeug. Dass unter dem Vorzeichen der bürgerlichen Kultur so eine Verdächtigung nicht gänzlich abwegig war, kann unterstellt werden; die Konsequenz ist jedoch, dass die emotionale Seite der Beziehung gänzlich desavouiert wird und (den Müttern) vorgeschrieben wird, auf Instrumentalität zu achten.

Dies gehört zu den wesentlichen Differenzen zwischen dem ländlichen Traditionalismus und den bürgerlichen Traditionen. In Peyrane wird zwar auch auf Abstand geachtet, aber er wird weder ideologisch überhöht noch wissenschaftlich begründet – und ist (dadurch?) auch weniger zwanghaft.[10] Hinter dem Traditionalismus der bürgerlichen Lebenswelt steht dagegen der Druck des zu haltenden bzw. zu erhöhenden Sozialstatus, steht die Leistungskonkurrenz (und die damit verbundenen Ängste). Damit werden die Absicherungsmaßnahmen, auch die Formen der (Selbst-)Kontrolle wichtiger und identitätsstiftend. Es ist einsichtig, dass sowohl das Bild des Neugeborenen als auch der Mutter davon nicht unbeeinflusst bleiben. Im Kern ist der Säugling zwar nicht mehr ein zu bekämpfendes, gefährliches Wesen, aber nach wie vor dominiert die Notwendigkeit, es zu domestizieren. Das Neugeborene ist zunächst asozial, um nicht zu sagen: in Gefahr, zu verwahrlosen (und dann nicht mehr mithalten zu können). Für die Mutter bedeutete dies vor allem: Unterdrückung ihrer spontanen Impulse, Zwang zur Einhaltung von Regeln, die ihr ebenso fremd waren wie dem Säugling. Zwar scheint es damit nicht immer geklappt zu haben, denn der Verfasser des Artikels stellt fest: »Die tägliche Erfahrung lehrt leider, dass diese an sich doch selbstverständliche Erziehungsregel zu wenig beachtet wird« (S. 646).

Aber man wird davon ausgehen können, dass zumindest der Druck in Richtung auf Anpassung an die Regeln groß war und dort, wo sie nicht eingehalten wurden, Schuldgefühle zunahmen. Zumindest indirekt wurde dadurch die emotionale Dimension der Mutter-Kind-Beziehung beeinträchtigt.

Diese Grundeinstellung hat sich bis in die sechziger Jahre als »traditionalistischer« Stil erhalten, wenn auch modifiziert und weiter entwickelt. So heißt es im »Baby-Lexikon« von 1969:

> »Die allgemeine Erziehung des jungen Menschen beginnt schon am ersten Lebenstag mit der Gewöhnung an Ordnung und Regelmäßigkeit im Tagesablauf. Diese Erziehung hat allerdings anfänglich noch manche dressurartigen Züge, die aber später, mit zunehmender geistiger Reifung des Kindes, mehr und mehr von der unmittelbaren Einwirkung auf den Verstand und die Einsicht abgelöst wird« (S. 89).

Am Anfang steht also Dressur, die vor allem bei den vitalen Bedürfnissen des Kindes ansetzt:

> »Das Nähren und Füttern mit all seinen Begleitumständen ist im Säuglingsalter eines der wichtigsten Mittel, um erzieherische Maßnahmen anzuwenden (...) Insbesondere durch regelmäßige Nahrungsverabreichung zu stets gleichen Zeiten (nach der Uhr) wird dem Kinde schon frühzeitig eine gewisse Zeitempfindung vermittelt und seinem Tagesrhythmus eine feste Ordnung gegeben. Durch die zwischen den Mahlzeiten bewusst eingeschalteten und streng einzuhaltenden Nahrungspausen lernt das Kind auch das Wartenkönnen und die Beherrschung kleiner Wünsche. Der Säugling schreit, wenn er Hunger empfindet. Erreicht er nichts mit seinem Geschrei, so gewöhnt er sich das unzeitige Schreien bald ab. Gibt nicht er, sondern der Erzieher nach, dann ist der erste Erziehungsmisserfolg eingetreten: Das Kind lernt nicht, sich in die Zeitordnung zu fügen, es setzt seinen Willen durch« (S. 89).

In Abgrenzung gegen frühere Vorstellungen wird jedoch davon ausgegangen, dass das Verhalten des Kindes kein »böser« Wille ist:

»Die nächtliche Unruhe jüngerer Säuglinge (ist) keine ›Unerzogenheit‹, wie immer wieder zu Unrecht behauptet wird, sondern sie drückt u. a. sein unwiderstehliches instinktives Bedürfnis aus, sich von der Gegenwart seiner Mutter zu überzeugen. In dieser Hinsicht handelt es sich also um ein sogenanntes ›Beziehungsschreien‹« (S. 260).

Daher wird an dieser Stelle die Striktheit der Abgrenzung und Distanzierung gelockert:

»Gelegentlich genügt zur ›Tröstung‹, ein mütterlicher Zuspruch, oft ist aber eine Beruhigung des Kindes so lange nicht zu erreichen, bis die Mutter das Kind aufgenommen und es beruhigt hat. Wenn man annimmt, dass sich der Säugling in diesen Fällen lediglich durch sein Geschrei von der Anwesenheit seiner Mutter überzeugen will, und dass dies einer angeborenen unbewussten Verhaltensweise entspricht, ist dagegen schwer etwas anderes zu tun, als ihn direkt oder indirekt die Anwesenheit der Mutter spüren zu lassen« (a. a. O.).

Wo also »Nicht-Willkür« unterstellt werden muss, ist ein Eingehen auf das Kind zulässig – allerdings auch nur in minimalem Ausmaß.

»Bei allen nächtlichen Maßnahmen, die die Mutter zur Beruhigung ihres Kindes vornimmt, sollte sie sich davor hüten, dem Kinde mehr als die unbedingt notwendigen Zuwendungen zu machen. Das Kind wird sonst diese sonst schnell und hartnäckig jede Nacht gebieterisch fordern und nicht ruhen, ehe sie ihm gewährt werden« (a. a. O.).

Auch hier droht noch das Gespenst der Verwöhnung (und der »Machtergreifung« des Kindes). Um es zu verscheuchen, wurden elaborierte Tagesordnungen entwickelt, die dem Kind (und der Mutter!) eine feste (Zeit-, aber auch Interaktions-) Struktur vorgaben: »Je geregelter und (überlegter der Tagesablauf geordnet ist, um so leichter und reibungsloser fügt sich ein Kind in ihm ein und gewöhnt sich damit zugleich schon frühzeitig und selbstverständlich an Regelmäßigkeit, Pünktlichkeit und Ordnung« (Baby-Lexikon 1969, S. 279).

Auch die Mütter sollten sich daran gewöhnen. Ein Modelltag sollte dann so aussehen:

»6.00 Uhr: Trockenlegen, stillen oder 1. Flasche geben. Aufstoßen lassen, Bettchen machen, saubere Speiwindel unterlegen. Dann schläft das Kind weiter.

6.45 Uhr: Frühstück für die Familie vorbereiten, wenn die Zeit reicht, darf man sich vor oder nach dem Frühstück noch ein halbes Stündchen ins Bett zurückziehen.

8.00 Uhr: Nach dem Frühstück wird zunächst die Wohnung besorgt (Betten, Bad, Küche usw.).

9.20 Uhr: Vorbereitung des täglichen Reinigungsbades; Badetuch, Pflegemittel, Windeln (bereits gefaltet und zurechtgelegt), Hemdchen und Jäckchen bereitlegen. Wasser einlaufen lassen, Temperatur prüfen.

9.40 Uhr: Baden, aber so kurz wie möglich, Kind abtrocknen, schnell anziehen.

10.00 Uhr: 2. Mahlzeit, Aufstoßen lassen, frische Windeln.

10.30 Uhr: Nach dem Baden und der Mahlzeit ist das Kind wieder sehr müde. Bei schönem Wetter schläft es am besten bei offenem Fenster. Nun bleibt Zeit für die Wohnung, für notwendige Besorgungen und die Bereitung des Mittagessens.

14.00 Uhr: 3. Mahlzeit, Trockenlegen, Aufstoßen lassen. Das Kind schläft weiter.

14.30 Uhr: Kleine Mittagspause für die Mutter (...).

17.00 Uhr: Das Kind hat meist ausgeschlafen. Trockenlegen bei Bedarf. Die Mutter kann ein wenig mit dem Kind ›spielen‹.

18.00 Uhr: 4. Mahlzeit, Aufstoßen lassen, Trockenlegen. Kind schläft meist weiter« (a. a. O., S. 280).

Und so weiter. Der Text klingt auch durch die formelhafte Kürze ungewollt, aber durchaus symptomatisch rigide. Man darf allerdings nicht vergessen, dass diese Tagesordnungen (aus-)gedacht wurden, um einsamen Müttern wenigstens äußeren Halt zu geben. Der technisch-instrumentelle Zugriff, die ausschließliche Orientierung an der Regelmäßigkeit (mit der normativen? – Anmerkung »das Kind schläft weiter«) unterscheidet sich inhaltlich (wie in der Form) grundlegend von der Zeitstruktur der modernen Eltern-Kind-Beziehung. Denn hier wird nach wie vor der Säugling als ein Wesen betrachtet, welches sobald wie möglich in die Routinen des bürgerlichen Lebens eingepasst werden muss. Dies setzt die abgrenzende Erziehungsphilosophie mit anderen Mitteln fort. Eines ihrer zentralen Modi war stets: Die emotionale Bindung zwischen Mutter und Kind sollte gelockert und reglementiert werden. Der Mutter, die sich ausschließlich mit ihrem Kind beschäftigte, wurde vorgehalten, dass sie ihr Kind verderbe und außerdem unterstellt, dass sie zu faul sei, etwas

Produktives zu leisten. Noch die jetzige Großeltern-Generation weiß zu berichten, wie die Nachbar(innen) nicht nur aushalfen, sondern auch überwachten, ob der Umgang mit dem Kind korrekt, d. h. distanzierend und knapp dosiert war. Die Mütter selbst wissen, so sie sich noch an diese Zeiten erinnern (können und wollen) häufig von selbstquälerischen Zweifeln und einem Hin- und Hergerissensein zu berichten: Das Kind schreit, aber es sind noch keine vier Stunden vergangen. Es hochzuheben bedeutet, so hieß es, seinen Charakter womöglich zu verderben, es liegen zu lassen, gegen das eigene Gefühl zu handeln. Oft entwickelten Mütter in dieser Situation Techniken der Selbst- und Fremdüberzeugung, indem sie heimlich die vier Stunden etwas schneller vergehen ließen, aber das schlechte Gewissen blieb. Und eine junge Mutter, die am helllichten Tag im Garten saß und sich mit nichts anderem als ihrem Säugling beschäftigte, musste anhören, wie am Gartenzaun gezischt wurde: »Die hat wohl nichts zu tun!« Dieses spezifisch traditionalistische Prinzip – das sicher nicht überall in ausschließlicher Weise galt, aber ideologisch von großer Bedeutung war –, legte größten Wert auf Distanz. Das Neugeborene war noch kein respektabler, anerkannter Partner. Für Eltern waren die übrigen Belange der Erwachsenenwelt von Vorrang. Zwar wurden auch hier (wie später in der modernen Eltern-Kind-Beziehung) die Eltern für die Zukunft der Kinder verantwortlich gemacht, aber eher negativ: Wenn sie vom Pfad der strengen Tugend abwichen, d. h. die Vier-Stunden-Regel nicht einhielten, das Kind beim Schreien hochnahmen, sich zu intensiv mit ihm beschäftigten, ihm »seinen Willen ließen« usw. – dann sorgten sie für dessen Verderben.

Das Leitbild dieses Traditionalismus war demnach das verwahrloste, gefährliche Kind und die strenge, abgrenzende Mutter. Es galt ein eher anal gefärbtes Elternbild, von Oralität war wenig zu spüren. Entsprechend konnte hier angesichts von Säuglingen auch weniger Fröhlichkeit als vielmehr Strenge aufkommen. Die frühe Eltern-Kind-Beziehung war geprägt durch strikte Einteilungen und wenig emotionale Differenzierung. Entsprechend war der Übergang zur Elternschaft in gewisser Weise für Eltern wie Kinder eine Last (und kein Vergnügen). Die tradierten Schablonen nahmen zwar der einzelnen Mutter Entscheidungen ab, aber gerade dies behinderte die Entstehung einer frühen autonomen Beziehung. Und die strikte Gültigkeit von Regeln vereinfachte, reduzierte jedoch zugleich das Spektrum des Austauschs auf ein Minimum. Diese Strategie fand einen modernisierten Ausdruck in der scheinbar sachlichen Nüchternheit ausgefeilter Zeitpläne.

Das änderte sich grundlegend in dem Maße, wie sich moderne Einstellungen entwickelten und durchsetzten.

6.2.2. Das moderne Exposé

Hier drängt sich noch einmal konkret die Frage auf: Was sind eigentlich »moderne Eltern«?

Sie ist nicht ohne weiteres zu beantworten, schon, weil »Modernität« in sich differenziert ist, aber auch, weil es sich eher um Orientierungsvektoren als um ein festgeschriebenes Programm handelt. Einige grundlegende Strukturmerkmale wurden bereits genannt:

- dass Kinder nicht mehr Material für elterliche Verfügung sind, sondern als eigenständige Wesen anerkannt werden, denen Zuneigung und Unterstützung zukommt;
- dass Eltern sich nicht gegen ihre Kinder abgrenzen, sondern sich mit ihnen identifizieren, wobei die Beziehung zwischen Eltern und Kindern sehr viel »durchlässiger« nach beiden Seiten geworden ist;
- dass an die Stelle von »Erziehen« eine Philosophie des »Wachsen lassens« getreten ist und dass dabei das Bemühen im Vordergrund steht, ihnen optimale Entwicklungsbedingungen zu bieten;
- dass die Eltern-Kind-Beziehung sich erheblich ausgedehnt und differenziert hat und dass dabei sehr viel mehr Reflexivität verlangt und entwickelt wird.

Um dies etwas näher zu beschreiben, bediene ich mich einer Vereinfachung, die methodisch sicher zweifelhaft ist: Ich zitiere aus Zeitschriften, die in dieser Hinsicht typisch sind oder auch Schrittmacherdienste leisten (wie z. B. *Eltern, Dein Baby*) sowie aus den neuesten Auflagen der Werbebroschüren, die von Alete, Milupa usw. an Jung-Eltern verteilt werden.[11] Die Frage des Einflusses lasse ich zunächst noch beiseite und unterstelle, dass in diesen Publikationen sozusagen der »Geist der Modernität« zu finden ist.[12] Selbstverständlich ersetzt keine noch so ausführliche Darstellung der modernen Eltern-Kind-Philosophie eine empirische Untersuchung der realen Einstellungen und Verhaltensweisen, aber solange sie fehlt, können sie als deren kognitiv-emotionale Leitbilder (stellvertretend und entsprechend eingeschränkt) betrachtet werden.

Ganz wesentlich hat sich das Kinderbild geändert. Dieser Wandel wurde schon angedeutet, er wird in der Literatur immer wieder betont. Die weiter oben zitierte »pädagogische Maxime« von 1887 (der es um Zucht und Brechung des kindlichen Willens ging) wird entschieden zurückgewiesen: »Babys sind nicht in der Lage, zu erkennen, dass irgendetwas ›sich nicht gehört‹, verboten ist oder schlimme Folgen haben könnte. Deshalb ist es unsinnig und sinnlos, sie für irgendetwas zu bestrafen, was sie getan oder unterlassen haben« (Eltern 1985/87, S. 82).

Es geht dabei jedoch nicht nur darum, dass die Strafe sinnlos ist, weil es an entsprechendem Verständnis fehlt. Es geht darum, dass ein Säugling nicht Erziehung braucht, sondern Liebe:

> »Was soll denn ein Kind im ersten Lebensjahr eigentlich alles schon lernen? Nachts durchschlafen? Nicht soviel Schreien? Sich willig zur rechten Zeit wickeln und füttern lassen? Das alles könnte man durchaus durch Erziehung oder besser durch ›Dressur‹ erreichen. Indem man hungrige Kinder warten lässt, bis es Zeit ist für die nächste Mahlzeit, indem man das schreiende Kind in seinem Bettchen außer Hörweite schiebt und es beim Wickeln und Füttern kräftig festhält. Aber was das Kind dabei lernt, ist gar nicht Stillsein und Bravsein und Wartenkönnen. In Wahrheit lernt es nur dies: dass es nicht angenehm ist, auf dieser Welt, bei diesen Leuten zu leben. Und wie ist das mit dem Verwöhnen? Wird ein kleines Kind verwöhnt, wenn man ihm gibt, was es braucht und was es sich noch allein verschaffen kann? Die logische Antwort: Kein Kind wird dadurch verwöhnt. Alle namhaften Psychologen und Pädagogen sagen immer wieder: Je mehr ein Kind im ersten Jahr die Erfahrung macht, dass unsere Welt freundlich ist, desto mehr wird es das Leben lieben lernen. Und dann wird es auch warten und verzichten lernen« (a. a. O., S. 35).

Diese Passage zeigt die moderne Perspektive in aller Deutlichkeit. Respektiert wird, was das Kind an Lebensäußerungen zeigt; die Eltern sind dafür da, ihm einen liebevollem Empfang zu bereiten und für emotionale Unterstützung zu sorgen.

> »Ein Baby muss erfahren: Ich bin nicht allein; bei mir ist immer jemand, der für mich da ist, der Geduld mit mir hat, der sich freut über mich (...).

Die Ansprüche eines Babys sind gar nicht schwer zu erfüllen: Es muss die Mutter (oder die vertraute Person) immer wieder fühlen und sehen können – von ihrer Nähe kann es nie genug bekommen. Ein kleines Kind kann gar nicht genug, ›verwöhnt‹ werden mit Streicheln, Küssen, Schmusen« (a. a. O., S. 97).

Das Kind ist also vor allem liebesbedürftig; man sieht es nicht (mehr) als ein zu bändigendes Tier, sondern (eher) als ein bedingungslos zu liebendes, zu schmusendes, bei sich zu behaltendes »Wertstück«. Auf der Seite der Eltern entspricht dem eine ebenso uneingeschränkte Hochschätzung sowie die Bereitschaft, dieses Opfer freudig auf sich zu nehmen. Moderne Eltern stellen (gerade anfangs) ihr Kind über alles. Dies ist, nach allem, was über die Vorbereitungszeit und ihre Struktur gesagt wurde, keine Überraschung, sondern die konsequente Fortsetzung der psychosozialen Kindorientierung mit oral-narzisstischer Färbung. Dass Kinder geschmust werden (sollen, wollen), bedeutet auch, dass die Eltern schmusen wollen. An die Stelle der Distanz ist die Tendenz zur Verschmelzung getreten. Dazu gehört auch Anpassung an die Bedürfnisse des Kindes. Auch wenn den Erwachsenen gerade nicht danach zumute ist, muss ihnen entsprochen werden. So ist die Angst des Kindes etwas, was sich die Eltern (komplementär) zu eigen machen müssen.

>»Ein Baby, das nachts aufwacht und schreit, teilt auf seine Art mit, dass etwas nicht in Ordnung ist. Sorgt sich dann niemand um seinen Kummer, fühlt es sich unsicher und verlassen. Es hat Angst (...). Wann immer ein Kind Angst hat, will es auf den Arm genommen werden und getröstet werden. Nur in der unmittelbaren Nähe zu seinen Eltern gewinnt ein Baby Sicherheit und Vertrauen. Und das nötige Selbstvertrauen, um später allein mit seinen Ängsten fertig zu werden« (a. a. O., S. 97).

Die Empathie der Eltern ist permanent gefordert; die Reziprozitätsnorm wird zum Leitmotiv der modernen Eltern-Kind-Beziehung.[13] Dies ausdrücklich auch mit Blick auf die Entwicklung der Kinder: Der Abschnitt »Angst« erläutert, dass und wie ein alleingelassenes Kind noch mehr Schlafstörungen bekommt (also die Eltern mehr beansprucht) und, wie dem Zitat zu entnehmen ist, später kein genuines Selbstvertrauen entwickelt.

Damit ist ein ganz wesentliches Leitbild angesprochen: Moderne Eltern wünschen sich glückliche, zufriedene und selbstbewusste, selbstsichere Kinder. Praktisch alle Ratschläge und Anweisungen, die eine optimale kindliche Entwicklung gewährleisten sollen, zielen darauf, dass der spätere Erwachsene ein autonomer, intelligenter Mensch ist, der in seinem Handeln unabhängig und einfühlend zugleich ist. Dieses Ideal wird selten expressis verbis genannt, aber die Zahl der Hinweise darauf, was der kindlichen Entwicklung nutzt und schadet, sind stets mit dem impliziten Verweis auf Einschränkungen der Persönlichkeitsentwicklung verbunden. Dieses Bild des zukünftigen Erwachsenen hat psychosozial gesehen verschiedene Anteile. Zunächst spiegelt sich dann die Bedeutung, die die Eltern ihrer eigenen Tätigkeit zumessen – man will für den hohen Einsatz auch ein perfektes Ergebnis erzielen. Auch die Idealisierung des eigenen Kindes spielt dabei eine Rolle. Diese Idealisierung enthält sicher auch viele projektive Anteile. So wie früher Kinder geschlagen wurden mit der Begründung »Du sollst es einmal besser haben als ich«, werden sie heute als externalisiertes Ideal-Ich gebraucht; sie sollen haben, was an narzisstischer Befriedigung und (sekundär) narzisstischer Stabilität den Eltern als Idealzustand vorschwebt (oder ihnen fehlt, so dass sie dies an und durch das Kind nachholen wollen). Das Kind als umfassend zu versorgende, zu liebende Persönlichkeit, aus der später ein emotional stabiler, sozial verantwortlicher, autonomer Mensch werden soll – dieses Bild zieht sich durch die gesamte Literatur.

Entsprechend werden auch Einzelaspekte sehr viel »kindzentrierter«, als dies in traditionalistischen Konzepten der Fall ist, behandelt. Zum Thema »Ernährung« werden (wieder) sehr ausführlich die Vorteile des Stillens hervorgehoben (und zwar nicht nur aus ernährungsphysiologischen, sondern auch aus psychosozialen Gründen). Zwar wird auch hier eine dreistündige Stillpause angeraten, aber nicht aus Gründen der Erziehung des Säuglings, sondern weil sonst die Gefahr der »Überfütterung« besteht. Ansonsten bestimmt das kindliche Bedürfnis, wie und wann gefüttert wird. Das Eltern-Sonderheft stellt lapidar fest:

> »Das Baby muss gestillt werden, wenn es Hunger hat» (S. 80). Und: »Zu welchen Zeiten das Baby sein Fläschchen bekommt, kann es heute selbst bestimmen. Früher hat man zu festen Zeiten gefüttert. Heute weiß man, dass ein Baby sich von ganz allein meldet, wenn es Hunger hat« (S. 35).

Der gesamte Bereich, der in traditionalistischer Perspektive Thema ausführlicher Verregelung war, ist durchlässig und von seiner Struktur her »flüssiger« geworden; das Baby ist der aktive Teil und äußert sich, die Eltern reagieren.

Ähnliches gilt für das Schreien. Wo traditionalistische Sichtweisen (unterschiedlich ausgeprägt) das Schreien des Kindes als Versuche interpretierten, der Eltern ihren Willen aufzuzwingen (und noch das Baby-Lexikon von 1969 quasi nur im Notfall eine Reaktion erlaubte), d. h. keine Einfühlung praktiziert wurde, sondern nach abstrakten und disziplinorientierten Kriterien gehandelt wurde, gilt hier die Grundannahme: Das Kind, welches schreit, braucht Hilfe und Zuwendung. »Wenn das Baby schreit, braucht es etwas. Es schreit nicht aus Spaß, sondern ruft nach seiner Mutter« (Eltern-Sonderheft 1985/86, S. 67).

Das Schreien wird als Handlungsaufforderung verstanden und nicht »von außen« etikettiert, sondern empathisch nachempfunden:

»Es hat Schmerzen, es hat Hunger, es friert oder schwitzt, es hat die Windeln voll, es hat Angst, es langweilt sich grenzenlos. Darum ruft es: Mutter, wo bist du, ich kann mir doch allein nicht helfen. Dann muss die Mutter antworten« (a. a. O., S. 67).

Neu ist nicht nur, dass hier auch Empfindungen dem Kind zugebilligt und akzeptiert werden (das *Handbuch der Pädagogik* von 1887 hatte vermutlich »Langeweile« als Motiv für Schreien eher als Grund, sich nicht darum zu kümmern, gesehen ...). Neu ist auch, dass die Mutter bedingungslos auf das bedürftige Kind eingehen soll und will, um ihm das Gefühl des Verlassenseins zu ersparen – zumindest, solange sie die Kraft dazu hat. Zu den Unterschieden gehört auch, dass Schreien als mögliche Reaktion auf Umweltprobleme gesehen wird:

»Häufig ist der Grund, warum das Baby schreit, einfach Übermüdung: Am Tag ist vielleicht zuviel passiert; bei Ausflügen oder Besuchen hat das Kind zu viele neue aufregende Eindrücke bekommen, dass es nicht so leicht fertig wird damit! Sehr leicht überträgt sich auch die Stimmung in der Familie auf das Kind: Alle sind müde, der Vater kommt und will vielleicht seine Ruhe, alle sind gereizter als am Tag. Und da soll das Baby allein in seinem dunklen Zimmer jetzt sofort Ruhe geben?« (a. a. O., S. 67).

Auch nächtliches Schreien wird entsprechend anders thematisiert:

»Wenn ein Baby in der Nacht aufwacht, ist es meistens allein, sieht die Mutter nicht also ruft es nach ihr, wenn es sicher ist, dass die Mutter kommt, wenn es ruft, wird es sich schnell beruhigen lassen. Es schreit dann weniger, und nicht mehr, wie viele Bücher, Kinderärzte und Großmütter so gern prophezeien. Lässt man dagegen ein Baby abends oder nachts schreien, dann steigert es sich in immer lauteres Schreien hinein. Geht die Mutter schließlich doch hin, weil sie es nicht mehr aushält, dann lernt das Baby, dass es nur laut und lang genug schreien muss, um die Mutter herbeizurufen. Bleibt die Mutter aber wirklich hart und geht nicht hin, so wird das Kind zwar irgendwann aus Erschöpfung einschlafen, aber unsicher, enttäuscht und ungetröstet. Und diese Unsicherheit wird bleiben! Und mal ganz ehrlich: Jede Mutter leidet doch, wenn sie ihr Kind schreien hört, sie möchte doch zu ihm gehen! Und deshalb sollte sie es auch tun. Man verwöhnt ein Kind nicht, wenn man zu ihm geht, wenn es schreit. Im Gegenteil: Man gibt ihm seelische Stabilität. Und genau die braucht es, um irgendwann auch allein mit seinen Ängsten oder Schmerzen fertig zu werden!« (a. a. O., S. 67f).

Wieder ist das Einfühlungsvermögen das Medium der Kontaktaufnahme, das Ziel die Stabilität der Identität des Kindes.

»Früher wuchsen unsere Babys meist wohlbehütet zwischen Himmelbett und Promenadenwagen auf. Heute dagegen nehmen die Säuglinge schon ziemlich intensiv am ›gesellschaftlichen‹ Leben ihrer Familie teil. Waren die Mütter und Väter früherer Jahre eifrig darum bemüht, ihr Baby ›in Watte zu packen‹, um möglichst nichts von außen an das Kleine herankommen zu lassen, behandeln die jungen Eltern von heute schon das Neugeborene vielfach wie ein vollwertiges Familienmitglied: Sie nehmen es nicht nur zum Einkaufen oder vielleicht zum Behördengang mit, es ist beim abendlichen Restaurantbesuch genauso selbstverständlich dabei wie etwa auch bei der Diskussionsrunde im Gemeindezentrum« (Unser Kind 2/1983, S. 14).

Auch dies ist kennzeichnend für moderne Eltern-Kind-Beziehungen: dass nicht nur eine »kindgemäße« Zone in den Lebensraum integriert wird (oder der gesamte Lebensraum »kindgemäß« strukturiert wird), sondern dass umgekehrt Kinder in die Vollzüge der Erwachsenenwelt integriert werden. Dies ist ebenfalls eine Wiederkehr von Gewohnheiten, die aus vorindustriellen Kulturen bekannt sind, nun aber mit anderen Vorzeichen: Die Eltern nehmen ihre Kinder mit in einer Welt, die von ihrer Struktur her zwischen Erwachsenen- und Kinderwelt stärker segmentiert. Und sie nehmen sie mit zu ihren »Freizeitbeschäftigungen« und sozialen Aktivitäten (neben dem Text, der zuletzt zitiert wurde, ist ein Bild zu sehen, auf dem gerade der kleine Niklas im Theater »in die sichere Obhut der freundlichen Garderobière« gegeben wird ...). Die eigenen Eltern, aber auch die Verwandtschaft und die unmittelbare Nachbarschaft sind dabei als Bezugsgruppe weniger wichtig als Institutionen, die sich mit Kleinkindern beschäftigen (Kinderärzte, Vorsorgeeinrichtungen, Kliniken, Beratungsstellen) sowie andere Eltern, die nach Lebensstil-

Ähnlichkeiten ausgesucht werden (wobei Lebensstil hier vor allem heißt: eine ähnliche Philosophie im Umgang mit Kleinkindern). Dabei spielen rationales Wissen (und damit trotz aller Kritik auch die einschlägigen Wissenschaften) eine große Rolle; parallel zur höheren Bewertung der psychosozialen Dimension der Eltern-Kind-Beziehung entwickelte sich ein höherer Bedarf (bzw. eine stärkere Orientierung) an »objektivem« Wissen. Soweit also das Verhältnis zu Kindern »romantischer« geworden ist (was die emotionale Färbung betrifft), handelt es sich um eine »aufge-klärte« Romantik, eine Emotionalität, die eingebettet ist in ein Netz ratio-naler Informationen und Interaktionen – eine zweifellos produktive, aber auch problematische Mischung.

Insgesamt zeichnet sich deutlich ab, welche Aspekte für die moderne Eltern-Kind-Beziehung kennzeichnend sind. Das Kind ist vor allem ein wichtiger und wertvoller Bezugspunkt; ist ein anspruchs-, tendenziell »gleichberechtigter« Interaktionspartner. In die Wertschätzung des Kindes mischen sich oral-narzisstische Projektionen und Bedürfnisse, zugleich aber auch ein in Richtung auf psychosoziale Leistung modifiziertes Leistungsprinzip. Vom Konzept her ist die Eltern-Kind-Beziehung hier kindzentriert; wird von den Eltern Empathie und interaktives Engagement gefordert. Sie sind nicht (mehr) Exekutoren eines vergleichsweise restrik-tiven sozialen Musters der Anpassung, sondern kreieren – in »Zusammen-arbeit« mit ihrem Kind – eine je spezifische, hochgradig subjektivierte Beziehung. Kinder sind für die Eltern eher ein »psychosoziales Projekt« als ein Gebrauchsgegenstand oder ein Stück »Familieninventar«.

Es braucht nicht betont zu werden, dass damit auch ein spezifisches Konfliktprofil und eine besondere soziale Dynamik mitgesetzt ist (s. u.).

6.2.3. Das avantgardistische Exposé

Nach allem, was gesagt wurde, ist deutlich, dass »Avantgarde« in diesem Zusammenhang als mehr oder weniger metaphorische Abgrenzung gemeint ist. Eine identifizierbare soziale Gruppe dieser Art existiert (so) nicht. Was man sieht, sind Stile, die qualitativ über die (durchschnittliche) Modernität hinausgehen, ohne dass das quantitative Ausmaß dieser

Gruppe bekannt ist. Auch kann keine Rede davon sein, dass es sich um eine einheitliche soziale Bewegung handelt. Auch innerhalb der Avantgarde gibt es bei näherem Hinsehen noch »Konservative« und »Progressive«; die konkreten Auslegungen von »Avantgardismus« unterscheiden sich teilweise beträchtlich.

Auf der anderen Seite gibt es jedoch einen gemeinsamen Nenner. Kurz zusammengefasst lässt sich feststellen, dass alle Züge, die die moderne Eltern-Kind-Beziehung kennzeichnen, hier konsequent entwickelt und dadurch an wichtigen Punkten zu einem anders strukturierten und pointierten Interaktionsprofil zusammengesetzt sind. Dass Modernität und Avantgarde, aus Distanz betrachtet, auf einer Linie liegen, kann nicht verwundern. Zweifellos handelt es sich um konzeptuell verwandte Einstellungen, zweifellos gibt es auch Gemeinsamkeiten im sozialen Ursprung. Die Avantgarde ist zum Teil, wie der Name ja auch nahe legen will, die Vorhut der Moderne, d. h. hier werden Konzepte entwickelt und ausprobiert, die (in moderaterer Form) (später) auch für relevante Bevölkerungsgruppen wichtig und kennzeichnend werden. Gleichzeitig ist die Avantgarde auch eine besonders exponierte, sozial exzentrische Subkultur der Modernität: Hier konzentrieren sich bestimmte Kompetenzen, interaktive Ressourcen, aber auch Distanzen zur Normalität in einem Ausmaß, welches geradezu dazu drängt, das, was in der Modernität vorsichtig und partiell betrieben wird, sozusagen hauptberuflich und intensiv anzugehen. Funktionalistisch betrachtet könnte man sagen, dass die Avantgarde für die Moderne sowohl eine Experimentalgruppe als auch ein Residuum für die ist, denen die »normale« Modernität keine hinreichende Balance bietet.

Durchgängig ist das Bild der Eltern-Kind-Beziehung der Avantgarde mit der Idee einer Gegenwelt verbunden. An die Stelle industriellen Managements soll (wieder) eine Unmittelbarkeit treten. Programmatisch schreibt Sichtermann in ihrem Buch *Leben mit einem Neugeborenen*:

»Dieser ›Gegen-Leitfaden‹ will Ihr Leben mit einem Neugeborenen entregeln helfen – damit es ein Leben wird anstelle einer Abfolge von Pflichten. Das Kind soll für Sie kein Prüfstein sein, mit dem Sie etwas richtig oder falsch machen können, sondern es soll für Sie ein Gast sein – sagen wir es ruhig ein bisschen märchenartig – aus einem anderen Land kommt und Ihnen davon, auf seine Art, erzählt. Hören sie zu (...). Die meisten Leute lernen zu viel, wenn sie sich auf das Leben mit dem Kind vorbereiten und strengen sich zu sehr an dabei (...). Wo immer das Leben mit einem Neugeborenen beginnt, sollten wir die Prozeduren vergessen, die dieses Leben in charakteristischer Weise einzuschnüren drohen, sollten die Pläne vergessen werden, durch die wir gewohnt sind, den Ablauf unserer Tage und Nächte zu strukturieren, sollten die Normen und Gebote vergessen werden, durch deren Befolgung wir uns zur Domestizierung des neuen, noch ungebärdigen Lebens anschicken« (1980, S. 16f).

Was hier schon recht dramatisch ausgedrückt ist, wird in anderen Darstellungen noch stärker politisch und/oder romantisch überhöht. Gemeinsam ist den meisten Texten jedoch, dass sie eine Abkehr von der interaktiven Realität bzw. Normalität der Industriekultur verlangen.

Damit verbunden ist eine bedingungslose Hinwendung zum Kind. Hier erst recht geht es nicht darum, das Kind in eine Realität zu integrieren, sondern eine kindbezogene Realität entstehen zu lassen. Damit ist jedoch nicht das optimal eingerichtete Kinderzimmer gemeint, im Gegenteil: »Je künstlicher, separater die Babywelt, je weiter entfernt die Gefühle und Aktivitäten, die die Erwachsenen für ein Kind aufbringen, von ihrem sonstigen Leben sind, desto lückenloser ist zugleich die Kontrolle, die die Erwachsenen über das Kind ausüben« (a. a. O., S. 32f.).

Kindbezogenheit heißt vor allem: Nicht die Erwachsenen bestimmen, was passiert, sondern das Kind. Alle »Ratschläge« sind demgegenüber bedeutungslos. »(Es) gibt nur eine einzige berufene Instanz zur Erziehung der Erzieher: das Kind« (a. a. O., S. 27). Alles, was »von außen« kommt, ist dem Kind fremd und muss mehr oder weniger die Eltern-Kind-Beziehung »verdinglichen«. »Der einer Handlung unterlegte, mit ihr gemeinte ›Sinn‹, ihre auf ein Entwicklungsideal bezogene Funktion, schieben sich zwischen Erwachsenen und Kind (...) und töten die mögliche Direktheit der Beziehung« (a. a. O., S. 38)

Die Erwachsenen orientieren sich an einer (wie auch immer phantasierten) Zukunft des Kindes, orientieren sich an abstrakten Plänen und tendieren dazu, zu beobachten (ob die Ereignisse »stimmen«) und zu kontrollieren. Statt dessen sollen sie sich spontan und vorbehaltlos auf ihr Kind einstellen und einlassen. Statt (strategischer) Distanz wird Nähe verlangt.

Diese Nähe ist auch sehr direkt gemeint. In allen avantgardistischen Texten wird immer wieder die große Bedeutung der körperlichen Beziehung zwischen Eltern und Neugeborenen betont.[14] Liedloff benutzt den Begriff »Kontinuum«, um zu beschreiben, was ein Säugling braucht. Sie

führt aus, dass das Neugeborene darauf vorbereitet sei, aus der Gebärmutter in die Arme der Mutter zu kommen.

>Nicht vorbereitet ist es hingegen ist es auf irgendeinen noch größeren Sprung
– geschweige denn auf einen Sprung ins Nichts, in Nicht-Leben, in einen Korb
mit Stoff ausgeschlagen oder in ein Plastikkästchen, das sich nicht bewegt,
keinen Ton von sich gibt, das weder den Geruch noch das Gefühl von Leben
aufweist. Kein Wunder, wem das gewaltsame Auseinanderreißen des Mutter-
Kind-Kontinuums, das sich während der Zeit im Mutterleib so stark auspräg-
te, sowohl Depressionen bei der Mutter als auch Todesangst beim Säugling
auslöst. Jedes Nervenende unter seiner erstmals bloßgelegten Haut fiebert der
erwarteten Umarmung entgegen; sein ganzes Sein, das Wesen all dessen, was es
ist, zielt darauf, dass es auf Armen getragen wird« (Liedloff 1980, S. 50f.).

Diese natürliche Kontinuität hat die Entwicklung der Industriekultur
zerstört: »Unsere Zivilisation erschuf im Laufe eines mehrhundertjähri-
gen Prozesses das schreiende Bettstattkind, den geängstigten ›Liegling‹.
Ein Wesen, an dessen drängenstem Bedürfnis in der Regel vorbeigepflegt
und -gesorgt wird« (Sichtermann 1981, S. 49).

Dadurch wird überhaupt erst zum Problem, was in vorindustriellen
Kulturen gar keins war: die weggelegten Kleinkinder schrien, woraus für
die Erwachsenen das Problem Schreien entsteht, ohne dass sie auf die Idee
kommen, dass sie selbst es erst produzieren. Statt das Kind durch Distanzierung zu dieser Art von Reaktion zu zwingen, wird hier verlangt, näher
an das Kind heranzugehen, es aufzunehmen, auf seine Bedürfnisse einzugehen. Das Bedürfnis nach körperlicher Nähe hat Triebcharakter (a. a. O.,
S. 49), die Erwachsenen sind im Grunde komplementär ausgestattet. Nur
die Rigidität der kulturellen Normen verhindert, dass diese ihrer Natur
nach sexuelle Beziehung zwischen Eltern und Neugeborenen verpönt,
unterdrückt, verleugnet wird.

>Wenn es wirklich so ist, dass der Wunsch des Neugeborenen und des jungen
Säuglings nach Geborgenheit am Erwachsenenkörper als Naturgegebenheit mit
dem Kind auf die Welt kommt, dann müsste die Natur eigentlich dafür gesorgt
haben, dass in den Erwachsenen das komplementäre Bedürfnis besteht, dass sie
sich also mit der nämlichen Unabweisbarkeit danach sehnen, dem Kind Geborgenheit an ihrem Körper zu verschaffen. Arme Natur. Sie hat uns – den Erwachsenen beiderlei Geschlechts – dieses Bedürfnis zwar eingepflanzt, aber sie konnte wenig dagegen tun, dass wir es mit Zivilisation in uns zuschütten. Das Problem
des Schreiens unserer Kinder ist das Problem, das wir mit dem ›komplementären Bedürfnis‹, mit Körperlichkeit, Sexualität, spezifischer: Bereitschaft zur

körperlichen Verschränkung mit einem Neugeborenen haben. Das Kind kommt mit offenen Armen auf die Welt – wir zögern, es unsererseits zu umfangen. Deshalb schreit es« (Sichtermann 1981, S. 50).

Entsprechend viel Wert wird daher auf dauernden körperlichen Kontakt gelegt. Zur avantgardistischen Eltern-Kind-Beziehung gehört daher – auch als Erkennungssymbol – das Tragen des Kindes, wo immer dies möglich und gewünscht ist. Der Kinderwagen ist (wenn überhaupt) zweite Wahl. Benutzt werden Tragesitze oder Tragetücher. Auf diese Weise ist das Neugeborene gewissermaßen immer dabei, wird also nicht im Kinderwagen vor dem Geschäft abgestellt (oder an der Garderobe abgegeben ...). Körperliche Nähe wird interpretiert als Medium emotionalen Austausches, ausdrücklich als die natürliche Form der Sexualität zwischen Eltern und Kindern, die die Kommunikation vereinfacht und stabilisiert. Damit sind zwar nicht alle Schwierigkeiten beseitigt, aber es ist eine richtige Reaktion benannt. Nähe hilft immer, auch wo das Neugeborene mit (nicht nachvollziehbaren oder verstehbaren) Problemen zu kämpfen hat.

»Bieten Sie dem Kind Ihre Gegenwart an, selbst wenn es sie kaum wahrzunehmen scheint. Sie sind ihm damit doch der beste Trost, den es für Weltschmerz gibt: ein Stück körperliche Realität« (Sichtermann 1981, S. 83). Zur expliziten »Sexualität« der Eltern-Kind-Beziehung gehört auch das Stillen. Es wird nicht nur dringend empfohlen, es ist eine conditio sine qua non.

> »Ganz wie ein Empfang des Neugeborenen durch Hände, die eine ›Eingeweidesprache‹ sprechen, ist auch das Stillen eine im ›Vorwärts-Gehen‹ geschehende ›große Regression‹, ein ›Wiedereintauchen in die Welt vor der Geburt, vor der großen Trennung‹. Auch das Stillen ist ein ›Liebesakt‹ ist ›faire l'amour‹ – für beide, Mutter und Kind« (a. a. O., S. 75).

Dass dadurch die Mutter ans Kind gebunden wird, erscheint positiv und von beiden gewünscht. Wo dadurch die mütterliche Autonomie eingeschränkt wird, ist dies eine Aufforderung, das Stillen gegen äußere Behinderungen zu verteidigen und durchzusetzen:

> »Wie jede Form von Sexualität ist auch das Stillen schwer einzufügen in das, was heute als normales Alltagsleben mit Beruf und Freizeit absolviert wird. Aber das spricht nicht dafür, das Stillen aufzugeben, sondern das Alltags-

leben so zu verändern, dass Stillen etwas Alltägliches werden kann« (a. a. O., S.79).

Es versteht sich von selbst, dass hier keinerlei »Stillpläne« etc. aufgestellt werden.

Es gilt konsequent das Prinzip »Füttern nach Bedarf«: »Füttern Sie das Kind zu seiner eigenen Zeit, dann, wenn es sich hungrig meldet« (a. a. O., S. 79).

Auch werden die gängigen »Stillregeln« abgelehnt und ideologiekritisch unter die Lupe genommen: Die Dominanz abstrakter Zeit (»pro Brust 20 Minuten«) erscheint dabei als Versuch, Mutter und Kind an externe »Zeittakte« zu binden; das auffällig große Gewicht, welches häufig der Hygiene beigemessen wird (»Hände in Desinfektionslösung waschen«; »Brust mit abgekochtem Wasser oder einem Desinfektionstuch reinigen«)[15], werden als Versuch, die sexuellen Anteile des Stillens zuzudecken, gewertet. Auch ist selbstverständlich, dass das Neugeborene bei seinen Eltern, mindestens neben, tendenziell aber eher in ihrem Bett schläft. Das klassische Kinderbett wird – nicht nur wegen der Gitterstäbe – als »Kindergefängnis« apostrophiert, das Kinderzimmer ist für Neugeborene ein Abstellraum. Die moderne Säuglingspflege mit ihrem hohen Hygiene-Niveau erscheint im Licht avantgardistischer Kritik als ein »Isolationswall«, den Industrie und kulturelle Normen zwischen Eltern und Kindern errichten.

> »Es reicht nicht, festzustellen, dass Bakterienangst ab einem gewissen Ausmaß dysfunktional bzw. schädlich wird, da menschliches Leben nun einmal inmitten einer differenzierten Bakterien- und Mikrobenfauna stattfindet (...) und es durch allzu viel Sterilisierung zu ökologischen Ungleichgewichten und Immunschwäche kommen könnte – es muss bedacht und beklagt werden, dass manche zwischenmenschliche Nähe nicht zustande kommt, weil ein zur zweiten Natur gewordenes Reinlichkeitsbedürfnis Schranken setzt.« (Sichtermann 1981, S. 170)

Mutatis mutandis gelten diese Konzepte für alle relevanten Bereiche: Avantgardistische Eltern-Kind-Beziehungen sind vor allem dadurch geprägt, dass versucht wird, in einer Industriekultur ein »natürliches« Verhältnis von Eltern und Kinder wieder herzustellen – ein Verhältnis, dass jedoch auf (kritischer Distanz zur) Aufklärung basiert, also, wenn man so will, »doppelt aufgeklärt« bzw. »post-modern« ist. Dabei hat sich

das Autoritätsverhältnis zwischen Eltern und Kindern regelrecht umgekehrt: Allein das Kind bestimmt, was zu geschehen hat, seine Bedürfnisse
sind der Mittelpunkt der Interaktion. Eltern – und das entspricht auch
ihren ureigensten, von der Industriekultur verstümmelten und depra-
vierten Bedürfnissen – sind dazu da, sich ihnen anzupassen; wo die
Umwelt dies behindert, muss sie bekämpft werden. In jeder Hinsicht ist
das Kind, ist die Eltern-Kind-Beziehung vorrangig.

Der/die Erwachsene ist gefordert, in der Einstellung zum Kind eine
durch nichts zu erschütternde Sicherheit und Kontinuität zu entwickeln
– »mit der Ruhe eines Butlers« (Sichtermann 1981, S. 43) soll er die für
alle Beteiligten schwierigen Zeiten nach der Geburt auf sich nehmen
und dem Kind geben, was es braucht. Die Interaktion, die dabei anvi-
siert wird, ist wesentlich »coenästhetisch« (um die Bezeichnung von
Spitz in diesem Zusammenhang aufzugreifen): Statt »von außen« zu
beurteilen, zu analysieren, zu kontrollieren, begibt der/die Erwachsene
sich in die Beziehung hinein, fühlt sich in die Welt des Kindes (und sieht
die eigene aus dessen Perspektive), kommuniziert mit ihm auf analoge,
sinnliche Weise.

Das Kind ist hier nicht Projekt der Eltern, die Identifikationsbezie-
hung hat sich noch weiter radikalisiert bis zu dem Punkt, wo die Interessen der Eltern mit denen der Kinder identisch werden (müssen), was
zugleich eine Umkehrung als auch eine Steigerung der narzisstischen
Tönung der Identifikation ist.

In diesem Exposé schrumpft die Bedeutung der übrigen Welt. Die
Eltern-Kind-Beziehung ist ein Thema, welches nur im Notfall von ande-
ren beeinträchtigt werden darf; der Vorrang des Kindes wird mit allen
Kräften durchgesetzt und verteidigt. Dabei zieht sich das Eltern-Kind-
Verhältnis gewissermaßen wieder auf sich selbst zurück (nach kritischer
Durchsicht gesellschaftlicher Verhältnisse). Externe Angebote (von
Organisationen, von Experten, von traditionellen Bezugsgruppen) spielen keine Rolle bzw. werden durch die Besonderheit der jeweiligen
Beziehung gefiltert. Bedeutsam sind nur Primärkontakte auf der Basis
geteilter Prinzipien. Das traditionelle Motiv einer homogenen Nahwelt-
struktur kehrt hier also wieder, aber in Form von »Wahlverwandschaf-
ten«, d. h. der Beteiligung der Partner und von Personen, die Lebensweise und Einstellungen teilen.[16]

6.3. Flitterwochen oder Schock?

Die Entwicklung der Eltern-Kind-Beziehung hängt wesentlich von den sozialen und psychischen Rahmenbedingungen und Vorgaben ab. Dabei spielen die Entwürfe, die kognitiv wie emotional ausgeprägten Vorstellungen, die durch die Umstände nahegelegt, von den Eltern aufgegriffen und in ihren Lebensstil übersetzt bzw. integriert werden, eine besonders wichtige Rolle.[17] Das bedeutet auch, dass die Art der Interaktion, die sich in der Folgezeit entwickelt, nicht zuletzt vom Exposé abhängig ist, dass die Eltern als Leitlinie benutzen (und von den Folgeproblemen, die sich daraus ergeben). Es ist klar, dass ein »traditionalistisches« und ein »avantgardistisches« Exposé nicht nur ideologisch, sondern lebenspraktisch divergieren. Eine Beschreibung der Dynamik der frühen Eltern-Kind-Beziehung steht daher vor dem Problem, sowohl strukturelle als auch subkulturell-spezifische Verläufe erfassen und vermitteln zu müssen. Dies ist schwierig; die Literatur zeigt daher auch eine deutliche Unsicherheit in Bezug auf den Status der Aussagen, die getroffen werden. Auch widersprechen sich die Ergebnisse häufig, was zum Teil auch auf die erwähnten methodischen Schwierigkeiten zurückzuführen ist: Die Zahl der Probanden, aber auch die Art der Untersuchung wirken sich unter Umständen erheblich auf die erzielten Ergebnisse aus.[18]

Der Versuch, die Ereignisse systematisch zu beschreiben, krankt auch hier an beträchtlichen empirischen wie systematischen Unzulänglichkeiten.

Als abstrakten Nenner der Untersuchungen in diesem Bereich lässt sich feststellen, dass nach der Geburt zunächst eine Phase des Übergangs folgt; eine Phase, in der die Welt sich total geändert hat, diese Änderung jedoch noch nicht »normalisiert« ist. Gloger-Tippelt spricht in ihrer zusammenfassenden Übersicht der Literatur von einer »Erschöpfungsphase trotz erstem Glück über das Kind« (1985, S. 75).

Das Neugeborene tritt buchstäblich von einer Minute zur nächsten ins Leben der Eltern, die trotz aller Antizipation plötzlich mit einer neuen Situation konfrontiert sind.

> »Die für eine Umstellung erforderlichen körperlichen und psychischen Energien werden maximal beansprucht, bis die körperliche Anpassung der Frau (Hormonumstellung, Einübung des Stillens) und die Überwindung der Neugeborenenzeit (Herausbildung von Schlaf-Wach-Rhythmus, regelmäßige Nahrungsaufnahme usw.) beim Säugling stattgefunden haben« (a. a. O., S. 75).

Diese enorme Kraftanstrengung, so die psychologischen Befunde, werden möglich durch ein besonders hohes Maß an mobilisierter Identifikation: »Die Mobilisierung von körperlichen und psychischen Kräften der Eltern wird erheblich erleichtert durch die intensiven Glücksgefühle über ein gesundes Kind« (a. a. O., S. 76).

In der Tat zeigen die empirischen Befunde beides: ganz erhebliche Belastungen und verstärktes Selbstwertgefühl. Registriert wurden: Erschöpfungszustände, depressive Verstimmungen, emotionale Labilität (vor allem bei Frauen), aber auch narzisstische Hochgefühle und Verliebtheit bzw. Stolz, so dass manche Autoren von »Baby-Flitterwochen« sprechen (z. B. Ryder 1979, Miller und Sollie 1980).

Beides braucht Eltern, die sich noch an diese Zeit erinnern, kaum näher beschrieben zu werden (und ist Nicht-Eltern schwer zu vermitteln).[19] Der Umgang mit dem Neugeborenen ist strukturell schwierig. Es spricht eine den Eltern völlig unverständliche (Körper-)Sprache. Man weiß nur, dass Schreien Unbehagen bedeutet und versteht, was der Dichter mit »selig lächelnd wie ein satter Säugling« meinte. Näheres ist den Eltern zunächst nicht bekannt – und vor allem auch nicht, wie man mit den Reaktionen umgehen können/sollen und wie sie zu interpretieren sind. Wenn man von »Rollenübernahme« sprechen will, dann heißt dies hier: Man fängt tatsächlich bei Null an, weil es noch keine stabilen, realitätshaltigen Vorstellungsmuster und Beziehungsstrukturen gibt, die die Lebensäußerungen des Neugeborenen auffangen und einbinden. Und auch die wohlmeinenden Worte derjenigen, die bereits Rollenerfahrung besitzen, sind nur begrenzt in Rollensicherheit umsetzbar. Ein schreiender Säugling und unsichere/hilflose Eltern sind eine stress-erzeugende Konstellation, die zur Eskalation tendiert. Betroffen sind dabei vorrangig die letzteren, die angesichts eines deutlich Unbehagen zeigenden, auf alle Bemühungen nicht reagierenden Babys in kürzester Zeit an den Rand eines Nervenzusammenbruchs geraten können.

Dadurch werden auch die erforderlichen Pflegemaßnahmen (Waschen, Wickeln etc.) belastet. Auch hier gibt es noch keine eingespielten Interaktionsformen, die die Eltern mit Sicherheit praktizieren könnten, sondern für sie hochproblematische Anforderungen. Selbst Kleinigkeiten erscheinen als schwierige Aufgaben, denen man sich nicht gewachsen fühlt. Wie muss die Windel gelegt und gebunden werden? Creme ja oder nein – und wenn ja, welche? Wie dick wird gepudert? Wie wird das Kind beim Waschen ins Wasser gehalten? Ist das Kind zu dick oder zu dünn angezogen? Welche Art, das Kind zu halten ist die richtige? Praktisch alles, was zu tun ist, wird zum potenziellen Problem – und damit auch zum Konfliktfeld. Beide Seiten sind – auf verschiedene Weise – »unsicher« und schaukeln sich unter Umständen gegenseitig hoch. – Zu diesen Umständen gehört auch jene Differenz subkulturspezifischer Einstellungen. Die vorhandenen Befunde legen nahe, dass in eher traditionalistisch strukturierten Verhältnissen die Dramatik der Ereignisse sehr viel geringer ist. Zwar müssen auch hier die Eltern ein erhebliches Maß an Neuheiten und eigenen Unerfahrenheiten abarbeiten, aber sie tun dies unter anderen Bedingungen. Dazu gehört zunächst die stärkere Einbindung in Verwandtschafts- und Nachbarschaftssysteme, die in erheblichem Ausmaß praktisch intervenieren und kontrollieren. Damit findet der Übergang nicht im sozial verdünnten Raum, sondern in einer weitgehend vorstrukturierten, selbstverständlich organisierten und funktionierenden Umwelt statt, die in vieler Hinsicht Verhaltensweisen und Interpretationen vorgibt. Der Freiraum von Eltern für selbstbestimmte Beziehungsstrukturen ist dadurch geringer, aber auch die Unsicherheit, die deren Kehrseite ist. Hier pendelt sich die Eltern-Kind-Beziehung, gestützt auf bewährte und praktisch ausgefeilte Muster, relativ schnell und reibungslos ein. So oder so – die Fragen nach Creme und Puder, Waschen und Windeln, Ausmaß der Kleidung etc. beantworten sich unter diesen Umständen weitgehend selbst bzw. ihre Beantwortung wird durch ein System subkulturell gültiger und etablierter Muster (mehr oder weniger) nahegelegt.

Möglich ist zudem, dass Mütter in traditionellen Subkulturen bereits stärker auf die Rollenübernahme vorbereitet werden. Nachgewiesen ist, dass Unterschicht-Mütter (wegen der anders definierten geschlechtsspezifischen Rollenerwartungen und -vorbereitungen) mehr Erfahrung im Umgang mit Säuglingen und Kleinkindern haben als Mittelschichtmütter (vgl. Gavron 1966, Jacoby 1969). Zumindest lässt sich feststellen, dass eine traditional ausgerichtete Subkultur eine sehr viel klarere (d. h. praktisch definierte) und abgegrenztere Rollenvorstellung vermittelt. Außerdem ist die Mutterrolle selbst hier (noch) unproblematisch und zugleich für viele Frauen der einzige Zugang zum Erwachsenenstatus bzw. zur sozialen Anerkennung. Dies vermutet Jacoby für das traditionell ausgerichtete Arbeitermilieu:

»To marry and to have children is the only way the working-class woman can aquire the outward signs of adulthood, in contrast to the middle-class woman who may be able to validate her status more easily via the occupational structure« (Jacoby 1969, S. 725).

Zu ergänzen wäre, dass dies eingebettet ist in ein soziales Umfeld, welches mit der Zuweisung der Erwachsenenidentität zugleich eine erhebliche Forderung nach »Funktionieren« verbindet. Mutter-Sein heißt hier vor allem auch: mit Problemen fertig werden. Hilfe von außen wird zwar angeboten und akzeptiert, aber auf der Basis eines stillschweigenden Konsens der Nicht-Problematisierung.

Auch für die Väter ist hier durch die klare Rollendefinition eine Begrenzung des Übergangsstress' vorgegeben. Traditionalistische Subkulturen stufen den Vater als stolzen Erzeuger, der für den Unterhalt sorgt, die Logistik steuert, ein. Er ist mehr oder weniger ein Gast, der gelegentlich zur Mutter-Kind-Dyade hinzutritt; eine aktive, selbst zu gestaltende Rolle kommt ihm hier nicht (oder nur sehr begrenzt) zu.[20]

Insgesamt lässt sich feststellen, dass das traditionalistische Modell des Übergangs zur Elternschaft (vergleichsweise) konfliktvermeidend strukturiert ist. Klare Arbeitsteilungen und Lebensorientierungen wirken stressreduzierend. Es ist daher auch nicht weiter verwunderlich, dass Mütter mit traditionalistischer Einstellung deutlich weniger depressiv sind als »moderne« Mütter; dass sie der Situation wesentlich mehr unmittelbare Zufriedenheit abgewinnen können (vgl. Gloger-Tippelt 1985, S. 70ff., Schneewind 1983, S. 162ff.). Weil ihre soziale Situation/Identität nicht so stark exponiert und gefährdet ist, aber auch, weil sie weniger Ängste und Skrupel entwickeln (müssen), ist das Zusammenleben mit dem Neugeborenen problemloser, genauer: kann als problemloser erlebt und eingestuft werden.

Das »moderne« Exposé hat dagegen eine komplexere Situation zur Folge: Zum einen sind hier die angstreduzierenden Verhaltenssicherheiten nicht (mehr) ohne weiteres gegeben, zum anderen sind die Erwartungen und Vorstellungen aufwendiger und anders akzentuiert. Wesentlich sind hier vor allem die oben beschriebenen oral-narzisstischen Färbungen der Beziehungsvorstellungen. Wenn das Kind in eine umfassend versorgende, behütende, wärmende Situation – gewissermaßen in einen sozialen Uterus – kommen soll, wird der Leistungsdruck stärker. Die Toleranzschwelle für Unmutäußerungen des Säuglings sinkt (weil Schreien zwangsläufig als

Unzufriedenheit, d. h. als schlechte Versorgung eingestuft werden muss). Es muss also eher reagiert werden. Und da es im Kontext eines weiten Horizonts von Interpretations- und Verhaltensmöglichkeiten viel zu bedenken und zu beachten gilt, werden die Reaktionen aufwendiger und »riskanter«: Die Definition der Situation ist sehr viel stärker »problembereit« (d. h. die Angstschwelle niedriger), die Entwicklung von stabilen Interaktionsstrategien komplementär problematischer. Denn mit dem Wohl des Säuglings steht immer auch zugleich das Selbstwertgefühl der Eltern zur Disposition. Wenn er klagt, haben die Eltern versagt – womit letztere sich in eine ausgesprochen schwer auszubalancierende Abhängigkeit begeben haben. Unabhängig davon, wie diese Verschiebung inhaltlich einzuschätzen ist, lässt sich feststellen, dass das moderne Exposé ein qualitativ bedeutsames höheres Maß an Konfliktfeldern und interaktiven Komplikationen enthält, durch höhere Differenzierung ein Mehr an entsprechenden Kompetenzen verlangt und neue Risiken birgt.

Dem entspricht auf der anderen Seite, dass die narzisstische Aufladung der Eltern-Kind-Interaktion auch die Strukturierung des Alltags beeinflusst. Schon die Rückkehr nach Hause wird hier stärker zelebriert, gleicht häufig einem Staatsempfang, bei dem (ausgewählte) Verwandte, Bekannte, Freunde für eine rituelle Aufrüstung sorgen: Blumen sind selbstverständlich, symbolische Handlungen (wie der feierliche Einzug ins Kinderzimmer etc.) nicht selten. Die Wiege ist geschmückt, ein Willkommenstrunk steht bereit, dem kleinen Neuankömmling wird ein würdevoller und liebevoller Empfang bereitet. Auch reiht sich häufig Antrittsbesuch an Antrittsbesuch, bei dem Besucher meist Spielzeug und Kleider mitbringen und dafür ein Stück weit die Symbiose miterleben dürfen; je nach Nähe zur Familie gehört dazu auch, das Kind mal auf den Arm nehmen, beim Stillen dabei sein zu dürfen oder das Fläschchen zu geben. Dabei ergeben sich jeweils spezifische Interaktionsdynamiken:

- Freunde/Bekannte ohne eigene Kinder sind in solchen Situationen deutlich in der Defensive, bekommen den ganzen Stolz der Neu-Eltern zu spüren bzw. ihre Inferiorität vorgeführt. Sie können (an diesem Punkt) nicht mitreden, haben nichts vorzuweisen, können auch nur begrenzt an den psychosozialen Verschmelzungsprozessen teilhaben.
- Anders dagegen Freunde/Bekannte mit eigenen Kindern (bzw. solche, die selbst ein Kind erwarten): Sie werden viel stärker in die Situation

hineingezogen bzw. von ihr aufgenommen; erleben ihrerseits die regressiv-verschmelzenden Züge der Situation im Kontext eigener Erfahrungen/Erinnerungen/Antizipationen. Gleichzeitig besitzen sie einen Erfahrungsvorsprung (bzw. eine identifikatorische Nähe), den sie in die Situation einbringen können, wodurch sie zur hochrelevanten Bezugsgruppe werden (vgl. unten).

– Schließlich sind auch Personen mit anderen Lebensstilen (sowie die eigenen Eltern) eine relevante Bezugsgruppe, allerdings auf ambivalente Weise: Ihnen gegenüber geht es häufig sowohl darum, von ihnen anerkannt zu werden, als auch darum, ihnen zu zeigen, dass man einiges anders und besser machen will und kann. Umgekehrt wird bei Angehörigen traditionalistischer Subkulturen bzw. älterer Generationen in solchen Situationen eine ebenso ambivalente Übertragung provoziert: das Bedürfnis nach Teilhabe an einer Symbiose, die hier reinkarniert ist (und vielleicht so nicht erlebt werden konnte, obwohl das Bedürfnis da war), aber auch das Bedürfnis, korrigierend einzugreifen und das eigene Modell den jungen Eltern anzudienen – was naturgemäß zu hochkomplexen Interaktionen führt (siehe unten).

Wegen der Intensität der Konzentration und der massiven narzisstischen Färbung der Interaktion kann man die Frühphase der Eltern-Kind-Beziehung gerade auf dem Hintergrund des »modernen« Exposés zu Recht als »Baby-Flitterwochen« bezeichnen. Die große Bedeutung, die dem Kind beigemessen wird, die emotionale Qualität der Beziehung lassen in der Tat flitterwochenähnliche Zustände entstehen – zum Teil. Was sie von dem unterscheidet, was üblicherweise davon darunter verstanden wird, ist allerdings die Tatsache, dass sie zugleich empfindlich gestört werden durch eine Reihe von Schwierigkeiten, die es ebenso berechtigt erscheinen lassen, von »Baby-Schock« zu sprechen. Denn gerade durch die hohe emotionale Besetzung und die Lösung aus traditionellen Sinnzusammenhängen eröffnen sich bisher unbekannte Problemfelder, können sich herkömmliche Konflikte zu existentiellen Krisen auswachsen. Das kurze und zugespitzte Urteil einer berufserfahrenen Hebamme: »Die jungen Leute sind einfach hysterisch«. Sie meinte damit, dass (aus ihrer Sicht) Kleinigkeiten ungeheuer gewichtig werden, dass Selbstverständlichkeiten unentwegt aufgelöst und rotiert werden, dass überängstlich und besorgt ständig auf das Kind (und auf die eigene Leistung als Eltern) geschaut wird. Damit wird zum Problem, was aus robuster Profi-Sicht gar keins ist.

Der gemeinsame Nenner vieler Konflikte, die sich dabei ergeben, ist, dass vieles sich praktisch doch ganz anders darstellt, als es die romantisierenden Darstellungen der Werbung im Verein mit der eigenen Idealisierungsbereitschaft vorgestellt hatten. Ein Beispiel ist das Stillen. Es gehört (s. o.) selbstverständlich zum »modernen« Exposé; als Ausdruck einer natürlichen und intensiven Mutter-Kind-Beziehung. Was dann tatsächlich passiert, ist allerdings alles andere als romantisch und harmonisch: Das Kind kann nicht richtig saugen, die Mutter müht sich, es richtig zu halten (und verstärkt durch ihre Unsicherheit die Schwierigkeiten des Kindes), der Säugling schreit an der Brust kläglich, ist auch durch Anlegen nicht zu stillen – kurz: was als ideale Mutter-Kind-Situation projiziert war, entpuppt sich als psychosoziales Drama, das Mutter und Kind zur Verzweiflung bringen kann. Nicht selten ist es dann erst der grobe Griff einer Schwester oder Hebamme, die dem Säugling die Brustwarze in den Mund presst und eine »Einigung« herbeiführt. Und auch wenn der Kontakt hergestellt ist, bedeutet dies noch lange nicht, dass nunmehr alles wie von selbst funktioniert und für die Beteiligten eine ungestörte Glückseligkeit mit sich bringt. Denn gerade zu Beginn ist auch hier die Unsicherheit groß: Wann soll das Kind gestillt werden? Wie oft, wie lange? Trinkt es auch genug? Oder zuviel? Und warum schreit es trotzdem? Die vielen Stillprobleme, die besonders in »modernen« Mutter-Kind-Beziehungen auftreten, sind symptomatisch für die Verständigungsschwierigkeiten, die durch die Sensibilisierung und Kindzentrierung primär und sekundär auftreten (können). Unter unglücklichen Umständen kann es zu regelrechten psychosomatischen Eskalationen kommen: Die Unruhe der stillenden Mutter führt zu Verkrampfungen, die das Kind beeinflussen, es trinkt zu hektisch, bekommt (zusätzliche) Verdauungsbeschwerden, was wiederum das Trinkverhalten negativ beeinflusst, wodurch wiederum die Mutter in ihrer Einstellung zum Stillen und ihrem praktischen Stillverhalten beeinträchtigt wird und so weiter. Dieser Teufelskreis führt nicht selten dazu, dass direkt oder indirekt (d. h. erzwungen durch teilweise psychosomatische Störungen wie z. B. Brustentzündung) abgestillt wird: Was als inniges Erlebnis gedacht war, wird zum praktischen Alptraum.[21]

Mutatis mutandis gilt dies für viele Bereiche. Sie stellen sich als sehr viel belastender und anstrengender heraus, als dies vorher gedacht war. Die Pflege des Babys wird belastet durch allerhand auftretende Pickel, Flecken, wunde Stellen. Die Unregelmäßigkeiten werden zur Plage, wenn die Alltagsroutinen und vor allem die Nachtruhe unentwegt gestört werden durch ein schreiendes Baby, dem durch nichts geholfen werden kann. Die hohe Alarmbereitschaft der »modernen« Eltern hat ihr Pendant in einer ständigen Angstbereitschaft, in der Psychoanalytiker auch ein latentes Potenzial an versteckten Aggressionen sehen. Denn die Enttäuschung ist doppelt: einmal, weil viele Eltern sich das Ausmaß, in dem das Kind sich in ihr Leben einmischt, so groß doch nicht vorgestellt haben, zum anderen aber auch, weil sie feststellen müssen, dass die Beziehung zum Kind heikler ist, dass sie als Eltern nicht so perfekt und ideal sind, wie sie sich dies erhofft hatten.[22]

»Baby-Flitterwochen« und »Baby-Schock« sind so *zwei Seiten derselben Medaille*. Nur weil die Eltern-Kind-Beziehung im modernen Exposé so intensiv aufgeladen ist mit psychosozialen Bedürfnissen und Projektionen, die indirektes Resultat einer hochgradig individualisierten Entscheidung und eines entsprechenden Lebensstils sind, besteht auch die Möglichkeit der Verwicklung in Kollusionen, die auf destruktive Weise eskalieren können. Und nur weil die Eltern-Kind-Beziehung stärker auf sich selbst bezogen (und aus Umweltbezügen herausgelöst) ist, sind die Eltern mit ihren Problemen kognitiv wie emotional »allein«, müssen einen sehr viel höheren Problemberg individuell bewältigen.

Daher verlaufen hier die Entwicklungen auch sehr viel dramatischer als in Beziehungen, die an das traditionalistische Muster angelehnt sind. Dort ist einerseits häufiger eine Entlastung durch Umweltbeziehungen gegeben, andererseits der Problemdruck durch konkurrierende Situationsdefinitionen nicht so groß. Es kommt daher weniger zu ausgeprägten Krisensituationen und zu manifesten Krisen. Während also traditionalistische Eltern-Kind-Beziehungen zwar eine Reihe von Schwierigkeiten erleben, sie aber auf kleiner Flamme halten und mit Hilfe stressreduzierender Praktiken abarbeiten, womit ein relativ ebener Weg zur Normalisierung gebahnt wird, ist besonders die Frühphase der Eltern-Kind-Beziehung mit modernem Akzent anfällig und gefährdet; aus äußeren wie aus inneren Gründen.[23]

Äußere Umstände, die krisenhafte Zuspitzungen provozieren können, ergeben sich aus den Folgen der Isolation, die für moderne Paarbeziehungen typisch sind. Die »Flitterwochen« dauern für viele Jung-Eltern genau genommen nur einige Tage (bzw. finden nur am Wochenende statt). Denn der Normalfall ist, dass der Ehemann nach kurzer Zeit seine Berufstätigkeit wieder fortsetzt bzw. fortsetzen muss und die Mutter nun tagelang mit sich, dem Kind und ihren Sorgen/Ängsten allein ist.[24]

Solche Situationen sind geeignet, die Symbiose zu überhitzen (weil der Bezug zu ausschließlich wird) und zugleich dazu zu führen, dass Unsicherheiten nicht relativiert und aufgefangen, sondern im Gegenteil noch verstärkt werden. Außerdem intensiviert sich das Gefühl, allein gelassen zu sein; dies um so mehr, wenn die Mutter plötzlich realisiert, welche Reduktion mit einer ausschließlichen Mutterrolle verbunden ist.[25] Damit ist auch eine innere Ursache für krisenhafte Zuspitzungen angesprochen: Besonders wenn die eigene Berufstätigkeit hoch besetzt ist und zugleich ein Verzicht auf eine große Zahl sozialer Aktivitäten erzwungen wird, wächst die Wut – nicht zuletzt auf das Kind, welches die Mutter völlig bindet, ohne zunächst viel dafür zurückzugeben. Besonders in langen Phasen des Alleinsein-Müssens mit ihren Neugeborenen geraten viele junge Mütter durch Isolationsschäden und Enttäuschungen an den Rande von Zusammenbrüchen; nicht wenige erzählen von Wutanfällen, in denen sie ihr Kind am liebsten gegen die Wand oder aus dem Fenster geworfen hätten.[26]

Übereinstimmend stellen die empirischen Untersuchungen fest, dass es vor allem die Mütter sind, die »Baby-Flitterwochen« wie »Baby-Schock« erleben (vgl. zusammenfassend Gloger-Tippelt 1985, Schneewind 1983). Auch moderne Väter sind davon meist weniger betroffen[27], weil für sie im allgemeinen bereits nach kurzer Zeit die Berufstätigkeit zum externen Bezugspunkt (und auch zum inneren Halt und Gegenpol) wird. Das Ausmaß ihrer Betroffenheit hängt auch von der Beziehungsdefinition und den äußeren Umständen ab. Wo die Berufstätigkeit hohe Ansprüche stellt, ist es beispielsweise kaum möglich, über eine Feierabend- und Wochenend-Beziehung zum Neugeborenen hinauszukommen. Damit reduziert sich auch die Teilhabe an den emotionalen Konflikten. Wenn also Jung-Väter über Stress und Probleme klagen, dann sind dies typischerweise sekundäre Probleme: zu viel Beschäftigung, zu viele Ausgaben, zu viel Erwartung der Ehefrau in Bezug auf

Aufmerksamkeit und Zuwendung. Das direkte Ausleben der Schwierigkeiten bleibt den Müttern überlassen.

Auch für die »progressive Subkultur« lässt sich eine ähnliche Entwikklung der frühen Eltern-Kind-Beziehung feststellen. Da auch hier der (selbstgesetzte) Erwartungsdruck hoch ist, sind sowohl »Flitterwochen« als auch »Schock« ausgeprägt, wenn auch unter etwas anderen Vorzeichen. Zu den wichtigsten Differenzen zum bisher Skizzierten gehört u. a., dass die Hinwendung(-sbereitschaft) noch ein Stück weiter geht, so weit bedingungslos sein kann, dass die Prüfungen, die ein Neugeborenes seinen Eltern auferlegt, nicht als so beeinträchtigend erlebt werden. Wo die vollständige Symbiose gesucht und gewünscht wird, entfallen alle Probleme, die sich aus Distanzierungswünschen ergeben. Auch wenn bedingungslose Hingabe nicht problemlos sein muss[28], bedeutet sie doch eine Entschärfung der Identitätsproblematik, weil und wo sie eindeutige Prioritäten setzt (die in gewisser Weise den Mustern traditionalistischer Subkulturen wieder näher kommen).

Zumindest werden mögliche Konflikte relativiert. Außerdem gehört zum »progressiven« Exposé eine stärkere Betonung der körperlichen Beziehung, so dass das Nähebedürfnis des Säuglings noch stärker positiv besetzt ist Das schützt natürlich nicht vor Konflikten, wie folgender Tagebuchauszug zeigt:

> »Das Leben hat sich total verändert. Von früh bis spät tanze ich um diesen kleinen, zuweilen sehr tyrannischen und fordernden Wurm herum. Es bleibt kaum Zeit zum Essen und aufs Klo gehen (...). Das Stillen erweist sich einerseits als praktisch und schön (...), andererseits verschärft es die Abhängigkeit zwischen Leo und mir natürlich drastisch. Seit Wochen hängt er mir praktisch ununterbrochen an der Brust. Nimmt man ihn da mal weg, schreit er Zeter und Mordio. Die Brust ist das einzige Mittel, ihn zu einem zufriedenen Baby zu machen (...). Oft ist es sehr schön für uns beide: ich genieße es dann, seinen kleinen, warmen Körper an mich zu drücken, sein Bedürfnis nach Schutz, Wärme, Nähe und Geborgenheit befriedigen zu können. Dieses grenzenlose Vertrauen, was er hat! Manchmal bringt es mich aber auch zur Raserei, immer vor der Alternative zu stehen; entweder hängt das Kind an meiner Brust – oder es schreit! Noch nicht mal die allertrivialsten Erledigungen wie Abwaschen oder so was sind möglich. Auch nicht Kochen oder mal richtig mit beiden Händen essen! Immer und überall muss die Brust rausgezerrt werden: im Gartenlokal, auf Behörden, in der Straßenbahn. Und diese Unbeweglichkeit: ständig muss ich andere bitten, mir was zu trinken zu holen, weil ich wie eine Drohne mit Wurm an der Brust festgenagelt in irgendeinem Sessel sitze« (Seck-Agthe/Maiwurm 1981, S. 266).

Trotz der Bereitschaft, sich gänzlich in die Mutter-Kind-Beziehung zu begeben bleibt eine Rest-Distanz und -Differenz[29], d. h. die Mutter bleibt eine eigenständige Person, die verzichten muss, die Einschränkungen erlebt, welche verarbeitet werden müssen. So bleiben auch hier Verzweiflung und Wut nicht aus:

> »Alles sehr ambivalent. Mal würde ich Leo am liebsten irgendjemand in die Hand drücken und einfach abhauen, irgendwohin, weit weg, was anderes sehen und hören, nicht den ganzen Tag nur irgendwelche Faxen und Possen machen zum Zwecke der Unterhaltung meines anspruchsvollen Kindes. Dann spüre ich wieder eine wahnsinnige Liebe für dieses kleine, temperamentvolle Wesen, ich drücke und knuddle ihn und könnte ihn fressen, so gern habe ich ihn. Manchmal Phantasien, den Kinderwagen irgendwo abzustellen, nach Hause gehen und so weiterleben wie vorher, ohne Kind, als wäre alles nur ein Traum gewesen. Schuldgefühle darüber, solche Gedanken zu haben. Halb provokativ spreche ich sie manchmal vor anderen aus. Manche (Mütter) lachen und sagen: Das kann ich gut verstehen! Andere gucken mich schockiert an – ich weiß, was sie denken: wie kann man nur solche Gedanken haben, wenn man ein so süßes, rundes, gesundes Baby hat. Dann fühle ich mich schuldig, undankbar, rabenmuttrig. Dabei liebe ich Leo, freue mich, dass er wächst, lacht, strampelt wie ein Wilder. Seine Augen sprühen mich manchmal mit so viel Freude an, dass es mich warm durchrieselt und mein Kopf wie ein dicker, goldener Glückspfropfen auf mir sitzt« (a. a. O., S. 268).

Man sieht: Auch hier sind die Ambivalenzen vorhanden. Sie werden möglicherweise bewusster wahrgenommen und stärker reflexiv bearbeitet (was jedoch nicht unbedingt heißt, dass sie dadurch abnähmen). Vielleicht ist auch die aggressive Seite der Ambivalenz weniger ausgeprägt, weil die »Verluste« nicht so hoch eingestuft und bewertet werden wie dies in Situationen, in denen die Hinwendung zum Kind nicht diese ausschließliche Relevanz hat, der Fall ist. Ambivalenzen treten jedenfalls auf und müssen verkraftet werden. Es scheint, dass dabei die typischerweise anders strukturierten sozialen Bedingungen eine wichtige Rolle spielen. »Progressive« Jungmütter wohnen seltener in Wohn-Vororten oder Neubausiedlungen. Außerdem leben sie häufiger in einem relativ stabilen Netz von sozialen Bezügen, aus denen sie durch ihre Mutterrolle nicht herausfallen, sondern im Gegenteil ihren Status noch erhöhen (können), da in dieser Subkultur Mütterlichkeit eine große Bedeutung hat und mehr oder weniger fraglos anerkannt und respektiert wird. Das heißt auch: Es wird selbstverständlich Rücksicht genommen, wird eingegangen auf die besonderen Erfordernisse und Bedürfnisse von Mutter und Kind. »Isolationsschäden« treten daher nicht oder kaum aus äußeren Gründen auf.

Daher ist in der »progressiven« Subkultur auch eine exklusive Mutter-Kind-Dyade ein Modell, welches eher praktizierbar ist. Der Verzicht auf »Familie«, genauer: auf die direkte Mitwirkung von Vätern/Männern in der Betreuung des Kindes ist zum Teil ein expliziter Wunsch »couragierter« Mütter. Dazu trägt vermutlich die häufige Instabilität von Beziehungen bei: Dem Entschluss zu einem gemeinsamen Kind folgt nicht selten relativ schnell der Trennung, vor allem, wenn der Kinderwunsch selbst im o. a. Sinn schon untergründig als »Beziehungskitt« fungieren sollte. Und da das »progressive« Beziehungsmuster eher Trennung vorsieht als zusammen-zubleiben, wo keine Gemeinsamkeiten (mehr) bestehen, ergeben sich auch aus solchen Konstellationen häufiger singuläre Mutter-Kind-Beziehungen (und unter Umständen: Vater-Kind-Beziehungen). Sie sind sozial überle-bensfähig nicht nur aufgrund individueller und (subkultureller) sozialer Akzeptanz, sondern auch, weil häufig sozioökonomische Nischen genutzt werden können. Da es sich hier fast durchweg um Frauen mit vergleichs-weise hohem Bildungsstand und entsprechend differenzierten sozialen Kompetenzen sowie dem nötigen Selbstbewusstsein handelt, verfügen sie über die Möglichkeit, die vorhandenen sozialen Sicherungen (Mutter-schutz, Sozialhilfe) ebenso zu nutzen wie das vorhandene Potenzial an sozialer Unterstützung und subkultureller Selbsthilfe zu aktualisieren (was analog auch für Männer gilt). Dadurch wird zwar keine (finanziell, sozial, psychisch) stressfreie Lebenssituation, aber eine auf den je spezifischen Bedürfnishorizont zugeschnittene Lebensweise möglich.

Das zweite Modell, welches für die »progressive« Subkultur kenn-zeichnend ist, basiert auf einer veränderten Beziehung zwischen Müttern und Vätern bzw. Vätern und ihren Kindern. Dieses Exposé wurde bereits kurz skizziert. Im Rahmen der freien Disposition von Väter- und Mütter-rollen sind dabei verschiedene Arbeitsteilungen möglich und werden auch praktiziert. Dabei sind jedoch Formen des vollständigen Rollentauschs (Mutter geht arbeiten, Vater ist »Hausmann«) eher selten. Verbreiteter scheint eine moderatere Form der Annäherung, d. h. Väter versuchen, ihre Berufstätigkeit einzuschränken und sich stärker an der Betreuung des Neugeborenen zu beteiligen, um auf diese Weise den Müttern eine ähnli-che Lebensorganisation zu ermöglichen. Dabei ergeben sich für die Väter häufig erhebliche Probleme, aus den eigenen Erwartungen wie aus äußeren Hindernissen. Zunächst gilt für Väter auch hier, dass das Bedürfnis, Berufstätigkeit (allgemein: externes Engagement) und Vater-Sein auszubalancieren, groß ist. Es fällt auch progressiven Männern schwer(er), auch nur vorübergehend gänzlich auf Berufstätigkeit zu verzichten, so dass der innere Leistungsdruck zunimmt – der »Problemzusammenhang von politisch engagierter Profession und dem Wunsch, Kind(er) zu haben und die Realität, Vater zu sein« (Hafeneger 1982, 114) ist für viele sehr ausgeprägt:

> »Alle arbeitenden und politisch engagierten Väter (...) sind ständig mit den Fragen konfrontiert: Ist ein verantwortungsvolles Vater-Sein (Zeit haben; gemeinsames Leben, Spielen, Lernen; Kontakte zu anderen Kindern und Vätern/Eltern u. a.) mit meinem Arbeitsrhythmus und politisch-motivierter Profession vereinbar? Wie lässt sich dabei Vater-Sein legitimieren, welche Probleme durchziehen den Alltag und wie lassen sie sich – für alle einigermaßen befriedigend – im Kontext der Vater/Mutter/Kind-Beziehung (...) lösen?« (a. a. O., S. 116).

Es zeigt sich, dass die »Dreifach-Belastung« des »progressiven« Vaters (relevante Berufspraxis, politisches Engagement, »verantwortungsvolles« Vater-Sein) einen massiven Legitimations- und Leistungsdruck zur Folge hat. Dieses selbstgesetzte Ziel ist unerreichbar und erzeugt daher zunächst zusätzlichen Stress: Man genügt keinem der gesteckten Ansprüche hinreichend und hetzt von einer Verpflichtung zur nächsten.

Dazu kommt, dass die Arbeitswelt – selbst in den Bereichen, in denen »progressive« Väter normalerweise tätig sind: Pädagogik, Sozialarbeit, Ausbildung, Forschung, psychosoziale Dienstleistungen – den Balancebedürfnissen selten entgegenkommen. Eine befristete Beurlaubung ist nur schwer zu erreichen, selbst eine Reduzierung der Arbeitszeit verursacht erhebliche Probleme. Braun (1982) beschreibt sehr plastisch die teils offenen, teils auch verdeckten und schwer zu greifenden Widerstände und Störmanöver gegen seinen Antrag, von einer vollen auf eine halbe Stelle zu kommen. Während seine Frau vergleichsweise schnell und unbürokratisch eine solche Zusage erhielt, musste er sich verärgerte und ironische Kommentare von Kollegen und Vorgesetzten anhören, erlebte, wie sein Antrag von einer Einheitsfront von Behördenvertretern und Personalrat mehrfach abgeschmettert wurde und schließlich nur ein Kompromiss realisierbar war. Typisch daran ist wohl, dass vor allem Väter, die ihre neue Rolle ernst nehmen, an Tabugrenzen nicht nur der industriellen Arbeitswelt, sondern auch der Ideologien stoßen.

Das zentrale Problemfeld »progressiver« Väter ist jedoch das Verhältnis zu Mutter und Kind. Wenn es praktisch wird, haben Männer aufgrund ihrer mangelnden Erfahrung, aber auch, weil das Männlichkeitsbild selbst bei »Softies« nicht selbstverständlich den Umgang mit Kindern einschließt, beträchtliche Umstellungsprobleme. Wenn die Bereitschaft vorhanden ist, sich auch auf dreckige Windeln und nächtliche Ruhestörungen einzulassen, lösen die praktischen Probleme sich allerdings schnell auf. Die Erfahrung zeigt, dass Väter, die ernsthaft dazu bereit sind, nach kurzer Zeit routinierte Wickler und Wächter sind – und entsprechende »mütterliche« Qualitäten entwickeln. Damit kommen sie in die Konfliktzonen, die sonst eher für moderne Jung-Mütter kennzeichnend sind. Bullinger zitiert aus einem Erfahrungsbericht, der dies verdeutlicht:

> »Am meisten hat mir zu schaffen gemacht, dass ich nichts mehr in Ruhe erledigen konnte. Immer musste ich mindestens zwei Sachen auf einmal erledigen. Wenn ich gerade in der Küche beim Kochen war, wurde ich von meiner Freundin gerufen, dass ich ihr bei irgendetwas Hilfestellung geben sollte. Wenn ich mich gerade daran machen wollte, die Windeln in die Waschmaschine zu stopfen, fing der Kleine an zu schreien. Wenn ich dachte, dass er bestimmt jetzt mindestens eine Stunde schläft, fing er nach zwanzig Minuten an zu schreien und musste herumgetragen werden. So war ich ununterbrochen beschäftigt. Eine wahnsinnige Hektik war ausgebrochen. Oft dachte ich, dass ich das, wenn es so weiter geht, nicht mehr länger aushalten kann. Manchmal war ich abends so total erschöpft, dass ich dachte, ich schaffe das wirklich nicht mehr. Nicht einmal zum Zeitung lesen bin ich mehr gekommen. Schlimm war auch der Schlafentzug. Paul wachte mindestens viermal in der Nacht auf und schrie. Anfangs musste er zudem einmal in der Nacht gewickelt werden. Manchmal musste er mitten in der Nacht herumgetragen werden, weil er nur so zu schreien aufhörte. Tagsüber war ich dadurch oft durch den Schlafentzug zu keiner Konzentration mehr fähig. Die ständige Übermüdung machte mich gereizt, so dass ich manchmal wegen Kleinigkeiten total aus der Haut fahren konnte« (Bullinger 1983, S. 171).

Man sieht: Bis auf die Tatsache, dass Väter nicht mehr zum Zeitungslesen kommen, während Frauen keine Zeit mehr zum Essen haben (s. o.), ähneln sich die Beschreibungen aufs Haar. Die »Mütterlichkeit« der »progressiven« Väter hat zur Folge, dass sie ähnliche Probleme erleben.

Es bleibt ihnen daher auch nicht erspart, in der Frühphase ihres Vater-Daseins die ernüchternde Erfahrung des Gegensatzes zwischen idealisierten Vorstellungen und hohen Erwartungen und dem oft banalen, ermüdenden Alltag zu verarbeiten.

Dies wird noch dadurch verschärft, dass sie trotz aller mütterlichen Züge im allgemeinen doch keine Mütter sein können bzw. gegenüber jenen ins Hintertreffen geraten.

»Dass bei den meisten Vätern, die sich wirklich auf ihre Kinder einlassen, auch nach der ersten Euphorie eine Phase der Ernüchterung einsetzt, liegt nicht nur in den einschneidenden Konsequenzen der Vaterschaft für ihre eigene Lebensgestaltung, sondern auch darin, dass sie in dieser Rolle als Vater sehr wenig Bestätigung erhalten und in der ersten Zeit kaum vom Kind als eigenständige Bezugsperson wahrgenommen werden. Dies gilt vor allem dann, wenn das Kind gestillt wird. Im Gegensatz zur Mutter, die ihre Bedeutung als wichtige Bezugsperson für das Kind über das Stillen ständig bestätigt bekommt, bekommt der Vater kaum positive Rückmeldung für die täglichen Anstrengungen, die er zu dessen Pflege übernimmt. Da der Vater nicht stillen kann, tritt er hauptsächlich über das Windeln und Baden mit dem Kind in Beziehung. Außerdem wird ihm der Löwenanteil der Hausarbeit zufallen, die sich durch das Kind häufig enorm ausweitet und eine Masse Zeit und Energie absorbiert« (a. a. O., S. 173).

Gleichzeitig ist für Männer der Verzicht auf andere Aktivitäten oft noch schwieriger:

»Obwohl Väter, wenn sie sich an der Kinderarbeit gleichberechtigt beteiligen, eine große Befriedigung und Bestätigung daraus ziehen können, ist gleichzeitig bei ihnen oft das Gefühl vorhanden, dass sie durch die Beschäftigung mit dem Kind vom ›Eigentlichen‹ abgehalten werden. Das Eigentliche ist dabei die Beschäftigung mit männlichen Interessen (Beruf, Hobbys, Verwirklichung bestimmter Ideen usw.)« (a. a. O., S. 203).

»Progressivität« bedeutet, so gesehen, dass mit der Erhöhung des Anspruchsniveaus und der Angleichung der Rollenmuster für Männer und Frauen auch die Problemprofile sich annähern. Gleichzeitig ergibt sich – begünstigt durch spezifische psychosoziale und externe Umstände – dort, wo eine Mutter-Vater-Kind-Triade zustande kommt bzw. erhalten bleibt, eine stärker »egalitäre« Struktur. Gemeinsam wird dann die Frühphase besonders intensiv erlebt und besondere Hinwendung sehr stark hervorgehoben. Die typischen Zeichen der Modernität verdichten sich dabei zu einem quantitativ wie qualitativ besonderen Ausmaß an »Kindzentrierung«. Die Erfordernisse der Dauerbetreuung verteilen sich zwar dann auf zwei Personen (in Wohngemeinschaften usw. unter Umständen sogar noch auf mehrere Personen), aber durch das Anspruchsniveau und die ideologischen und praktischen Konzepte, die damit verbunden sind, erhöht sich der Aufwand für die Beteiligten dennoch. Wenn beispielsweise keine Wegwerfwindeln verwendet werden sollen, sondern die modernisierte Stoffwindel-Wickelmethode gewählt wird, wird das Windeln (etwas) schwieriger, es muss sehr viel mehr gewaschen werden, weil die Stoffwindeln auch nicht wasserdicht sind und dadurch ein häufiger Wechsel der gesamten Wäsche erforderlich ist. Zugleich bekommen diese Tätigkeiten jedoch bei aller Ambivalenz mit zunehmender Identifikation mit der neuen Rolle identitätsstiftenden Charakter: Man ist (auch) stolz auf die Mühen, die man sich macht (und kann sie ideologisch als Beitrag zu einer ökologischen, deindustrialisierten Lebensweise verbuchen).

Insgesamt zeigt die Frühphase der Eltern-Kind-Beziehung in allen drei Subkulturen (die nach wie vor idealisiert, d. h. empirisch unangemessen vereinfacht dargestellt werden) typische Gemeinsamkeiten. Kennzeichnend ist allgemein, dass eine plötzliche Umstellung verarbeitet werden muss, die nicht nur erhebliche lebenspraktische Schwierigkeiten mit sich bringt, sondern auch für beträchtliche emotionale Komplikationen und Turbulenzen führt. Die Art und Weise, wie diese Probleme definiert und bearbeitet werden, unterscheidet sich jedoch beträchtlich:

– In traditionalistisch orientierten Subkulturen ist schon durch die Einbindung in eine relativ homogene Umwelt vorab klar, wie sowohl die Mutter-Kind-Beziehung als auch die Vater-Mutter-Beziehung sich entwickelt: Die Mutter wird durch die verwandtschaftliche/nachbarschaftliche peer-group der Frauen zugleich unterstützt und sozialisiert, der Vater tritt zurück und wird zur externen Figur, die für Versorgung und Repräsentanz nach außen zuständig ist. Die »rites de passage« beinhalten vor allem die Aufnahme der Eltern ins Erwachsenenlager, das Kind ist zwar auch Gegenstand narzisstischer Zuwendung, aber symbiotische Züge der Beziehung bleiben unbetont. Der Übergang zur Elternschaft verläuft hier vergleichsweise weniger dramatisch und hervorgehoben; eine neue »Last« wird den alten hinzugefügt und ihnen beigeordnet, der Akzent liegt mehr auf dem Bemühen um relativ schnelle Normalisierung.

- Anders im »modernen« Exposé: Hier ist eine größere Unabhängigkeit der Paarbeziehung von Herkunfts- und Umgebungswelten typisch. Das Verhältnis der Ehepartner ist ohnehin stärker individualisiert, das Kind bekommt damit eine andere Bedeutung und erfährt als »individuelles Projekt« der Eltern stärkere Aufmerksamkeit und Betonung. Dabei sind sowohl »Flitterwochen« als auch »Schock« ausgeprägter: Es wird mehr Symbiose erlebt/zugelassen als auch die erzwungenen Einschränkungen intensiver erlebt. Vor allem Frauen erfahren die Schwierigkeiten, individuell eine Beziehung mit einem Neugeborenen aufnehmen zu müssen, intensiv und leiden darunter, was sich noch verstärkt durch »Isolationsfolgen« und Erwartungsenttäuschungen. Zwar wird mehr Freude, aber auch mehr Frust erlebt, sowohl in der Beziehung zum Kind, als auch der Paarbeziehung (die eher partnerschaftlich angelegt ist, was jedoch Strukturkonflikte nicht verhindert).
- In der »progressiven« Subkultur ist schließlich die Hinwendung zum Kind am ausgeprägtesten und unbedingt vorrangig (mit allen sozialen und psychischen Folgeproblemen, die daraus resultieren). Sowohl in der exklusiven Dyade als auch in der Triade gibt das Kind ausschließlich den Ton an, während die Mutter (bzw. die Eltern) bemüht sind, die vielfältigen Ansprüche unter einem Hut zu bekommen. Dieser Stress durch ein sehr hohes Anspruchsniveau ist beträchtlich, auch wenn hier ein relativ gut funktionierendes Netz der Kommunikation und Kooperation von Gleichgesinnten (und subkultureller Institutionen der Versorgung und Selbsthilfe) keine extreme Isolationsgefahr aufkommen lässt. Die Rollenverteilung steht hier weitestgehend zur Disposition und kann zu symmetrischen, aber auch je eigenen komplementären Mustern strukturiert werden. Die Auseinandersetzung mit der Umwelt wird vergleichsweise offensiv geführt (in der Sicherheit, einen richtigen und wichtigen Weg zu beschreiten), ist jedoch durch reale und ideologische Komplikationen schwieriger. Insgesamt sind hier Engagement und Aufwand am größten.

Die Übergangsphase ist naturgemäß befristet. Sie endet, wenn die neue Situation strukturiert und normalisiert ist, wenn sich Routinen und Strukturen herausgebildet haben, wenn die Beteiligten sicherer und kompetenter geworden sind: Sowohl das Kind als auch die Eltern wachsen in ihre neue Identität. In der Literatur wird im allgemeinen davon ausgegangen, dass nach ungefähr zwei Monaten die erste Begeisterung und der erste Schock gewichen bzw. verkraftet sind und die Beziehung sich stabilisiert. Dahinter verbirgt sich, bezogen auf die hier diskutierten Fragen, dass in dieser Zeit wichtige Entscheidungen für die weitere Entwicklung des Interaktionsfeldes gefallen sind. Weil es sich um eine Übergangssituation handelt und die Neuheit des Themas noch ganz im Vordergrund steht, geht es naturgemäß noch nicht um definitive Strukturbildungen (zumal vor allem das Neugeborene sich sehr schnell von seinem ursprünglichen Zustand wegentwickelt und schon dadurch bald zumindest Neuanpassungen bzw. neue Strukturbildungen erforderlich werden). Aber die Primärstruktur, die sich bildet, enthält in den meisten Fällen bereits im Kern das jeweilige Muster, anhand dessen sich das Interaktionsfeld später strukturiert: das jeweilige Exposé wird praktisch bzw. mit Praxis verbunden. In dem Maße, wie in der direkten Konfrontation mit den Lebensäußerungen des Neugeborenen und den damit verbundenen psychosozialen Folgeproblemen reagiert wird, entwickeln sich Interaktionsformen, die eine »Linie« erkennen lassen und konkret, Punkt für Punkt, festlegen, was wann wie gemacht wird – und wer es tut. Wenn das Kind nachts schreit, muss entschieden werden, ob dieses Schreien ignoriert wird oder ob man darauf reagiert. Das schließt sowohl das Bild vom Kind als von sich selbst als Eltern ein, es wird also mit der praktischen Handlung zugleich über Leitbilder entschieden; die Definition im doppelten Sinn des Wortes: Interpretation und Bestimmung finden statt. Praktisch geklärt wird dabei auch die Frage, wer denn nachts zuständig ist. Diese (oder ähnliche) Fragen sind möglicherweise vorher geklärt worden, im Normalfall jedoch nicht. Auf alle Fälle sind verbale Proklamationen noch keine reale Praxis.[30] Das heißt, dass nunmehr situativ entschieden werden muss, wie sie behandelt wird. Das Baby schreit, lange Diskussionen können/sollen nicht geführt werden. Was passiert, ist, dass sich ein vorläufiges Procedere einspielt, das zunächst nur eine von vielen Varianten war, sich aber als »stabilste« erwies. So kann es z. B. sein, dass man angesichts regelmäßiger nächtlicher Ruhestörungen zunächst eine Gleichverteilung der Nachtdienste verabredet hat. Das funktioniert, bis sich herausstellt, dass das Kind in Mutters Armen sich eher beruhigt, als wenn der Vater sich bemüht. Oder: dass der Vater durch nächtliche Pflegeaktivität Schwierigkeiten am Arbeitsplatz bekommt und/oder wegen Übermüdung seinen

Arbeitseinsatz verschläft, so dass die Mutter ihn erst vertritt, dann ersetzt. Oder: im Kampf darum, wer es am längsten aushält, setzt sich derjenige durch, der am ehesten kindliches Geschrei abwerten oder ausblenden kann, so dass sich auch dadurch eine Arbeitsteilung einpendelt.[31]

Über viele Einzelsituationen – sie treten massiert auf und sind, wie die Beschreibung zeigte, in dieser Phase sehr exponiert – entwickelt sich also Struktur: Die Art und Weise, wie Dinge und Ereignisse gesehen werden, stabilisiert sich ebenso, wie damit umgegangen wird. Dabei wird vor allem die Beziehung zwischen den Beteiligten in ihren Grundzügen (neu-) bestimmt. Vorentscheidungen, die in der Phase der Antizipation gefallen sind, werden nunmehr (teilweise!) »in die Tat umgesetzt«. Darin erschöpft sich die Frühphase der Eltern-Kind-Beziehung jedoch nicht. Denn viele Themen präsentieren sich auf eine Weise, die (so) nicht antizipiert wurde. Es tauchen auch Probleme auf, mit denen man nicht gerechnet hatte, auf die man also nicht vorbereitet war. Schließlich übertrifft die Realität in jeder denkbaren Hinsicht alles, was an Antizipation möglich war. Es beginnt also zunächst ein Prozess der Koordination von Erwartungen, Zielen und Anforderungen der Wirklichkeit. Dieser Prozess ist verständlicherweise dort einfach, wo Wirklichkeitsbild und Wirklichkeit weitgehend deckungsgleich und kompatibel sind; er erschwert sich, wo sie weit auseinanderfallen bzw. nicht zusammenpassen. Die praktische Geburt der Eltern beginnt, so könnte man sagen, mit einem Sprung ins kalte Wasser, der zum Schwimmen zwingt – unabhängig davon, wie der gewünschte Stil es vorsah. Was dabei an Primärstruktur entwickelt wird, ist nicht notwendig das letzte Wort. Es wird noch zu zeigen sein, wie der darin organisierte Kompromiss situationsgebunden ist und sich weiter entwickelt. Andererseits handelt es sich zweifellos nicht nur beim Kind um eine »sensible Phase«, die prägende Effekte hat. Vor allem, wenn die Kontinuität zwischen vorgeburtlicher Antizipation und dem nachgeburtlichen Geschehen groß ist, verfestigen sich Strukturen schnell bis zur Selbstverständlichkeit. Dagegen haben sowohl Diskontinuitäten als auch ein Exposé, welches eine schnelle Strukturbildung verhindert, also die Beziehung durch eingebaute reflexive Mechanismen und »Verhandlungsmasse« ein Stück weit offen hält, zur Folge, dass die Frühphase in gewisser Hinsicht zu weniger Festlegungen führt. Auch hier kommt es jedoch zu den Effekten der Normalisierung und Gewöhnung. Nach einer bestimmten Zeit – die zwei Monate sind nur ein statistischer Durchschnittswert – ist eine Primärstruktur gebildet, von der aus sich die weitere Entwicklung vollzieht.

6.4. Normalisierung

6.4.1. Die Reorganisation von mikrosozialer Struktur

Was ist mit »Normalisierung« gemeint? Der umgangssprachliche Gebrauch des Wortes legt zweierlei nahe: dass etwas »in Ordnung« kommt und dass dies eine »Rückkehr« ist zu einem Zustand, der vor einer (wie auch immer gearteten) »Störung« gegeben war. Die umgangssprachliche Gleichsetzung von Normalität normativer Angemessenheit, von Normalisierung und Rückkehr zu einem (akzeptierten) Normalzustand deckt sich nicht mit der Art und Weise, wie soziologisch »Normalisierung« verstanden wird.[32] Im Rahmen einer nicht-normativen, auf theoretisches Verständnis zielenden Analyse geht es um die innere Logik von Veränderungen. Es wird nach der in ihnen angelegten Dynamik gefragt, nach Struktureffekten, die sich in Abfolgen von Entwicklungsphasen ausdrücken. Formal lassen sich dabei Veränderungen (in abstrakter Verkürzung) wie folgt skizzieren:

– Der *Status Quo* eines sozialen Sinnzusammenhangs/sozialen Systems (oder wie immer man die Einheitlichkeit eines abgegrenzten Ganzen bezeichnen will) besteht aus eingespielten, funktionierenden Regelungen und Abläufen aus klaren Trennungen und Verbindungen nach innen wie nach außen, was auch bedeutet: dass die typischen Widersprüche und Konflikte »institutionalisiert«, d. h. – wie immer problematisch und prekär – »untergebracht« sind.

– Externe oder interne Impulse führen zu einer *Destabilisierung*, d. h. die herkömmlichen, bis dato gut angepassten und bewährten Regulationen und Modi greifen nicht mehr. Es kommt zu »Krisen«, weil und wo Diskrepanzen zwischen Anforderungen und Fähigkeiten, zwischen Kapazitäten und Bedarf auftreten.[33] Es besteht die Notwendigkeit, sowohl die »Innenwelt« als auch die Beziehung zur Umwelt neu zu gestalten; ein Vorgang, der sich nicht als plötzlicher Sprung, sondern als Prozess der Aneignung und Abarbeitung vollzieht.

– Nach einer bestimmten Zeit kommt es zu einer *Restabilisierung*. Durch Gewöhnung (die den Veränderungen das Bedrohlich-Unbekannte nimmt), vor allem aber dadurch, dass intern wie extern neue, besser auf die Veränderungen abgestimmte Strukturen entwickelt werden, pendelt sich erneut ein Gesamtzusammenhang von Regeln und Abläufen ein, der sich inhaltlich vom Status Quo unterscheidet, aber ebenfalls die Qualität eingespielten Funktionierens besitzt – was keineswegs heißt, dass alle Probleme »gelöst« waren; sie sind vielmehr nun »eingebaut« ins Ganze. So verstanden ist »Normalisierung« nicht mit der Herstellung eines (wie immer definierten) Optimums oder der Rückkehr zu einem solchen Zustand zu verwechseln. Es handelt sich um eine strukturell angelegte Dynamik, die sich in spezifischen Charakteristika äußert, ohne dass damit Widerspruchsfreiheit und Statik verbunden wäre.

Die Darstellung dieses Prozesses wirft erhebliche Schwierigkeiten auf. Schon deshalb, weil, wie erwähnt, »Normalisierung« nicht heißt, dass ein Abschluss erreicht ist, dass nunmehr ein fertiges »Produkt« zu besichtigen wäre. Es handelt sich vielmehr um einen spezifischen Prozesstyp, der sich von dem des Übergangs unterscheidet, aber auf seine Weise in Bewegung ist und durch innere wie äußere Einflüsse in Bewegung gehalten wird. Ein zweiter Grund ist, dass nicht alle Bereiche dieses Prozesses gut bekannt und empirisch untersucht sind. Die Wissenschaftler, die sich mit dem Problemfeld beschäftigen – es sind vorrangig Psychologen – tun dies im Rahmen ihrer theoretischen wie methodischen Vorgaben und Begrenzungen. So gibt es sehr viel Untersuchungen über Einstellungsveränderungen, die im Rahmen der »Transition-to-parenthood«-Diskussion angestellt wurden (vgl. die Zusammenfassung der Debatte bei Jacoby 1969, Grossman et al. 1982, LaRossa/LaRossa 1983).

Die mikrosoziologische Beschäftigung mit dem Thema ist bisher eher zurückhaltend gewesen. LaRossa/LaRossa (1983, 187) vermuten, dass Soziologen von der Art und Weise der bisherigen Thematisierung abgeschreckt worden wären und ihrerseits »the sociological significance of this research topic« unterschätzt hätten. Sollten sie eines Tages seine Bedeutung erkennen, würde auch ihnen vermutlich bald klar, dass das Hauptproblem darin besteht, dass ein komplexes Feld sich linearen Darstellungen entzieht. Denn Normalisierungen finden in verschiedenen psychosozialen Dimensionen statt:

– in der *Beziehung der Erwachsenen zum Kind*;
– in der *Identität der Erwachsenen als Bezugsperson* des Kindes und

in Bezug auf die damit verbundenen Veränderungen in den übrigen Identitätszonen;

- in der *Beziehung der Eltern* untereinander (soweit das Kind nicht von einem Elternteil allein betreut wird);
- in der *Beziehung zu den relevanten Bezugsgruppen* und Institutionen, d. h. zur sozialen Umwelt.

Es versteht sich von selbst, dass diese Teilprozesse nicht unabhängig voneinander ablaufen, sondern sich wechselseitig beeinflussen, stimulieren, steuern. Dies ist ein theoretisches Problem (weil man bei allen Aussagen immer die jeweiligen Rahmenbedingungen benennen müsste, was gerade bei dynamischen Prozessen kaum möglich ist), damit jedoch auch ein darstellungstechnisches: Wo immer man anfängt, müsste man die Vorgänge in den anderen Bereichen auch mitbeschreiben oder voraussetzen. Eine definitive Lösung der Problematik ist (mir) nicht bekannt. Ich möchte versuchen, die vorhandenen Befunde auf eine Weise zu gliedern, die sich an dem bisher verwendeten Modell der Unterteilung in verschiedene Exposés orientiert, nachdem ich zuvor strukturell bedingte Veränderungen und Merkmale von Normalisierung in diesem Zusammenhang dargestellt habe.

Gerade in der Entwicklung der Eltern-Kind-Beziehung kann wegen der tiefgreifenden Veränderung, die ein Neugeborenes mit sich bringt und auslöst, nicht von »Normalisierung« im Sinne von »alles erledigt« gesprochen werden. Es gibt jedoch einige generelle Effekte, die sich mehr oder weniger ausgeprägt und individuell variiert aus dem Ablauf der Zeit, genauer: aus der damit verbundenen Qualität und Qualität von Interaktion ergeben. Denn intensive und andauernde Interaktion hat stets zur Folge, dass nicht nur eine Gewöhnung eintritt, sondern dass sich auf Seiten aller Beteiligten die gewonnenen Erfahrungen in stabile Strategien, in Routinen des Handelns und Denkens übersetzen.

Dabei spielt eine wichtige Rolle, dass das Neugeborene in den ersten sechs Monaten eine sehr intensive Entwicklung durchmacht[34] – im ersten Lebensjahr ereignen sich Fortschritte in einem Tempo, welches später nie wieder erreicht wird. Schon rein körperlich: In noch nicht einmal fünf Monaten verdoppelt ein Säugling (statistisch gesehen) sein Gewicht, seine Körpergröße nimmt um mehr als ein Drittel zu. Nun sind die Eltern mit einem Menschenkind konfrontiert, dem man die winzigen Finger und die runzelige Haut der ersten Zeit nicht mehr ansieht und auch nicht mehr zutraut. Noch entscheidender sind die psychischen Entwicklungen[35]: An die Stelle der Reflexe, die für die ersten Tage und Wochen kennzeichnend waren, ist eine zunehmende motorische Kompetenz und psychosoziale Zielstrebigkeit getreten: Schon im dritten Monat beginnt der Säugling, Dinge zu betasten, in den Mund zu stecken. Außerdem kann man von dezidierter sozialer Kontaktaufnahme sprechen, die über das bisherige »coenäs-thetische« Niveau der Interaktion weit hinausgeht.[36] Schließlich – und das ist für Jungeltern besonders erfreulich – hat sich die biophysische Struktur des Kindes entwickelt und stabilisiert. Es hat einen (allerdings nicht immer dem der Erwachsenenwelt entsprechenden) Tag-Nacht-Rhythmus entwickelt, d. h. es schläft nachts länger als tagsüber; die Verdauung hat sich eingespielt, die anfänglichen Schwierigkeiten auf diesem Gebiet (die berüchtigten Blähungen und das damit verbundene Geschrei) haben sich so weit abgebaut, dass Ernährung zur problemlosen Routine geworden ist. Dies gilt auch, wenn das Kind gestillt wird: Eine stillende Mutter mit einem sechs Monate alten Kind ist viel sicherer und kann sich (wenn sie nicht gerade in Konflikte mit anderen Erwartungen und Zwängen gerät) ganz an der symbiotischen Dimension des Stillens erfreuen (und diese Freude an den Säugling weitergeben).

Durch ihre Fortschritte und zunehmende Strukturiertheit erlaubt also die kindliche Entwicklung selbst ein gewisses Maß an »Normalisierung«. Die Eltern können um die kindlichen Vorgaben einen Tagesablauf aufbauen, der (zumindest idealiter) die erforderlichen und gewünschten Handlungen integriert.[37] Dies alles bedeutet, dass nicht nur die kindlichen Lebensäußerungen konsistenter und deutlicher geworden sind, sondern auch die Reaktionen der Eltern. Sie können nunmehr eher unterscheiden, was »normal« und was »gefährlich« ist, wissen, was die Eigenheiten ihres Kindes sind und haben auch geklärt, wie sie damit umgehen (wollen). Beide Entwicklungen verstärken und bestätigen sich gegenseitig: je mehr Struktur das Kind anbietet, desto strukturierter (zumindest potenziell) die elterliche Reaktion, je strukturierter die elterlichen Verhaltensweisen, desto mehr findet die kindliche Entwicklung Anhaltspunkte. Auch haben sich Umgangsweisen mit Problemzonen und Ausnahmesituationen herausgebildet. Mit einem Wort: Die Eltern-Kind-Beziehung hat eine eigene Struktur, hat eine vergleichsweise hohe Stabilität erreicht. Nachdem sowohl die Aufregung als auch der Reiz, die mit einem neuen Ereignis von dieser

Bedeutung verbunden sind, abgeklungen sind, kommt jedoch noch ein weiterer Aspekt praktischer Normalisierung zum Tragen: Mit der Gewöhnung kommt die Gewöhnlichkeit, die Tristesse alltäglicher Wiederholung. Wenn es am Anfang noch ein Abenteuer ist, ein Kind zu pflegen und man stolz drauf sein kann, es einigermaßen zu überstehen, stellt sich mit der Routine auch die Langeweile ein. Das Wickeln klappt reibungslos und wird gerade dadurch zu einer Angelegenheit, die sich als ständig sich wiederholender Zwang in den Tagesablauf drängt; man kann weder Status noch innere Befriedigung in größerem Umfang daraus gewinnen. Als täglich mehrfach zu absolvierende Pflichtübung (mit der Aussicht auf mehrjährige Kontinuität) werden viele Teile des praktischen Umgangs zur Last. Damit wird das Leben mit einem Neugeborenen in mancher Hinsicht zur Arbeit, trägt die typischen Charakteristika abhängiger und repetitiver Tätigkeit; wer (vorrangig) mit ihr beschäftigt ist, erlebt einen erheblichen Verlust an Status und Respekt. Kaum jemand reißt sich daher ums Windelwaschen (so dass, wo diese oder ähnliche Tätigkeiten zur Disposition stehen, auch typischerweise Partnerkonflikte um die Arbeitsteilung auftreten).

Neben den praktischen und kognitiven Strukturen sind vor allem auch die emotionalen für die Beziehung wichtig. Auch in Bezug auf »Flitterwochen« und »Schock« gilt, was über Veränderungen gesagt wurde: In ihrer bisherigen Exponiertheit bleiben Gefühlsqualitäten (und die ihnen zugrunde liegenden psychosozialen Beziehungsmuster und Objektrepräsentanzen) nicht auf Dauer erhalten. Es kommt auf jeden Fall zu einer Abschwächung der Gefühlsintensitäten, weil sowohl die exklusive Identifizierung mit hochgradiger primärnarzisstischer Aufladung als auch das Überwältigt sein durch massive und plötzlich auftretende Verhaltensanforderungen allein durch das Verstreichen von Zeit (und die damit verbundene Veränderung der Konstellation) ein Stück weit abgebaut werden. Mit dem Auftreten neuer Muster, die sowohl erfahrungsgesättigt sind als auch näher an der Basisstruktur der beteiligten Subjekte liegen, verändert sich das Verhältnis von emotionellem und sozialem Geschehen. Nach dem Ende der Ausnahme- und Übergangssituation treten die typischen Strukturen der psychosozialen Identität – thematisch erweitert und umgeformt – wieder stärker in den Vordergrund. Typisch für Flitterwochen und Schock ist ja gerade, dass gewissermaßen exzentrische, ungewöhnliche Identitäts- und Beziehungsanteile aktualisiert werden.[38] Schon deshalb werden sie nach einiger Zeit abgelöst durch gewöhnlichere – d. h. für die beteiligten Subjekte längerfristig adäquate – Formen.

Auch die Psyche geht auf ihre Weise zum »Normalbetrieb« über. Dies bedeutet vor allem, dass die emotionalen Beziehungsstrukturen insofern »ausgeglichener« werden, als nunmehr auch die Anteile, die vorher durch die Intensität der Gefühle in der Ausnahmesituation zugedeckt und ausgeklammert wurden, zur Geltung kommen. An die Stelle von situativ bedingten Idealisierungen und Projektionen treten nun gewissermaßen (identitätsspezifische) »Normal-Übertragungen«. Dies bedeutet in Beziehungen zwischen Erwachsenen normalerweise, dass man nunmehr auch andere Seiten am anderen (und an sich selbst in Bezug auf ihn) entdeckt – Flitterwochen sind auch deshalb so lieblich, weil jeder seine »Schokoladenseite« zeigt und zeigen kann. Zugleich wird die Beziehung zu ihm (zu ihr) auf ein Normalmaß reduziert und in den Rahmen der anderen Beziehungen eingeordnet. Jetzt zeigt sich, ob und wieweit der (oder die) andere psychische Übertragungsprozesse zulässt/stimuliert/abruft, die jenseits der Ausnahmesituation Kontur und Halt haben. Dadurch kann die Beziehung auf eine völlig neue Basis gestellt werden.[39] Auf alle Fälle müssen sich, soll die Beziehung überleben, den Alltag erhaltende/überlebende Identifikationen ergeben. Dieser Prozess der Normalisierung von Übertragung sieht in Bezug auf die Eltern-Kind-Beziehung in wichtigen Punkten anders aus. Auch hier ist die Asymmetrie der Beziehung ein zentraler Faktor. Das Kind ist – historisch gesehen: mehr denn je[40] – vital auf die emotionale Zuwendung der Erwachsenen angewiesen. Andererseits entwickelt sich die Beziehung zwischen Eltern und Kind nicht über einen Prozess der Annäherung, wie er zwischen Erwachsenen üblich ist. Auch ist ein vorzeitiger Abbruch bzw. ein »Ausstieg« nach den Flitterwochen nicht möglich. Es steht zu vermuten, dass die Natur deshalb die Neugeborenen mit einer emotionalen »Sprache« (vorrangig des Körpers) ausgestattet hat, die die für Erwachsene typischen Ausdrucksformen und damit auch die Regeln der Auseinandersetzung und Abgrenzung unterläuft. Es sind nicht zuletzt die totale Hilflosigkeit und die qualitative Differenz zur Erwachsenenwelt, die dazu führen, dass der kindliche Ausdruck jene imperative Kraft besitzt, die jeder Erwachsene spürt, der sich auf ein Neugeborenes emotional einlässt. Das Übertragungsgeschehen ist hier komplexer. Was die Kinder erleben, können wir nur spekulativ und indirekt erschließen.[41] Die Erwachsenen stehen vor der Alternative, sich mit dem Kind zu identifizieren, d. h. aber auch: gerade die regressiven, symbiotischen Beziehungsdimensionen zuzulassen und auf dieser Ebene zu reagieren, oder diese Art von Kontakt zu verweigern. Die gelungene Beziehung eines Erwachsenen zu einem Säugling ist verbunden mit der Genese einer wechselseitigen Abhängigkeit. Brisant ist für Kinder dagegen, wenn Erwachsene in dieser Hinsicht ambivalent reagieren oder sich weigern, diese Art von Kontakt aufzunehmen. Und während traditionelle Gesellschaften, in denen die Distanz zwischen Kindern und Erwachsenen(-welt) nicht diese Ausmaße hat und die soziale Primärstruktur noch autochthone Stabilität besitzt, hier nur in geringem Maß auf individuelle Generierung solcher Beziehungsmuster angewiesen sind, ist gerade dies in industrialisierten Lebenswelten mit ihren subjektiven Lebensweisen ein Problem. Hier werden differenzierte Übertragungsprozesse sowohl möglich als auch gebraucht, um individualisierte Eltern-Kind-Prozesse zu stabilisieren. Das Spektrum emotionaler Interaktion erweitert sich.

Der Erwachsene kann also eine Beziehung zum Kind nicht nach der »Probezeit« »kündigen«, auf der Basis erster Erfahrungen überdenken, ob sie auf Dauer trägt – sie muss tragen. Hier ähneln sich Eltern-Kind-Beziehungen und traditionalistisch strukturierte Erwachsenenbeziehungen: Man muss einen gemeinsamen (Beziehungs-)Nenner finden. Es liegt auf der Hand, dass eine »intensive Zwangsgemeinschaft« ein ebenso intensives wie komplexes psychosoziales interaktives Geschehen auslöst. Je nachdem, wie stark welche Imago des Kindes in der elterlichen Psyche ausgeprägt ist, ergeben sich daraus hochspezifische Übertragungsprozesse, die entsprechend konfliktträchtig sind. Zwangsläufig kommt es auch zu negativen Übertragungen. Primär, weil intensive Beziehungen stets Ambivalenzen einschließen, sekundär, wo Erwartungen/Hoffnungen enttäuscht werden. Dies bleibt in den meisten Eltern-Kind-Beziehungen nicht aus. Enttäuschungen äußern sich meist in Wut und Ärger mit projektivem Gehalt: Fast alle berichten, genauer befragt, dass sie hin und wieder die Phantasie hatten, das Kind schreie absichtlich, um sie zu ärgern. Nur in Extremfällen wird daraus eine Dominanz von Negativ-Projektionen, die dann jedoch leicht lebensgefährlich für das Kind oder fatal für die kindliche Entwicklung sein können. Das zeigen die hin und wieder bekannt werdenden Fälle, in denen Eltern ihre Kinder verhungern ließen oder zu Tode quälten. Versucht man, diesen stets mit öffentlicher Empörung zur Kenntnis genommenen Fällen auf den Grund zu gehen, so zeigt sich regelmäßig, dass es sich um destruktive Konstellationen subjektiver und sozialer Art handelt. Meist sind die Eltern psychisch überfordert, weil sie selbst in bestimmten Bereichen noch infantil geblieben sind. Erwachsene, deren eigene Entwicklung von Verwahrlosung oder Misshandlung beeinträchtigt ist, können kaum angemessen auf die kindlichen Anforderungen reagieren. Durch die permanente Konfrontation mit einem zur Übertragung auffordernden Wesen werden solche latenten psychischen Strukturen aktualisiert. Wo sie psychisch stärker aufgefangen und verarbeitet werden, äußern sie sich häufig in Form von Ängsten: Es könne dem Kind etwas zustoßen, es sei gefährlich erkrankt, dies und jenes Symptom sei ein bedenkliches Zeichen. Diese Gegenbesetzungen fangen unmittelbare Aggressivität ab, können jedoch ihrerseits gefährlich werden, wo sie in der Grundstruktur ihren zerstörerischen, eindringenden Charakter beibehalten.[42]

Normalisierung der emotionalen Beziehung schließt also systematisch auch die Art und Weise, wie Eltern mit aggressiven Impulsen gegenüber dem Kind umgehen, ein. Weiter unten wird noch auf die spezifischen Risiken (anderweitig) emotional gestörter und verzerrter Eltern-Kind-Beziehungen eingegangen. Hier geht es zunächst nur darum, dass in der Phase der »Normalisierung« auch das Übertragungsgeschehen sich einpendelt und nunmehr auf dieser Basis sich weiterentwickelt. Analog dazu hat sich auch das Selbstbild der Eltern so weit gefestigt, dass zu den unterschiedlichen Selbst-Erlebnissen ein (mehr oder weniger) integriertes Selbst-Verständnis getreten ist. Die Erlebnisse sind nicht mehr so überwältigend, nicht mehr so heterogen und leicht umkippend, können nicht mehr durch singuläre Ereignisse irritiert werden. An die Stelle situativ dominanter und sich schnell ablösender Erlebnisse treten konsistentere Vorstellungen, die auch über schwierige und abweichende Ereignisse hinweghelfen, die damit auch eine gefestigtes Selbstbewusstsein (das nicht so leicht aus der Fassung zu bringen ist) und eine klare Vorstellung dessen, was welche Bezugsgruppen zu sehen und zu hören bekommen (sollen), einschließt. Mit einem Wort: Dem stabilen inneren Bild des Kindes entspricht auch eine Selbstprojektion. Der neue Status als Mutter oder Vater eines Kindes ist emotional nicht notwendigerweise verkraftet, aber emotional gewichtet und zugeordnet auf eine Weise, die lebenspraktische Orientierungswerte besitzt.

Zeichen für die Stabilisierung des Selbstgefühls, für die neue Balance der psychosozialen Identität, sind vor allem der sehr viel geringere Ausmaß an Schwankungen für die größere Ökonomie der Handlungen bei gleichzeitiger Festigung (d. h. vor allem: Störungsresistenz) der Einstellungen und Strategien. Wer aufgrund von Erfahrungen und gefestigter Identifikation handelt, wird nicht mehr so schnell aus der Ruhe gebracht: Weder eine ungewöhnliche Reaktion des Kindes noch eine quer zur eigenen Einstellung liegende Reaktion der Umwelt kann die nunmehr erfahrene Mutter (bzw. den erfahrenen Vater) so schnell erschüttern. Jetzt nimmt man neue Errungenschaften des Nachwuchses etwas gelassener hin, reagiert auf fremde Erziehungsphilosophien nicht mehr so defensiv oder offensiv. Außerdem haben sich inzwischen klarere Vorstellungen, wer was zu sehen bekommen soll (und entsprechend ausgearbeitete Außendarstellungen)[43] ergeben.

Was sind äußere Indikatoren, die zeigen, dass die Beziehung zum Neugeborenen wie auch die neue Identität eine Zone der Normalisierung erreicht haben? Je stärker Beziehungen individualisiert sind, desto weniger lassen sich »objektive« Indizien benennen, d. h. Ereignisse, interaktive Abläufe, die transsubjektiv erkennen lassen, was passiert. So wie die konkrete Art der Verunsicherung »subjektiver« aussieht, ist es auch mit der Stabilisierung. Es lässt sich abstrakt lediglich feststellen, dass die Exzentrik des Geschehens nachlässt und die Dinge ruhiger, gleichmäßiger, selbstverständlicher geschehen. Feste Positionen sind Ausdruck einer gesicherten Beziehung, während gleichzeitig die Rückkehr in einem weiteren Lebenshorizont das Leben mit dem Kind in den Kontext anderer Lebensbezüge einbaut, d. h. auch: relativiert. Ein Anzeichen für das erstere ist fast immer, dass sich ein (oder eine Reihe von) Kosename(n) ergeben hat, die nunmehr selbstverständlich gebraucht werden. Diese Kosenamen zeigen, dass das Kind in seiner Besonderheit akzeptiert, dass eine singuläre Beziehung zu ihm aufgenommen wurde (und die Tatsache, dass diese Kosenamen nicht von jedem verwendet werden können, zeigt die Grenze zwischen der Eltern-Kind-Beziehung und ihrer Umwelt). Denn während der offizielle Name als »Vorab-Entwurf« dem »fertigen« Menschen gilt und daher mehr abstrakt-projektive (auch selbst-projektive) Züge trägt, ist der Kosename Ausdruck der Gefühlsqualität der aktuellen Beziehung, also ein symbolisches Echo der Symbiose. Es erübrigt sich auch schon von daher, hier

Beispiele zu nennen – für Außenstehende klingen sie immer eigenartig. Sonst wären sie auch keine Kosenamen.

Ein (allerdings sehr spezifischer) Indikator ist, dass die anfangs sehr ausgeprägte Fotografierwut nachlässt. Während gerade in der Anfangszeit (wenn überhaupt fotografiert wird) gleich Massen von Filmen verknipst werden, nimmt die Frequenz deutlich ab. Auch hier spielt sicher eine Rolle, dass das immer gleiche Objekt nicht endlos Aufmerksamkeit auf sich ziehen kann. Aber auch das Bedürfnis, jeden kostbaren Moment festhalten zu wollen und das Objekt des Kultes möglichst häufig und auf alle mögliche Weise »festzuhalten«, lässt nach.[44]

Wenn die Beziehung zum Kind und das Selbstverständnis als Elternteil stabilisiert ist, bedeutet dies auch, dass die Beziehung zwischen den Eltern, die Paarbeziehung, in die das Kind hineingeboren wurde, diese Veränderungen aufgenommen und sich mit ihnen auseinandergesetzt hat. Die Tatsache, dass nunmehr ein Dritter/eine Dritte sich ständig einmischt und präsent ist, dass traute Zweisamkeit definiert wird von den Möglichkeiten, die der Umgang mit dem Kind bietet, ist von tiefgreifender Bedeutung: Keine Paarbeziehung ist mehr, was sie vorher war. Normalisierung heißt jetzt, dass sowohl die negativen Aspekte, die mit dieser Einmischung verbunden sind, integriert sind, als auch die positiven – das Erleben von Gemeinsamkeit, Stolz, Glück, kurz: symbiotische und narzisstische Identifikationen – zurechtgerückt und dimensioniert sind. Zu den strukturellen Veränderungen gehört, wo immer Eltern sich auf ihr Kind einlassen, dass die Zeit und Zuwendung, die sie sich bisher gegenseitig widmen konnten, nunmehr eingeschränkt ist. Darüber hinaus ist mit dem Grad der Absorbierung durch das Leben mit dem Kind auch die restliche Zeit mehr oder weniger auf die damit verbundenen Probleme zentriert. Zu den wenigen empirisch durchgängig festgestellten Veränderungen, die nach dem Übergang zur Normalität deutlich werden, gehört daher, dass die Eltern feststellen, dass sich ihre Beziehung verändert hat. Sie hat sich (mehr oder weniger) von einer »Romanze« zu einer »Dienstleistungsgemeinschaft« verändert. Der »mean romance score« (Belsky 1979) ist erheblich gesunken. Das Erlebnis der Ernüchterung darüber, was es bedeutet, ein Kind zu haben und wie dies die Beziehung beeinträchtigt, ist fundamental und wird in allen Studien in verschiedener Weise gespiegelt (vgl. Grossman et al. 1980, LaRossa/LaRossa 1981).

Dabei liegt die Ursache für die Intensität dieses Erlebnisses nicht nur in der Verknappung der Zeit (und der damit verbundenen Ökonomisierung der Zeit auch für die Paarbeziehung bzw. den Zwang, Vordringliches – d. h. das Kind – immer vorzuziehen). Es ist vor allem auch die emotionale Konzentration, die in der Frühphase – der »Verliebtheit« – ein gewolltes und intensives Erlebnis ist, im Dauerbetrieb sich jedoch auch als ein Zwang und eine Einschränkung entpuppt. Die Abhängigkeit des Kindes erzwingt eine permanente subkutane Alarmbereitschaft, auch wenn das Kind nicht gerade bedürftig ist; Quantität und Qualität der Eltern-Kind-Beziehung gehen ein Stück weit auch auf Kosten der Beziehung zwischen den Eltern. Normalisierung heißt daher auch immer: festzustellen, dass man als Paar durch die Existenz eines Kindes bestimmt ist, sich über das Kind aufeinander zu beziehen und zu erleben: interaktiv wie emotional. Diese Beziehungsreduzierung zeigt sich symptomatisch in den sehr häufig auftretenden Veränderungen der sexuellen Beziehung. Im allgemeinen wird Sexualität in ihren Möglichkeiten eingeschränkt. Psychoanalytische Autoren vermuten, dass die Symbiose selbst, das »faire l'amour« mit dem Säugling, sexuelle Impulse so bindet, dass für den erwachsenen Partner weniger »übrigbleibt«. Sicher ist, dass durch die Umstände die bisherigen Formen und Möglichkeiten sexueller Beziehungen eingeschränkt werden. Statistisch zeigt sich, dass vor allem Männer im ersten Jahr nach der Geburt sexuell frustriert sind (vgl. Belsky et al. 1983). Dies könnte jedoch auch ein indirekter Ausdruck für den Verlust an emotionaler Zuwendung sein; dass Frauen (die sich im allgemeinen stärker in die Beziehung mit dem Kind hineinbegeben) dies anders erleben, leuchtet ein.

Normalisierung bedeutet jedoch nicht nur einen Verlust an dynamischer Intimität, sondern auch ein (exposéspezifisch variiertes) Maß an Konfrontation. Zu den praktischen Aspekten, die die Normalisierung der Paarbeziehung einschließt, gehört vor allem die Neudefinition der Arbeitsteilung. Während in der Übergangssituation in modernen, bis dato partnerschaftlich definierten Beziehungen[45] häufig relativ ungewöhnliche und variable Formen der Kooperation praktiziert werden, vollzieht sich im Prozess der Normalisierung unter dem Einfluss der sozialen Schwerkraft innerhalb und außerhalb der Beziehung die Herausbildung von deutlichen Mustern der Tätigkeit. Wer was mit dem Kind tut und wer für was zuständig ist, wird jetzt definitiv geklärt und festgeschrieben. Zugleich entwickeln sich mehr auch die dazugehörigen Interpretationen und die Art und Weise, wie die beziehungstypische Praxis nach außen präsentiert und legitimiert wird.[46] Es ist bekannt, dass reale Praxis und ihre Interpretation nicht übereinstimmen müssen und das unterschiedlichen Publikumssegmenten eine unterschiedliche Realität vorgezeigt wird, je nachdem, welchen Status das jeweilige Publikum in der Sicht der Eltern hat. Wie diese paarspezifische Arbeitsteilung aussieht, hängt naturgemäß nicht nur vom freien Willen der Partner, sondern auch von ökonomischen, sozialen, normativen Rahmenbedingungen ab. Sie spiegelt zugleich, was der Beziehung für Muster für Belastungen dieser Art immanent sind. Denn man kann davon ausgehen, dass vor allem die ersten Jahre mit Kindern Stress bedeuten, so dass Beziehungen im Rahmen der Dauerbelastung ihre Stressverarbeitungskapazitäten zeigen müssen. Die empirischen Befunde zeigen in aller Deutlichkeit, dass zu den zentralen Bewältigungsstrategien in diesem Kontext regressive bzw. retrogressive Muster gehören, die noch weiter unten beschrieben werden.

Auch die Beziehungen zur Umwelt normalisieren sich. Während in der Übergangszeit der Kontakt sowohl zu Bezugsgruppen als auch zu Institutionen vom Sonderstatus der Situation geprägt ist, schält sich nun heraus, welcher Kontakt auf welche Weise notwendig und tragfähig ist. Was die Bezugsgruppen betrifft, wurde bereits angesprochen, dass es hier erhebliche Verschiebungen gibt: Durchgängig verlieren die »peer-groups« an Bedeutung, während Eltern mit Kindern als hochrelevante neue Bezugsgruppe an Bedeutung gewinnen. Diese Verschiebung hängt in ihrer konkreten Gestalt allerdings weitgehend von der Art der Paarbeziehung ab (vgl. weiter unten). Auf jeden Fall ist die Integration des Paares in die Peer-Aktivitäten in der vorherigen Form nicht mehr existent; man kann nicht mehr in der vorherigen Weise an Aktivitäten dieser Art teilnehmen. Kegelabende oder Radwanderungen mit Säugling stellen sich bald als unerfreulich heraus. Deshalb werden bisherige Sozialbezüge bald aufgegeben – es sei denn, das Paar lebt in segmentierten Sozialbezügen und einer der Partner setzt dann seine Außenkontakte in vorheriger Weise fort. Gemeinsame Aktivitäten in einer gemeinsamen Bezugsgruppe sind jedoch so nicht fortzusetzen. Es fehlt den Keglern an Interesse, sie fühlen sich gestört – und engagierte Eltern vermissen bei ihnen bald das Maß an Verständnis und Wissen, welches sie erwarten.[47] So schränken sich diese Aktivitäten ein.

Auf der anderen Seite nehmen die Kontakte zu, die – je nach Entwurf des Lebensstils – zur Situation passen. An Bedeutung gewinnen: die Gruppen, die praktisch und normativ relevant werden, teils indem sie durch eine geteilte Situation zu natürlichen Kommunikationspartnern werden.

Mutatis mutandis gilt dies auch für die Kontakte zur institutionellen Umwelt. Auch hier verlieren die Institutionen an Bedeutung, die mit der neuen Lebensweise weniger zu tun haben, während die wichtiger werden, die das Kind betreffen. Und während man in der Übergangzeit noch ausgesprochen unsicher mit Kontakten war (und dadurch Kliniken und Kinderarztpraxen nervte durch häufige – aus deren Sicht: unnötige – Präsenz), kennt man nun die Anlässe, mit Institutionen Kontakt aufzunehmen, weiß, wie man dies tut (also hat Erfahrung damit, mit Kind und Kinderwagen ins Gesundheitsamt zu kommen) und bewegt sich in diesem institutionellen Kontext sicher (das Wartezimmer des Kinderarztes ist ein bekannter Ort) und so regelmäßig, wie es das eigene Exposé erfordert. Routine kennzeichnet auch den Umgang mit Institutionen. Dabei greifen der Wechsel der Bezugsgruppe (bzw. die Konsolidierung der neuen Beziehungsfelder) und die Veränderungen im institutionellen Feld ineinander: Wo es Kinderkleidung zu kaufen gibt[48], trifft man nur Eltern – häufig die gleichen wie beim Kinderarzt, hat dieselben Probleme und Interessen und ist, vermittelt über die distanzreduzierende Wirkung von Kindern, auch eher fähig und bereit, Kontakte aufzunehmen.

6.4.2. Das traditionalistische Exposé

Wie strukturieren sich diese allgemeinen Tendenzen zur Restabilisierung des Gesamtzusammenhangs bzw. der Generierung einer stabilen Struktur angesichts radikaler Veränderungen subkulturspezifisch? Es wurde weiter oben bereits beschrieben, dass am wenigsten Erschütterung dort stattfindet, wo von der Sozialstruktur der Identität der Partner und vom normativen Kontext her eine homogene traditionalistische Orientierung vorherrscht. Denn hier treffen die Veränderungen auf klar gebahnte Übergangsregulationen, sie finden statt im Kontext von eindeutigen, abgegrenzten, klar definierten Positionszuschreibungen. Hier muss also eine eigene Position nicht (so) aufwendig hergestellt werden; sie liegt quasi bereit und verlangt nur begrenzt subjektive Definition. Das schränkt ein, bietet aber auch Entlastung. Die Übertragungsprozesse entwickeln zwar nicht so viel Eigendynamik, sind dadurch aber auch weniger in Gefahr, aus der Balance zu geraten[49]: die bereitliegenden Beziehungsmuster begrenzen symbiotische Beziehungsanteile und sanktionieren problematische Abgrenzungen (etwa durch ausgeprägte Eigeninteressen v. a. der Mutter).[50] Dafür sorgt schon die feste Einbindung der Positionen in ein relativ enges Netz von Beziehungen und Normen. Die Eltern der Eltern, die Nachbarn sind meist auf mehr oder weniger unauffällige Weise präsent und legen Normalitätsmuster nahe. Gleichzeitig ist die Paarbeziehung wegen der vorgeschriebenen und vergleichsweise selbstverständlich funktionierenden Komplementarität der Positionen von Müttern und Vätern eher unproblematisch, genauer: kein Thema für Auseinandersetzungen. Da die Arbeitsteilung vorab festliegt und akzeptiert wird, ergeben sich geringe manifeste Spannungen; soweit latent Konflikte bestehen, müssen sie, um faktisch wirksam zu werden, erst gegen die normative Kraft des traditionalistischen Exposés durchgesetzt werden.

Hier bilden also Eltern-Kind-Beziehung (man sagt hier wohl besser: Mutter-Kind-Beziehung), Komplementarität der Paarbeziehung und der Zugriff vorselegierter Bezugsgruppen ein homogenes soziales Feld, in dem die Einzelentwicklungen mehr oder weniger aufeinander abgestimmt sind. Der Kontakt zur Außenwelt, d. h. zu Institutionen außerhalb des lebensweltlichen Horizonts, zum öffentlichen Diskurs etc., ist eher gering. Nachfragen bei Kinderärzten haben ergeben, dass beispielsweise Vorsorgeuntersuchungen von Müttern aus dieser Subkultur eher selten wahrgenommen werden (und wenn sie kommen, dann ohne Ehemann). Auch wird deutlich weniger »modische« Kinderkleidung gekauft.[51] Der Kontakt zu anderen Jung-Eltern (respektive: -Müttern) beschränkt sich meist auf die Kontakte des eigenen Herkunftsmilieus. Diese Reduzierung trägt zusätzlich zur Stabilität der traditionellen Muster bei. Es verwundert daher nicht, dass traditionalistisch orientierte Mütter deutlich zufriedener mit einer Nur-Hausfrauen-Situation sind (vgl. Jacoby 1969).

Schwierigkeiten sind vorprogrammiert, wenn das Exposé (aus inneren oder äußeren Gründen) nicht mit auftretenden Problemen/Imperativen fertig wird, da es (relativ) wenig Reflexivität besitzt und eher mit Indifferenz und Festhalten an überkommenen Problemdefinitionen/-lösungen reagiert. Wenn die exposéspezifischen Konflikte nicht in einem homogenen Milieu aufgefangen und entschärft werden, spitzen sie sich zu. Mütter, die etwa mit dem skizzierten Gegensatz zwischen Gefühl und Ideologie (dem »Stillplan«) allein bleiben, sind überfordert und reagieren entsprechend.

Strukturelle Risiken ergeben sich in dieser Konstellation vor allem daraus, dass Kinder nicht hinreichend als gemeinsames Thema der Eltern definiert und behandelt werden, so dass (an diesem Punkt) eine Spaltung der Paarbeziehung und ein Verlust an gemeinsamem thematischem Horizont wahrscheinlich wird. Für die kindliche Entwicklung können vor allem die zu geringe Förderung durch Umweltanreize bzw. die Folgen zu massiver Abgrenzung riskant werden. Da das dominierende moderne Exposé die Förderung der kindlichen Entwicklung als ein wesentliches Kriterium der Eltern-Kind-Beziehung hervorhebt, ergeben sich hier zumindest relativ ungleiche Entwicklungschancen (wenn man davon ausgeht, dass der moderne Umgang mit Kindern tatsächlich ihrer Entwicklung förderlich ist). Wenn der Abstand zur gesellschaftlichen Normalität (d. h. zum modernen Exposé) zu groß ist, besteht zusätzlich die Gefahr des »Sektierertums«. Das traditionalistische Exposé ist daher sowohl für die Eltern-(Mutter-)Kind-Beziehung als auch für die Entwicklungschancen des Kindes riskant.

Deutlich anders sieht die Konstellation aus, wenn zwar strukturell traditionalistische Muster vorherrschen, aber der Einfluss »moderner« Muster nicht durch homogene Binnenstrukturen und die Reduzierung des Austauschs mit anderen Exposés eingeschränkt wird. Dies könnte beispielsweise der Fall sein, wenn zwar (wie für Unterschicht- und Oberschicht-Familien typisch[52]) von vornherein klar ist, dass nach der Geburt des Kindes die Mutter ihre Berufstätigkeit aufgibt und sich gänzlich Kind und Haushalt widmet, sich dies aber nicht in einem sozialen Milieu abspielt, das auffängt und absichert. Die Folge: Es kommt zu einem intensiveren Austausch mit anderen Gruppen, die nicht vorrangig durch Verwandtschaft/Nachbarschaft/Gruppenzugehörigkeit vorselegiert sind; außerdem zu intensiveren Kontakten mit sozialen Institutionen (und deren interaktiven und normativen Angeboten). Unter diesen Vorzeichen wird die innere Durchlässigkeit für andere Thematisierungsstrategien hier größer. Damit öffnen sich »Einbruchstellen« für Modernisierungstendenzen: eher abgrenzende Modi lockern sich, »symbiotische« Züge werden ausgeprägter. Die Übertragungsbilder von Kindern verschieben sich »in Liebliche«. Dies äußert sich in anderen Umgangsweisen, aber auch in Veränderungen im Konsumbereich – es werden jene Dinge angeschafft, die ein Kind heute braucht und hat. Es findet also eine stärkere, im ursprünglichen Exposé nicht vorgesehene Zuwendung zum Kind statt. Normalisierung geht in dieser Konstellation fast immer einher mit einem qualitativ bedeutsamen »*Modernisierungsschub*«.

Herkömmliche Normen und Vorstellungen lösen sich angesichts des direkten Erlebens und den durchschlagenden Angeboten der weiteren Umwelt ein Stück weit auf, werden ersetzt durch Elemente des modernen Exposés. Traditionelle Muster verlieren an Attraktivität und Macht.

Dabei ändert sich auch das Verhältnis der Eltern. Zwar bleibt meist die Frau hauptsächlich und allein für das Kind verantwortlich und zuständig für die damit verbundenen Arbeiten, aber dies gibt ihr mehr Macht- und Einflusschancen. Sie kann, da das Wohl des Kindes von größerer Relevanz ist, mehr darüber bestimmen was gemacht wird. Sie kann offensiver gegenüber dem Mann vertreten, welche Entscheidungen getroffen werden. Und sie kann fordern, dass der Mann sich auf angemessene Weise an den Tätigkeiten beteiligt. So findet man in dieser Gruppe häufig Ehemänner, die Kinderwagen schieben und sogar mit Windeln vertraut sind. Es entwickelt sich ein anderes/intensive(re)s »Familienleben«.

Das traditionalistische Exposé, welches vom Lebensstil her nicht konsistent fundiert ist, also zwischen zwei Welten steht und durch Wohnform, Berufstätigkeit etc. strukturell relativiert ist, tendiert zur Modernisierung. Zu den Risiken einer solchen Konstellation gehört, dass diese Entwicklung nicht immer entsprechend ausbalanciert ist, d. h. traditionalistische Strategien und moderne Konzepte können sich nicht nur widersprechen, sondern im ungünstigen Fall auf inkonsistente Weise vermischen, so dass praktisch mal das eine, mal das andere sich durchsetzt.

Unter dem Vorzeichen eines modernistisch gebrochenen traditionalistischen Exposés[53] kann es jedoch nicht nur zu einem interaktiv-normativen Leben zwischen zwei Welten kommen. Typischerweise hat sich der Kontakt zu den Herkunftsfamilien gelockert, häufig leben Familien dann auch nicht mehr in ihrem Herkunftsort, sondern in städtischen Regionen mit hoher Mobilität und gering ausgeprägter Nachbarschaftsstruktur. Was Voraussetzung für die Lockerung traditionalistischer Einstellungen und Verhaltensweisen ist, wird so zur Ursache von Isolationsschäden: Der Verlust der Kontakte, die sich aus der Berufstätigkeit ergeben, führt dazu, dass nun gar kein stabiles Kontaktnetz mehr existiert, dass eine junge Frau mit eigenem Beruf und eigenem Bekanntenkreis auf einmal zur »grünen Witwe mit Kind« wird; eine Situation, die durch Beziehungen zu Institutionen selbstverständlich nicht oder nur begrenzt verbessert werden kann. Daher sind »Isolationsschäden« in dieser Konstellation neben gebrochenen Identifikationen strukturell angelegte Folgeprobleme. Eine Mutter, die ausschließlich und allein mit ihrem Kind zusammen ist, wird unter Umständen stärker in Ambivalenzkonflikte hineingetrieben, weil sie einerseits ihre emotionalen Erwartungen und Bedürfnisse auf das Kind konzentrieren muss, andererseits ständig ohne Entlastung den Forderungen des Kindes ausgesetzt ist und so keine Chance hat, ihre eigenen Bedürfnisse zu realisieren, ihren Ärger durch Distanz abzubauen. Dass dies für Mutter und Kind riskant ist, braucht nicht besonders betont zu werden.[54]

6.4.3. Das moderne Exposé

Auch das »moderne« Exposé verändert sich in der Phase der Normalisierung dem Druck der Verhältnisse. Genauer gesagt: Die vorher latenten Basisstrukturen werden jetzt deutlicher und müssen aktualisiert werden, weil die Bedingungen es verlangen. Denn solange die Bedingungen es einem Paar erlauben, auf der Basis von genügend Geld und Zeit relativ »luxurierende« Vorstellungen und Normen zu entwickeln und auch zu praktizieren, täuscht die Lebenspraxis oft darüber hinweg, dass dies nur möglich ist, weil genügend Spielraum vorhanden ist. Ein Kind verengt diesen Spielraum von Paarbeziehungen dramatisch; interaktiv wie emotional nimmt der Druck zu, die Lebensorganisation erzwingt Anpassung. Eine starke Gruppe, die vorher einen »modernen«, d. h. egalitären, gemeinsamkeitsorientierten Stil der Paarbeziehung praktizierte, fällt nun nolens volens zurück auf eher traditionalistische Muster. Normalisierung heißt für die Gruppe: Aufgabe von vielen Vorstellungen und guten Vorsätzen, sowohl was die Beziehung zum Kind, als was die Paarbeziehung betrifft.

Es kommt hier also – quasi als Kontrast zum »Modernisierungsschub« des gebrochenen Traditionalismus – zu einem ganz erheblichen »*Traditionalisierungsschub*«. Dies wird in der Literatur immer wieder auf eindrucksvolle Weise bestätigt.[55] Ein entscheidender Punkt – der Punkt, an dem sich die Entwicklungslinien scheiden – ist dabei die Frage der Berufstätigkeit der Frau. Es zeigt sich, dass überall dort, wo die Mutter nach der Geburt ihre Berufstätigkeit aufgibt, auch zwangsläufig sich wieder traditionalistische Formen der Arbeitsteilung und Paarbeziehung einspielen. Gründe dafür sind oft materieller Art (weil im allgemeinen die Männer besser verdienen), aber es spielen auch geschlechtsspezifische Identifikationsmuster und Identitätszuweisungen eine Rolle.[56] Es steht außer Frage, dass auch das moderne Exposé noch eine verschieden intensive Identifikation mit der Elternrolle einschließt. Nach wie vor sind Mütter stärker mit ihrer neuen Position identifiziert als Väter (vgl. Ryder 1979, Fthenakis 1985). Auch dies trägt dazu bei, dass Mütter eher auf ihren Beruf verzichten als Väter. Schließlich dürften, wenn es hart auf hart kommt und eine Entweder-oder-Entscheidung gefällt werden muss, in vielen Fällen auch wieder traditionalistische Beziehungsstrukturen zum Vorschein kommen. Man darf auch nicht vergessen, dass eine durchgehaltene Modernität erhebliche Unsicherheiten und Belastungen neuer Art mit sich bringt, so dass auch zu vermuten steht, dass Entscheidungen (unbewusst) so zugespitzt werden, dass sie auf ein »Entweder-oder« hinauslaufen, so dass dann pragmatische Gründe eine Rückkehr zu Verhältnissen, die ideologisch abgelehnt wurden, erzwingt (und legitimiert).

Das moderne Exposé wird also durch die Aufgabe der Berufstätigkeit der Frau erheblich geändert. Es kommt zur Wiederherstellung einer »breadwinner-homemaker«-Konstellation, wie dies in der amerikanischen Diskussion genannt wird. Eine einmal in diese Richtung gebahnte Entwicklung hat ihre eigene Schwerkraft. Mütter, die ausschließlich aufs Kind konzentriert sind, werden – relativ – entscheidungsunlustig und abhängig (vgl. Miller/Sollie 1980) und bedürfen somit noch mehr Außenstabilisierung durch den Ehemann. Umgekehrt ergeben sich typischerweise Unterschiede in der Kompetenzentwicklung: Wenn die Frau sich ganztägig um das Kind kümmert, der Mann jedoch nur abends, wird er größere Schwierigkeiten bei der Körperpflege etc. haben und sich entsprechend ungeschickt anstellen, was wiederum (aus praktischen Gründen) nahe legt, dass doch die Mutter es macht, weil sie es (mittlerweile) besser kann.

LaRossa/LaRossa (1983) haben ausführlich beschrieben, dass dies keine naturwüchsigen Prozesse sind, die sich hinter dem Rücken der Beteiligten abspielen. Häufig genug wird hierbei auch mit Tricks gearbeitet. Wenn beispielsweise ein Mann keine Lust hat, bestimmte Arbeiten zu übernehmen, aber auch keine Lust hat, dies laut zu sagen (was ihn in Schwierigkeiten bringen würde), kann er auch zu der Taktik greifen, sie einfach schlecht und unsicher zu erledigen. Solche Strategien können schon direkt nach der Geburt beginnen:

> »After the baby is born, performances which reflect and direct the father and mother's separate roles become more sophisticated. Perhaps the most easily recognized is the behavior that ensues the first few times the father holds the baby. Upon being handed his infant son or daughter, he will often say something to the effect that he hopes he does not drop the baby. Then, while he is cradling the baby in his arms, the father will stiffen up, demonstrating both himself and to everyone in the room (including the baby) that this is not his accustomed role. Often, the coactors in this drama will reinforce the father's definition of the situation by standing very close, as if to be ready to catch the baby should he or she actually fall out of the father's arms« (LaRossa/LaRossa 1981, S. 57f.).

Der Vater muss sich also nur so ungeschickt anstellen, dass der Mutter der Schweiß ausbricht, um zu erreichen, dass er aus den niederen Diensten der Säuglingspflege entlassen wird. Selbstverständlich wird die Entwicklung der Arbeitsteilung zwischen Mann und Frau nicht immer so simpel ablaufen. Schließlich gibt es die Möglichkeit, um etwas mehr Bemühung zu bitten, den Anfänger lernen zu lassen usw. Zweifellos sind jedoch Männer beim Aushandeln der Arbeitsteilung in dieser Konstellation in der besseren Position. Der höhere Differenzierungsgrad der Mutterrolle und die stärkeren Sanktionen für ihre Einhaltung sorgen im allgemeinen dafür, dass ihre »Schmerzschwelle« niedriger ist: Genauso, wie Frauen meist das kindliche Schreien nicht so lange aushalten, können sie auch nicht mitansehen, wie Dilettanten das Kind falsch halten und wickeln und greifen helfend ein – mit dem Effekt, dass sie auch dieses Tätigkeitsfeld an sich nehmen (und der Partner sich rückziehen kann).

Es kommt also zu einem »Traditionalisierungsschub«, wo im Zuge der Normalisierung sich auch wieder herkömmliche Verteilungen der Beziehungen zwischen Eltern und Kind sowie zwischen den Eltern herstellen. In diese Richtung wirken häufig auch noch weitere Faktoren: vor allem, dass das Leben mit dem Kind, nicht ganz so ist, wie erhofft (so dass man auch hier auf eher traditionsgeleiteten Vorstellungen zurückgreift).[57]

Der strukturell unvermeidliche Prozess der Desillusionierung naiv-narzisstischer Vorstellungen, die unausweichliche Verschiebung im emotionalen Bild vom Kind, welche mit dem Abschied von idealisierten Projektionen verbunden sind, gehen hier einher mit einer Ernüchterung über die biografische Perspektive der Mutter. Sie muss vorrangig verzichten, wird in ihren Entfaltungsmöglichkeiten und ihrem Lebensstil erheblich eingeschränkt. Dadurch verschärfen sich unter Umständen die Ambivalenzen, Negativprojektionen auf das Kind, die aus dem täglichen Umgang stammen, werden verstärkt durch die Wut über die erlittenen Verluste, was wiederum Gegenbesetzungen und Verleugnungen auslösen kann, die ihrerseits nicht unproblematisch sind.[58]

Es ist daher nicht verwunderlich, dass gerade in dieser Gruppe die Unzufriedenheit mit sich selbst, der eigenen Situation und der Paarbeziehung im Übergang zur Normalisierung besonders ausgeprägt ist; bei Frauen signifikant ausgeprägter als bei Männern.[59] Traditionalisierung ist nicht nur Folge, sondern auch Ursache von Problemen. Und je höher die Ansprüche sind, desto tiefer kann naturgemäß auch der emotionale Einbruch sein. Dies bedeutet allerdings nicht, dass hieraus notwendigerweise fatale Konsequenzen für Kind und Eltern folgen müssen. Die einschlägigen Untersuchungen zeigen durchgängig, dass die Qualität der Paarbeziehung auch bei einer Verschiebung in Richtung auf traditionellere Strukturen gleich bleiben kann und dass dies erheblich zur Entschärfung der Situation beiträgt.[60] Hierbei ist jedoch ein (relativ) stärkeres Engagement des Mannes entscheidend. Denn die im modernen Exposé eingeschlossene höhere Mobilität und Kontaktfähigkeit im Umgang mit Institutionen und Fremdgruppen kann allein nicht kompensieren, was an Problemen im Bereich der Beziehung zum Kind und der Identitätsentwicklung auftritt.

Daher ist in diesem Kontext die Eigenaktivität (nicht nur die Reaktion auf die Aufforderungen der Mütter) der Väter bedeutsam und entscheidend für die Struktur, die sich bildet. Unter den Stichwort »equity« (im Gegensatz zu »equality«), also Gleichwertigkeit statt (formeller) Gleichheit, wird dies häufig so formuliert: Wenn der Mann sich im Rahmen seiner Möglichkeiten so engagiert, dass die Frau nicht das Gefühl hat, allein gelassen zu sein und wenn dieses Engagement quantitativ wie qualitativ ein Gegengewicht zu ihrer Leistung darstellt, lassen sich die Probleme der Ungleichheit ausbalancieren (vgl. dazu: LaRossa/LaRossa 1983, Kap. 3). Allerdings dürfte dies, nach allem, was empirisch erhoben wurde, eher die Ausnahme sein. Die Normalstruktur verschiebt sich fast immer ein Stück weiter in Richtung auf Ungleichheit und Ungleichgewichtigkeit. Dadurch treten die damit verbundenen Strukturrisiken (Schwierigkeiten der Identitätsbalance; emotionale Überfrachtung der Beziehung zum Kind, Krisen der Paarbeziehung) verstärkt auf und werden zu »Normalelementen« des Familienlebens.

Eine andere (vermutlich kleinere)[61] Teilgruppe derjenigen, die mit einem modernen Exposé des Familienlebens identifiziert sind, hält an einem entscheidenden Punkt am Modernitätsentwurf fest: Die Mutter scheidet nur kurzfristig aus ihrem Beruf aus. Sie tut dies mit der von den Partnern geteilten Perspektive, ihn nach einer kurzen Übergangzeit wieder weiter zu betreiben. Es liegt auf der Hand, dass hier die bisher beschriebenen typischen »Traditionalisierungseffekte« nicht auftreten – zumindest nicht in diesem Bereich. Im allgemeinen handelt es sich um Paare, die nicht notwendigerweise aus finanziellen Gründen beide berufstätig sind, sondern, weil beide Partner Berufstätigkeit als Teil ihrer psychosozialen Identität definieren.[62] Die hängt oft auch mit der Art der Tätigkeit zusammen. Obwohl sich hier gerade in letzter Zeit erhebliche Verschiebungen abgespielt haben (und noch abspielen werden), lässt sich gegenwärtig (noch) sagen, dass eine Studienrätin ihren Beruf nicht so leicht aufgibt wie eine Sekretärin. Zugleich gehört hier zu den Verabredungen der Partner, dass keiner automatisch seinen Beruf aufgibt, wenn ein Kind kommt, d. h. die Berufstätigkeit von Mann und Frau ist per definitionem »gleichwertig«.

Durch diese Vorentscheidung entschärfen sich eine ganze Reihe von Problemen. Das Verhältnis zum Kind bekommt nicht die brisante Ausschließlichkeit und Dominanz und wird auch nicht überfrachtet (und überfordert) durch Bedürfnisse und Reaktionen, die äußeren Ursprungs sind. Das Selbstbild der Eltern, speziell der Mutter, wird nicht so aus der Fassung gebracht, weil seine Basis nach wie vor die eigenständige Berufstätigkeit bleibt und im Rahmen der Normalisierung gewissermaßen der Status als Vater/Mutter noch hinzugefügt werden kann. So ist der Zugewinn zunächst größer als der Verlust. Dadurch bleibt die Paarbeziehung (an diesem Punkt) auch besser balanciert. Allerdings tritt in »dual-career-families« (Rice 1979) ein neues Problem auf, das sich aus der Nichtidentität von Berufs- und Geschlechtsrollen ergibt. Denn Gleichberechtigung in Bezug auf Berufstätigkeit schließt noch lange nicht ein, dass auch die anderen Arbeiten anteilig verteilt würden. Auch hier sorgen fast immer die mehr oder weniger ausgeprägten Rollenzwänge und der geschlechtsspezifische Identifikationssog dafür, dass Kinderbetreuung und Hausarbeit Frauenarbeit ist – zusätzlich zur Berufstätigkeit. Hier tritt also verschärft die Problematik der Doppelbelastung auf: Frauen sind nicht nur berufstätig, sondern haben auch noch für das Kind zu sorgen. Zwar zeigt sich, dass die Männer berufstätiger Frauen sich stärker im Haushalt engagieren (Belsky 1979).

Aber »sex segregated market mechanisms« (a. a. O., 417) sorgen dafür, dass Hausarbeit einseitig verteilt bleibt.[63] Das Ergebnis ist Stress. Berufstätige Mütter sind eindeutig stärker belastet und leiden auch darunter (Belsky 1979). Sie haben ständig das Gefühl, entweder ihr Kind oder ihren Beruf zu vernachlässigen (und tun dies unter Umständen auch wirklich, was den Druck noch erhöht. Je nachdem, in welcher Form sie diese Schwierigkeiten thematisieren und weitergeben, wird davon auch die Paarbeziehung betroffen. »Dual-career-couples« werden auch viel härter in ihrer Gemeinsamkeit getroffen. Denn meist haben sie sehr differenzierte Formen entwickelt, die es ihnen erlaubten, Berufe, individuelle Interessen und Gemeinsamkeiten auf einen Nenner zu bringen. Ein Kind bringt diese hochgradig diffizilen Arrangements völlig durcheinander, was – gewissermaßen als schwächstes Glied – die Paarbeziehung als erste zu spüren bekommt, wenn berufliche Vorgaben nicht relativiert werden können. Dazu kommt, dass »dual-career-couples« ohnehin ein stärker distanziertes Verhältnis haben (d. h. mehr Distanz in ihrer Beziehung eingebaut haben und brauchen), so dass die zusätzliche Belastung die Fähigkeiten des Systems zu Absorbierung von Druck noch weiter beansprucht.

Mit einem Wort: Der Leistungsdruck nimmt zu, setzt sich nunmehr in neuen Bereichen fort. Gleichzeitig ergibt sich (vor allem für die berufstätige Mutter) die Schwierigkeit, sowohl der Differenzierung beruflicher als auch elterlicher Kompetenzen gerecht werden zu müssen. Beides strebt auseinander: Wo der Beruf die üblichen Tugenden des Arbeitslebens verlangt (Ordnung, Ökonomie, Präzision, Abgrenzung etc.), erfordert das Zusammenleben mit dem Kind nach dem modernen Exposé das genaue Gegenteil: Empathie, viel Zeit, Fähigkeit zur Symbiose usw. Dieser Spagat ist praktisch wie emotional nur sehr schwer in den Griff zu bekommen. Es ist daher nicht verwunderlich, dass auch in dieser Gruppe es häufiger zu Traditionalisierungen kommt. Hock et al. (1984) stellten fest, dass viele Mütter, die ursprünglich vorhatten, in den Beruf zurückzukehren, diesen Wunsch nach einiger Zeit aufgeben oder verschieben und dass außerdem auch viele Mütter nach einiger Zeit mit der Doppelbelastung nicht mehr fertig werden und auf den Beruf verzichten.

Die berufstätige Mutter (und, in Maßen, auch der berufstätige Vater mit einer ebenfalls berufstätigen Ehefrau) ist daran erkennbar, dass sie meist gehetzt ist, von einer Verpflichtung zur nächsten denkt und organisiert, dass sie enormen logistischen Aufwand betreibt, um die vielfältigen Erfordernisse unter einen Hut zu bringen (und unerwartete Ereignisse und Zwischenfälle auszugleichen) (vgl. dazu Pistrang 1984). Die Kontakte zur Umwelt sind differenziert und komplex, aber dosiert und unter dem ständigen Zwang, koordiniert und gemanagt zu werden. Unter diesen Vorzeichen gerät die Beziehung zum Kind leicht in den Strudel der Organisationsprobleme, wird unter Umständen zur Manövriermasse schwieriger Balanceprobleme. Es leuchtet ein, dass das moderne Exposé, falls diese Probleme ein gewisses Maß überschreiten, wenig Realisierungschancen hat. Hier ergibt sich nicht unbedingt ein »Traditionalisierungsschub« im beschriebenen Sinn, sondern mehr ein Anpassungszwang an enge Rahmenbedingungen, die einfach die Möglichkeiten einer differenzierten Eltern-Kind-Beziehung einschränken.[64] Regelmäßig werden in solchen Konstellationen auch Dienstleistungen in Anspruch genommen. Da meist der Kontakt zu den Herkunftsfamilien eher distanziert, ein enges Nachbarschaftsverhältnis kaum vorhanden ist und ohnehin die Wahrnehmung von Dienstleistungsangeboten zum Lebensstil gehört, liegt es nahe, Kinderkrippen, Babysitter o. ä. zu suchen, denen das Kind in der Zeit anvertraut wird, die die Eltern nicht haben. Dadurch kann sich vieles entspannen und die Beziehungen zum Kind wie unter den Eltern erheblich entlasten, aber es tritt das Problem auf, eine Einrichtung/Person zu finden, die den durchgehaltenen Modernitätsvorstellungen entspricht. Elaborierte Konsumgewohnheiten tendieren dazu, nicht das bzw. die/den Erstbeste(n) zu nehmen, sondern auszuwählen, zu prüfen, ob Einstellungen etc. übereinstimmen. Es liegt auf der Hand, dass dies die Suche erschwert (denn jemand, der eine ähnliche Lebensphilosophie hat, sucht nicht unbedingt eine solche Stelle) und außerdem eine potenzielle Konfliktquelle darstellt. Auf anderem Niveau kann es auch zur Konkurrenz zwischen engagierter Beziehungsperson und Vater/Mutter kommen, kann das Kind zwischen verschiedene Betreuungsstile geraten usw.[65]

Normalisierung bedeutet in dieser Gruppe also, dass von den grundlegenden Beziehungsmustern und Normen her das moderne Exposé beibehalten wird, dadurch jedoch Balanceprobleme auf allen Ebenen auftreten, was auf Kosten der Frau (durch die Doppelbelastung) und des Kindes (durch die Kontingentierung der Zuwendung bei gleichzeitigem Festhalten an den Vorstellungen der Respektierung kindlicher Wünsche, des Zur-Verfügung-Stehens der Eltern etc.) gehen kann, obwohl hier die Männer im Verhältnis zu den bisher beschriebenen Gruppen signifikant am meisten helfen. Die Aufrechterhaltung sowohl der Außenbeziehungen als auch einer individualisierten Binnenstruktur der Paarbeziehung kosten (unter Umständen) ihren Preis.

6.4.4. Das avantgardistische Exposé

Auch da, wo das »avantgardistische« Exposé vorherrscht, lassen sich ähnliche Tendenzen feststellen wie bisher beschrieben. Hier gibt es ebenfalls eine Art Segmentierung: Auf der einen Seite in eine Gruppe, die gewisse Abstriche macht, die unter dem Druck der Verhältnisse ihre Struktur den veränderten Bedingungen unter Einschluss der Korrektur des ursprünglichen Entwurfs anpasst. Auf der anderen Seite finden sich diejenigen, die das radikale Ursprungsmodell konsequent festhalten und die erforderlichen Anpassungen eher unter Verzicht auf andere Interessen usw. vollziehen. In der ersten Gruppe – der nunmehr »gemäßigten Avantgarde« – wird zwar die Grundstruktur der Vorstellungen nicht oder nur selten geändert, d. h. die Einschätzung des Kindes und der Eltern-Kind-Beziehung wird beibehalten. Hier spielt jedoch die Erfahrung, dass auf die Dauer die verschiedenen Imperative der unterschiedlichen Lebensbereiche und -bedürfnisse nicht vollständig auf einen Nenner gebracht werden können, eine größere Rolle, weil angesichts dieser Einsicht nicht nur mit Blick auf die Entwicklung des Kindes und der Eltern-Kind-Beziehung entschieden wird, sondern andere Interessen durchaus mitberücksichtigt werden. Es kommt dadurch strukturell zu ähnlichen Konstellationen wie bei der zuletzt geschilderten Gruppe moderner Eltern-Kind-Beziehungen. Wenn beispielsweise die Berufstätigkeit beider Eltern als wichtig und erhaltenswert gilt, stellt sich die Frage, wie Kind und Arbeit der Eltern ausbalanciert werden können. Und wenn sich nicht gerade ein guter Kontakt zu den eigenen Eltern oder zu nahen Freunden (die hier als Bezugsgruppe eine größere Rolle spielen) vorhanden ist, muss auch hier zu Dienstleistungen gegriffen werden, treten die beschriebenen Balancekonflikte auf. Im Unterschied zur Normalstruktur der modernen »dual-career-family« ist hier jedoch die Mitarbeit des Mannes keine bloße Aushilfstätigkeit, sondern sie wird selbstverständlich praktiziert. Denn hier wird auch an der »equality«-Norm festgehalten, d. h. Mann und Frau teilen sich die Arbeit »gerecht«. Das muss nicht unbedingt heißen, dass der Mann auch stillt, aber doch, dass auch die »niederen« Tätigkeiten von ihm anteilsmäßig erteilt werden. Damit entfällt das Problem der einseitigen Doppelbelastung, sie verteilt sich nunmehr auf zwei Personen, was naturgemäß zu einer Reduzierung des individuellen Stress führt. Auf der anderen Seite ist das avantgardistische Modell aufwendiger. Wie gesagt: Ein schreiendes Kind wird immer aufgenommen (oder das Kind wird gar nicht erst abgelegt), es werden keine Wegwerfwindeln, sondern Baumwollwindeln mit Rohwollhosen verwendet, was mehr Waschen usw. zur Folge hat. Dadurch erhöht sich die Arbeitsbelastung für beide Eltern.

Damit hängt zusammen, dass zwar an Berufstätigkeit (oder in einem weiteren Sinn: extrafamilialen Identitätsanteilen) festgehalten wird, sie quasi als Gegengewicht noch an Bedeutung gewinnt, dass aber »Karriere« dabei nicht das ausschlaggebende Kriterium ist. Das avantgardistische

Exposé sieht zwar Arbeit vor, aber es ist vor allem sinnvolle Arbeit (und nicht beruflicher Aufstieg), der gesucht wird. Avantgardistische Exposés finden sich daher kaum bei Managern, leitenden Angestellten etc., verstärkt dagegen bei Staatsdienern in pädagogischen Berufen (in denen von der Tätigkeitsstruktur her »reflexive« Aktivitäten nahe liegen und Aufstiegsmöglichkeiten ohnehin kaum gegeben sind). Hier ist es am ehesten möglich, beispielsweise befristet Urlaub zu nehmen oder auf eine halbe Stelle zu gehen, was von denjenigen, die zu dieser Gruppe gehören, auch gern wahrgenommen wird.[66]

Damit gerät die Beziehung zum Kind interaktiv wie emotional nicht so stark unter Druck. Was bleibt, sind die Schwierigkeiten des täglichen Umgangs, sind die Widersprüche zwischen dem idealisierten Modell und der Realität, die »kleingearbeitet« werden müssen. Der (relativ) pragmatische Zug der Strukturbildung erleichtert dies; ebenso die (relativ) pragmatische Einstellung zum Berufsleben. Gleichzeitig ist hier die Möglichkeit, das Kind als gemeinsames Projekt zu erleben, relativ ausgeprägt, d. h. die narzisstischen Projektionen können interaktiv stabilisiert werden. Das mindert jedoch nicht die Belastungen, die sich durch die Einschränkung der Paarbeziehung ergeben, denn auch hier müssen beträchtliche Abstriche am bisherigen Lebensstil gemacht werden. Dazu kommt, dass im Umgang mit einem Säugling und Kleinkind der Teufel im Detail steckt. Tagtäglich treten viele Entscheidungssituationen auf, die so oder so gesehen und behandelt werden können – selbst innerhalb eines geteilten Interpretationsrahmens. Dadurch, dass hier (mindestens) zwei kompetente (und gleichberechtigte) Betreuer vorhanden sind und die Interaktion sich in einem reflexionsfreudigen Milieu abspielt, also viele und sehr verschiedene Informationen erreichbar sind bzw. in die Interaktion hineinspielen, können sich daraus erhebliche Schwierigkeiten in der situativen Koordination ergeben. Während selbst noch im durchgehaltenen modernen Exposé die Frau letztlich bestimmt und weiß, was die richtige Ernährung, Kleidung, das passende Spielzeug ist, gibt es jetzt zwei Experten, die nicht notwendig einer Meinung sind. Und da viele Entscheidungen in diesem Bereich projektiv eingefärbt sind, das heißt: die psychosoziale Identität dessen, der entscheidet, spiegeln (z. B. in der Weise, dass die Gründe, die gegen Fertigkost aus dem Glas sprechen, durch persönliche Abneigung verstärkt werden – oder die Gründe, die dafür sprechen, aus anderem persönlichen

Erleben heraus hervorgehoben werden), besteht die Möglichkeit, sich praktisch an jedem Punkt in die Haare zu geraten und, schlimmer noch, hier indirekt Beziehungskonflikte auszutragen. So kann man sich unendlich darüber auseinander setzen, welche Nahrungsmittel angesichts vielfältiger, aber unterschiedlich verteilter Gefahren und Kontaminierungen die richtigen sind, ob und wieweit man dem kindlichen Wunsch nach Kartoffelchips nachgeben soll (was ist wichtiger: richtige Ernährung oder ein glückliches Kind?), wie und wo Einschränkungen praktiziert und durchbrochen werden sollen (was darf das Kind zerreißen, ohne sanktioniert zu werden?) – und alle diese Kleinkonflikte sind potenziell steigerungsfähig bis zu Grundsatzfragen, weil das Grundsätzliche in jedem Detail thematisierbar ist. Im ungünstigen Fall gerät daher die Auseinandersetzung über Kleinigkeiten zum Aufhänger für bereit liegende und ungeklärte Gegensätze der Eltern selbst. Auf alle Fälle ist hier die nicht unproblematische Möglichkeit der Konfrontation von Identitätsentwürfen gegeben, die, wo sie sich habitualisiert, sowohl die Beziehung zum Kind als auch die der Eltern beeinträchtigen kann.

In diesem Zusammenhang spielt auch die Beziehung zur Umwelt eine nicht unbeträchtliche Rolle. Wie schon erwähnt, ist hier normalerweise eine relativ intensive Beziehung zu ausgewählten Bezugsgruppen gegeben, d. h. Bekanntschaften werden nach Gemeinsamkeiten der Situation und des Lebensstils gesucht und intensiv gepflegt. Dabei ergeben sich naturgemäß vielfältige Notwendigkeiten und Möglichkeiten des Austauschs über Einstellungen, Praktiken usw., die doppelt problematisch sein können, wenn die jeweils eigene Position (noch weiter) verunsichert wird durch die Konfrontation mit anderen Vorstellungen und/oder wem sich dabei Konkurrenzbeziehungen herstellen. Auf der anderen Seite können die entstehenden Beziehungen durchaus ein funktionales Äquivalent zu traditionellen Nachbarschaftskontakten sein. Wenn Differenzen ausgehalten werden und Gemeinsamkeiten zur gegenseitigen Bestätigung beitragen, wirken sie praktisch und ideologisch stützend und verhindern Isolationsschäden.

Auch die Beziehung zu Institutionen wird hier gepflegt, meist mehr als das ursprüngliche Exposé vorsah, aber aus der Einsicht heraus, dass es sich häufig um sinnvolle und notwendige Kontakte handelt. Dabei bildet diese Gruppe allerdings eine relativ unbequeme »Kundschaft«, weil sie aufgrund ihres hohen Informationsgrades und der beibehaltenen kritischen Einstellung zu Institutionen sich nicht so leicht den herrschenden Organisationsformen unterwirft. Konkret: Es wird nachgefragt, es wird angezweifelt, es wird auch nein gesagt, wo institutionelle Vorgaben nicht als sinnvoll akzeptiert werden.[67] Andererseits sind die Kontakte zu Institutionen für diese Eltern auch nicht unproblematisch, weil sie nolens volens an vielem teilnehmen (müssen), was sie ursprünglich ablehnten. So können beispielweise Schutzimpfungen zu einer Kröte werden, die nur unter Schwierigkeiten geschluckt wird; ist der Kauf von Schuhen mit Kunststoffausstattung –angesichts schwer realisierbarer Alternativen – oft ein Vorgang, der von heftigen inneren wie äußeren Auseinandersetzungen begleitet wird. Überhaupt kann man sagen, dass in dieser Gruppe Unsicherheiten und Skrupel zu einem Strukturrisiko der Normalisierung gehören. Denn hier ergeben sich bei allen neu auftauchenden Problemen (und auch bei bereits längst bekannten) immer Möglichkeiten, sie unterschiedlich zu interpretieren und zu behandeln, ohne dass im System ein klarer und problemloser Entscheidungsmodus gegeben wäre. Die Leistungen der Diskursivität sind eng gebunden an die Gefahr fehlender oder mangelnder Dimensionierung und Einbettung in die erforderlichen Absicherungen. Dass dies die (ohnehin durch ein hohes Anspruchsniveau risikoreichen) Beziehungen zum Kind wie der Eltern untereinander gefährden kann, braucht nicht eigens betont zu werden.[68]

Wie sieht die Normalisierung aus, wenn das »avantgardistische« Exposé so weitgehend wie möglich durchgehalten wird? Entscheidendes Kriterium ist hier, dass die Wirklichkeit des Kindes, seine vitalen Bedürfnisse und Lebensäußerungen, immer Vorrang haben und im Zentrum des Geschehens stehen. Was dies konkret bedeutet, soll kurz an einem Beispiel dargestellt werden. Barbara Sichtermann hat ausführlich beschrieben, was es heißt, sich der Zeitstruktur und dem Zeitbedarf eines Kindes anzupassen. Dies ist in der Tat kaum antizipierbar. Mit Kind (bzw.: mit der dezidierten Vorstellung, dass kindliche Äußerungen jederzeit beantwortet werden sollen) ist potenziell jede Handlung von Unterbrechungen gefährdet – und damit auch die Identität der handelnden Erwachsenen:

>»Ich wusste nicht, welche Bedeutung ein ›ununterbrochener *Handlungsbogen*‹,

also die *Kontinuität* in einem Tätigkeitsablauf, für das seelische Gleichgewicht hat (...). Was (...) hält eine Situation an Belastungen bereit, in der Unterbrechung vom Zufall zum systematischen Faktor aufsteigt? Wird die Kontinuität, d. h. die Bogengestalt unserer Handlungsabläufe, *zu oft* gestört, so kann im Extremfall unsere wahrnehmungsmäßige, kognitive und aktive Beziehung zur Außen- und Umwelt Schaden nehmen. Von der schlichten ›Nervosität‹ und Gereiztheit bis zum ›Gestaltzerfall‹ und zum psychopathogenen Syndrom reicht dann die Skala der Reaktionen« (Sichtermann 1981a, S. 6).

Des weiteren sind Kinder »Aufmerksamkeitsfresser« (a. a. O.), die sich für alles interessieren und sich in alles einmischen, aber auf eine Weise, die nicht den Kriterien der Erwachsenenwelt, sondern den Bedürfnissen der kindlichen Psyche entspricht.

> »Für Simon ist das, was für mich Unterbrechung oder, umgangssprachlich meist so genannt: Störung ist ein (häufig) nötiger Eingriff, um meinen Beistand oder meine Assistenz bei einem Handlungsablauf, den er zu Ende bringen will, zu gewinnen: er will einen eigenen Handlungsbogen spannen, will, dass eine Aktion eine gewisse Vorstellung experimentierend in Wirklichkeit umsetzt, und dafür braucht er mich. Er will aber auch immer wieder in *meine* Handlungsabläufe einbrechen, will sie mir wegnehmen und sich selbst in ihnen ausprobieren« (a. a. O., S. 7).

Im avantgardistischen Exposé ist es keine Frage, was wichtiger ist: »Simon hat sozusagen ein ›existentielles‹ Recht auf Unterbrechung meines Tuns. Und ich habe eine Art ›existentieller Pflicht‹ zur Unterbrechung meines Tuns«. (a. a. O., S. 8).

Dies verlangt, dass die Erwachsenen sich dem Zeit-Rhythmus der Kinder anpassen, die internalisierte Zweckrationalität und Zeitökonomie aufgeben, sich »passivisieren« lassen, mit dem Kind zusammen »bummeln« und »trödeln« lernen, kurz: ihre Dringlichkeiten so weit wie möglich zurükkstellen lernen. Diese »Einübung in Formen ›zyklischer‹, anfangs- und endloser Zeit« (a. a. O., S. 12) bringt jedoch noch mehr Belastung mit sich. »Sie ist, als Form des Umgehen mit Zeit, nicht nur kindlich, sondern infantil« (a. a. O.), d. h. sie geht den Erwachsenen in ihrer Struktur schlicht auf die Nerven. So beispielsweise die endlosen Wiederholungen, die Kinder verlangen und brauchen.

> »Was ich selbst empfand, wenn der Ball zum zwölften Mal (...) unter's Sofa gerollt war (von wo ich ihn wieder hervorholen musste), war stumpfeste Lange-

weile(...). Hier hat der Mutter-Kind-Mythos seine hartnäckigsten Widerstände: Schmerz darf es bereiten, Verzichte und Kraft darf es kosten, das Kind,
halb umbringen darf es die Mutter – all das ist ja doch dramatisch, da kommt
Schicksal drin vor, das singt und klingt, auch wenn es weh tut – aber Langeweile?« (a. a. O., S. 14f.).

Gerade in einer Zeit, in der Zeit »genutzt« wird, in der ständig »was los«
ist, liegt hierin eine herbe Frustration. Dasselbe gilt für die große Zahl
»vergeblicher« Aktivitäten, »die umsonst geleistete Arbeit, Arbeit, die
ohne den ihr immanenten Erfolg oder ohne ›Lohn‹ bleibt, weil das
Produkt vom Kind abgelehnt wird« (a. a. O., S. 16) oder gar zerstört und
rückgängig gemacht wird. Oder auch für die durchkreuzten Pläne, die
sabotierten Entwürfe von Tagesabläufen usw. Alles dies sind strukturelle Probleme, die im Rahmen von Normalisierung bewältigt werden
(müssen); sie nehmen jedoch an Bedeutung zu, wenn, wie im »alternativen« Exposé, das Kind ohne wenn und aber bestimmt. Denn wo Erwachsene ihre Zeitstruktur gegen die der Kinder festhalten, schränkt dies sie
weniger ein, während eine bedingungslose Anpassung an die kindliche
Zeitstruktur doppelt schwierig ist für Erwachsene, die ansonsten in einer
funktionalisierten Industriekultur leben. Nun leben Erwachsene mit
alternativem Exposé gerade nicht identifiziert in dieser Industriekultur,
sondern mit beträchtlicher interaktiver wie emotionaler Distanz. Hier
geht es gerade darum, eine Gegen-Wirklichkeit aufzubauen, so dass der
kindliche Zeitbedarf (als Beispiel für die kindlichen Bedürfnisse) zwar
belastend bleiben, aber diese Belastung wird nicht so erfahren, wie dies
beispielsweise bei der »dual-career-family« der Fall ist. Daher ist das
Eingehen auf die kindliche Wirklichkeit weitaus weniger dissonanzer-
zeugend. An diesem Punkt sind sich konsequenter Traditionalismus und
konsequente Avantgarde am ähnlichsten: Beide müssen nicht so viel
zwischen verschiedenen Lebensweltstrukturen balancieren, sondern
können durch klare Prioritäten hier zwanglos Struktur bilden.

Diese eindeutige Ausrichtung hängt zusammen mit dem erwähnten
Verhältnis zur Berufswelt. Entweder wird Arbeit überhaupt niedriger
eingeschätzt und abgewertet (aber nicht aus traditionellen, sondern aus
industriekritischen Gründen[69]) oder aber es wird auf eine Weise gearbeitet, die die kindliche Realität verträgt. So findet sich das konsequente avantgardistische Exposé nicht selten in Verbindung mit auch alter-

nativer Berufspraxis, also Arbeit in Alternativbetrieben, in denen beispielsweise ein Kind mitgebracht werden kann und von den Mitarbeitern/dem Betrieb auch akzeptiert wird.[70] Üblicherweise ist hier die Berufstätigkeit der Eltern »Manövriermasse«; es werden allerhand verschiedene, der jeweiligen Konstellation entsprechende Modelle entwickelt und durch die vergleichsweise wenig formalisierte Struktur der Verhältnisse ermöglicht.

Die Normalisierung der Paarbeziehung hat eine eigentümliche Doppelcharakteristik. Auf der einen Seite ist gerade hier gar nicht ungewöhnlich, dass das Kind nur mit einem Elternteil zusammenlebt und der Partner (oder – zunehmend – auch: die Partnerin) mehr oder weniger auf Distanz bleibt/gehalten wird/sich hält. Genauso selbstverständlich sind jedoch auch Öffnungen der Paarbeziehungen in Richtung auf ein subkulturell homogenes Milieu (beispielsweise Wohngemeinschaften, vgl. Bullinger 1983). Das Verhältnis der Eltern untereinander – gekennzeichnet durch die Gleichzeitigkeit von hoher Individualisierung und Ausdifferenziertheit – wird dabei nicht einfacher, sondern gerät in den Bannkreis neuer Balanceprobleme, die sich jedoch dadurch und insoweit vereinfachen können, dass der avantgardistische Lebensstil von beiden gleich hoch besetzt ist und interpretiert wird. Dann bilden Eltern und Kind eine nach außen gefestigte und stabile Triade.

Naturgemäß ist der Kontakt zur Umwelt in diesem Kontext hoch selektiv und begrenzt. Im allgemeinen lebt man in einer vergleichsweise engen Subkultur, begegnet in verschiedenen, aufeinander bezogenen sozialen Feldern immer den gleichen Personen, sieht also im Ökoladen auch diejenigen, die man auf »grünen« Veranstaltungen und beim Alternativ-Schreiner trifft. Dagegen ist die Distanz zu Normalinstitutionen eher groß. Man geht vielleicht überhaupt nicht ins Gesundheitsamt und nur zu einem Kinderarzt mit anthroposophischem Hintergrund, der (hauptsächlich) Naturheilmittel verschreibt. Beides erhöht die Homogenität der subkulturellen Einstellung und erleichtert es, das alternative Exposé durchzuhalten. Es treten daher hier relativ wenig Risse und Brüche auf; sie werden durch die Eindeutigkeit der Orientierung von Erleben und Handeln aufgefangen. Eher wahrscheinlich ist, dass Risiken der Abspaltung (und neue Repressionsrisiken) auftreten. Wer sich bedingungslos einem Kind widmet, schränkt sich unter Umständen auf destruktive

Weise ein (und entwickelt unbewusste, nicht zugelassene Aggressionen, die dann indirekt auf das Kind oder auf andere Personen der Nahwelt – oder aber in Form von paranoider Abgrenzung gegen die weitere Umwelt – ausgelebt werden).[71] Auch steigt der Arbeitsaufwand in einem Maße, welches wieder nahe an traditionalistische Verhältnisse heranreicht (wenn auch unter ganz anderen Vorzeichen). Dass die Karotten für den Brei nicht gekauft, sondern selbst angebaut werden (müssen), erschwert die Ernährung, genauso, wenn nicht die leicht erreichbaren Kleider, die in Kaufhäusern angeboten werden, sondern handgestrickte Ware aus reinen Naturprodukten verwendet werden sollen. Solchermaßen angestrengte Eltern tun sich nicht leicht, die nötige Gelassenheit, die Sichtermann als notwendige Tugend im »Dienst am Kind« fordert (a. a. O., 17) aufzubringen, ganz abgesehen davon, dass auch die Qualität ihrer eigenen Beziehung in Gefahr gerät, beeinträchtigt zu werden. Die Risiken konsequenter avantgardistischer Strukturen liegen daher eher im Bereich von Verschiebungen, Abspaltungen und Überforderung.

Es muss noch einmal betont werden, dass die hier beschriebenen Typen nicht unmittelbar empirisch vorkommen; es handelt sich um abstrahierende Zuspitzungen von Tendenzen, die nicht in Reinform existieren. Reale Eltern-Kind-Beziehungen sind meist aus unterschiedlichen Tendenzen zusammengesetzt (auch wo eine bestimmte dominiert). Außerdem besteht in keiner Weise die Notwendigkeit, da die im Exposé angelegten Risiken auch wirksam werden, da es immer auch eingebaute Korrektive gibt, die die Spitzen entschärfen. Ein strukturiertes Exposé muss nicht identisch sein mit Dogmatismus und Unbeweglichkeit.

Schließlich – und dies ist ein ganz zentraler Gesichtspunkt, der stets in Sinn der Relativierung dieser Typologie berücksichtigt werden muss – impliziert die weiter oben angesprochene generelle Tendenz zur Individualisierung von Primärkontakten (und damit auch der Eltern-Kind-Beziehungen), dass Strukturen immer konkret formuliert werden durch jeweils besondere subjektive Eigenheiten. Typen erscheinen immer nur in subjektiver Gestalt, d. h. gebrochen durch die Art und Weise, wie Vorgaben aufgenommen, verarbeitet, variiert werden. Da Identitätsentwicklung in komplexen und dynamischen Gesellschaften einschließt, dass psychische Strukturen nicht notwendig homogen, d. h. durchgängig nach einem einheitlichen Muster gebildet werden, sondern typischerweise gerade heterogen, d. h. in unterschiedlichen Bereichen auch nach verschiedenen Prinzipien organisiert sind, ist es nicht nur denkbar, sondern wahrscheinlich, dass in verschiedenen Lebensbereichen bzw. unterschiedliche Identitätsparadigmen realisiert werden. Das bedeutet in diesem Zusammenhang auch, dass die jeweiligen Strukturrisiken stets im Kontext der jeweils individuellen psychosozialen Gesamtkonstellation zu sehen sind. Sie können relativiert werden durch Gegengewichte aus anderen Lebensbereichen bzw. Identitätsanteilen, können durch das Zusammenspiel mit anderen Aspekten der Lebenspraxis aufgefangen werden. Auf der anderen Seite werden Strukturrisiken erst konfliktträchtig, wenn sie mit gleichsinnigen psychosozialen Konstellationen zusammenspielen, wenn individuelle Konflikte und Eigenheiten sich verstärkend auf die Strukturrisiken der Exposés auswirken.

Dies bedeutet, dass die Exposés eine soziale Eigendynamik besitzen und als stabile soziale Muster eine an nichtindividuelle Merkmale geknüpfte Eigenexistenz und damit definierende Kraft besitzen, dass jedoch zumindest ein Stück weit individuelle Wahl und individuelle Ausformulierung immer beteiligt sind. Exposés werden nicht einfach übernommen, weil sie nahe- und bereitliegen, sie werden angeeignet und subjektiv konkretisiert.

Die Identitätsprofile der Eltern sind deshalb ein mindestens ebenso wichtiger Faktor wie die transsubjektiv vorgegebenen Entwürfe. Strukturelle Risiken der Exposés sind aus diesem Grund auch erst als Kristallisationskern psychischer Konflikte der Eltern ein problematischer Aspekt der Eltern-Kind-Beziehung. Allerdings muss dabei wohl auch von einer systematischen Korrespondenz von exposéspezifischen Risiken und psychosozialen Identitätskonflikten ausgegangen werden: Auch wo gewählt wird, geschieht dies auf dem Hintergrund vorausgehender Sozialerfahrungen[72] die eine bestimmte Wahl nahe legen – und von Identitätsstrukturen, die eine gewisse Nähe zum Exposé besitzen. Wer ein traditionalistisches Exposé wählt, tut dies, weil er in seinen basalen Kind- und Selbst-Projektionen ein inneres Echo findet – und seine psychischen Konflikte platzieren kann bzw. platziert erlebt. Das kann überidentifiziert oder gegenbesetzt erfolgen, hängt jedoch immer auch mit der inneren Korrespondenz von Exposé und Identität zusammen.

Im Prozess der Normalisierung findet die »Geburt der Eltern« ihren vorläufigen Abschluss, genauer gesagt: Sie erreicht eine Stufe, von der aus die weiteren Entwicklungen auf der Basis einer eingeübten Grundstruktur erfolgen. Diese eingeübte Grundstruktur schließt die weiter oben (vgl. 6.4.1.) angesprochenen Dimensionen (Beziehung zum Kind; Selbstbild; Paarbeziehung; Verhältnis zur Umwelt) ein.

In allen Bereichen sind im o. a. Sinne stabile Strukturen entstanden, die nötige Assimilations- und Akkomodationskompetenz (nach dem Profil der jeweiligen Exposés strukturiert und individuell komponiert) enthält. Erworben sind dabei vor allem:

– *Praktische Kompetenzen:* Das Kind ist kein »fremdes Wesen« mehr, sondern ein Interaktionspartner, dessen Lebensäußerungen verstanden und routiniert beantwortet werden können. Man kann ein Kind »richtig« halten und windeln, füttern und ansprechen, spontan mit ihm spielen.

– Eng damit verbunden sind *emotionale Kompetenzen*: Hier vor allem muss am meisten gelernt werden, weil die emotionale Ebene der Interaktion mit einem Neugeborenen am meisten von den Normalanforderungen einer Industriekultur entfernt sind. »Coenästhetische Wahrnehmung«, Empathie, Fähigkeit zur Symbiose müssen erst (wieder) entwickelt und dimensioniert werden, weil der Erwachsenenstatus im allgemeinen diese Art von emotionaler Beziehung nicht einschließt.

– Damit einher gehen allgemeine Veränderungen der *Interaktionskompetenz und -färbung.* Sowohl in Bezug auf die anderen Primärkontakte als auch hinsichtlich der Beziehung zur Umwelt geht es darum, eine den veränderten Bedingungen entsprechende »Gesamtstrategie« und viele situative Modi der Interaktion zu entwickeln, d. h. praktisch und emotional Realität des Kindes einzubringen und mit den übrigen Imperativen und Gegebenheiten auszubalancieren.

– Damit ändert sich auch das *Weltbild*: Wirklichkeit wird stärker aus der Sicht der Kinder und der (für sie handelnden) Eltern gesehen, interpretiert und beurteilt.

Die dabei auftretenden exposéspezifischen Eigenheiten und Problemkonstellationen wurden bereits angesprochen. Gemeinsam ist jedoch allen gegenwärtig praktizierten Modellen, dass die Bedeutung des Kindes zugenommen hat, sich die Erwartungen und Ansprüche in Richtung auf narzisstische Komponenten verschoben haben und die zunehmende »Kindzentrierung« mehr Zuwendung und Aufwand erfordert. Eltern müssen mehr lernen und leisten, müssen sich mehr anpassen und neue Fähigkeiten erwerben. Herkömmliche Muster reichen nicht mehr aus, Rollenstereotype genügen nicht, um die individualisierten, personengebundenen Kompetenzen zu entwickeln. Elternschaft ist mehr denn je eine tiefgreifende und risikoreiche Position, die tiefgreifende Veränderungen verlangt und dabei mit den neuen Möglichkeiten auch die des Scheiterns potenziert.

6.5. Weiterungen

Dies alles ist jedoch erst der Anfang. Es kommen auf Jungeltern noch ganz andere Probleme zu, mit denen sie kaum rechnen. Allerdings sind sie im Prozess ihrer Sozialisation bereits an einiges gewöhnt, so dass das, was folgt, bereits auf mehr oder weniger gut angepasste Eltern trifft. Hier sollen in aller Kürze ein paar der Entwicklungen angesprochen werden, vor allem mit Blick auf die damit verbundenen Probleme der verschiedenen Exposés.

Statistisch gesehen fängt das Kind mit acht bis zehn Monaten zu krabbeln an; mit zwölf bis fünfzehn Monaten beginnt es zu laufen. Dies sind nicht nur Etappen der motorischen Entwicklung, sondern bedeutsame Einschnitte der Eltern-Kind-Beziehung. Aus einem Säugling, der körperlich weitgehend passiv und emotional »monologisch« handelt, wird mehr und mehr ein Kleinkind, das eigene Aktivitäten entfaltet und »dialogisch« fühlt und handelt. Eine Reihe von Schwierigkeiten und Themen verschwindet dadurch. Die Ernährung vereinfacht sich, das Schlafen funktioniert (etwas) einfacher. Dafür tritt nun das Problem auf, dass das Kind sich selbst bewegen kann, also nicht mehr bleibt, wo es hingelegt wird. Es fängt mehr und mehr an, sich den Raum anzueignen, erst mit einem bescheidenen Radius, schon bald aber mit beachtlicher Reichweite. Dass dabei der Umgang mit der Erwachsenenwelt nicht den vorgeschriebenen Sach- und Sozialnormen entspricht, ist klar; kein Kind kann wissen, dass man sich an Tischdecken besser nicht hochzieht und dass Tapeten nicht zum Abreißen gedacht sind. Nicht selten kommt es zu Unfällen, weil und wo Erwachsene die neuen Fähigkeiten der Kinder zu spät bemerken bzw. unterschätzen. Wenn man sich daran gewöhnt hat, das Kind in einem warmen Zimmer auf einer Decke auf den Fußboden betten zu können, um dann mal eben in einem anderen Zimmer anderen Tätigkeiten nachzugehen, wird man unter Umständen davon überrascht, dass der Nachwuchs von heute auf morgen gelernt hat, sich selbst zu bewegen und auf einmal in der Tür erscheint – deutlich auf dem Weg zur Treppe (...)

Damit stellt sich die Frage, wie auf diese neuen kindlichen Fähigkeiten reagiert wird. Die erweiterten Möglichkeiten des Kindes verlangen mehr Aufmerksamkeit/Kontrolle und, wo dies ein relevantes Thema ist, auch zunehmenden »Schutz« der Erwachsenenwelt vor den Einfällen des Kindes. Eine herkömmliche Antwort darauf war das sogenannte »Laufställchen«. Das *Baby-Lexikon* (1969) schreibt:

> »Sehr zweckmäßig, um dem älteren Säugling und Kleinkind eine möglichst große Beweglichkeit bei zugleich guter Sicherheit zu gewährleisten, wenn das Bettchen für das Kind zu eng geworden ist. Mit dem L. kann sich das Kind selbständig seinen Raum erobern (...). In ihm kann das Kind auf natürliche Art und je nach dem Entwicklungsstande seiner Fähigkeiten Aufstehen, Stehen, Gehen mit Unterstützung, Laufen und Kriechen üben« (S. 183f.).

Gefordert wird möglichst hohe Stabilität (damit das Kind den L. nicht hin- und herschieben kann) sowie auch eine möglichst große Grundfläche: »Zu kleine L. hindern das Kind am Kriechen und zwingen es viel zu früh, ständig zu stehen oder zu gehen« (S. 184).

Darin drückt sich zugleich das traditionalistische Verständnis der Eltern-Kind-Beziehung aus: Das Kind muss bewacht und versorgt werden, seine Bedürfnisse sind, wo sie »stören«, einzuschränken. Das moderne Exposé sieht – aus narzisstisch getönter, identifizierter Perspektive – das L. anders:

> »Der Laufstall dient dem Schutz des Babys vor Unfällen. Er darf kein Dauerparkplatz für das Baby werden. Kinderärzte und Psychologen sind sich nämlich einig: Er macht Babys krank und dumm! Ein Laufstall beschränkt die Bewegungsfreiheit des Kindes. Dadurch wird nicht nur die körperliche, sondern auch die geistige Entwicklung beeinträchtigt (...). Zudem hindert der Laufstall das Kind, seine Umwelt zu entdecken und neue Erfahrungen zu sammeln. Und schließlich: Das Gitter des Laufstalls trennt das Kind auch von seiner Hauptbezugsperson« (Eltern-Sonderheft 12, 1985/86, S. 57f.).

Was dem *Baby-Lexikon* noch als »möglichst große Beweglichkeit« erschien, ist schon eine potenziell gefährliche Einschränkung. Es geht nicht mehr nur um Motorik, die kognitive und emotionale Entwicklung des Kindes steht auf dem Spiel. Es braucht kaum erwähnt zu werden, dass für ein avantgardistisches Verständnis ein L. kein Thema ist. Das Kind darf sich frei bewegen, Einschränkungen sind nur im Notfall gerechtfertigt.[73]

Es handelt sich beim Umgang mit den sich entwickelnden motorischen Fähigkeiten um Grundsatzfragen: Werden die Möglichkeiten des Kindes akzeptiert oder werden sie zugunsten der Lebensweltstrukturen und Tagespläne der Erwachsenen gebremst und reglementiert? Ein Kind, das sich aktiv bewegen, eigenständig Handlungen unternehmen kann, bietet einen neuen, bisher nicht vorhandenen Interaktionsmodus (und damit auch: Identifikationsfläche). Jetzt mischt sich das Kind aktiv ein, verlangt Umgang mit eigen-willigem Verhalten. Damit stehen die Eltern vor der Frage, wie sie damit umgehen wollen/können. Sie müssen neu festlegen, wie die kindlichen mit ihren eigenen Interessen zusammengebracht werden sollen, sie mit dem neuen Bild vom Kind als einem Wesen, das will und tut, umgehen. Ein traditionelles Reaktionsmuster sah hier – nicht nur in Form von Laufställchen – Einschränkung, schärfer noch: Zurückweisung und Disziplinierung vor. Dem liegen deutlich abgrenzende und auch aggressiv eingefärbte Reaktionen auf die kindliche Entwicklung zugrunde. Wo schon die symbiotischen Identifikationsangebote des Kindes zumindest zum Teil zurückgewiesen wurden, werden erst recht die mit Eigenwillen und Selbstständigkeit des Kindes verbundenen emotionalen Qualitäten abgelehnt: Das nunmehr fordernde Kind wird als unangepasst erlebt und behandelt.[74] Dieses Muster ist allerdings selbst in den hier als traditionsorientiert bezeichneten Exposés (in dieser Form) kaum noch gültig. Vielmehr besteht auch hier (im Zuge der säkularen Verschiebungen der Objektbeziehungen) insgesamt die Tendenz, die Aktivitäten des Kindes ebenfalls narzisstisch zu besetzen und dementsprechend zu begrüßen und zu fördern. Probleme treten lediglich da auf, wo es um die Art und Weise der Begrenzung und um die Vermittlung mit anderen Zwängen und Interessen geht. Eher traditionalistisch orientierte Eltern geraten in Konflikte, wenn sie zwischen Gewähren-lassen und Einschränken entscheiden müssen; avantgardistisch orientierte, die unbedingtes Gewähren-lassen praktizieren, müssen sich mit den Folgeproblemen herumschlagen. Im Rahmen von modernen Strukturen tritt dagegen ein Problem verstärkt auf, das (so) nicht in herkömmlichen Modellen angelegt ist: Je ausgeprägter sich Eltern auf die Symbiose mit ihrem Kind einlassen, desto stärker muss, wenn das Kind sich von sich aus löst, das Kind losgelassen werden. Wenn man sich erst einmal mit dem Bild des süßen kleinen Wesens identifiziert hat, emotional quasi auf's »Kindchenschema« eingestiegen ist, fällt es häufig schwer, zu akzeptieren, dass das Kind sich davon wegentwickelt. Hier zeigt sich eine Kehrseite narzisstisch betonter Eltern-Kind-Beziehungen: Sie tun sich schwer(er), die symbiotische Position zu verlassen und sich in Richtung auf distanziertere, mehr Eigenständigkeit (und Widerborstigkeit) akzeptierende Objektbeziehungen zu entwickeln. Vor allem, wenn die primärnarzisstisch gefärbte Beziehung zum Kleinkind aus Konflikten der Eltern heraus Bedeutung gewann, ist die notwendige Lösung heikel. Schwierigkeiten äußern sich nicht nur in der Unterschätzung der Fähigkeiten, sondern auch in Versuchen, symbiotische Situationen zu erhalten; ein Bemühen, das dem Kind, wo es sehr stark ausgeprägt ist, Konflikte bringt. Denn dann werden die »zentrifugalen« Aktivitäten – aus nunmehr ganz anderen Gründen – nicht akzeptiert und honoriert; das Kind muss damit leben, dass im Grunde nur regressives Verhalten geliebt und gewünscht wird. – Ein Stück weit dürfte jedoch das Festhalten an den frühen symbiotischen Mustern nicht nur typisch, sondern auch notwendig für moderne Eltern-Kind-Beziehungen sein, die ja über biografisch lange Phasen stabil sein muss. Außerdem ist eine symbiotische Grundstruktur, wenn sie nicht dominiert, sondern einen emotionalen Hintergrund bildet, Voraussetzung für die erforderlichen Individuationsschritte des Kindes (vgl. Erikson 1973).

Moderne Eltern stehen daher vor dem Problem, narzisstische Identifikation und Distanzierung auf einen Nenner bringen zu müssen. Erheblich erschwert wird dies durch einen weiteren Aspekt der kindlichen Entwicklung: Mit der Motorik entwickelt und differenziert sich auch die Triebstruktur bzw. das expressive Vermögen des Kindes. Es zeigt manifeste Aggressivität, die gerade in dieser Phase ausgesprochen »ungekonnt« und damit schwer zu integrieren ist. Außerdem zeigt das Kind häufig für Erwachsene unerkärliche Eigenheiten; sagt, sobald dies möglich ist, in allen möglichen und unmöglichen Situationen »nein« oder »ich« (i. S. v.: das will ich machen, auch wenn »objektiv« die Möglichkeit nicht besteht oder sehr hinderlich/gefährlich ist). Erikson (1973) interpretiert dies als einzige Möglichkeit für das noch schwache Ich, sich seiner selbst zu versichern und an Stärke zu gewinnen – für die Erwachsenen handelt es sich auf jeden Fall um ein schwieriges Feld. Die traditionelle Erziehungsphilosophie sah hierin bereits erste Äußerungen eines verdorbenen Charakters, Unsitten, die gar nicht erst einreißen durften und entwarfen Programme der Bekämpfung von triebhaften Ausbrüchen dieser Art.[75] Entsprechend sind Eltern mit traditionalistischem Exposé hier besonders empfindlich. Avantgardistische Eltern sind dagegen oft geschockt, dass ihr Kind, das sie doch so rundum versorgt hatten, auf einmal genau jene Eigenschaften an den Tag legt, die die Symbiose von Seiten der Eltern gerade ausschließen sollte und auch ausschloss. Auch für sie handelt es sich um eine krisenträchtige Entwicklung.

Nun wird auch hier nichts so heiß gegessen, wie es gekocht wird. Nur ausgeprägte Zwangsneurotiker werden heute tatsächlich versuchen, ihren Kindern Aggressionsäußerungen auszutreiben, nur völlig aggressionsgestörte Eltern werden es wirklich nicht verkraften, dass die Kinder Lebensäußerungen zeigen, die sie ihnen nicht zugetraut hätten bzw. die sie sich nicht gewünscht haben. Im Normalfall finden auch hier (exposéspezifisch verschiedene) Gewöhnungen und Abarbeitungen statt, die die Konflikte entschärfen. Es bleibt jedoch strukturell das Problem, dass Eltern, gerade moderne Eltern, die stärker auf das Kind zu- und eingehen, damit zurechtkommen müssen, dass Kinder eigenwillig und triebhaft (aggressiv, egoistisch usw.) sind. Wie darauf reagiert werden soll – Aufgreifen? Unterstützen? Eindämmen? – muss erst bedacht und entworfen, dann noch in interaktive Praxis übersetzt werden. Und diese Übersetzung ist häufig der Punkt, an dem ein kognitiv und emotional elaboriertes Modell praktisch korrigiert wird. Häufig verläuft interaktive Entwicklungen so, dass die Eltern sich vornehmen, auf bestimmte Weise zu reagieren, dann jedoch im praktischen Betrieb zu inkonsequent, zu schwach, zu emotional sind, um die kognitiv gefassten Beschlüsse durchzuhalten. Dadurch werden die elterlichen Fronten aufgeweicht, die Einigung mit den kindlichen Triebregungen verschiebt sich zugunsten der Kinder. Auf der anderen Seite besteht auch die Möglichkeit, dass bestimmte Verhaltensweisen der Kinder als so provozierend erlebt werden, dass die Übertragung der Eltern kognitiv nicht mehr gebremst werden kann und sie unmittelbar emotional (beispielsweise ihrerseits aggressiv oder »egoistisch«) reagieren. Beide Verarbeitungsmuster sind prekär. Das erste, weil darin ein Stück Strukturverlust zum Ausdruck kommt – die Eltern geben eine Position oft auf, ohne eine angemessene neue zu entwickeln, so dass die Thematik in diffuse Bahnen gelenkt wird. Damit ist stets das Risiko von Integrations- und Balancedefiziten verbunden. Die projektive Komplementärreaktion dagegen ist immer ein potenzieller Kristallisationskern von Kollusionen, die sich neurotisierend auf die kindliche Entwicklung auswirken können. Diese Gefahr verstärkt sich, je mehr (in welcher Form auch immer) die Eltern von den kindlichen Äußerungen in ihrem eigenen Konfliktprofil angesprochen werden und in Kollusionen hineingezogen werden. Je differenzierter die kindliche Psyche, desto mehr Möglichkeiten der Verstrickung für die Eltern liegen bereit, wenn sie ihrerseits ein differenziertes Beziehungsprofil einbringen. Hier haben sich historisch bedeutsame Verschiebungen ergeben. Grob vereinfachend könnte man sagen: Während für das traditionelle Sozialisationsmodell »Repressionskonflikte« kennzeichnend waren, also Triebimpulse unterdrückt, abgespalten und dadurch in ihrer Entwicklung/Integration behindert wurden, tritt im modern geprägten Exposé zusätzlich das Problem schwieriger Strukturbildungen auf, müssen Kinder mit Widersprüchlichkeiten, Inkonsistenzen, oder, wo die Eltern vor der Komplexität des Geschehens flüchten, Kontaktlosigkeit fertig werden. Dies erzeugt in der Tat ein völlig neues psychosoziales Konfliktprofil. Die hohe narzisstische Intensität der Eltern-Kind-Beziehung mündet, wo sie nicht kompetent fortgesetzt und weiterentwickelt werden kann, in »narzisstischen« Neurosen und Balanceproblemen (worauf noch zurückzukommen sein wird).[76]

Nicht nur in der Beziehung zum Kind, sondern (direkt und indirekt damit verbunden) auch im Kontakt zur Umwelt ergeben sich neue Problemfelder. Der schon angesprochene Kontakt mit anderen Eltern gleichaltriger Kinder intensiviert sich, wo die Kinder stärker aufeinander zugehen und sich miteinander beschäftigen. Kleine Kinder pflegen nicht nur friedlich miteinander zu spielen (wie die Erwachsenen es gern sähen), sondern sich zu streiten, sich gegenseitig Spielzeug wegzunehmen etc. Und sowohl die Eigenheiten des eigenen Kindes als auch die fremden Kinder sind häufig provozierend (und können daher auch nicht so leicht »absorbiert« werden). Konkret: Das fremde Kind, welches das eigene schlägt, ist emotional schnell ein (kleiner) Feind; das eigene als Schläger eine bittere Enttäuschung und narzisstische Kränkung. Dies alles versetzt die beteiligten Eltern in schwierige Situationen, weil sie dabei nicht nur in ihren jeweiligen themenbezogenen Projektionen angesprochen werden, sie müssen auch den Umgang mit der Wirklichkeit anderer Eltern und Kinder (und der eventuell präsenten Öffentlichkeit) berücksichtigen. Daraus können sich, ein reges Innenleben, welches auf komplexe Realität komplex reagiert, vorausgesetzt, erhebliche Komplikationen ergeben. Als Beispiel soll eine Beschreibung der Mutter von Anika, einer munteren Dreijährigen dienen:

>Aus der Sandkiste ertönt herzzerreißendes Gejammer unterschiedlichster Stärke. Ein Blick genügt, um meinen Herzschlag ein wenig ins Stocken zu bringen, um ein diffuses Gefühl von Schmerz, Trauer und Wut hochkommen zu lassen: Anika steht – ein wenig verstört, wie mir scheint – in der Kiste, während die beiden heulenden Kleinen, auf den Bauch liegend, wieder in aufrechte Stellung zu gelangen versuchen.<

Das Beschädigen fremder Kinder, zumal kleinerer, ist ein Alarmsignal. Schnelle Wiedergutmachung tut not:

>Ein Satz, ich bin hilfreich zur Stelle, bevor auch andere betroffene Elternteile herbeistürzen können. Ich befreie mit sanften Tröstungsworten die beiden Anikaopfer aus ihrer misslichen Lage, wische die Sandspuren aus Gesicht und Haaren. Das Weitere übernehmen die inzwischen herbeigeeilten, besorgten Elternteile.<

Jetzt ist eine ernste Diskussion erforderlich:

>Ich tue, was ich tun muss: frage Anika, was passiert sei. Aber soviel ich auch frage, ich gewinne keine neueren Erkenntnisse als die, die ich mir ohnehin schon zusammengereimt habe: Anika muss wohl Lust verspürt haben, die beiden Kleinen in den Sand zu stoßen (...). Ich bleibe ruhig, bitte sie, in Zukunft vorsichtiger zu sein, rede und rede und rede und weiß selbst, wie wenig das letztlich nutzen wird.<

Nun reichen die Ermahnungen, von denen die Mutter meint, sie den anderen Eltern zu schulden. In Wahrheit bedrückt sie mehr die Täterin als Opfer existentieller, ihr kaum vermittelbarer Umstände:

>Ich wünsche mir, irgendeiner würde mit Anika Ball spielen oder sich in anderer Weise mit ihr beschäftigen, ihr somit zeigen, dass sie trotz der drei kleinen, niedlichen Wesen noch einen Stellenwert hat, aber die Projektion der vielen guten Gefühle bleibt auf die drei Kleinen konzentriert.<

Die Mutter vertieft sich voll in Anikas Gefühle und bezieht sie zugleich auf sich:

>Anika leidet, fühlt sich unwohl, und ich frage mich, ob sich in ihren Reaktionen vielleicht Eifersucht auf das Baby in meinem Bauch zeigt, ob ihr Verhalten nicht einfach Ausdruck von Angst ist, Angst, zurückgestoßen zu werden wie hier. Ich selbst fühle mich (und ich könnte heulen darüber, reiße

mich aber zusammen), viel zu schwach, um aktiv zu werden, und so bleibt mir nur die Hoffnung, dass es jetzt vielleicht doch friedlicher wird« (Meißner-Johannknecht 1982, S. 94f.).

Dem kaum zu bekämpfenden Gefühl der Schwäche (angesichts solchen Leidens, dem man wenig entgegensetzen kann)[77], kann die Mutter nur die Hoffnung auf Entspannung setzen. Sie erfüllt sich jedoch nicht. Im Gegenteil: Anika startet später neue Attacken, die nunmehr von den Eltern der kleinen Kinder mit manifester Missbilligung zur Kenntnis genommen und beantwortet werden:

>»Andreas' Gesicht zeigt ungeschminkte Ablehnung und Enttäuschung. Und ich will mich gerade umdrehen, um mich von den Überfällen meiner fiesen Tochter zu überzeugen, da kündet bereits ein Schmerzensschrei von den neuen Untaten der bösen Anika. Andreas springt auf und entfernt Anika mit fester Männerhand, so dass sie schmerzhaft ihr Gesicht verzieht, aus der Sandkiste. Ein vorwurfsvolles ›Anika‹ ist alles, was an Kommentar folgt. Die anderen schauen nur betreten, unschlüssig, und da die Tat wohl weniger schmerzlich war als anfangs vermutet – die beiden Kleinen schaufeln unverdrossen weiter – bleiben alle am Tisch sitzen. Lediglich der Hinweis, dass man sowieso bald aufbrechen müsse, kommentiert das soeben Abgelaufene« (a. a. O., S. 98).

Obwohl die Mutter sicher ist, dass der angerichtete Schaden eher gering ist, fühlt sie sich bestraft – und unter Druck, Anika zu strafen:

>»Anika steht immer noch auf der Wiese, an der Stelle, wo Andreas sie abgesetzt hat, und schaut zu uns herüber. Ich spüre die unausgesprochenen Worte und die nicht ausgesendeten, vernichtenden Blicke, die darauf warten, dass ich reagiere. Ich empfinde die Aufforderung als so stark, dass ich mich fast automatisch erhebe, auf Anika zugehe, sie mit einem Griff packe, der sie jämmerlich aufschreien lässt, und sie ins Haus zerre. In der Haustür noch einen Schlag auf den Po, so dass es alle es auch sehen können – und Trauer, Wut und Schmerz brechen in ihr wie eine Woge, der ich nicht standhalten kann, zusammen. Anika weint, wie ich sie noch nie habe weinen sehen. Sie schluchzt so erbärmlich, so voller Verzweiflung, dass ich ungeheure Angst bekomme, Angst davor, etwas kaputt gemacht zu haben, was ich nie wieder gutmachen kann« (a. a. O., S. 98f.).

Auch die Mutter weint, und Mutter und Tochter brauchen erst mal ein gemeinsames Bad, um diesem psychosozialen Drama zu entkommen, welches sie beide hoffnungslos in Versagen und Strafe, Enttäuschung und Aggressionen – und ihrer Liebe verstrickt. Man kann diesem Text entnehmen, wie schwierig es ist, den unterschiedlichen Imperativen in einer solchen Situation gerecht zu werden: Der kritischen Solidarität mit dem eigenen Kind, den berechtigten Ansprüchen anderer Kinder, der Beziehung zu Freunden, dem moralischen Druck der Bezugsgruppe, nicht zuletzt den vielfältigen inneren Reflexionen und Interpretationen. Der Verlust, allen und allem gerecht zu werden, mündet fast im praktischen und emotionalen Chaos – fast; die enge Identifikation auch mit dem schon älteren Kind fängt auch diese Krise auf. Was bleibt, sind die vielfältigen Tücken des Alltags. Kurz: Die inneren wie äußeren Sinnzusammenhänge verkomplizieren sich geradezu in exponentiellem Maßstab, wenn, wie im modernen Exposé, Identifikation und Reziprozitätsbemühungen (als interaktive Fortsetzung eher narzisstisch getönter Beziehungsmuster) die Interaktion von Eltern und Kindern mit ihrer Umwelt prägen.

Dies gilt für Eltern mit avantgardistischem Exposé in ähnlicher Weise. Da hier beispielsweise aggressive Äußerungen eher gestattet (und vielleicht untergründig honoriert) werden, ergeben sich anders gelagerte Konflikte in diesem Bereich; die Abstimmung je verschiedener Interpretationen und Praktiken ist jedoch auch hier konfliktträchtig. Für alternative Eltern kommt meist noch ein zusätzliches Problemfeld im Kontakt zur Bezugsgruppe. Sehr häufig wird hier schon früh versucht, Kindergruppen zu organisieren. Dabei spielt meist die Überzeugung eine Rolle, dass vor allen Dingen Einzelkindern die Möglichkeit zu sozialen Beziehungen geboten werden müsse. Und da gegen öffentliche Angebote und gegen Kindergärten ideologische Vorbehalte bestehen, werden hier auf der Basis von Krabbel-, Spiel- und sonstige Gruppen gegründet und betreut. Ein Außenstehender macht sich kaum klar (und kann es kaum fassen), was damit für ein Aufwand verbunden ist: Da müssen (oft im Kleinkrieg gegen Behörden) Räumlichkeiten besorgt werden, müssen geeignete »Bezugspersonen« ausgesucht werden, wenn die Eltern die Kinderbetreuung nicht völlig alleine übernehmen. Finanzfragen werden ausgiebig erörtert und umstritten. Dann muss täglich gekocht und geputzt werden, wird am Wochenende an der Einrichtung der Räume gebastelt.[78] Schließlich gibt es regelmäßige Elternabende, an denen es immer viel zu diskutieren gibt. Um diese Belastungen durchzustehen, müssen avantgardistische Eltern schon ein erhebliches Stehvermögen aufbringen, ganz abgesehen davon, dass »antiautoritär« betreute Kinder besonders viel Dreck produzieren und besonders häufig keine Lust haben, das zu essen, was auf den Tisch kommt...[79]

Dieses Problem betrifft nicht nur die eigene Bezugsgruppe von Eltern mit avantgardistischem Exposé, sondern ist noch in einem allgemeineren Sinn bedeutsam. Wer mit einem Säugling in der Öffentlichkeit auftaucht, hat zwar mit den bekannten Problemen zu kämpfen, die sich aus der mangelnden architektonischen Berücksichtigung von solchen Ereignissen ergeben, muss sich also mit einem Kinderwagen durch schwieriges Gelände quälen. Ansonsten kann er aber mit einem gewissen Maß an Respekt und Entgegenkommen rechnen. Auch Männer mit kleinen Kindern bekommen ein gewisses Entgegenkommen zu spüren, bekommen Türen aufgehalten, beim Kinderwagentransport geholfen usw. Wenn die Kinder jedoch laufen und sprechen können (und damit zu den genannten eigensinnigen, triebbestimmten Handlungen fähig sind), ändert sich die Sachlage. Ihre Lebensäußerungen werden weit weniger akzeptiert. Ein Kind, das Gegenstände anfasst, herunterreißt, das in Räume eindringt, die sichtbar oder unsichtbar für Publikum gesperrt sind, das so ziemlich alle Regeln zivilisierten Umgangs nicht einhält, gilt nach wie vor als schlecht erzogen. Die »Unarten« der Kinder sind für die Eltern ein Problem – soweit sie sich mit den öffentlich geltenden Normen identifizieren. Für konsequent alternative Eltern, die ohnehin auf das Urteil der Umwelt (manifest) wenig Rücksicht nehmen, ist dies möglicherweise ebenso wenig ein Problem wie für Eltern, die ihre Kinder schon früh »abgerichtet« haben. Ansonsten ergeben sich jedoch nun, mit zunehmender Entwicklung der Kinder, ständig neue Reibungspunkte mit einer Welt voll Institutionen, die auf Kinder nicht gefasst sind. Dazu kommt, dass Modernität eine höhere öffentliche Präsenz der Kinder einschließt; man nimmt sie, wie erwähnt, mehr mit. Es braucht hier nicht im einzelnen beschrieben zu werden, wie ein vitales, mobiles Kleinkind imstande ist, den geordneten Ablauf der Ereignisse im Supermarkt, in einer Behörde, in einem Restaurant durcheinander zubringen; primär durch Aktivitäten, die dort nicht üblich, vorgesehen und zugelassen sind, sekundär dadurch, dass die Eltern, die den Widerspruch zwischen kindlicher und erwachsener Realität erleben und darauf reagieren, indem sie versuchen, ihrem Kind Beschränkungen aufzuerlegen, die es sonst vielleicht nicht gewohnt ist. Daraus resultiert meist Widerstand, Protestgeschrei, mit dem Eltern und Kind erst recht aus der Rolle fallen und die (meist missbilligende) Aufmerksamkeit der Öffentlichkeit auf sich ziehen. So sieht man nicht selten schwitzende, gestresste Eltern, die entnervt ihren

Einkauf und ihr Kind durch die Schleusen zerren – oder aber versuchen, das Kind durch Ablenkungen (die im Supermarkt auch bereit stehen) zu besänftigen. So kann eine Firma, die »Kinderschokolade« anbietet, auf indirekte Weise an Kunden kommen, die es sonst strikt ablehnen, solche Produkte zu kaufen. Dies wiederum bringt die Eltern mit ihrer eigenen Erziehungsphilosophie in Konflikt.[80] Der Kontakt mit den gesellschaftlichen Institutionen bedeutet jedoch nicht nur, dass nunmehr dauerhafte Widersprüche zwischen kindlichen Bedürfnissen und der Struktur der Erwachsenenwelt ausbalanciert werden müssen. Die funktional differenzierte soziale Realität hält auch Orientierungen und Angebote für Kleinkinder bereit, denen sich die Erwachsenen, selbst wenn sie dies vorhaben, kaum entziehen können. Zwar sind die meisten Entscheidungen über den Umgang mit Kindern formal privatisiert, also Sache der Eltern, aber unterhalb von manifesten Sanktionen gibt es normative Zusammenhänge, von denen ein erheblicher Sog ausgeht. Er greift doppelt: über gefürchtete Folgen bei zu großer Abweichung, aber auch, indem an elterliche Projektionen angeknüpft wird. Ein Bereich, in dem dies massiv geschieht, ist die Mode. Unverkennbar gibt es einen zunehmenden Trend zur modischen Stilisierung auch der Kleinkind-Kleidung. Wo traditionellerweise in einem Alter, das einen erheblichen Kleiderumsatz (aus Gründen des Wachstums, aber auch des Verschleißes) mit sich bringt, mehr auf praktische Angemessenheit der Kleidung gesehen wurde (und nur für Festivitäten ein »Sonntagskleid« bzw. »Sonntagsanzug« auch für das Kind bereitlag), wird jetzt auch für den täglichen Gebrauch Modisches angeboten. Analog existiert ein Markt für »alternative« Kinderkleidung, der naturgemäß weniger modisch ausgerichtet ist, aber durchaus einen klaren Lebensstil problemlos erkennen lässt.

Was sich hier abspielt, ist eine Art »Refeudalisierung«: Während der Frühschichten der bürgerlichen Gesellschaft ging die Tendenz eindeutig dahin, die Kinder ein Stück weit aus der Erwachsenenrealität herauszunehmen und sie auch eindeutig als Kinder zu identifizieren, enthält (nicht nur) die Kindermode den entgegengesetzten Trend.[81] Hier werden Kinder (wieder) wie kleine Erwachsene behandelt, werden in die Eigendynamik der Erwachsenenmode hineingezogen. Möglich wird dies, weil und wo es der Mode gelingt, die Eltern in ihren narzisstischen Projektionen auf das Kind zu erfassen und ihnen einen konkreten Ausdruck anzubieten. Dass die Kinder hübsch aussehen sollen, ist wohl eine selbstverständliche Folge der narzisstischen Identifikation. Dass sie auch auf der Höhe der Mode sein sollen, hängt damit zusammen, dass sie von Eltern als Bestandteil der eigenen Ausstattungswünsche gesehen werden. Außerdem (und dies ist ein Faktor, der gegenwärtig mehr und mehr Bedeutung gewinnt) sind die anderen Kinder modisch gekleidet, so dass für alle, die mithalten wollen, die Notwendigkeit besteht, ein Auge darauf zu haben, dass das »Outfit« stimmt. So kommt es, dass bereits Kleinkinder nicht irgendeinen Pullover anhaben, sondern ein Sweatshirt von »Sasch«, »Esprit«, »adidas«.[82]

Strukturell ähnlich liegen die Dinge in dem anderen Bereich, in dem gesellschaftliche Normen dazu führen, dass die Eltern-Kind-Beziehung schon früh geprägt und geformt wird. Auch hier besteht nicht die Notwendigkeit, sich den impliziten Aufforderungen anzupassen, aber vermittelt über die Identifikation der Eltern und die richtungsweisenden Trends in der Bezugsgruppe finden auch hier erhebliche Beeinflussungen statt. Es handelt sich um den Bereich der vorschulischen »Intelligenzförderung«. Zu den auffälligsten Ausstattungsmerkmalen des modernen Kinderzimmers gehört, dass das Spielzeug nicht einfach nur Zeug zum Spielen ist, sondern ausdrücklich danach ausgesucht wird, ob es die Entfaltung der kindlichen Intelligenz positiv beeinflusst. Schon der Säugling wird so ausgestattet, dass er »üben« kann: »Wenn ein Baby beim Spielen seine Sinne üben kann, hat es besonders viel Spass« (Eltern Sonderheft 1985/86, S. 72).

Die Eltern sind dabei gehalten, darauf zu achten, wo das Kind nicht genug »übt«, um gegebenenfalls nachzuhelfen: »Wenn Ihr Baby krabbelfaul ist, dann versuchen Sie (...), es mit (...) Spiel auf Trab zu bringen« (a. a. O.).

Der Unterschied zwischen »Spielen« und »Lernen« ist für moderne Kinder (wieder) aufgehoben:

> »Für Babys gibt es zwischen Spielen und Lernen keinen Unterschied. Indem es spielt, entdeckt es die Welt. Deshalb ist es nicht belanglos, womit das Baby spielt. Je interessanter Spielsachen sind, desto mehr kann es mit ihnen anfangen, desto mehr kann es an ihnen lernen« (a. a. O., S. 76).

Mit dem Säugling wird bereits viel geredet – »das fördert die Sprachentwicklung« (a. a. O.). Auch Gymnastik ist bereits in zartem Alter angesagt, damit auch die Motorik möglichst früh und gut vorankommt. Kurz: Das Leistungsprinzip hat bereits in der Wiege Einzug gehalten.[83]

Dieser Trend verschärft sich noch im Kleinkindalter. Jetzt ist das Angebot an pädagogischem Spielzeug für das Kleinkindalter unübersehbar. Sowohl die individuellen kognitiven Kompetenzen als auch die sozialen Verhaltensweisen werden durch Spiele der unterschiedlichsten Art gefördert und »geschult«. Während die Kindermode hauptsächlich bei den primärnarzisstischen Besetzungen der Eltern angreift und sie kanalisiert, ist die »Kleinkinderschulung« sowohl vom Übertragungsgeschehen her als auch sozial komplexer. Es ist evident, dass hier das »Numerus-clausus-Syndrom« seine frühesten Ausprägungen hat, d. h. Sozialängste um die Möglichkeit von Karriere bzw. den Verlust von Sozialstatus werden (zumindest latent) durch die Verbreitung pädagogischer Orientierungen, die Spielzeugindustrie und die Normen der Bezugsgruppe gefördert. Gerade wenn das eigene Kind »Projekt« ist, dann geht es auch um Zukunft und wer möchte schon die zukünftigen Chancen seines »Projektes« durch frühe Versäumnisse ruinieren? Verglichen mit den »Ausstattungs-Projektionen«, die sich in als schön empfundener Kleidung und einem entsprechenden Ambiente äußert, sind hier die Projektionen eher phallisch-narzisstischer Art, sind auf Macht und Durchsetzungsvermögen, auf Kompetenz (und sozialen Status) ausgerichtet. Sicher ist diese Art von Projektion auf das Kind nicht gänzlich neu; die Vorstellung, dass schichtspezifischer Status zu erhalten oder zu verbessern wäre, hat als Erziehungsleitlinie Tradition. Auffällig ist, dass im modernen Exposé Leistungsdruck ubiquitär und universell geworden ist. »Normalisierung« heißt hier: dass die Kinder (und mit ihnen die Erwachsenen) ständigen Leistungskontrollen und Leistungsvergleichen ausgesetzt sind, die zu diesem Zeitpunkt noch keine selektive Funktion haben, aber letztlich darauf vorbereiten. Und da nicht mehr soziale Herkunft allein über biografische Chancen entscheidet[84], liegt die Verantwortung für die späteren sozialen Möglichkeiten des Kindes verstärkt bei den Eltern, die versuchen, mit Hilfe von Trainingsprogrammen (die bereitliegen und von entsprechenden Institutionen angeboten werden) diese Situation für sich zu entschärfen. Mit dem Ende der Übergangzeit beginnt für viele Kinder und Eltern der chronische Leistungs-Stress.

Man sieht: Normalisierung bedeutet für Eltern wie für ihre Kinder keineswegs, dass alle Schwierigkeiten bewältigt wären. Mit der Normalisierung werden im Gegenteil völlig neue Problemzonen erreicht, die neue und dauernde Anstrengung erforderlich machen. Die »Geburt der Eltern« mündet ebenso wenig wie die der Kinder in einen ruhigen und sicheren »Zustand«, sondern in einen permanenten Prozess der Bewältigung alter und neuer Aufgaben. Die Eltern sind jetzt erfahren, verfügen über Routinen, haben ein inneres wie soziales Gleichgewicht erreicht (bzw. die Strukturkonflikte normalisiert), aber sie geraten ständig aufs neue unter Druck:

– durch ihre Kinder, die in ihrer Entwicklung neue Anforderungen stellen;
– durch eine Umwelt, die parallel dazu verstärkt komplexe Orientierungen und Anforderungen vorgibt;
– durch ihre eigenen Identifikationen und Projektionen, die dort, wo sie entsprechend differenziert und anspruchsvoll sind, mehr Aufwand mit sich bringen und zu Diskrepanzen zwischen Sein und Sollen führen (können).

Für Eltern mit modernem Exposé ist es schwierig genug, einmal gewählte Leitlinien festzuhalten und die Folgeprobleme aufzufangen. Eltern mit traditionalistischen und avantgardistischen Exposés geraten zusätzlich in den Konflikt, in einer Welt ihr Modell durchhalten zu müssen, die ihm nicht entspricht und entgegenkommt. Die normative und institutionelle Struktur – in den Metropolen stärker als in der Provinz und in Randzonen – ist wesentlich modern. Wer sich dagegen abgrenzt, hat nicht nur das Problem, in einem genau genommen relativ diffusen Feld eine Position und Strategie entwickeln und festhalten zu können; er muss zusätzlich mit ständigen Reibungskonflikten und mit dem starken Sog gesellschaftlicher Normalität fertig werden. Wer beispielsweise seine Kinder strenger behandelt als dies das moderne Exposé vorsieht, hat es zwar im Supermarkt leichter, weil seine Kinder nicht so auffallen, gerät aber ansonsten in Legitimationskonflikte, hat mit Eltern und Kindern zu tun, die sich anders verhalten und muss zusehen, dass er seinen Stil dagegen verteidigt (und zusehen, wie er damit umgeht, dass das eigene Kind sich an fremden Vorbildern orientiert usw.). Mutatis mutandis gilt dies auch für avantgardistische Exposés: Wer vom dominierenden Modell abweicht, steht unter Anpassungsdruck, hat zusätzliche Probleme, die eigene Identität und die Beziehung zu seinem Kind aufrechtzuerhalten. Es tritt hier das strukturelle Risiko auf, dass die abweichenden Exposés entweder bis zum Sektierertum verhärten (und dadurch an Stabilität gewinnen, aber entsprechende Folgeprobleme mit sich bringen), oder aber punktuell oder systematisch »unterwandert«, aufgeweicht werden, was nicht nur zu problematischen »Mischtypen« und Inkonsistenzen führen kann, sondern, wenn diese Entwicklung ausgeblendet und verleugnet wird, schizoide Strukturen hervorbringen kann.

Unabhängig von den exposéspezifischen Friktionen und Konflikten lässt sich jedoch generell feststellen: Im Rahmen der beschriebenen Entwicklungstendenzen ist die »Geburt der Eltern« komplexer geworden. Eltern müssen mehr lernen, müssen sich stärker innerlich auf ihr Kind einstellen, mehr psychosozial wie praktisch »investieren«, müssen mit ihren Kindern in einer für beide schwierigeren Welt zurechtkommen. Es versteht sich von selbst, dass dadurch Kinder für ihre Eltern (und Eltern für ihre Kinder) etwas anderes sind. Die Funktionen und Folgen dieser Entwicklung sollen im nächsten Abschnitt diskutiert werden.

Anmerkungen

1 Dies stimmt insofern nicht, als in der Entwicklung der Säugetiere die Eltern-Kind-Beziehung sich bereits in ersten Ansätzen in diese Richtung entwickelt. Harlows haarsträubende Experimente haben gezeigt, dass kein Primaten-Nachwuchs ohne intensive und stabile Beziehung zur Mutter sich entwickeln kann. Allerdings unterscheidet sich die menschliche Entwicklung qualitativ selbst noch von den Primaten und Hominiden (vgl. dazu ausführlich Portmann 1967).

2 Die Wechselwirkung zwischen kindlicher Entwicklung und Umwelt ist noch zu wenig erforscht. Fest steht, dass Umweltbedingungen, die das Kind wenig fordern und fördern, seine Entwicklung zumindest verlangsamen; möglicherweise auch beeinträchtigen (z. B. Spitz 1962). Es fällt beispielsweise auch auf, dass das Alter, in dem Kinder das Laufen lernen, sich in den letzten Jahrzehnten immer mehr verringert hat (vgl. die Tabellen bei de Mause 1982). Und wenn in älteren Anleitungen für Mütter das Schlafbedürfnis der Säuglinge durchweg zu hoch eingestuft wird, könnte dies damit zusammenhängen, dass man sie früher eben mehr schlafen ließ. Es scheint hier also »Verhandlungsspielraum« zu geben. Bezüglich der psychosozi-

alen Entwicklung des Kindes ist das Interaktionsangebot der Umwelt ganz zweifellos ein wesentlicher Faktor. Genaue Kenntnisse stehen hier noch aus.

3 Es ist ein Verdienst der Psychoanalyse, dass sie die empirischen Befunde psychodynamisch interpretiert (vgl. z. B. Mahler 1972, Fornari 1970). Seit einiger Zeit werden empirische Forschung und Interpretation auf produktive Weise zusammengeführt (vgl. Dornes 1994, 1997).

4 Ein immer wiederkehrendes Thema klinischer Arbeit sind »misslungene« Einigungen. Jedem fatalen Säuglingsschicksal geht (wo nicht rein medizinische Gründe ausschlaggebend sind) eine Katastrophe auf diesem Gebiet voraus.

5 Das Modell des »bargaining« geht implizit von gleich kompetenten und zumindest teilweise gleich mächtigen Beteiligten aus. »Verhandelt« wird dann über Angebote (die durchaus strategisch gemeint sein können) und ebenso strategische Gegenvorschläge, Techniken der Beeinflussung und Kompromissbildungen, kurz: mit einem Arsenal an Techniken und Tricks (vgl. dazu z. B. Goffman 1969, Steinert 1972). Diese Situation ist zwischen Eltern und Kind zu Beginn nicht gegeben. Die Eltern können nur im Rahmen der Vorgaben des Kindes und der Umwelt »verhandeln«, der Säugling dagegen hat wenig »Verhandlungsspielraum«. So wird man Eltern-Kind-Beziehungen nur begrenzt als »ausgehandelt« bezeichnen können.

6 Es geht wohl bei diesen Wickelpraktiken weniger um gerade Beine, sondern um den sedierenden Effekt. Es ist gelegentlich vermutet worden, dass durch strammes Wickeln der Grundumsatz gesenkt wird, weil die kreislaufanregenden Wirkungen der Bewegung, wegfallen. Zugleich wird mit dem Wickeln dem Kind eine ständige Berührung geboten, die entfernt mit Körperkontakt Ähnlichkeiten hat. Dadurch wird das Kind »beruhigt« und die Eltern haben Ruhe (wenn auch, so steht zu vermuten, auf Kosten der kindlichen Entwicklung).

7 Der ländliche Traditionalismus, den Wylie beschreibt, versucht, eine Balance zwischen Gefühlen und praktischen Notwendigkeiten zu finden. Der emotionale Kontakt zwischen Müttern und ihren Säuglingen ist vorhanden, wird allerdings gebremst und behindert. Dies mag ein Grund dafür sein, dass die soziale Identität der Menschen aus Peyrane auffällig stoisch-distanzierte Züge hat. Es ist wichtig, »sérieux« zu sein, sich nicht übermäßig expressiv zu verhalten; Sanktionen

werden ohne mit der Wimper zu zucken hingenommen und mit Rückzug beantwortet (vgl. Wylie 1969, passim). Auf der anderen Seite steckt darin auch ein Stück Autonomie, um nicht zu sagen: Anarchismus, der durch solche Sozialisationsstrategien direkt und indirekt gefördert wird. Denn neben der selbstverständlichen Einpassung ins Gegebene wird immer wieder ein Stück (trotziger) Vorbehalt stimuliert.

8 Anzumerken ist, dass selbstgestrickte Babysachen im Peyrane von 1950 hauptsächlich deshalb gern geschenkt wurden, weil sei billiger waren als gekaufte Sachen. Narzisstische Teilhabe an der Kindlichkeit qua Strikken von niedlichen Baby-Sachen steht hier also höchstens an zweiter Stelle. Hier liegt eine wichtige Differenz zum modernen Exposé.

9 Man könnte vermuten, dass das Elsaß als bikulturelle Region zwischen den kulturellen Großmächten Deutschland und Frankreich (und im Widerstand gegen die abwechselnde Besetzung) eine besonders fruchtbare kulturelle Eigendynamik entwickeln konnte...

10 Allerdings würde der für Peyrane von 1950 gültige Stil im Jahr 1986 als sektiererisch traditionell eingestuft. Auch in Peyrane haben sich die Dinge (nicht nur) in dieser Hinsicht radikal verändert, wie Wylie bei späteren Besuchen erfuhr (vgl. seine Nachworte »Zehn Jahre später« und »25 Jahre später«).

11 Auch dies ist Signum der Modernität: Neben jeder Mutter häufen sich nicht nur die Mitbringsel der Verwandtschaft, sondern große Mengen von Broschüren, Büchern mit teurer Ausstattung, Proben von Windeln, Babynahrung, Creme und Puder. Der Empfang der jungen Mutter wird von der Baby-Industrie (mit-)instrumentiert.

12 Tatsächlich hat sich die Industrie als sehr anpassungsfähig erwiesen; die von ihr produzierte Beratungsliteratur ist ausgesprochen »modern« in ihrer Argumentation, weitaus moderner als so mancher ärztliche Ratgeber. Dies hängt wohl nicht zuletzt mit einer gewissen inneren Verwandtschaft der »Modernität« und dem ästhetischen Prinzip der Werbung zusammen (die oralen Imagines und die Produktpräsentation moderner Werbung stehen sich sehr nahe; die Werbewelt ist ihrerseits oral-narzisstisch angelegt). Die Förderung der »Baby-Zentrierung« ist daher auch im Interesse der Industrie.

13 Genau genommen gilt diese Regel natürlich nur für Eltern: Sie wollen/sollen sich hineinversetzen in die Psyche der Kinder, sollen

erfühlen, was sie wünschen und brauchen. Insofern ist hier »Reziprozität« nicht im Sinne von Interaktionsgleichgewicht, sondern fast in Richtung auf therapeutische Kompetenz der Eltern zu verstehen.

14 Vgl. z. B. Seck-Agathe/Maiwurm (1981), Wilberg (1981).

15 Vgl. dazu auch die klare, abschreckende Nüchternheit, mit der etwa im *Baby-Lexikon* Anweisungen gegeben werden (und nicht wie hier die Ratgeber sich in die Situation der Mütter einfühlen, wie diese sich in die ihrer Kinder einfühlen). Es findet sich dort auch kein Wort über Liebe, schon gar nicht über »faire l'amour«.

16 Die Vorselektion durch den Lebensstil (die ja schon vorher wirkt) spielt hier also eine besonders große Rolle (im Gegensatz etwa zum traditionalistischen Exposé, welches stärker aus der Kontinuität von Nahweltstrukturen resultiert).

17 Je offener die Situation insgesamt ist, desto relevanter werden antizipatorische Definitionen, emotionale Projektionen, kurz: Konstruktionen von Realität im Sinne von Vorbereitung und praktischer Interpretation. Offene Beziehungen ermöglichen und erzwingen eigenständige (reflexive) Festlegungen.

18 Vgl. dazu die Kontroversen der »Transition-to-Parenthood«-Forschung (LeMasters 1957, Jacoby 1969).

19 Auch dies ist ein Grund dafür, dass »Beziehungslernen« gerade in diesem Bereich so schwierig (und die realen Ereignisse so unvorstellbar) sind, dass die individualisierte Eltern-Kind-Beziehung immer (fast) bei Null beginnt. Erfahrungen lassen sich kaum per Diskurs vermitteln.

20 Das traditionalistische Exposé zeigt hier eine eigentümliche Ungleichgewichtigkeit. Der Mann bleibt (mehr denn je) Machthaber und setzt seine Interessen durch, er ist jedoch in bezug auf die (kleinen) Kinder völlig inkompetent. Machtverlust hinterlässt vorrangig Inkompetenz. Daher ist der Schritt in die Modernität für Väter größer und mit stärkeren Umstellungen verbunden.

21 Auch dies wird sehr plastisch in der einschlägigen Literatur (Seck-Agathe/Maiwurm 1981, Wilberg 1981, Sichtermann 1981) geschildert.

22 Aus diesem Grund ist die besonders intensive Ängstlichkeit moderner Eltern doppelt bedingt: Als Konsequenz der potenzierten Unsicherheit (durch Lösung aus externen Bindungen und vorhandenes Wissen um mögliche Komplikationen), aber auch als Gegenbeset-

zung latent aggressiver Impulse. Dies ist eine besonders brisante Mischung.

23 Es versteht sich von selbst, dass die Anzahl der (von den Eltern erlebten) Konflikte und Krisen kein Maß für die »Gesundheit« der Eltern-Kind-Beziehung und ebenso wenig für die Entwicklungsmöglichkeiten des Kindes selbst sind. Bekanntlich kann (oberflächliche) Ruhe auch ein Zeichen dafür sein, dass relevante Themen ausgeklammert werden, während umgekehrt viel dafür spricht, dass ein bestimmtes Maß an Konfliktsensibilität ein wesentliches reflexives Medium der Beziehungsentwicklung sein kann. Es kommt also, wenn Beziehungen unter diesem Gesichtspunkt betrachtet werden, mehr darauf an, ob sowohl die nötige Sicherheit als auch die nötige Distanz zur eigenen Praxis möglich ist. Problematisch sind dagegen lernunfähige Verhaltensstarre und destabilisierende Dauer-Unsicherheit.

24 Vgl. dazu die vielen Schilderungen des »Hausfrauensyndroms« sowohl in der »modernen« als auch der »avantgardistischen« Literatur (mit jeweils anderen Akzenten, aber gleichem Tenor).

25 Ausführlich geschildert z. B. Grossman et al. (1980), La Rossa/LaRossa (1981).

26 Aus verständlichen Gründen sind solche Äußerungen nur schwer zu dokumentieren (dazu sind körperliche Aggressionen gegen Kinder – kontrafaktisch – zu tabuisiert). In der neueren Literatur wird dieses Thema nicht mehr ausgeklammert, aber auch hier zeigt sich (so z. B. in Klaus 1982, S. 131), dass ein offenes Aussprechen von Aggressionen gegen (und Wut auf) Kinder immer noch Stigmatisierungen zur Folge hat. Es ist dagegen leicht, in offenen Gesprächen mit modernen Eltern zu hören, wie häufig die große Liebe von großer Wut beeinträchtigt wird. Eltern berichten, dass sie anfangen, die Handlungen/Äußerungen der Kinder persönlich zu nehmen (»dass tut der, um mich zu ärgern«), dass sie Impulse spüren, sich mit ihnen auf einen Kampf einzulassen (um zu gewinnen) – und dass sie versucht sind, ihre überlegene Kraft gegen das Kind einzusetzen. Bei modernen Eltern geht dann normalerweise das Alarmlicht an, während in besonders exponierten Randschichten und Extremsituationen dann selbst diese Sicherungen nicht mehr funktionieren.

27 Immerhin hat jedoch die Wissenschaft mittlerweile die Relevanz der Väter auch für die frühen Eltern-Kind-Beziehungen thematisiert (vgl.

z. B. Fthenakis 1985). Dies könnten Vorboten von sich anbahnenden Veränderungen sein.

28 Es handelt sich hier selbstverständlich nicht um ein reales Verschmelzen, sondern um hoch voraussetzungsvolles Handeln, dem aufwendige Reflexionsprozesse vorausgehen. Schon aus diesem Grund ist es keine wirklich »bedingungslose Hingabe«, sondern eine »bedingte«, ihre Bedingungen kontrollierende Hingabe. Heikel wird die Sache erst, wenn die »bedingungslose Hingabe« buchstäblich verstanden und praktiziert werden soll, was auf Seiten der Erwachsenen einem masochistischen Beziehungsangebot und/oder einem erheblichen Balanceverlust in der Beziehungsdimension Erwachsener-Kind gleichkommt und mit hoher Wahrscheinlichkeit auch dem Kind nicht bekommen wird.

29 Es ist klar, dass eine reale Symbiose nicht möglich ist; sie bleibt projektives und identifikatorisches Geschehen. Dies ist an sich kein Problem, wenn die symbiotischen Impulse genügend balanciert sind. Wo jedoch der Wunsch nach Symbiose eine reale (regressive) Abwehrfunktion hat, bleibt die Enttäuschung (mit allen Folgen) nicht aus.

30 Diese Differenz ist wichtig. Verbalität ist häufig ja auch eine Möglichkeit, das auszuleben, was die reale Praxis nicht verträgt, hat also auch »psychohygienische« Funktionen. Auf der anderen Seite ist es wohlfeil, verbal zu versprechen, was man praktisch dann doch nicht tun kann/will. Auch hier gilt, dass die Progressivität von Beziehungen sich, wenn es hart auf hart kommt, leicht reduziert.

31 Vgl. dazu auch weiter unten. Der Kampf um Arbeitsteilung wird insofern mit ungleichen Waffen geführt, als typischerweise die geschlechtsspezifische Positionsdefinition den Müttern hier weniger Durchhaltevermögen zubilligt, während die Männer sich auf externe Verantwortung berufen (können).

32 Die üblichen soziologischen Definitionen von Norm zielen vorrangig auf die Gültigkeit und Legitimität von Handlungsweisen. Unter Normalisierung wird dabei nur die Reintegration von Abweichung bzw. die Herstellung eines stabilen Systems von Normen verstanden.

33 Dabei wird systematisches Um-Denken erforderlich. Gregory Bateson verwendete in diesem Zusammenhang den Begriff »Deutero-Lernen« (1981).

34 Darin wird auch die besondere Bedeutung des »extra-uterinen« Frühjahrs der menschlichen Entwicklung gesehen: Reifungsprozesse mit

noch embryonalem Charakter finden bereits in einer sozialen Umwelt statt (vgl. Portmann 1966).

35 Dabei handelt es sich immer schon um psychosoziale Entwicklungen. Die Psychoanalyse interpretiert diesen Abschnitt als »orale Phase«, in der grundlegende Muster der Beziehung zur Umwelt und zu sich selbst entwickelt werden (vgl. Erikson 1973).

36 Je nach Blickweise beginnen Säuglinge auch schon früher mit aktiver Kommunikation und Interaktion. Auf jeden Fall entwickelt sich nun ein neues Niveau des Austauschs. Damit werden auch psychosoziale neue Entwicklungs- und Konfliktfelder erreicht (Fornari 1970).

37 Empirisch zeigt sich, dass immer irgendetwas stört: Schnupfen, Durchfall, Verletzungen, Hautprobleme, Krankheiten usw. Immerhin hat sich ein (wie immer fiktives) Normalniveau eingependelt, auch wenn die Abweichungen die Regel sind.

38 Freud – in dieser Hinsicht sehr puritanisch – billigte der Verliebtheit nur eine begrenzte Zeit zu und betrachtete die von ihr befallenen Menschen als nicht ganz zurechnungsfähig.

39 Beispiele dafür sind die von Richter (1963, 1970) und Willi (1979) beschriebenen »Kollusionen«. Allerdings wird in Beziehungen lediglich aktualisiert, was schon vorher angelegt war: Die Beteiligten bringen Themen ein, die vorher (so) nicht behandelt wurden. Eine unproblematische Konstellation lässt eine leichte Normalisierung zu, problematische dagegen werden zum Brennpunkt für die Identität und beeinflussen das Handeln durch ihre Eigendynamik nicht unerheblich.

40 Es braucht nicht betont zu werden, dass dies eine Beschreibung (und Einschätzung) aus heutiger Sicht ist.

41 Das späte Echo des kindlichen Erlebens im Erwachsenen ist ebenso gebrochen durch die Identitätsentwicklung und den aktuellen psychischen Prozess, wie die externe Beobachtung von Kindern durch die (Erwachsenen-) Wahrnehmungsmedien gefiltert und interpretiert ist. Dennoch besteht kein Zweifel an der intensiven psychischen Aktivität des Kindes – und der Relevanz ihres »Schicksals« für die Biografie.

42 Naturgemäß ist hier der Spielraum des Geschehens groß. Was jeweils an Projektionen entwickelt wird, tritt dann in Interaktion mit den Eigenheiten des Kindes selbst. Nicht nur die Projektionen selbst, sondern auch die Frage, inwieweit sie zum Kind passen, kann dabei problematisch sein.

43 Dazu gehört beispielsweise die bereits von Goffman (1969) beschriebene Segmentierung des Publikums (wobei dann dem jeweiligen Publikum entsprechend ausgearbeitete Darstellungen geboten werden). Für unterschiedliche Bedürfnisse werden auch unterschiedliche Bezugsgruppen ausgewählt: Die eigenen Eltern vielleicht, um sich selbst pflegen zu lassen, »Gleichgesinnte« für Problemdiskussionen usw.

44 Es wäre ein Thema für sich, zu klären, was der fotografierende Umgang mit Realität bedeutet. Zwischen Vater (Mütter greifen so gut wie nie zum Fotoapparat bzw. zur Videokamera) und Kind schiebt sich eine technische Optik: Er sieht das Kind (auch) unter der Perspektive der besten Aufnahme-Möglichkeiten und des »schönsten« Bildes. Ob es sich um eine (gebrochene) Form der Zu-Neigung oder um eine Instrumentalisierung eines emotional brisanten Themas handelt oder beides, muss hier dahingestellt bleiben. Auf alle Fälle findet, wer sucht, vielfältige Hinweise und Anleitungen, wie man sein Kind optimal fotografiert. Und man kann sehen, dass die vielen Bilder mal ein Gegenstand rein fototechnischer Verarbeitung, mal Ausgangspunkte sehr persönlicher Verwendung sind, die weit über das übliche Foto im Portemonnaie oder auf dem Schreibtisch hinausgehen.

45 Was im übrigen nicht notwendig auch heißt, dass die Beziehungen auch empirisch »partnerschaftlich« sind: Zumindest finden sich häufig Ungleichgewichte in den verschiedenen Bereichen, die zur Partnerschaft gehören. Dadurch ist auch möglich, dass latent bereits hierarchische Beziehungsmuster angelegt sind, die unter dem Druck der Verhältnisse hervorgehoben werden.

46 LaRossa/LaRossa (1981) schildern ausführlich ihr Modell des »alignement«, in dessen Verlauf Perspektiven homogenisiert, Widersprüche geglättet usw. werden.

47 Dies verdeutlicht noch einmal die psychosozialen Verschiebungen in der Identität der Eltern (und die Eigenheit der Identität von Nicht-Eltern). Bei Nicht-Eltern werden durch Kleinkinder, die sich in den Alltag einmischen, ganz andere Impulse ausgelöst als bei den Eltern. Unsere Kultur hat die Erwachsenen-Identität in jeder Hinsicht von Primärkontakten dieses Typs entfernt. Erwachsene fühlen sich (wo sie nicht gerade – kurzfristig – auf das Kindchenschema anspringen) primär und sekundär gestört: Die Eltern werden abgelenkt, das Kegeln

wird behindert. Psychoanalytiker vermuten, dass dahinter noch der Ärger darüber, nicht selbst der umsorgte Schatz zu sein, steht.

48 Dabei gibt es deutliche Publikums-Segmentierungen durch die Art der Kleidung und den dahinter stehenden psychosozialen Stil: »Kinderausstatter« (s. o.) sind exklusiv und teuer. Die noblen Kaufhäuser bieten modische Ware mit gehobenem Niveau. Ramsch-Kaufhäuser bieten Handfestes (und Kitschiges) zu moderaten Preisen. Man trifft dort jeweils das dazugehörige Publikum.

49 Das klingt missverständlich und muss daher präzisiert/relativiert werden. Gemeint ist, dass sozial präformierte Interaktions- und Beziehungsmuster den Prozess der »Einigung« erheblich verändern, weil sie weniger psychosoziale Eigenaktivität der Eltern verlangen/zulassen. Auch Übertragungen entwickeln dadurch einen geringeren »Individualisierungsgrad«, was die genannten Effekte haben kann. Im Einzelfall können damit allerdings sehr dramatische Kollusionen verbunden sein.

50 Auch hier noch einmal die Einschränkung, dass Identitätsprofile ihrerseits die vorhandenen Normen aufarbeiten und modifizieren, d. h. auch traditionalistische Eltern können aufgrund persönlicher Wahl eine »symbiotische« Beziehung zu ihren Kindern entwickeln. Es scheint ohnehin, dass ein moderater Traditionalismus, durch Symbiose und Empathie gemildert, ein vergleichsweise produktives Sozialisationsmodell darstellt.

51 Hier ist allerdings eine der wichtigsten »Einbruchstellen« von Modernität. Es scheint, als ob im Bereich der Selbst-Bilder (und hier besonders im Bereich des Aussehens) am ehesten traditionelle Muster aufbrechen. Die Anpassung an hiesige Normen zeigt sich bei Türken beispielsweise frühestens in der Ausstattung der Kinder. – Allerdings verträgt sich mit der optischen Anpassung (und den damit verbundenen Beziehungselementen) noch ein gerütteltes Maß an Traditionalismus; es handelt sich eben zunächst nur um oberflächliche Anpassung.

52 Vgl. dazu Pross (1978). Diese Übereinstimmung zwischen Ober- und Unterschicht (bei Helge Pross »Grundschicht« genannt) hat verschiedene Hintergründe, aber gemeinsam ist beiden, dass sie gewissermaßen am Rand der gesellschaftlichen Norm stehen: Die Oberschicht als hochprivilegierte kleine Gruppe, die Abstand zur Restgesellschaft hält, die Unterschicht als unterprivilegierte Gruppe, die keine Teilnahmechancen hat.

53 Inkonsistente und/oder relativierte Exposés, die nicht genügend Reflexivität besitzen, um diese Heterogenität zu verarbeiten, sind besonders belastet und geraten eher in den destruktiven Sog von Inkompetenz und Dekompensation. Zwischen zwei Welten geratene Interaktionssysteme sprechen häufig zwei Sprachen (durcheinander und beide schlecht).

54 Im Grunde ist auch eine Situation, in der ein Erwachsener und ein Kind über lange Zeit allein und ausschließlich aufeinander bezogen leben, ziemlich exponiert: Es fehlen die gesamten Anregungen und Entlastungen, die die Interaktion mit Dritten bringt. Dadurch droht in der Tat eine besonders große Gefahr der »Überhitzung«.

55 Vgl. dazu ausführlich LaRossa/LaRossa (1981), Grossman et al. (1982), zusammenfassend: Gloger-Tippelt (1985).

56 Es steht zu vermuten, dass beide Seiten eng verbunden sind: »Rationale« Gründe können durchaus irrationale Hinter-Gründe haben, »irrationale« Entscheidungen werden von rationalen beeinflusst und modifiziert.

57 Ein Beispiel ist das intensive, unverständliche Gebrüll des Säuglings, welches dem Erwachsenen durch Mark und Bein geht. Es ist einleuchtend, dass entnervte Eltern nach einiger Zeit ihre Position ändern und sich an die Vorstellungen gewöhnen, es könne ignoriert werden.

58 Weiter oben wurde bereits auf Übervorsicht als Gegenbesetzung aggressiver Impulse hingewiesen. Auch später sind »fürsorgliche« Einstellungen, die unnötig einschränken, im Kontext von Kontroll- und Beherrschungswünschen mit aggressiver Tönung zu sehen.

59 Vgl. dazu die vielfältige Literatur zu diesem Thema, z. B. Waldron/Routh (1981).

60 Tatsächlich gilt auch hier, dass, wo viel Schatten ist, auch viel Licht ist: Je ausgeprägter und balancierter die Verschmelzung mit dem Kind, desto mehr an »externen« Konflikten verträgt die Beziehung.

61 Da die empirische Forschung nach dieser Unterteilung keine Materialien bietet, kann ich dies hier nur vermuten.

62 Bei Paaren, bei denen beide Partner aus finanziellen Gründen arbeiten müssen, kommt es dagegen eher zur genannten Dynamik.

63 Die vielschichtigen Gründe dafür bleiben hier undiskutiert.

64 Das Interaktionsprofil, welches daraus resultiert, ist deswegen auch keine »Mischung« verschiedener Exposés, sondern ein Exposé, das unter

Druck zu Notprogrammen greift. Die Eltern sind genervt und erschöpft und müssen streckenweise passen, geben deshalb aber noch nicht die Ziele und Bemühungen auf.

65 Normalerweise geht dem jedoch eine Selektion voraus, die dazu führt, dass Bezugspersonen nach den subkulturellen Merkmalen ausgesucht werden; eine gewisse Übereinstimmung ist daher vorab gegeben. Das erschwert auf der anderen Seite die Auswahl von Bezugspersonen: Je spezieller die Ansprüche, desto schwieriger ist es, jemand zu finden, desto schwieriger ist es, das eigene Kind jemand anderem anzuvertrauen.

66 Schon aus diesen ganz handfesten Gründen gibt es eine Kovarianz von Berufstätigkeit und Exposé. Dazu kommt die zu vermutende von Berufswahl und Exposé. Beides ergibt relativ homogene Gruppenzusammensetzungen (bei aller Variation der subjektiv bestimmbaren Merkmale).

67 So laufen Klinikbesuche beispielsweise anders ab, als die Klinikordnung erhofft. Behandlungen werden erfragt und erörtert, Regeln diskutiert usw. Und es war die Hartnäckigkeit von Eltern, die sich auf keine Kompromisse einließen, die dafür sorgte, dass heute die Besuchszeiten in Kinderabteilungen aufgehoben sind und Eltern vergleichsweise selbstverständlich in der Klinik übernachten können. Dies alles lässt Kinder von Eltern mit einem solchen Exposé zu einer schwierigen (aber sicher auch anregenden) Gruppe von Patienten werden.

68 Das Problem der nicht genügend eingebundenen Reflexivität, die Dauerreflexion, die Ausdruck von Zwängen und Ängsten ist, gehört zu den schwierigsten bei der Bewältigung selbstreflexiver Kompetenzen (vgl. Schülein 1986).

69 Wie immer es mit der Verwirklichung und Gültigkeit »postmoderner« Normen bestellt sein mag (zur Kritik von Inglehardts Thesen vgl. Baethge 1985) – hier zeigen sich Tendenzen, die in diese Richtung weisen.

70 Allerdings nicht auf Dauer. Auch Alternativ-Betriebe sind keine Kindergärten und werden durch kindliche Aktivitäten beeinträchtigt. Hier ist jedoch die Trennung nicht so strikt, dass nicht Ausnahmen möglich und akzeptiert würden. Treten ständige Kinderversorgungsprobleme auf, so werden sie hier eher durch szenenspezifische Hilfe (Kindergruppen etc.) aufgefangen.

71 Nicht nur die bedingungslose Abgrenzung, sondern auch die bedingungslose Hingabe sind (auf jeweils verschiedene Weise) problematisch. Auch hier gilt, dass Extrempositionen konfliktträchtig sind.

72 Um es noch einmal zu unterstreichen: Auch die indirekte Selektion über Sozialstatus und nahegelegte Exposéwahl ist ausgesprochen wirksam und verfestigt/transportiert soziale Differenzierung. Die Wirksamkeit und Wahl von Exposés lässt sich damit jedoch nicht vollständig erklären; individualisierte Identität und Beziehungsmuster sind eigenständige Vermittlungsmedien.

73 Womit sich naturgemäß die Frage stellt, wo der Notfall (bzw. die notwendige Prävention) beginnt (eine Frage, die durchaus umfangreiche Reflexionen und Streitereien ermöglicht).

74 Dem liegt eine Einstellungsänderung in einer ganzen Reihe von unterschiedlichen Bezugsgruppen bzw. der Umwelt zugrunde: Das kleine Kind (und damit auch die Eltern) wird durchschnittlich eher exkulpiert als das größere, dem mehr Disziplin abverlangt wird (womit die Eltern als Disziplinierungspersonal anders gefordert sind). Der Anspruch auf funktionales Verhalten greift in der BRD wohl besonders früh.

75 Neben sexuellen Impulsen – deren Bekämpfung im Bürgertum bekanntlich Tradition hat (vgl. van Ussel 1977) – waren es vor allem die Autonomiebestrebungen des Kindes, die zu einem Problem für die (vom Eigen-Willen des Kindes provozierten) Eltern (vgl. z. B. Rutschky 1977) wurden.

76 Während Sexualität für moderne Exposés nicht mehr (in dem Maße wie für traditionalistische) so heikel ist, wird der Umgang mit kindlichen Autonomiebestrebungen und (z. T. sekundär durch Unsicherheiten verstärkt) mit aggressiven Impulsen zum Problem: Grenzziehungen werden schwierig, die Begründung von Eingriffen aufwendig, nicht selten verlieren die Eltern die praktische und normative Kontrolle in diesem Bereich, weil ihre Vorstellungen nicht auf reale Entwicklungen gefasst waren und sie keine »Ersatzprogramme« entwickeln konnten (wegen der exposéspezifischen Defizite).

77 Der Text verdeutlicht auch auf eindrucksvolle Weise die Stabilisierungsprobleme, die sich aus reflexiven Kompetenzen bzw. dem Zwang zur Reflexion ergeben: Überall treten Schwierigkeiten auf, eine verlässliche Position zu beziehen (die nicht gleich vom Wurm des Zweifels angenagt wird, weil auch anderes denkbar ist), die Reflexion angemessen zu dimensionieren (d. h. sie nicht unbegrenzt und destruktiv wuchern zu lassen) (vgl. dazu Schülein 1986).

78 Ein erschöpfter Vater, dessen Sohn nach einiger Kinderladenzeit in einen öffentlichen (und konventionellen) Kindergarten geht: »Ein Glück, dass das alles vorbei ist.« Auf der anderen Seite entspannt sich nur in solchem Rahmen unter Umständen ein sehr intensiver Diskurs, bilden sich Freundschaften zwischen Kindern und Eltern, die subkulturelle Homogenität und Stabilität stiften.

79 Das ist natürlich ein völlig abwegiges Vorurteil.

80 So nebensächliche Situationen dieser Art wirken: Sie sind potenzielle Bruchstellen elaborierter Exposés, die – vor allem bei häufigen Wiederholungen ähnlicher Konstellationen – von außen aufgeweicht und angepasst werden. Wenn das Tauschgeschäft Süßigkeiten gegen Stillhalten erst einmal etabliert ist, hat es Vorbildfunktion für andere Konflikte dieser Art, also beziehungsdefinierende Kraft.

81 Man könnte also in dieser Beziehung von einer Parallelentwicklung zu den Prozessen sprechen, die Postman (1983) im Bereich der Kommunikation feststellte: Die Grenzen zwischen Erwachsenenleben und Kindheit verwischen sich (zum Nachteil der Kinder nach Postmans Ansicht). Vgl. auch Baethge (1985).

82 Dadurch, dass dies keine vorab schichtspezifisch eingeschränkte und festgelegte Normen sind, wirken sie in alle Exposés (soweit sie dafür offen sind) hinein. Die Wirkung dieser Art von Kommunikation (die Teilhabe am aktuellen sozialen Geschehen zum Thema hat) ist (ein Stück weit) universell. Auch dies fördert die Intervention der Modernität in traditionalistische Exposés, was jedoch, um es noch einmal zu betonen, zunächst für oberflächliche Modernisierung zur Folge hat: Modische Kleidung ändert beispielsweise noch nichts an traditionellen Sozialisationsstrategien.

83 Diese Aussage ist in ihrer zugespitzten Form selbstverständlich unangemessen. Cum grano salis zeigt sie jedoch eine wesentliche Eigenheit der Modernität, die hier Thema ist.

84 Letztlich bleibt allerdings die (alte wie neue) Mittelschicht diejenige Schicht, deren Normen und Interaktionsformen am ehesten zur Entwicklung von entsprechenden biografischen Chancen führen. So gesehen bleibt die schichtenspezifische Verteilung von Lebenschancen erhalten, sie wird lediglich indirekter verteilt (und ist damit in Randzonen flexibler).

7. Zur weiteren Biografie der Eltern

7.1. Von der Triade zum »Quadrat«

Die bisherigen Ausführungen sind hauptsächlich aus der Perspektive des Übergangs zur Elternschaft geschrieben. Es ging vor allem um die wesentlichen Veränderungen, die ein Kind, das erste Kind, mit sich bringt. Diese Konzentration liegt in gewisser Weise thematisch nahe. Zunächst ist die Literatur fast ausschließlich auf diesem Aspekt konzentriert[1], so dass man sekundäranalytisch in diese Richtung gedrängt wird. Dahinter stehen jedoch, so steht zu vermuten, systematische Gründe: In einer Gesellschaft, deren »Geburtenquote« pro Beziehung unter zwei Kinder gesunken ist, in der Kinder zu haben eine hoch besetzte Entscheidungsfrage geworden ist, muss dieser Übergang zwangsläufig eher im Mittelpunkt des Interesses stehen, weil hier quantitativ wie qualitativ die entscheidenden Weichenstellungen erfolgen – ganz abgesehen davon, dass stets eine Premiere schärferes Profil hat als eine »Wiederholung«, sich daher auch massiver als Thema präsentiert.

Zunächst ein kurzer Blick auf die strukturellen Differenzen zwischen der Situation, die sich aus dem »Übergang zur Elternschaft« und der »Erweiterung« derselben geben. Ganz wesentlich ist dabei, dass das zweite Kind nicht völlig unerfahrene, unsichere und »idealistische« Eltern antrifft, also Erwachsene, die erst in dem Moment, wo das Kind auf die Welt kommt, Eltern werden, sondern Erwachsene, die schon Eltern sind. Wie immer dies im einzelnen aussehen mag – durch das Zusammenleben mit dem ersten Kind, dem dadurch ermöglichten/erzwungenen Lern- und Umstellungsprozess ist bereits eine stabile Eltern-Identität vorhanden, sind die relevanten Themen bereits bekannt und auf bestimmte Weise bearbeitet, was nicht unbedingt konfliktfrei und objektiv wie subjektiv angemessen heißen muss. Aber allein das Ausmaß von Bekanntheit und Gewöhnung impliziert Strukturiertheit. Das erste Kind hat gewissermaßen wesentliche Sozialisationsleistungen bereits erbracht, seine Eltern soweit angepasst und ausgebildet, dass sie – wie gern oder ungern auch immer – die wichtigsten Rollenqualifikationen erworben haben.

Die zweite Elternschaft beginnt also auf einem höheren Niveau an Erfahrung und Reflexivität. Gleichzeitig haben sich damit aber auch die Rahmenbedingungen geändert: Es ist bereits ein Kind da, welches versorgt werden will. Es besteht daher auch kaum die Möglichkeit, sich in aller Exklusivität dem erwarteten Kind zu widmen, sich innerlich wie äußerlich darauf zu konzentrieren und die Ereignisse extensiv zu erleben. Das freudige Ereignis muss also mental wie praktisch in einen bereits laufenden, nicht zu unterbrechenden »Familienbetrieb« integriert werden.

Dazu kommt, dass das zweite Kind nicht mehr eine »Premiere« darstellt – ein erstes Mal gibt es nur einmal. So wie die erste Liebe etwas biografisch Besonderes (nicht unbedingt besseres) ist, ist auch die erste Geburt eine besondere Erlebnisqualität, die sich nicht wiederholt. Auch wenn folgende Liebesbeziehungen ebenso intensiv sind, setzen Erfahrung, Beziehungsgeschichte, biografische Veränderungen andere Akzente.

Das zeigt sich bereits bei dem konstitutiven »Ausgangspunkt« der Eltern-Kind-Beziehung, dem »Kinderwunsch«. Eine Vielzahl von Hinweisen in der sozialwissenschaftlichen[2] wie öffentlichen Diskussion verweist (ebenso wie persönliche Erfahrungen) darauf, dass ein zweites Kind dezidiert ein Wunschkind ist bzw. sein muss. Man weiß, worauf man sich einlässt und hat aus den Erfahrungen mit dem ersten Kind die Konsequenzen gezogen, noch eins haben zu wollen. Dabei spielen, so scheint es, jedoch exposéspezifische Merkmale eine wichtige Rolle. Das traditionalistische Exposé ist von vornherein auf mehrere Kinder angelegt – ein Kind ist kein Kind, zwei Kinder sind ein halbes Kind, drei Kinder sind ein Kind, heißt es. Und da eine elaborierte Mutterrolle sich auf mehrere Kinder bezieht (auch wenn ein Kind bereits genügend Aufwand für Mütter bzw. Väter mit sich bringt), die Mutterrolle im traditionalistischen Exposé jedoch relativ klar umrissen und als Medium weiblicher Identitätsentwicklung besonders hervorgehoben ist, ergibt sich »von selbst« der Wunsch nach mehreren Kindern – zumindest dann, wenn das traditionelle Exposé durchgehalten wird. Wenn sich jedoch, was nicht selten der Fall ist, im Prozess des Arrangements der Eltern-Kind-Beziehungen eine Verschiebung in Richtung auf ein »modernes« Exposé ergibt, wird diese Selbstverständlichkeit ein Stück weit gelockert. Denn für den modernen Lebensstil sind, wie beschrieben, Kinder kein notwendig konstitutives Moment, da die Paarbeziehung im Vordergrund steht. Und da selbige ebenso wie die jeweils individuellen Interessen der Partner durch ein Kind erheblich in Mitleidenschaft gezogen wird bzw. werden kann, ist hier die Entscheidung, es bei einem Kind zu belassen, vergleichsweise naheliegend. Die biografischen Kosten von Kindern sind so groß, die externen Zwänge, die die Eigendynamik der Paarbeziehung an bestimmten Punkten einschränken, so immens, der Aufwand für die exposéspezifische Betreuung des ersten Kindes bereits so umfangreich, dass die Eltern auf eine Erweiterung dieses Teils ihrer Partnerschaft verzichten.

Im Übrigen hat es auch den Anschein, als wären moderne Paarbeziehungen vergleichsweise häufig dem Druck, der durch Kinder entsteht (im Zusammenspiel mit Karrierezwängen und biografischem Differenzierungsaufwand) nicht gewachsen, so dass es hier nicht selten nach der Geburt eines Kindes zu Trennungen kommt. Besonders dann, wenn das Kind latent die Funktion hatte, die bereits labile Beziehung zu stabilisieren (und sich herausstellt, dass das Gegenteil eintritt), ist diese Entwicklung konsequent, denn die zusätzliche Belastung kann dann nicht in einer Expansion der Beziehung aufgefangen werden, sondern schmälert im Gegenteil durch Einschränkung und Anpassung an die kindlichen Bedürfnisse die Gemeinsamkeiten (bzw. erhöht das Konfrontationspotenzial). Aber auch ohne diesen Hintergrund, einfach weil moderne Paarbeziehungen mit sehr viel mehr persönlichem Vorbehalt verbunden sind und die konsensuelle Grundlage vergleichsweise labil ist, kann sich unter Druck hier eher eine »Spaltungstendenz« ergeben.

Dies alles trägt dazu bei, dass das moderne Exposé weit eher mit der Beschränkung auf ein Kind verbunden ist. Anders liegen die Dinge beim avantgardistischen Exposé: Hier werden die sozialen Kosten weit weniger veranschlagt, da – aus anderen Gründen als dies bei traditionalistischen der Fall ist – die Bereitschaft, sich Kindern zuzuwenden (und dafür einen biografischen Preis zu zahlen) größer ist. Eine Entscheidung wird für Kinder, nicht nur für ein Kind getroffen. Von daher liegt der Entschluss, ein weiteres Kind haben zu wollen, näher. Die (theoretische) Entscheidungsgrundlage ändert sich nicht durch die Erfahrungen mit dem ersten Kind. Es kann jedoch sein, dass das Ausmaß der Konzentration auf ein Kind den Blick auf eine Erweiterung der Dyade/Triade verstellt.[3] Außerdem kann ein möglicher Entwicklungstrend in Richtung auf die Reduktion der avantgardistischen Vorstellungen bzw. eine Verschiebung in Richtung auf modernes Exposé auch die Einstellungen zu Kindern ändern. Auch die Vorbereitungsphase ist geprägt durch die veränderten Bedingungen. Die Aktionen und Reaktionen sind insgesamt etwas moderater, weil, wie erwähnt, es an Muße und Ausschließlichkeit der Zuwendung mangelt, weil wichtige Themen bereits behandelt sind und der laufende Betrieb zuviel Aufmerksamkeit erfordert. Die nötigen Mittel sind bereits vorhanden, die relevanten Bezugsgruppen wurden bereits einmal mit einer Veränderung dieser Art konfrontiert (erleben also auch keine »Premiere« mehr) bzw. wurden bereits so verändert, dass hier keine Umstellung mehr nötig ist. Nichtsdestotrotz kann – gerade weil es sich im allgemeinen um »Wunschkinder« handelt – die Freude groß sein; es steht nur weniger sozialer Raum zur Verfügung. Umgekehrt ist auch die Ambivalenz geringer. Da man in etwa weiß, was einen erwartet, ist der Spielraum für positive wie negative Projektionen eingeschränkt, d. h.: Sowohl Größenphantasien und oral-narzisstische Projektionen als auch Angstvorstellungen etc. können sich nicht so ungehemmt entwickeln, weil sie »geerdet« werden durch die vorausgehenden Erfahrungen. Die Vorbereitung auf das zweite Kind läuft also nebenher; muss auch nicht übermäßig hervorgehoben verlaufen, weil der Übergang qualitativ weniger bedeutsam ist, die Transitionserfordernisse, Antizipationsbedürfnisse usw. geringer sind. Die »fertigen« Eltern müssen sich nicht auf die gleiche Weise vorbereiten, einstimmen – sie können es auch kaum. Andererseits: Eine Neueinstellung ist erforderlich und findet auch statt. Es muss die »Erweiterung« der Triade ins Auge gefasst werden. Dabei stellt sich zwangsläufig die Frage, was man gern hätte – dasselbe noch mal? Etwas ganz anderes? Im Zeitalter der Wunschbeziehungen und der Reduktion von Primärkontakten auf wenige, intensive und besonders betonte Beziehungen scheint es relativ häufig so zu sein, dass Komplementarität bzw. »Ausgewogenheit« erwünscht ist – wer einen Sohn hat, wünscht sich ein Mädchen und umgekehrt. Im Französischen wird diese Konstellation als »la choix du roi« bezeichnet: Es ist gewissermaßen alles vertreten, nichts übersetzt. Man könnte darin auch den Ausdruck der modernen Tendenz zur »Beziehungsplanung« bzw. »-balance« sehen (wenn man diesen Gesichtspunkt nicht überstrapaziert). Ernsthafte Bemühungen, das zweite Kind auch mit »Wunschgeschlecht«

zu bekommen, sind jedoch eher selten. Da sich die Bewertungen des Geschlechts von Kindern generell gelockert haben[4], gilt meist die alte oberhessische Regel: »Was kommt, wird gewickelt.«

Unabhängig davon ist es jedoch erforderlich, sich (wieder) auf einen Säugling einzustimmen. Das erste Kind hat mindestens das Krabbelalter, meist schon die Phase des Sprechens und Laufens erreicht und sich damit sehr weit von der ursprünglichen Symbiose entfernt. Es stellt andere Ansprüche, bietet andere Beziehungsmöglichkeiten und verlangt Anpassung auf dem jeweiligen Niveau, welches man bei Freud, Piaget, Kohlberg, Selman usw. beschrieben findet. Ganz allgemein ist typisch, dass das Kinderbild der Eltern jeweils »mitwächst«, durch die vitale Realität des jeweiligen Entwicklungsstandes geprägt wird. Der Anpassungssog (bzw. komplementär: die Gewöhnung und Identifizierung) ist so ausgeprägt, dass Eltern, die sich auf ihr Kind eingelassen haben, geradezu exklusiv auf das Niveau eingeteilt sind, welches es gerade durchmacht. Zukunft und Vergangenheit verblassen dagegen – eine immer wiederkehrende Erfahrung von Eltern ist, dass sie sich weder vorstellen können, dass ihr Kind einmal laufen wird (solange es noch krabbelt) noch sich präzise daran erinnern, dass ihr Kind einmal nur strampeln und lallen konnte, wenn es bereits fließend seine Interessen ausdrücken kann. Die meisten Eltern sagen (oder empfinden) beim Hochheben eines Säuglings (wenn das eigene/erste Kind bereits etliche Kilo wiegt): »Wie leicht!« oder »Wie klein!« Kurz: Die Frühphase der Eltern-Kind-Beziehung entschwindet mit dem Heranwachsen der Kinder auch aus dem Realitätshorizont der Eltern; das Bild eines Säuglings muss wieder neu entwickelt werden. Dazu lässt jedoch die Phase der Vorbereitung auf die Geburt hier oft nur wenig Zeit. Sie beschränkt sich (bzw. wird beschränkt) tendenziell auf die erforderlichen praktischen Aspekte.

Allerdings können hier die Verschiebungen im Exposé sich bemerkbar machen (und unterschiedliche Akzente im Vergleich zur ersten Geburt setzen). So scheint es, als würde die Vorbereitung im zur Modernisierung tendierenden traditionalistischen Exposé »kindzentrierter«, während sie umgekehrt im etwas abgeschliffenen modernen an Idealisierung verliert. Auch hier scheint es, als reproduzierten sich die weiter oben skizzierten exposéspezifischen Eigenheiten – in moderierter Form, häufig unter Einfluss der angesprochenen Entwicklungstendenzen. Was die Vorbereitungen unter Umständen generell erschwert, ist, dass unter den Vorzeichen des angestrengten Normalbetriebs und des Wegfalls der »Premierenstimmung« die Schwangerschaft beschwerlicher sein kann. Die psychische Belastung bleibt (obwohl der Grad körperlicher Beschwerden erheblich von Schwangerschaft zu Schwangerschaft schwanken kann), die psychosoziale Kompensation nimmt tendenziell ab. Dadurch kann der Eindruck der Last größer werden, es kann auch die Last selbst größer werden. Wenn beispielsweise das erste Kind getragen werden möchte (was unter dem Eindruck der kommenden Ereignisse, die von Kindern schon recht früh wahrgenommen und verstanden werden, häufiger vorkommen kann), dann ist dies für Schwangere eine wirkliche Doppelbelastung. Und wenn das erste Kind Zuwendung verlangt und braucht, geht dies von der Zeit ab, die die Schwangere für ihre inneren wie äußeren Vorbereitungen braucht. Mit einem Wort: Der Stresspegel ist höher, auch wenn die Ängste und Befürchtungen beim zweiten Mal unter Umständen geringer sind.

Naturgemäß ist die Phase der Geburt selbst dann ein Ereignis, welches eine starke Zuwendung verlangt und daher auch beim zweiten Kind entsprechend berücksichtigt bzw. behandelt wird. Wesentlich sind dabei die Erfahrungen mit der ersten Geburt[5], aber auch die Verschiebungen im Exposé. Wenn der Verlauf der ersten Geburt zufriedenstellend war und sich im Exposé wenig geändert hat, ist es naheliegend, wieder dieselbe Klinik, dieselbe Entbindungsstätte aufzusuchen. Wo jedoch die Erfahrungen nicht zufriedenstellend waren und/oder durch eine Veränderung der Exposés in neuem Licht erscheinen, ergeben sich zwangsläufig neue Rahmenbedingungen und interaktive Strukturen. Dabei lässt sich (sieht man von den Eltern ab, die bereits das avantgardistische Modell praktiziert haben) durchweg eine Bewegung in Richtung auf eine persönlicher gestaltete, weniger medizinisch organisierte Geburt feststellen. Bei der zweiten Geburt sind (außer bei Paaren, die das traditionalistische Modell durchhalten) Männer mittlerweile fast immer dabei.[6] Auch haben Frauen eher den Mut, ihre Interessen gegenüber den Institutionen zum Ausdruck zu bringen bzw. die Institutionen auszuwählen, die ihren Interessen am nächsten kommen. Es gibt also eine starke Tendenz: weg von der rein »medizin-technischen«, hin zu »sanfter« klinischer Betreuung, zu den neuen Entbindungsheimen, zur Hausgeburt. Auf der anderen Seite hat die zweite Geburt meist weniger »Festcharakter«, schon weil das erste Kind ja betreut sein will. Auch lassen sich Freunde und Verwandte mehr Zeit mit Antrittsbesuchen. Und die neuen Bezugsgruppen – Eltern mit Kindern – sind ihrerseits so unter Stress, dass die Besucherstrukturen sich wesentlich von den Inaugurationen des ersten Kindes erheblich unterscheiden. Insgesamt nimmt also der Aufwand für Repräsentation und rituelle Aktivitäten ab. Auch die anderen, weiter oben angesprochenen Formen der Zelebrierung der neuen Situation reduzieren sich. So muss das zweite Kind gelegentlich länger warten, bis es fotografiert wird, nimmt die Zahl der »geschossenen« Bilder und Dias ab, dauert es länger, bis sie entwickelt, ins Album eingeordnet usw. werden. Auch hier fehlt es wiederum an Zeit, aber auch der Bedarf an Hervorhebungen dieser Art ist wohl nicht so groß. Die Situation ist insgesamt nüchterner; der Übergang zur »Zweiternschaft« vollzieht sich vergleichsweise kühl.

Nichtsdestotrotz sind die Übergangsprobleme wesentlich, wenn auch ganz anderer Art als beim ersten Kind. Wie beschrieben, geht es dort um den Aufbau einer Triade. Die Integration einer vierten Person ist in gewisser Weise einfacher, in anderer Hinsicht dagegen komplizierter. Die notwendige Rekonstituierung eines »Säuglings-Bildes« gelingt vergleichsweise schnell. Vielleicht, weil Erinnerungen an eine eindrucksvolle Situation leicht(-er) verfügbar sind, vielleicht aber auch, weil die Situation selbst sehr eindrucksvoll ist, gelingt es in vergleichsweise kurzer Zeit, wieder in die Anfangsphase der Eltern-Kind-Beziehung hineinzukommen. Und dies, ohne dass die Beziehung zum ersten Kind unmittelbar tangiert wird – »die Liebe verdoppelt sich«, wie es eine (zweifache) Mutter ausdrückte. In dieser Hinsicht ist der Übergang daher einfacher und vollzieht sich sehr viel schneller – der Widerstand ist geringer; Interaktionsformen liegen bereit und müssen nur aufs Neue »individualisiert« werden.

Einfacher ist die Reorganisation aber auch, weil sich kein Bruch in der Kontinuität der Paarbeziehung ergibt, sondern ein bereits bestehendes System erweitert wird. Auch dieser Vorgang ist bereits einmal (mehr oder weniger) gelungen, die Routine hilft. Die schon mehrfach angesprochene Sozialisation durch die Erfahrungen mit einem Kind gibt nicht nur eine gewisse Sicherheit im Umgang mit relevanten Themen (die eher definiert und bearbeitet werden können, also nicht mehr so viel Unsicherheit und Hektik provozieren). Dazu kommt Gelassenheit, die die Erfahrung bietet. Also:

»Man weiß beim zweiten Kind besser, wie man es hält und windelt, füttert und tröstet. Man steht nicht bei jedem Piepser am Babybett und memoriert Krankheitssymptome. Und man stürmt nicht mit Todesangst ins Kinderzimmer, wenn das Kleine (endlich!) einmal durchgeschlafen hat« (Fasel 1988, S. 39).

Ein Vater spitzte im Gespräch diesen Sachverhalt so zu: Man hat erlebt, dass trotz aller (eingebildeter und wirklicher) Krisen und Dramatik ein Kind überlebt und sei deshalb nicht mehr so schnell aus der Ruhe zu bringen. Insofern ist die Elternrolle – an diesem Punkt – wesentlich stabiler; sie muss lediglich um die bereits vergessenen Themen erweitert werden. Damit wird auch die Paarbeziehung der Eltern weniger tangiert – sie ist bereits so reduziert bzw. auf das Leben mit Kind eingestellt, dass ein weiteres Kind keinen qualitativen Einschnitt bedeutet.[7] Was jedoch erheblich zunimmt, ist der Gesamtaufwand.

Zunächst lassen sich die Erfahrungen mit dem Ersten nicht bruchlos auf das Zweite übertragen. Denn – und das gehört zu den eindrucksvollsten Erfahrungen von »Zweiteltern« – Kinder sind von Anfang an eigene Persönlichkeiten, haben ganz verschiedene Rhythmen, Temperamente, Eigenheiten. Deshalb lassen sich vorausgegangene Erfahrungen nicht ohne weiteres nutzen. So wie beim ersten Kind sich regelmäßig herausstellt, dass fremde Erfahrungen sich nicht mit den eigenen decken, stellt sich nun heraus, dass beim zweiten Kind vieles anders ist, anders gesehen, anders behandelt werden muss. Daher muss ein Stück weit die Elternrolle doch neu gelernt werden, und zwar an dem Punkt, wo die je besondere Beziehung zwischen den beteiligten Personen im Vordergrund steht.

Mindestens genauso bedeutsam ist jedoch der quantitative Mehrbedarf. Man kann hier von einem Umschlag von Quantität in Qualität sprechen, denn zu dem Aufwand für das zweite Kind kommt der für die Abstimmung und Balance der Beziehungen zu den Kindern. In diesem Zusammenhang spielt nunmehr die Identitätsentwicklung des ersten Kindes eine zentrale Rolle. Zwar wissen die Eltern, dass das erste Kind wegen eines zweiten nicht »degradiert« wird.[8] Es selbst sieht die Sache jedoch anders. Das liegt an den strukturellen Veränderungen. Denn bekanntlich wird das erste durch das zweite »entthront«, muss die Zuwendung der Eltern mit einem Konkurrenten »teilen«, der zudem mitunter in bestimmter Hinsicht stets Vorrang hat. Wenn das Neugeborene vor Hunger schreit, muss die Mutter, die stillt, zwangsläufig das ältere Kind vertrösten, in der Sicht des Kindes: wegschieben. Ohne dass dies immer der Fall sein muss: Die meisten Kinder reagieren mit Eifersucht, wobei bereits entwickelte geschlechtsspezifische Muster eine formierende Rolle spielen (können). Das männliche Muster enthält ein höheres Maß an direkter Aggressivität, d. h. man muss das Neugeborene vor Beschädigungen durch harte Gegenstände usw. schützen. Das weibliche funktioniert dagegen eher identifikatorisch-kompensatorisch, d. h. durch Übernahme von Pflegeverhalten wird der Konkurrenz (manifest) die Spitze abgebrochen. Im Zeitalter der Lockerung von geschlechtsspezifischen Rollenklischees sind diese Muster jedoch relativiert, kann auch von Knaben »mütterliches«, von Mädchen aggressives Verhalten erwartet werden. Problematischer als das Konkurrenzverhalten ist unter Umständen die häufig auftretende Regression der Erstgeborenen. Dass beispielsweise Dreijährige bei der Geburt eines zweiten Kindes wieder Windeln brauchen, an der Brust trinken wollen oder ein Fläschchen brauchen, ist bekanntlich weit verbreitet. Aber auch sonst regredieren Kinder häufig auf bereits verlassene Entwicklungsstufen, was insofern schwierig ist, als sie ja nicht tatsächlich jünger werden, sondern als ältere Kinder ein Verhalten zeigen, was an sich für ihr Alter/ihre biografische Reifung »überholt« ist, d. h. es »passt« eigentlich nicht, ist daher vergleichsweise »unintegriert« und erratisch – und geht den Eltern auf die Nerven, weil sie erleben müssen, wie ihr Kind quasi zurückfällt auf längst überwundene Probleme. Dies ist doppelt anstrengend: Zum einen, weil auf einmal wieder ein Kind, dass den Arm der Eltern schon verlassen hatte, wieder mehr getragen werden muss (aber mittlerweile nicht leichter geworden ist); zum anderen ist es eine narzisstische Kränkung, wenn etwa das Sprachverhalten sich zurückbildet. Wer stolz auf die Ausdrucksfähigkeiten seines Kindes ist, muss auf einmal erleben, dass es wieder anfängt zu stammeln und stottern, möglicherweise die Geräusche des Neugeborenen nachäfft usw. – eine harte Prüfung für leistungsbewusste Eltern.

Kurz: Der Betreuungsaufwand für das erste Kind nimmt zu; auch und gerade wenn man sich der Schwierigkeiten bewusst ist, die das zweite für das erste bedeutet. Denn dann kommt hinzu, dass man (zusätzlich) Verständnis für die plötzlichen Eigenheiten aufbringen muss, dass man versucht, es auf die eine oder andere Weise für die zu verkraftenden Probleme zu entschädigen usw. Unter Umständen ist dies anstrengender als der Umgang mit dem Neugeborenen. Auf alle Fälle jedoch ist das Zusammenspiel beider Belastungen eine Potenzierung. Vor allem dann, wenn sich beides hochschaukelt. Das erste Kind wird nachts (wieder) wach, macht Radau, weckt den Säugling, der seinerseits mürrisch reagiert, Zuwendung braucht, was wiederum die Eifersucht des ersten anstachelt und neue Störmanöver bzw. andere anstrengende Ausdrucksformen provoziert und umgekehrt. Auf diese Weise kann die Zeit (besonders nachts!) zu einer Kette von schwierigen Betreuungsmaßnahmen und Balanceakten werden.

Man kann dies auch so verstehen, dass zu den wichtigsten und schwierigsten Neuorganisationen Aspekte der Neuorganisation im Übergang von der Triade zum »Quadrat« die Umstrukturierung der Identität des ersten Kindes, d. h. die Aufnahme einer Beziehung zum zweiten Kind und die Veränderung der Beziehung zu den Eltern ist. Von den Eltern wird dadurch die Fähigkeit zum Beziehungsmanagement verlangt: sie müssen Interessen ausgleichen, jeweils die Situation des anderen Kindes im Auge behalten usw. Auch in diesem Zusammenhang spielt das jeweilige Exposé eine wichtige Rolle. Denn je ausgeprägter die Züge sind, die eine Anpassung des Kindes (bzw. der Kinder) an die Gegebenheiten verlangen, desto stärker und direkter wird vom ersten Kind verlangt, die Veränderungen zu akzeptieren, ohne dabei viel »Ärger« zu machen. Eine Äußerung wie: »Ich will kein kleines Schwesterchen« wird dann ebenso abgeblockt wie Unmutsäußerungen über das Geschrei des Erstgeborenen usw. Es werden also abgrenzende Strategien verwendet, so dass das erste Kind sich entsprechende Impulse eher verkneift bzw. sie psychisch so verarbeitet/bearbeitet, dass sie im Rahmen der feststehenden (und sanktionierenden) Beziehungsvorgaben untergebracht werden können. Auch regressive Tendenzen werden dabei (mehr oder weniger hart) sanktioniert, so dass das Kind Regression als Risiko erlebt und abwehren muss. Hier ist der »Verhandlungsspielraum« gering; die Probleme müssen durch Akkommodation gelöst werden.[9] Im modernen Exposé setzt sich dagegen die kindzentrierte Reaktion fort. Hier ist ohnehin der »Verlust« für das erste Kind größer, weil und wo nunmehr pointierte Zuwendung geteilt werden muss. Das bedeutet auch: Die Übergänge sind schärfer, die Übergangskrise ist ausgeprägter. Gleichzeitig bleibt hier die Akzeptanz der kindlichen Wirklichkeit erhalten, d. h. der Bedarf an Eingehen auf Umgang mit den vergleichsweise angestrengten Lebensäußerungen des ersten Kindes nimmt zu. Auch in diesem Zusammenhang ist daher der Aufwand für ein modernes Exposé größer. Seine Risiken liegen eher in der zu gering entwickelten Stabilität der elterlichen Reaktion und in der Gefahr von Untersteuerung: Wenn dem ersten Kind nicht Gelegenheit geboten wird, seine aggressiven und regressiven Impulse in einem schützenden und auffangenden Kontext zu erleben, ist es schwieriger, diese Position wieder zu verlassen. Denn zu wenig auffangende Umweltstrukturen können unter Umständen die Steigerungstendenzen der Krise verstärken und/oder eine Fixierung fördern, zumal dann, wenn das Kind über Konfliktstrategien Anerkennung sucht bzw. mit dem Neugeborenen auf dem Infantilitätsniveau konkurriert.[10]

Unabhängig davon, wie auf die Anforderungen der Kinder reagiert wird, ändert sich der Lebensstil, ändert sich die Lebenspraxis nicht unerheblich. Es entsteht ein stärkeres Eigengewicht von »Familienleben« – »die Kinder« sind ein anderer Faktor als »das Kind«; es wird nicht mehr (personenzentriert) von einem Familienmitglied, sondern von einer »Untergruppe« gesprochen, auf die die Eltern sich beziehen. Die Entwicklung von einer Triade zum Beziehungsquadrat fördert die Expansion der Gruppenstruktur gegenüber den Einzelpersonen. Das verändert die Eltern-Kind-Beziehung. Zwei Kinder verlangen mehr »Gerechtigkeit«; die Balance hat zur Folge, dass die Distanzproblematik, die durch die triadische Konstellation auftritt, sich ein Stück weit relativiert.[11]

Aber der logistische Aufwand steigt – und zwar aufgrund der beschriebenen Balanceprobleme exponentiell. Denn schon ein simpler Spaziergang kann in der Vorbereitungsphase ersticken, wenn es nicht gelingt, die einzelnen Vorbereitungsschritte so zu organisieren und koordinieren, dass zum gewünschten Zeitpunkt auch alles angemessen vorbereitet usw. ist. Dabei treten »Störfälle« gehäuft auf: Ein Kind ist korrekt verpackt, da hat das andere wieder die Windel voll; es ist unvorhergesehen so viel Zeit verstrichen, dass wieder »Fütterzeit« ist; ein Kind hat plötzlich Fieber oder sich so eingesaut, dass man erst zu einer neuen Grundreinigung schreiten muss. Kurz: Ein ganzer Tag kann vergehen, ohne dass man wesentlich mehr als Situationsmanagement betrieben hat. Für andere, gar persönlich »sinnvolle« Tätigkeiten bleibt kein Raum. Diese Vereinnahmung setzt den Erwachsenen naturgemäß zu. Gerade am Anfang erfordert die Umstellung ein erhebliches Maß an innerem Mehraufwand. Es wird unter Umständen auch der Entscheidungsspielraum enger. Möglicherweise konnte ein Kind noch zwischen den Eltern (und unter Einbeziehung von Kindergruppe, Großeltern usw.) exposéspezifisch angemessen »aufbewahrt« werden. Mit zwei Kindern wird dies erheblich schwieriger, weil beide jeweils verschiedene, oft nicht kompatible Versorgungsformen verlangen. Auf alle Fälle wird das Problem der Einschränkung von Berufsmöglichkeiten hier dringlicher – von der Einschränkung der Freizeitaktivitäten ganz zu schweigen.

Bei alledem »überwuchert« die Familienrealität das ursprüngliche Bild der Exposés. Es wurde darauf verwiesen, dass sie einen erneuten »Anpassungsschub« durchmachen; man könnte auch zugespitzt formulieren: Nunmehr ist die Macht des Faktischen so groß, dass das Verhältnis von Realität und Entwurf sich einseitig zur Realität neigt. Mit dem Aufwand für zwei Kinder, bzw. angesichts des Machtzuwachses der Familienrealität, sind exponierte Exposés kaum mehr realisierbar. Andererseits ist in der »neuen« Realität bereits viel vom Exposé verankert – es hat Schuldigkeit getan, hat sie zugleich soweit normalisiert und legitimiert, dass sie eine praktische Unabhängigkeit und Stabilität gegenüber Umwelteinflüssen gewonnen haben. Die Utopie verblasst – und wird zugleich ein Stück weit Realität, wenn auch selten so, wie sie entworfen wurde. Auf alle Fälle haben sie ihre Leitfunktion so weit erfüllt, dass Familienrealität organisiert ist (was selbstverständlich auch hier nicht heißt: konflikt- bzw. widerspruchsfrei).

Es ist häufig darüber nachgedacht worden[12], wie sich Kinderzahlen und Konstellationen von Familien auf die Identitätsentwicklung von Kindern auswirken. Besteht ein wesentlicher Unterschied zwischen einem und zwei Kindern? Ja und nein – die psychosoziale Entwicklung von Einzelkindern zeigt deutliche Besonderheiten: Sie erleben mehr Zuwendung, gelten aber auch als schwerer integrierbar. Umgekehrt sind »Geschwisterkinder« eher »sozialisiert«, unter Umständen wird weniger auf ihre Eigenart eingegangen. Alle diese Befunde sind jedoch mit Vorsicht zu genießen, weil gerade unter dem Vorzeichen individualisierter Eltern-Kind-Beziehungen die spezifische Qualität des sozialen Milieus von verschiedenen (eigendynamischen) Variablen abhängt. Dass Kinder sich stärker aufeinander beziehen (können), ist bekannt, aber ebenso, dass sie sich sehr in die Quere kommen können.

Auf alle Fälle steht zu vermuten, dass mehr »Personal« auch ein stärkeres Maß an psychosozialer Differenzierung einschließt (was allerdings auch heißen kann: ein profilierter Sündenbock wird ausgedeutet) und dass sich daraus ein größerer Differenzierungseffekt ergibt. Ob dieses ein Mehr an Balanciertheit bedeutet, ist denkbar, kann jedoch nicht automatisch unterstellt werden. Und Eltern? Sind sie vielleicht »balancierter«, wenn sie es statt mit einem mit zwei (oder mehreren) Kindern zu tun haben? Möglicherweise ja: Wenn gegen den Sog des emotionalen Übergewichts der Beziehung zu einem Kind das Gegengewicht der Beziehung zu einem anderen Kind gesetzt wird, also das doppelte Gewicht sich gegenseitig austariert – so wie bekanntlich ein schwerer Koffer in gewisser Hinsicht schwerer zu transportieren ist als zwei schwere Koffer (die man rechts und links trägt). Außerdem ist es – angesichts einer »Kindergruppe« – auch wieder leichter, sich als (Eltern-)Paar abzugrenzen. Das setzt natürlich entsprechende psychosoziale Stärke und Belastungsvermögen voraus. Sonst ist die Gefahr des Zusammenbruchs, des Rückzugs aus der Elternrolle, der Widersprüchlichkeit des Exposés unter Umständen größer. Das zweite Kind kann, muss also nicht unbedingt ein Entwicklungsschritt der Familie sein. Es relativiert die Eltern-Kind-Beziehung durch Verdopplung, »verobjektiviert« dadurch auch die Rollenstruktur (die sie ein Stück weit löst von einem singulären/exklusiven Modell).

7.2. Über die weitere Biografie von Eltern

In diesem Text ging es vor allem um die »Geburt der Eltern«, zum Schluss um die »mehrfache« Geburt. Es handelt sich, so hat sich gezeigt, um einen komplexen Übergang, der auf vielfältige Weise beeinflusst wird und beeinflusst. Mit ihrer Geburt fängt die Entwicklung der Eltern-Identität jedoch erst an. Auch die weiteren Entwicklungen haben es in sich. Dies hängt vor allem mit den Eigenschaften der Elternschaft zusammen. Die Elternposition hat einige Merkmale, die sie von anderen erheblich unterscheidet. Dies ist auch für die weitere Entwicklung der Eltern-Identität bedeutsam. Eltern zu werden ist zunächst in gewisser Weise eine Wahlposition, ist also keine zugewiesene, sondern eine erworbene Position. Dies gilt insbesondere unter beschriebenen Bedingungen »moderner« Gesellschaften.

Gleichzeitig handelt es sich um eine »Beziehungs-Position«; eine Position, die Teil einer engen und persönlichen Bindung an eine andere Person ist. Beziehungs-Positionen sind in modernen Gesellschaften besonders aufgeladen mit – eigenen wie fremden! – Erwartungen, die zugleich besonders anspruchsvoll und diffus sind. Dafür gibt es keine klare »Richtlinien« (z. B. wie sie erfüllbar und wann sie »erfüllt« sind) – schon deswegen nicht, weil Beziehungsgeschehen ein dynamischer, komplexer Prozess ist, in dem es oft keine eindeutigen »Probleme« und noch seltener eindeutige »Lösungen« gibt. Die Eltern-Position nimmt unter Beziehungs-Positionen aus den genannten Gründen eine Sonderstellung ein: Es handelt sich um eine extrem ungleiche Beziehung, die emotional besonders dicht, symbiotisch aufgeladen ist. Schließlich gibt es aus der Eltern-Kind-Beziehung keine definitive »Ausstiegsmöglichkeit« – selbst bei realer Trennung bleiben die internalisierten Objekte erhalten und bewegen das Erleben und Handeln weiter. Es handelt sich um eine erworbene, zugleich aber hochgradig »aufgeladene«, folgenreiche und vor allem fest-sitzende Position, die mit der psychosozialen Identität regelrecht verschmilzt.

Diese Rahmenbedingungen bestimmen auch die weitere Biografie von Eltern. Die strikte Bindung an Kinder hat zur Folge, dass Eltern ständig gezwungen bleiben, sich mit den alten und neuen Anforderungen, die die kindliche Entwicklung mit sich bringt, auseinander zu setzen. Sie bleiben also aktiv – es gibt kein Ausweichen – und sie werden zugleich getrieben und beeinflusst von externen Bedingungen. Die Etappen der weiteren Entwicklung lassen sich daher zunächst entlang der Entwicklung von Kindern beschreiben. Die Fülle der Themen kann hier allerdings kaum gestreift werden.

Die Geburt der Eltern vollzieht sich (auf die beschriebene Weise) in Interaktion mit einem Säugling, d. h. die Elternposition wird bestimmt von der totalen Abhängigkeit des Kindes, vom Vorrang der Schutz-, Versorgungs- und Zuwendungsleistungen, der völligen Zuständigkeit für alle Lebensangelegenheiten des Kindes – auf diese Phase der Eltern-Kind-Beziehung hat sich der bisherige Text weitgehend konzentriert. *Vom Säugling zum Kleinkind* (so der Titel der Studie von René Spitz) ändert bzw. erweitert sich die Funktion der Eltern. In dem Maße, wie Kinder aktiv auf die Welt zugehen (zukrabbeln), gewinnt die Aufgabe der Ermöglichung, Steuerung und Sicherung des Wirklichkeitskontakts an Bedeutung. Eltern entscheiden darüber, welche Wirklichkeiten für das Kind den Horizont abgeben, in dem sensomotorische und erste kognitive Fähigkeiten entwickelt und ausprobiert werden. Gleichzeitig wird das Verhalten des Kindes interaktiver, d. h. es agiert aktiv mit nunmehr profilierteren Interessen, Ansprüchen und Bedürfnissen. Dabei übernehmen Eltern eine *doppelte Beziehungsfunktion*. Eltern, so zeigt die psychodynamische Forschung, sind nicht nur die zentralen Objekte der frühen Beziehungen, sondern auch diejenigen, die diese Bedürfnisse formieren und ihre weitere Entwicklung bahnen.

Mit diesem Übergang beginnt für Eltern die Dauerthematik der (möglichst produktiven) Grenzziehung. In immer neuen Variationen stellt sich die Frage, was das Kind tun kann, darf, soll. Damit entsteht eine neue Konfiguration von Eltern-Kind-Beziehungen. Ging es bisher um die Bereitschaft und Fähigkeit, als zuverlässige Bezugsperson zur Verfügung zu stehen, treten jetzt Steuerungs- und Kontrollleistungen in den Vordergrund, was für die Eltern bedeutet, dass sie Verantwortungen für Entscheidungen übernehmen müssen. Eltern werden Autoritäten, je mehr das Kind eigenaktiv wird, also sozialen Raum beansprucht. Bis zu diesem Punkt waren Kinder zwar fordernd, aber sie waren nicht offensiv und griffen nicht auf Wirklichkeit zu. Jetzt gewinnen sie die Fähigkeit zur Expansion und beanspruchen (nach Maßgabe ihrer Reichweite) die Welt für sich. Dies ist unvermeidlich konfrontatives Geschehen. Entsprechend ändert sich das Übertragungsgeschehen: Es erweitert bzw. verschiebt sich von einer reinen Symbiose zu einer Frühform von Auseinandersetzung und *dem Aushandeln von Beziehungsmustern*.

Dabei werden die Eltern mit ihren eigenen Über-Ich-Strukturen konfrontiert – was »man« darf, soll, muss, ist immer auch das, was sich in der eigenen Biografie als Ergebnis der Auseinandersetzung mit der Autorität der eigenen Eltern entwickelt hat. Die eigene Eltern-Kind-Konfiguration wird von Eltern mehr oder weniger intensiv in die aktuelle Auseinandersetzung mit den eigenen Kindern eingebracht. Sie entzündet sich an den kindlichen Bedürfnissen. Sie werden für Eltern unbewusst zum Gegenstand von Neid, Angst und lösen Identifikationen und Gegenidentifikationen aus. Sie entzünden sich jedoch zugleich daran, dass die Eltern jetzt die Position ihrer eigenen Eltern übernehmen und gegenüber dem Kind ausleben können. Daraus ergibt sich eine *komplexe Übertragungs-*

dynamik, in der, nach Freuds Worten, neben Eltern und Kindern die Kinder, die die Eltern mal waren (und damit deren Eltern) beteiligt sind. Diese Reaktualisierung ist ein wesentlicher Modus der Tradierung sowohl von Normen als auch von Konflikten – wenn man so will: eine Form der »sozialen Vererbung«. Sie ist hier, in ihrer ersten und basalsten Form, besonders wirksam, weil hier Weichen für zukünftige Entwicklungen gestellt werden, indem Grundsatzfragen der Macht und Verteilungen in Beziehungen geklärt werden: Wer darf was warum, was warum nicht? – Was sich dabei bildet, ist so etwas wie ein emotionales Grundmuster der Familie – eine Konfiguration, in der die Beziehungen fixiert und gebündelt, aber auch in ihrem Entwicklungsprofil definiert sind.

In dieser Phase verfestigt sich auch der *soziale Kontext der Elternidentität*. Zumindest im modernen Exposé wird die Zukunft eine Weile offen gehalten; zumindest dann, wenn verschiedene Optionen zur Verfügung stehen. Durch den Lauf der Zeit, die sich einpendelnden Muster und den Anpassungssog der Verhältnisse bilden sich wieder feste Verhältnisse, die nunmehr richtungsweisende Entscheidungen über die Zukunft enthalten. Wer kehrt in welcher Form ins Berufsleben zurück? Wer übernimmt welche Arbeit/Verantwortung für das Kind? Welche Ansprüche an privaten und gemeinsamen Interessen der Eltern sind legitim und werden unterstützt? Die Beantwortung dieser Fragen fällt naturgemäß in »dual-carreer-families« schwerer; sie mündet oft in einen permanenten Balanceakt, in dem von Situation zu Situation viel improvisiert werden muss – eine Situation, die oft nur durch den Zukauf von Dienstleistungen entspannt werden kann. Auch wenn die Entscheidungen getroffen sind, muss das nicht heißen, dass sie nun ein für alle Mal festgelegt sind. Im Zeitalter der Revidierbarkeit von Beziehungen gilt auch hier, dass Partner Änderungen verlangen oder »aussteigen« können, wodurch die Karten zwangsläufig neu gemischt werden. Außerdem können betroffene Entscheidungen weiter schmerzen und dadurch Folgeprobleme auslösen. Schließlich können latente Beziehungskonflikte durch diese Entwicklungen reaktiviert werden. Es ist bekannt, dass nicht zuletzt die dauerhafte Belastung bzw. Konfrontation, die Kinder mit sich bringen, Paarbeziehung einer gründlichen Nagelprobe unterwerfen – eine Probe, an der viele Beziehungen innerlich oder äußerlich scheitern. Wenn sich die Eltern trennen, werden die Kinder entsprechend früh mit den entsprechenden Themen konfrontiert (was nicht per se desaströse sein muss, auf jeden Fall jedoch eine erhebliche Belastung für alle Beteiligten darstellt). Wenn die Eltern sich nicht trennen, sondern – »der Kinder wegen« – zusammenbleiben, werden die Kinder früh mit mehr oder weniger kaltem Krieg vertraut. Dies alles ist jedoch ein Kapitel für sich. Auf jeden Fall hat sich das familiäre Beziehungsfeld konsolidiert. Es bildet sich so etwas wie Routine, die auch Vorentscheidungen für unbekannte, unvorhersehbare zukünftige Entwicklungen enthält, also bahnt, wie Probleme definiert werden und wer in welchem Fall was tut.

Der nächste Schritt der kindlichen Entwicklung besteht nicht nur in einer Expansion, sondern in einer qualitativen Erweiterung der Beziehungen. In dieser Phase lernen Kinder die Differenzen zwischen verschiedenen Beziehungstypen sowie die Bedeutung und Funktion von Objekten. Die Zunahme der Expressionsfähigkeit und die Entwicklung sprachlicher Kommunikation bieten ihnen wesentlich mehr Möglichkeiten, eigene Vorstellungen zu realisieren und auf externe Angebote zu reagieren. Damit erweitert sich ihr Horizont; ihre Beziehungswelt wird komplizierter. In dieser Entwicklung der Interaktionskompetenz spiegelt sich zugleich die Dramatik der Identitätsbalance. Die Aktionen der Kinder sind daher auf vielfältige Weise psychodynamisch aufgeladen; Phantasiewelt und Realwelt sind noch eng verwoben. Dies wird zur neuen Aufgabe der Eltern. Mit der Ausweitung der Beziehungs- und Bewertungsfähigkeit der Kinder dehnt sich auch die – indirekte – Zuständigkeit der Eltern aus. Sie müssen auf die Art und Weise, wie Kinder eine Eigenwelt an Vorstellungen und Orientierungen entwickeln, reagieren. Das beginnt beim Essen (welches nicht zufällig zu ein Hauptkampfplatz in dieser Phase wird), betrifft in modernen Haushalten naturgemäß massiv den Medienkonsum und beginnt, sich auf Konsum- und Statusobjekte auszudehnen. Spätestens im Kindergarten lernen die Kleinen, was die richtigen und was die falschen Schuhe sind; entwicklungsspezifisch werden diese neuen Einsichten militant vorgetragen und vertreten. Eine einfache »Fremdbestimmung« wird schwierig; eine Argumentation mit sachlicher Notwendigkeit wird von den Kindern dagegen nur selten respektiert.

Eltern haben hier noch (bzw. immer mehr) Verantwortung, aber nicht mehr unbedingt die Definitionsmacht. Und dies aus äußeren wie aus inneren Gründen. Die Familie ist kein nach außen abgeschotteter, autonomer

Binnenraum mehr. Der von den Eltern kontrolliert werden kann. Externe Einflüsse – Medien, Güter, Themen – dringen in die Familie ein und müssen intern verarbeitet werden, ohne dass die Eltern auf alles, was so akut wird, entsprechend vorbereitet sind. Gleichzeitig hat die Förderung der Autonomie der Kinder die Folge, dass sie nur noch begrenzt beeinflussbar sind. Die Kinder sind – so sie im Sinne des modernen Exposés behandelt werden – eigenwillig und sehen nicht unbedingt ein, was die Eltern für richtig und wichtig halten. Dennoch bleibt die Management-Funktion den Eltern erhalten. Dies ist noch eine Zeit der Eltern-Kind-Mischmotive: Die Eltern bringen die Kleinen zur musikalischen Früherziehung (um mögliche Begabungen nicht durch mangelnde Förderung verkommen zu lassen), die Kleinen ihrerseits sehen die Stunden als eine Fortsetzung des Kindergartenspiels mit anderen Mitteln. Auch auf der (unbewussten) Beziehungsebene entwickelt sich eine neue Situation: Die Kinder sind jetzt aktiv beziehungsfähig. Daraus ergibt sich ein neues, immer noch ungleiches, aber reziprokes Beziehungsniveau; zudem weitet sich auch hier die Beziehungswelt insofern aus, als Kinder die Triangulierung – Einbeziehung einer Beziehung zu einer dritten Person in das Konzept einer Beziehung – verstehen und kräftig agieren.

Noch sind Eltern die Hauptverantwortlichen; noch ist die Beziehung zu ihnen eine umfassende und ganztägige Betreuungsangelegenheit; noch stützt sich das kindliche Erleben auf die Voraussetzung der Beziehung zu den Eltern. Was jedoch in der modernen Gesellschaft schon hier beginnt, ist eine zunehmende Außenorientierung der Kinder. Der Orientierungswert der Peer-Group nimmt zu und wird in bestimmten Bereichen dominant; der Sog der Kinder-Subkultur (getragen von der entsprechenden Industrie) wird stärker. Es wird für Eltern schwieriger bis unmöglich, sich diesem Sog völlig zu entziehen. Das typische Dilemma, in welches Eltern hier geraten, ist die Unmöglichkeit der Versöhnung zwischen eigenen Vorstellungen und dem, was die Kinder qua Identifikation von außen übernehmen. In dem Maße, wie die Kinder das Haus selbstständig verlassen (und zur Schule, zum Spielen gehen), löst sich dieses Dilemma in modernen Gesellschaften auf – die Kinder- und Jugendlichen-Subkultur ist in den meisten Fällen stärker; die Eltern werden in die Rolle passiver Begleiter gedrängt. Dies signalisiert den Übergang zu einer neuen Phase der Eltern-Kind-Beziehung und damit einen erneuten Wandel der Eltern-

Rolle. Mit der zunehmenden Autonomie bzw. Außenorientierung müssen sie sich zurückziehen und die Kinder Schritt für Schritt der Welt überlassen; bleiben aber dennoch die Rückendeckung der kindlichen Aktivitäten. Die Schwierigkeit besteht darin, die symbiotischen Grundlagen der Beziehung passend weiterzuentwickeln: im richtigen Maß loslassen (und den Kindern erlauben, loszulassen!), aber auf die richtige Weise präsent zu bleiben; nicht zu viel, aber genügend halten und ermutigen usw.

Der *schrittweise Rückzug* und die *dauerhaften Neuregulierung der Beziehung* bleibt von nun an eine *Daueraufgabe*. Sie stellt sich auf jeder Etappe der kindlichen Entwicklung neu und verlangt neue Anpassungsleistungen, die in mancher Hinsicht erleichternd, in mancher Hinsicht auch schmerzhaft sein können. Dabei nimmt zunächst die lebensweltliche Gemeinsamkeit zwischen Eltern und Kindern ab, auch wenn die emotionale Nähe erhalten bleibt. Kinder leben in modernen Gesellschaften verstärkt in Eigenwelten, die letztlich von Erwachsenen bestimmt werden, aber nicht oder kaum von den eigenen Eltern. – Was hier also erforderlich wird, ist eine neue Balance zwischen psychologischer und sozialer Präsenz und Nähe bei gleichzeitiger Respektierung von Unterschieden. Historisch neu ist dabei nicht nur die lebensweltliche Ausdifferenzierung dieser Art von Kinder- und Jugendkultur, auch die Doppelbeziehung von Akzeptierung bei gleichbleibender Hintergrundsbetreuung (womöglich aufgeladen mit psychologischen Kenntnissen) ist neu und verlangt entsprechend höheren Aufwand. Neu ist schließlich, dass sich auf diesem Niveau auch neue Eltern-Kind-Gemeinsamkeiten im Konsum- und Freizeitbereich ergeben (können), die nicht mehr elterndominiert, sondern (frei) ausgehandelt sind.

Unter diesen Umständen verändern Pubertät und Adoleszenz ihre Dynamik und damit auch ihre Auswirkungen auf die Eltern-Kind-Beziehungen. Das traditionelle Bild von Kindern, die von den Eltern noch (mühsam) kontrolliert werden und dagegen rebellieren, wird blasser. An die Stelle tritt ein viel frühere Kontaktaufnahme mit den bereitgestellten Vorläufern der Erwachsenenwelt und damit ein *symbolisches und soziales Verlassen der Elternwelt*. Entsprechend nehmen auch die Auseinandersetzungen mit den Eltern eher ab – sie sind gewissermaßen längst gelaufen. Dies hängt nicht zuletzt auch damit zusammen, dass das Tempo der gesellschaftlichen Entwicklung Wissen und Können der Elterngeneration veralten lässt, während Kinder den Kontakt zu den neuen Entwicklungen fast automatisch und schneller bekommen. Entsprechend werden Eltern als Orientierungsfiguren eine Option, aber nicht eine zwingende. In Bezug auf das, was aktuell ist und wichtig wird, können sie nur begrenzt Hilfe bieten oder auch nur mithalten. Das bedingt auch eine andere Einstellung: Eltern müssen fördern, dass die Kinder sich nicht an ihnen orientieren, sondern sich auf das einstellen, was auf sie zukommt. Sie werden in gewisser Weise zu »*Agenten der Selbstabschaffung*«. Das nimmt Pubertätskonflikten ihre klassische Form und auch ihre klassische Zuspitzung. Das bedeutet allerdings nicht, dass Eltern-Kind-Beziehungen in dieser Phase der Halb-Distanz problemlos wären. Die Wiederauflage der ödipalen Problematik wird nicht mehr vom Kampf gegen den »Herrschaftsanspruch« der Elterngeneration (der Väter) dominiert, dafür leidet sie unter dem Problem mangelnder Verständigung, was eine Abarbeitung und Ablösung auf beiden Seiten erschwert. Innere Bindungen bleiben so unterentwickelt oder in primitiver Form erhalten; die Wahrscheinlichkeit eines beziehungslosen Nebeneinanders und/oder gemeinsamer Regression nimmt dadurch zu.

Es wäre allerdings falsch anzunehmen, Eltern schwänden als Vorbild und Orientierung gänzlich. Was selbstverständlich bleibt, sind die internalisierten »Basisobjekte«: die Beziehung zu den Eltern ist das Grundbild von Beziehungen; die Eltern sind und bleiben Grundmodelle von Bezugspersonen. Diese Bilder wirken sich massiv auf die Beziehungsbiografie der Kinder aus. Darüber hinaus bleiben die Eltern jedoch auch das intensivste praktisch erfahrbare Bild von Erwachsenen, Erwachsenenleben, Erwachsenenbeziehung – trotz Fernsehen, welches bei allem Dauerbeschuss von Bildern Phantasie bleibt. In dieser Funktion als praktische Rollenmuster und als emotionale Fixpunkte bleiben Eltern nicht nur präsent, sie prägen das Erleben der Kinder weiterhin entscheidend. Aber dies ist nicht mehr eine erzwungene Integration in die Welt der Eltern und *kein exklusives Zwangsvorbild*. Was sich entwickelt, ist ein vergleichsweise offener sozialer Raum, durchlässig für Themen und Thematisierungen verschiedenster Art, in dem die Eltern jedoch eine entscheidende strukturelle Präsenz besitzen.

Diese neue Konstellation bestimmt auch die folgenden Phasen der Eltern-Kind-Beziehung. Das vormoderne Bild der Eltern-Kind-Beziehung war geprägt von der Nachfolge-Problematik. In Gesellschaften, in denen Arbeit und Überlebensmodus von Generation zu Generation weitergereicht werden, basieren auf dieser Art von Generationenvertrag und regulieren daher den Übergang genau. Eltern verfügten (im Rahmen enger normativer Vorgaben) fast über die gesamte Zukunft der Kinder (weil dies für beide Generationen eine Überlebensfrage war). Trotzdem war die Hofübergabe (oder Betriebsübergabe) permanente Quelle von Streitereien. Psychodynamisch gesehen war ein Teil der Problematik die Umkehrung des Eltern-Kind-Verhältnisses – die Kinder wurden zur (erwachsenen) Autorität, die Eltern gerieten aufs Altenteil und werden dadurch infantilisiert (und dann in der Folge mehr oder weniger intensiv bis zum Tod gepflegt). Man blieb also zusammen, aber unter Beibehaltung der Über/Unter-Ordnung (in umgekehrter Form). Auch das bürgerliche Modell des 19. Jahrhunderts – wo Berufstätigkeit und Lebensorganisation der Kinder nicht mehr an die Tradierung von Produktionsmitteln gebunden war – blieb der massive Einfluss der Eltern auf die Zukunft der Kinder noch erhalten – allerdings ohne die Umkehrung der Positionen.

Unter den Vorzeichen der Moderne haben sich, wie skizziert, diese Rahmenbedingungen grundlegend geändert. Beruf und Haushalt sind getrennt; die Berufskarrieren der Kinder sind von denen der Eltern nur indirekt abhängig; die Entscheidungskompetenz der Eltern für die Zukunft der Kinder löst sich auf. Wenn die Kinder ins junge Erwachsenenalter kommen, stehen sie vor der Aufgabe, einen *eigenen Lebensentwurf* zu realisieren. Dazu werden die Eltern nicht benötigt. Sie treten also in ihrer Bedeutung für Kinder weiter zurück. Umgekehrt leben auch die Eltern ihr eigenes Leben. Es hat sich nicht nur die Lebensdauer der Erwachsenen; es hat sich auch die Dynamik von Biografien verlängert. Daher ziehen sie sich nicht nach dem Erwachsenwerden der Kinder aus dem Leben zurück. Statt dessen findet so etwas wie eine Neudefinition der Lebensorganisation statt, wenn »die Kinder aus dem Haus« sind. Ging es bisher darum, das Leben mit Kindern mit anderen Lebensbezügen unter einen Hut zu bekommen, so erübrigt sich diese Balance nun. Dies kann ein schwieriger Neuanfang sein, wenn Eltern sich vorher stark auf Kinder konzentriert haben und/oder andere Lebensbezüge eher klein geschrieben wurden. Es kann auch eine Art Aufatmen sein, wenn eine Last wegfällt und man sich nunmehr intensiver und ungestörter anderen Interessen widmen kann. Auch die Reorganisation der Beziehung zwischen den Eltern erweist sich häufig als krisenhafter Übergang. Vor allem, wenn die Beziehung zwischen ihnen sich nicht vital weiterentwickelt hat, wenn die Kinder mehr oder weniger als »Kitt« einer in sich brüchigen Beziehung dienten und die nicht kindbezogenen Gemeinsamkeiten sich zwischenzeitlich verbraucht haben, sind in der Folge Trennungen, neue Partnersuche, ein »neues Leben« mögliche Themen.

Kinder stehen dann gelegentlich vor den (verblüffenden) Erfahrungen, dass ihre Eltern ebenfalls ein eigenes Leben führen – eins, das sich von dem gewohnten ihrer Kindheit grundlegend unterscheidet. Alle einschlägigen Hinweise zeigen, dass Kinder – wie alt sie auch immer sein mögen – hier ausgesprochen konservativ sind. Sie wollen ihre Eltern als Eltern, nicht als zwei getrennte Personen mit unterschiedlichen Lebensweisen. Intrapsychisch halten sie sie daher zusammen und haben oft Mühe, neue Lebenspartner, Stiefgeschwister usw. zu akzeptieren. Die Autonomie der Lebensführung der Eltern, basierend auf der Tatsache, dass sie ein aktives Leben weiterführen oder neu beginnen, wird zum schwer verdaulichen Brocken. Sie führt dazu, dass Kinder zu einer Art von »Gast« im neuen Leben der Eltern werden. Was sich auch ändert, ist die Verfügbarkeit der Eltern. Sowohl Hintergrundsversorgung als auch die Bereitschaft, Hilfsfunktionen für die Kinder zu übernehmen, ist keine Selbstverständlichkeit mehr. Dies ist jedoch ein reziproker Vorgang. Die Lösung vom Lebensstil der Eltern bedeutet auch, dass das Interesse der Kinder, sich weiterhin dort anzulehnen, abnimmt.

Dies zeigt sich, wenn die Kinder selbst Eltern werden. Im traditionellen Exposé war die Präsenz der Eltern im Übergang zur Elternschaft der Kinder groß bis dominant. Dies stammt noch aus der Zeit, als das Wissen, was die Eltern präsentierten, auch für die Kinder verbindlich und notwendig war und nahm mit der Abnahme der objektiven Bedeutung bzw. Notwendigkeit häufig die Form eines Ringens um Zuständigkeit und Kompetenz an – die Zahl der Konflikte zwischen jungen Müttern und ihren eigenen Müttern bzw. Schwiegermüttern ist Legende. Jetzt verblasst auf beiden Seiten das Interesse. Die jungen Eltern wollen ihre eigenen Wege gehen; die jetzigen Großeltern haben auch noch anderes zu tun als sich in deren Leben einzumischen. Auch dies wird zu einem Gegenstand von Aushandlungsprozessen – Kinder mit eigenen Kindern verweigern Pflichtbesuche und verzichten auf Versorgungsangebote, aber auch Großeltern stehen nicht mehr selbstverständlich als Babysitter zur Verfügung. Das bedeutet aber auch, dass Nähe und Distanz *von beiden Seiten passend reguliert werden kann*, was Beziehungskonflikte vermeidet oder entschärft. Es besteht sozusagen die Möglichkeit einer erwachsenen Partnerschaft zwischen Eltern und Kindern – auf der Basis der emotionalen Grundmuster der Eltern-Kind-Beziehung.

Auch der *Übergang zur Großeltern-Rolle* steht stärker zur Disposition. Es setzt sich fort, was sich in der Entwicklung der Eltern-Rolle bereits zeigte: Sie ist ein verfügbares, selbst definierbares Beziehungsmodell. Ältere Erwachsene werden nicht mehr durch »Großeltern«-Status weitgehend festgelegt und gesellschaftlich klassifiziert; sie leben ein eigenes Leben, in dem sie die Großeltern-Rolle einordnen. Von außen werden sie als Berufstätige, als Konsument, als Angehörige eines Lebensstils identifiziert – und nicht als Großeltern weitgehend etikettiert. Es gibt also ein Leben nach der Elternschaft. Und so, wie die Geburt der Eltern ein aufwendiger Prozess ist, wird auch der Übertritt in die »Eltern-Pension« ein Übergang, dessen Verlauf erheblich davon abhängt, was für individuelle Kompetenzen und welche sozialen Ressourcen zur Verfügung stehen. Gibt es auch ein »Sterben« der Eltern? Das »soziale Sterben« vollzieht sich stückchenweise und ist weitgehend abgeschlossen, wenn die Kinder erwachsen sind und eigene Wege gehen. Was weiter besteht, erinnert an das klassische Berufsbeamtentum: Man geht in Pension, die Treuepflicht besteht weiter und kann in Extremfällen zu einer Reaktivierung führen. Ein »psychisches Sterben« gibt es dagegen nicht – man nimmt als Eltern die Erfahrungen bis ans Lebensende mit. Und selbst dies ist insofern kein gänzliches Verschwinden, weil und wo die Eltern in den Kindern weiterleben. Kurz: Eltern leben länger – in welcher Weise, steht auf einem anderen Blatt...

Anmerkungen

1   Eine Ausnahme ist die empirische Studie von Urdze/Rerrich (1981), in der sich ausführliche Untersuchungen über Motive und Motivverschiebungen finden.

2   Vgl. dazu ebenfalls Urdze/Rerrich (1981).

3   Es ist auffällig, dass die meisten avantgardistischen Texte von einem
    Kind bzw.vom ersten Kind handeln. Das könnte damit zusammen-
    hängen, dass die in diesem Zusammenhang gewonnenen Erfahrungen
    (wie beschrieben) am einprägsamsten sind. Es könnte aber auch sein,
    dass es eine Tendenz gibt, gerade bei eher lockeren Paarbeziehungen
    oder alleinstehenden Elternteilen Vätern und Müttern sich aus Kapa-
    zitätsgründen (d. h. auch: wegen der Intensität der Eltern-Kind-Bezie-
    hung) auf ein Kind zu beschränken.

4   Dass sich bezüglich der Bewertung des Geschlechts von Kindern
    wesentlich Verschiebungen ergeben haben, wurde bereits angedeutet.
    Es ist bekannt, dass Mädchen noch bis in die Gegenwart als minder-
    wertiges Geschlecht betrachtet wurden – es sollte aus praktischen
    und ideologischen Gründen ein »Stammhalter« sein. Im Zeitalter der
    Emanzipation der Eltern-Kind-Beziehungen scheint es dagegen
    verstärkt das Interesse zu geben, ein Mädchen zu bekommen. Dies
    könnte damit zusammenhängen, dass das Weiblichkeitsschema der
    Moderne wie der Avantgarde stärker entwickelt ist, während das
    Männlichkeitsbild unschärfer und zerrissener wirkt – aber auch
    damit, dass nach wie vor »Weiblichkeit« und oral-narzisstische
    Bedürfnisse enger gekoppelt sind.

5   Vorausgesetzt, die Exposés sind überhaupt beweglich. Die Erfahrung
    zeigt, dass etwa Eltern mit traditionalistischem Exposé unter Umstän-
    den wieder in eine herkömmliche Klinik gehen, obwohl sie letztlich
    nicht zufrieden waren. Dann spielt der Druck des traditionalistischen
    Umfelds ebenso wie der innere Angstpegel eine stabilisierende Rolle.

6   Zu den lautlosen Revolutionen gehört auch, dass laut Umfrageergeb-
    nissen mittlerweile 80% der Väter bei der Geburt dabei sind – das
    Klischee vom rauchend und nervös im Wartezimmer auf- und abti-
    gernden Vater in spe hat also ausgedient. Beim zweiten Kind setzt dies
    allerdings ein Arrangement der Versorgung des ersten voraus.

7   Immer vorausgesetzt, das Eltern-Kind-System ist nicht aus anderen
    Gründen überstrapaziert und/oder die notwendigen Leistungen
    können/sollen erbracht werden.

8   Sieht man jedenfalls von pathogenen Konstellationen ab, in denen das
    erste Kind tatsächlich systematisch »abgewertet« wird. Es gibt empi-
    risch allerdings auch den umgekehrten Fall, d. h. das erste Kind hat
    eigentlich alle relevanten Beziehungskriterien besetzt und ausgefüllt,

dem zweiten bleibt nichts übrig (als die Planstelle des hässlichen Entleins, des Kontrastprogramms für den erstgeborenen Star usw.).

9 Die biografischen Kosten solcher Akkomodation sind allerdings nicht unbeträchtlich.

10 Bekanntlich lernen Kinder schnell, dass ein Mangel an Zuwendung auch dadurch aufgehoben werden kann, dass sie »stören«, sich so auffällig verhalten, dass man sich ihnen zuwenden muss. Der Effekt sind dann allerdings oft hochproblematische Kollusionen; der falsch ausgedrückte Wunsch spiegelt nicht nur, er provoziert auch die falsche Zuwendung.

11 Das ist ein quasi statistisches Argument; empirisch sind solche Ungleichgewichtigkeiten natürlich nicht auszuschließen. Außerdem ergeben sich durch die Vergrößerung der Zahl der Familienmitglieder – wiederum statistisch gesehen – mehr Möglichkeiten der internen Spaltung, was nicht pathogen sein muss (sondern durchaus auch stabilisierende und produktive Effekte haben kann), aber auch durchaus pathogen sein/wirken kann.

12 Vgl dazu z. B. Beck-Gernsheim (1980).

8. Folgen und Funktionen

Was ergeben sich aus den skizzierten Besonderheiten und Veränderungen der Eltern-Kind-Beziehungen, speziell der »Geburt der Eltern«, für Folgen? Welche strukturelle Bedeutung und Funktion haben sie im Kontext gesellschaftlicher Entwicklungen und Problemzusammenhänge? Diese Fragen sollen abschließend kurz gestreift werden (wobei auch hier die bereits erwähnten Einschränkungen gelten).[1]

In den ersten Kapiteln dieser Arbeit wurde skizziert, wie sich die Basisstrukturen der Gesellschaft veränderten und dadurch Primärkontakte generell, speziell die Beziehungen zwischen Eltern und Kindern, veränderten. Mit dem Übergang von vorindustriellen, traditionell und hierarchisch organisierten gesellschaftlichen Verhältnissen zu einer Gesellschaft, in der Technik und Funktionalität das Leben bestimmen, wurden Primärkontakte herausgelöst aus den engen Bindungen der Nahwelt, aber auch (ein Stück weit) freigesetzt von unmittelbaren Zwängen der Produktion und Reproduktion.

Gleichzeitig haben sich dadurch auch die unmittelbaren normativen und praktischen Interventionen reduziert, soziale Kontrolle von Primärkontakten findet nur noch mittelbar statt. Das bedeutet zwar nicht, dass sie nunmehr im gesellschaftlichen Niemandsland existierten; an die Stelle der Steuerung durch Nahweltstrukturen sind Vorgaben aus anderen Subsystemen, vermittelt über neue Formen und Medien der Kommunikation, aus makrosozialen Systemzusammenhängen getreten. Die Eltern und Nachbarn (und die eingeübte Praxis der Nahwelt) haben an Bedeutung verloren. Statt dessen sind Lebensstil-Muster (und damit die verbundenen Normen und Bezugsgruppen) wichtiger geworden. Aber zweifellos hat sich, im historischen Vergleich gesehen, ein ganz erhebliches Maß an persönlichem Entscheidungs- und Definitionsspielraum ergeben. Damit ist auch die Eltern-Kind-Beziehung zu einem subjektiven Thema der Eltern geworden. Eltern können nicht nur bestimmen, wie viele Kinder sie haben wollen, sie können auch (relativ) eigenständig ihre Beziehung zum Kind definieren. In allen beschriebenen Exposés werden Eltern-Kind-Beziehungen gegenwärtig sehr viel mehr im Umfeld subjektiver Lebensplanung und Erwartungen konstituiert. Kinder sind, um es (zum letzten Mal) zu betonen, eher ein Luxus als eine Notwendigkeit, keine unvermeidbare Folge sexueller Beziehungen, sondern eher ein persönliches Projekt. Ein selbstverständlicher Bestandteil einer Ehe sind sie nicht mehr unbedingt.

Dieser Prozess der Herauslösung und Verschiebung der Konstitutionsmerkmale hat zwei Seiten. Zum einen handelt es sich um eine zunehmende Differenzierung: Eltern-Kind-Beziehungen werden nicht mehr durch zwangsläufige Vorgaben bestimmt, werden also »kontingent« und verfügbar; können dadurch auch stärker in ihrer Eigenlogik ausdifferenziert werden. Auf der anderen Seite handelt es sich bei dieser Entwicklung aber auch um einen Verlust an primärer Struktur. Während vorher Eltern-Kind-Beziehungen weitgehend durch unbedingt geltende Interaktionsmuster und strikt wirksame externe Themen bestimmt waren, sind nunmehr die Prozesse der Strukturbildung relativ offen, ergeben sich nicht mehr von selbst, sondern müssen aktiv hergestellt werden. Damit verändert sich die Identität von Eltern systematisch: Sie müssen in sehr viel höherem Maß psychosoziales Engagement, Motive, Identifikation hervorbringen und »investieren«. Zugleich müssen die vielfältigen konkreten Themen und Probleme der Beziehung von ihnen selbst bewältigt werden und dazu in sehr viel höherem Maß eigenständige Interaktionsstrategien entwickeln. Dass dies ein aufwendiger und riskanter Prozess ist, wurde beschrieben. Die Identität der Eltern wird daher auf doppelte Weise ganz anders in die Beziehung zum Kind »hineingezogen«; Kinder werden sehr viel eher zu einem zentralen Thema, um das herum sich weiterreichende Veränderungen und Auseinandersetzungen abspielen (müssen).

Es wird also von Eltern nicht nur mehr Engagement, sondern auch mehr Kompetenz verlangt; sowohl die höhere Bedeutung (und der privatere Charakter) von Kindern als auch das mittlerweile zur Verfügung stehende Wissen (welches von Form und Inhalt her traditionelle Konzepte abgelöst hat), verlangen differenziertere Interaktionsstrategien und psychische Struktur. Es wurde bereits beschrieben, dass und wie sich daraus schwierige Folgeprobleme ergeben: Dass beispielsweise »objektives« Wissen nicht die praktische Stringenz und Homogenität besitzen kann und besitzt wie lebensweltlich verankerte Gewissheiten, so dass für Eltern, die »aufgeklärt« sind, immense Probleme der Konkretisierung, der Auswahl, der Legitimation und nicht zuletzt der Dissonanzverarbeitung auftreten. Gleichzeitig weitet sich der emotionale Horizont der Beziehung zu Kindern aus; elterliche Übertragungen werden ebenso differenziert (damit exponiert und zum wichtigen Thema interaktiver Prozesse). Das Übertragungsgeschehen entwickelt sich analog zur interaktiven Praxis. Beides geht ineinander, wobei die höhere Reflexivität moderner Exposés eine neue Dimension eröffnet: Die Hintergrundstrukturen der Beziehung sind nicht nur besser ausgeleuchtet, sie werden auch in die Beziehung zurückgespielt. Eltern werden in höherem Maße mit dem Innenleben ihrer Kinder konfrontiert, soweit sie sie dazu ermuntern, es zu zeigen – und konfrontieren ihre Kinder mit ihrem eigenen Innenleben (bzw. mit dem, was ihnen davon kognitiv zugänglich ist). Damit gewinnt die Interaktion eine Tiefenstruktur, die bei entsprechender Durchlässigkeit ganz andere Interaktions- und Identitätsformen ermöglicht und verlangt.

Die interaktiven Anforderungen werden noch verstärkt durch die mittlerweile weit verbreitete Vorstellung, dass die Eltern durch eine entsprechende Betreuung in der Hand haben, ob ihr Kind sich zu einer psychisch stabilen, sozial erfolgreichen Persönlichkeit entwickeln oder verkrüppelt und behindert wird. Weiter oben wurde der Leistungsdruck angesprochen, den diese Einsichten für moderne Eltern mit sich bringen: Jede schiefgelaufene Interaktion, jede Nachlässigkeit ist potenziell eine Hypothek der kindlichen Entwicklung. Je ernster man diese Vorstellungen nimmt, desto größer wird die Verpflichtung. Und da das moderne Exposé, wie sich gezeigt hat, aufs engste verbunden ist mit der Vorstellung, ein Kind so zu behandeln, dass es möglichst stark, autonom, gesund wird, lastet das Wissen um mögliche Risiken wie ein Alp auf dem Handeln moderner Eltern.

Eltern-Werden heißt auch von daher (beinahe): einen zusätzlichen Beruf zu erlernen, ein neuer Mensch zu werden; verlangt auf jeden Fall ein sehr viel höheres Maß an integrativer und balancierender Kompetenz, um der Verantwortung gerecht zu werden. Gleichzeitig stehen die Anforderungen, die sich daraus ergeben, in starkem Gegensatz zu den Imperativen der Berufs- und Konsumwelt, so dass von daher der Aufwand und die Probleme eher zunehmen. Der Spagat zwischen Beruf und Familie wird, so wie die Verhältnisse gegenwärtig liegen, immer größer, je mehr beide Seiten Spezialisierungen verlangen, die in unterschiedliche Richtungen gehen und zugleich in ihrem Zeitbedarf nicht auf einen Nenner zu bringen sind. Erst recht, wenn dazu noch weitere Interessen – Freizeit, Hobby, Politik, Vereine – kommen, werden erhebliche Management-Fähigkeiten erforderlich.

Es ist daher nicht verwunderlich, dass die »Geburt der Eltern« sich biografisch verdichtet und verkompliziert, zu einem dramatischen biografischen Ereignis wird. Da bereitliegende Vorgaben fehlen (und auch nicht auf die individuellen Erfordernisse und Vorstellungen passen würden) können auch nicht einfach Rollen übernommen werden, sondern müssen personengebundene Kompetenzen entwickelt werden; müssen subjektiv emotionale Auseinandersetzungen und Abarbeitungen geführt werden. Die Intensivierung der Eltern-Kind-Beziehung erhöht insgesamt das psychosoziale Niveau des Geschehens (inklusive der Risken). Sie bringt mit der Chance zur emotionalen, kognitiven und interaktiven Differenzierung auch potenziell mehr Empathie und Reziprozität mit sich, erhöht aber zugleich die Möglichkeiten des Scheiterns. Eltern-Identität als Dauerbalance in einer heterogen Umwelt ist ein schwieriges Geschäft.

Zu den bedeutsamsten Konsequenzen dieser Entwicklung für die Struktur der Familie gehört daher auch, dass sich die Zahl der Kinder reduziert. Es wurde schon beschrieben, dass der Aufwand, der mit Kindern in jeder Hinsicht verbunden ist, abschreckend wirkt auf Menschen, die dadurch ihre Teilhabe an gesellschaftlich relevanten bzw. als relevant interpretierten Themen gefährdet sehen. Es sind (siehe oben) vor allem Frauen, die sich häufiger gegen Kinder entscheiden, weil sie sehen, dass speziell ihre biografischen Möglichkeiten dadurch eingeschränkt werden. Die Umfrage einer Zeitschrift brachte u. a. folgende Antworten:

> »Der Mann, mit dem ich zusammenlebe, wollte unbedingt Kinder. Aber die Belastung wäre an mir hängen geblieben. Dazu war ich nicht bereit – davor hatte ich Angst.«

> »Die Väter können sich aus der Verantwortung stehlen, weil ihr Beruf ja so wichtig ist. Mütter müssen für alles gerade stehen. Meine Kolleginnen, die Kinder bekamen, taten mir eigentlich immer leid.« – »Mir tun Mütter immer leid. Wenn ich sie samstags im Kaufhaus beobachte. Oder bei mir im Büro. Sie sind ständig gefordert und können nie abschalten.« – »Mit einem Kind gibt es doch nur Stress und Komplikationen. Die Schwangerschaft ist ein Risiko. Die Umwelt ist ein Risiko. Und finanziell kommst du auch nicht mehr klar.« – »Ich traue mir eher zu, eine Bobtail-Zucht aufzumachen.« (Kohlhagen et al. 1986, S. 46ff.)[2]

Diese Einschätzungen decken sich mit Untersuchungen, die die Zufriedenheit von Eltern und Nicht-Eltern verglichen haben. Beck-Gernsheim fasst deren Ergebnisse zusammen:

> »Danach erleben Männer wie Frauen, die Kinder haben, z. B. ihre Ehe erheblich häufiger als restriktiv, als beengend im Vergleich zu denjenigen Männern und Frauen, die in einer kinderlosen Ehe leben. Sie fühlen sich deutlich weniger gesund, haben weniger sexuelle Beziehungen und gemeinsame Aktivitäten, berichten seltener von Gefühlen des Glücks und der Lebenszufriedenheit, sind ökonomisch stärker eingeschränkt« (1980, S. 186f.).

Im Zweifelsfall entscheiden sich daher viele potenzielle Eltern gegen Kinder, weil sie, da nun mal die Wahlmöglichkeit besteht, lieber weniger eingeschränkt, gesünder, sexuell aktiver, glücklicher leben möchten.[3] Und Eltern, die Erfahrungen mit einem Kind gesammelt haben, sind häufig so erschöpft, dass sie auf weitere Kinder verzichten. Die Untersuchung von Urdze und Rerrich (1981), aber auch amerikanische Studien (Ryder 1979) zeigen übereinstimmend, dass nach der Geburt des ersten Kindes die Zahl der gewünschten Kinder ebenso abnimmt wie die der tatsächlich noch geborenen. Statistisch hat eine bundesdeutsche Durchschnittsfamilie 1,7 Kinder.

Die Familie wird also kleiner. Das hat zur Folge, dass sich das Beziehungsnetz auf wenig Personen konzentriert, dass damit auch die einzelnen Beziehungen selbst einen anderen Stellenwert für die Beteiligten bekommen. Schon allein die Interaktionsdichte ändert sich, wenn sich nur wenige Personen aufeinander beziehen, es ändert sich jedoch auch die Qualität der Interaktion. Eine Konstellation von zwei Erwachsenen und einem Kind beispielsweise bedeutet, dass dieses eine Kind ganz allein die »Kinderseite« der Familie vertritt und keine anderen kindlichen Beziehungspartner hat, während umgekehrt die »Kinderbeziehung« der Erwachsenen sich ausschließlich auf dieses eine Kind konzentriert. Dies kann insgesamt für die kindliche Entwicklung positive Auswirkungen haben.[4] Vor allem können Mädchen (die nicht mehr die schwierige Konkurrenz mit Jungen bestehen müssen) davon profitieren. Außerdem wird auch vermutet, dass die emotionale Qualität der Eltern-Kind-Beziehung sich aufgrund der Konstellation verbessert (vgl. Schneewind 1983).

Auf der anderen Seite wird in der Literatur häufiger über das »Einzelkind-Syndrom« berichtet (Toman 1974, S. 32ff.). Dabei wird die Position des Einzelkindes als eher schwierig beschrieben: es sei von anderen Kindern isoliert, könne so relevante soziale Fähigkeiten im Umgang mit Gleichaltrigen nicht erlernen. Außerdem bestehe die Gefahr, dass die Eltern, mangels eines breiteren Angebots, ihre Zuwendung ausschließlich auf ein Kind konzentrieren und dadurch eine Situation konkurrenzloser Verwöhnung schaffen, die es dem späteren Erwachsenen erheblich erschweren, zurechtzukommen. Diese Sichtweise ist als empirisch nicht genügend belegt und auch als ideologisch verzerrt kritisiert worden: Sie sei das Produkt einer Perspektive, die davon ausginge, dass die Mehr-Kind-Familie das Normale und Richtige sei. Tatsächlich veränderten sich die Verhältnisse, wenn das Einzelkind das Normale sei, so dass sich daraus keine »Exzentrik-Schäden« mehr ergäben (Beck-Gernsheim 1980). Dies muss sicher berücksichtigt werden, aber zweifellos ergeben sich aus der Konstellation von einem Kind und zwei Erwachsenen (oder zugespitzt: einem Erwachsenen) Folgeprobleme, die für alle Beteiligten brisant sein können. Es handelt sich zweifellos um eine Konstellation, die sehr leicht in Gefahr gerät, entweder emotional zu stark aufgeladen zu werden, weil durch die Ausschließlichkeit des Bezugs zuviel emotionale Erwartungen auf den anderen Beteiligten konzentriert werden, oder aber, wenn die emotionalen Beziehungsqualitäten für eine so exklusive Beziehung nicht ausreichen, ebenso Gefahr laufen kann, an mangelnder emotionaler Differenzierung und Kompetenz zu scheitern. Da sowohl externe Absicherung als auch Binnendifferenzierung des Bezugssystems fehlen und diese Lücken durch die Beziehungsqualität kompensiert werden müssen, sind Isolationsschäden durch ein Zuviel oder Zuwenig stets virulent.

Man kann diesen Gesichtspunkt ein Stück weit generalisieren: Ein geschrumpfter, auf wenige Beziehungen zentrierter Familienzusammenhang, der wesentlich aus Beziehungsqualitäten Stabilität gewinnt, ist durch ein spezifisches Integrations- und Balanceproblem gekennzeichnet. Dies hat seinen Grund nicht nur im Verlust externer Stabilisierung und den Problemen der Erhaltung und Weiterentwicklung komplexer emotionaler Beziehungen, sondern wird noch dadurch verschärft, dass, parallel dazu, auch die familieninterne Positionsverteilung auf andere Weise zustande kommt und organisiert wird. Mit der Aufgabe der traditionellen Über/Unterordnung und der Anerkennung des Kindes als (potenziell gleichberechtigtem) Interaktionspartner steht auch die Machtstruktur der Familie zur Disposition.

Primitive Machtmittel wie Gewaltanwendung werden weitgehend disqualifiziert. Das bedeutet, dass Konsens aktiv erarbeitet werden muss, pointiert ausgedrückt: dass sich Eltern Respekt und Zuneigung erwerben müssen und nicht qua vorgegebener Positionsverteilung von vornherein besitzen. Wenn dies gelingt, haben Respekt und Zuneigung eine sehr viel intensivere und differenziertere Struktur. Gelingt es den Eltern jedoch nicht, die erforderlichen Angebote, Begrenzungen, Auseinandersetzungen in Gang zu setzen und durchzuhalten, wird die Eltern-Kind-Beziehung durch nichts aufgefangen und stabilisiert, sie verdünnt sich oder wird reduziert auf funktionales, für alle Beteiligten unergiebiges Nebeneinander.

Im schlimmsten Falle entwickeln sich aus einer ungekonnten »Demokratisierung« – die, genau genommen, eher eine Unfähigkeit der Eltern ist, sich unter schwierigen Bedingungen als Autorität einzubringen und die Einheit von Gleichheit und Differenz zu realisieren – auch destruktive Formen des Gegeneinander. Wo Eltern die erforderlichen Absicherungen und Steuerleistungen, die machtspezifischen Identifikationsangebote nicht bieten, kann die damit verbundene Strukturlosigkeit leicht zum Mangel an aktivem und passivem Umgang mit Macht, zur frühzeitigen Lösung der Kinder, zur aggressiven Abwendung von den Eltern und unter Umständen eine Fixierung auf die (Pyrrhus-) »Siege«, die gegen solche Eltern zu erreichen sind, führen.[5]

Aber auch, wenn die Defizite »egalitärer« Kommunikation nicht dieses Konfliktniveau erreichen, kann es zur Etablierung von hochproblematischen Kommunikationsmustern kommen. Schon Riesman (1950/1970) beschreibt, dass der Übergang von der (rigiden) Erziehung der »innengeleiteten« zur »außen-geleiteten« Erziehung keineswegs als Ende von Macht-Beziehungen zu sehen sei – es ändern sich lediglich Machtmittel und (möglicherweise) Machtverteilung:

> »Trotz ihres Autoritätsverlustes versuchen die Eltern noch, die Dinge zu kontrollieren. Doch hat sich mit dem Verlust der Selbstgewissheit auch ihre Erziehungsmethode verändert. Sie können sich nicht mehr als Vorbilder hinstellen – es wäre wider besseren Wissens der Eltern und Kinder –, noch können sie mit gutem Gewissen auf strenge körperliche Strafen und Züchtigungen zurückgreifen (...). Die Eltern ziehen sich, besonders im gehobenen Mittelstand, auf ›der Persönlichkeit des Kindes angemessene‹ Erziehungsmethoden zurück – auf die Beeinflussung mittels Argumenten, genauer gesagt mittels rationalisierten Überzeugens. Das Kind antwortet in der gleichen Weise.

Man könnte die historische Entwicklung etwa folgendermaßen zusammen-fassen: das traditionsgeleitete Kind versucht, sich bei den Eltern beliebt zu machen; das innen-geleitete Kind kämpft gegen sie oder unterwirft sich; das außen-geleitete Kind manipuliert sie und wird gleichzeitig selbst manipuliert« (a. a. O., S. 65f.).

Wo dies zutrifft, sind in der Tat nur die Methoden geändert worden – mit dem Effekt, dass das Kind jetzt eher eine Chance hat, mitzuhalten (weil es seine spezifischen Kompetenzen als »Manipulationsmacht« einsetzen kann) und daher viel früher viel raffiniertere Formen der Auseinanderset-zung lernt, während gleichzeitig Macht viel stärker verdeckt, möglicher-weise verleugnet wird, was die Machtstruktur in ihren Auswirkungen eher problematischer werden lässt. Die größere Offenheit ist dann nur Schein, in Wahrheit wird Herrschaft verschleiert, was zugespitzt in jene Paradoxien münden kann, die Watzlawick et al. (1969) beschrieben haben.

Die Ambiguität, die sich daraus ergibt, dass Strukturen (ein Stück weit) zur Disposition stehen, beschränkt sich nicht auf die Dimension der Macht. Auch qualitative Positionsdifferenzen sind zwar nicht völlig kontingent, aber sie stehen ein Stück weit zur Diskussion. Zwar sind die Eltern physisch und psychisch älter, aber ihre Position ist deshalb noch nicht per se auch so abgegrenzt und auf die Kinder bezogen. In dem Maße, wie Identität erst interaktiv hergestellt und verteilt wird, ergibt sich die Notwendigkeit, sie praktisch »auszuhandeln«. Was (und wer!) »erwachsen« und »kindlich«, »männlich« und »weiblich«, »gut« und »schlecht« ist, wird inhaltlich erst durch die interaktive Praxis, im Zusammenspiel dessen, was die Beteiligten einbringen, festgestellt. Die verschiedenen Positionen sind nicht mehr einfach definiert und selbst-verständlich verbunden, sondern müssen stärker »erworben« werden. Auch hier zeigt sich wieder die gleiche Doppeldeutigkeit: Gelingt es, gemeinsam hergestellte und geteilte Muster, die kompatibel sind, zu entwerfen und so zu gestalten, dass sie den Erfordernissen der Familien-struktur gerecht werden, kann sich daraus ein hochgradig integratives und reflexives Rollenverständnis und -verhalten entwickeln. Reichen dagegen die Kompetenzen und Möglichkeiten nicht aus, so besteht die Gefahr, dass die Positionsprofile undifferenziert und unscharf bleiben, so dass die interne Strukturbildung der Familie problematisch bleibt. Kinder ohne identifizierbares Gegenüber haben, so zeigt die Erfahrung, Schwierigkeiten, stabile Alters- und Geschlechtsrollen zu entwickeln (vgl. dazu Richter 1969, 1970).

Die Schwierigkeiten der Familie mit Außenbeziehungen wurden bereits angesprochen. Nicht nur die Innenwelt der Familien ist komplizierter geworden, auch ihre Umwelt hat sich verkompliziert. Sie hat sich ausgedehnt, d. h. die Zahl der möglichen Kontakte zu verschiedenen Institutionen auf unterschiedlichen Ebenen hat erheblich zugenommen, und ist zugleich heterogener geworden: An die Stelle der homogenisierenden Klassenstruktur und strikt gültigen Weltbilder sind hochdifferenzierte Partikularitäten getreten, zu denen eine sinnvolle Beziehung aufgebaut werden muss. Außerdem ist, wie erwähnt, zwar die unmittelbare Bindung an die Nahwelt gelockert, aber dafür sind die übrigen Umweltkonflikte um so unvermeidbarer.[6] Daher stehen Familien mehr denn je vor der Aufgabe, Kontakte zur Umwelt selbst aufzubauen und zu begründen und, was fast noch schwieriger ist, auszuwählen (und diese Selektion zu begründen). Wenn ein Fernsehapparat zum täglichen Leben gehört, muss geklärt werden, wer wann was damit macht – und das so konstituierte Modell der Außenbeziehungen auch durchgesetzt werden. Auch hier zeigt die Erfahrung, dass dies alles andere als leicht ist – und dass der Rückzug von dieser Thematik nicht nur hier fatale Folgen hat, sondern zugleich als Vorbild für andere Außenbeziehungen fungiert. Analog ist der Aufbau eines konsistenten Weltbildes in einer »pluralistischen« (genauer: indifferenten) Welt schwierig; schon, weil komplexe Verhältnisse viele verschiedene Positionen zulassen und der Versuch, Glaubensanteile von Weltbildern zu begründen, immer zwiespältig bleibt. Es zeigt sich durchgängig, dass kontrollierte Umweltkontakte aufwendig sind, dass andererseits unkontrollierte Umweltkontakte Primärbeziehungen unterminieren.

Die Tatsache, dass viel zur Disposition steht, dass vieles verhandelt werden muss, schließt eine wesentliche Ausweitung der Kommunikation und der Kommunikationsdichte ein. Eltern und Kinder beziehen sich intensiver denn je als (Verhandlungs-)Partner mit unterschiedlichen Positionen zu Themen aufeinander; prinzipiell ist alles themafähig (und Nicht-Thematisierung legitimationsbedürftiger als Thematisierung). Damit droht – auch bedingt durch den Abbau konventioneller Restriktionen von Themen bzw. Diskussionen – unter Umständen »Überkommunikation«: sei es in Form ständiger Debatten, d. h. eines Kleinkriegs um Verteilung und Grenzen, sei es in Form eines schiefen Verhältnisses von verbalem und nonverbalem, expressiven Austausch. Eine in diesem Sinne »über-reflektierte« Familie tendiert dazu, die sich ergebenden Kontakte durch Intellektualisierung zu verzerren (vermutlich ein eher bürgerliches »Leiden«). Problematisch ist in diesem Zusammenhang auch, dass der freie Austausch von Wissen und Interpretationen auch kommunikative Aspekte einschließt, was insbesondere für Kinder schwierig werden kann, wenn sie ständig zu hören bekommen, was ihre Eltern von ihnen halten, erwarten, kurz: wenn sie sich ständig als Objekte elterlicher Reflexion erleben. Auch wenn dabei zwischen kognitiven und emotionalen Modellen und Mustern kein Widerspruch besteht, handelt es sich dennoch um einen ständigen Informationsfluss, in dem Kindern signalisiert wird, was sie sein sollen bzw. müssen bzw. sind, ohne dass dies offiziellen Charakter hat. Auch Über-Metakommunikation verzerrt den Austausch.

Leben mit Kindern ist im modernen Exposé demnach in jeder Hinsicht zu einer dominanten, normativ und emotional aufgeladenen, fordernden Tätigkeit geworden. Wie wirkt sich diese Veränderung des Interaktions- und Identitätsprofils auf den sozialen Status der Familie aus?

Nach wie vor wird ideologisch die Familie hochgehalten, steht unter besonderem Schutz des Grundgesetzes. Was sich faktisch abspielt, ist jedoch mit diesen Vorgaben kaum in Einklang zu bringen. Zugespitzt: Familien – Ehepaare oder Einzelpersonen mit Kindern – sind behindert, werden marginalisiert. Wenn weiter oben Befürchtungen, finanziell nicht mehr klar zu kommen, zitiert wurden, so muss man davon ausgehen, dass sie nicht unrealistisch sind. Die finanziellen Kosten von Kindern stehen in keinem Verhältnis zu dem, was durch Kindergeld und Steuervorteile Eltern an Vergünstigungen zukommt. Zumindest wo sich die »Ausstattung« der Kinder am mittlerweile sehr gehobenen Normalniveau orientiert (dies nicht zu tun, ist für Eltern wie Kinder sehr schwierig und heikel), übersteigen die Kosten die Zuwendungen um ein Vielfaches. Kommt dann noch eine verlängerte Ausbildungszeit, womöglich ein Studium hinzu, so wird aus den Kosten für ein Kind leicht eine sechsstellige Summe. Mit anderen Worten: Statt eines kleinen Hauses haben sich Eltern ein Kind zugelegt; statt sich alle zwei Jahre ein neues Mittelklasseauto zu leisten, investieren sie ihr Geld in Kindermöbel und Kleider.

In diesen Zusammenhang gehört auch das hier nicht zur Debatte stehende Thema »Generationenvertrag«. Die Veränderung der Alterspyramide hat zur Folge, dass zumindest die nächsten Generationen gewissermaßen die Folgekosten des Bevölkerungsrückgangs tragen müssen – zumindest insofern, als sie die Renten der jeweils zahlreicheren (und immer langlebigeren) Elterngenerationen erwirtschaften müssen. Dazu gehört auch, dass die jetzigen Eltern durch ihre Kinder auch die Renten der jetzt kinderlosen Erwachsenen mitfinanzieren müssen. Wenn daran steuerpolitisch, aber auch sozialpolitisch nichts geändert wird, verdoppelt sich die »Ausbeutung« der Eltern: Sie müssen nicht nur gegenwärtig die (finanziellen, lebenspraktischen) Einbußen und Verzichte auf sich nehmen, sie tragen auch die Altersvorsorge der »DINKs« (so die amerikanische Abkürzung von »double income, no kids«) mit. Dies dürfte zwar auf der Motivationsebene keine unmittelbare Rolle spielen, gehört aber zur (momentanen) Logik einer durch Kinder segmentierten »Klassengesellschaft«.

Wenn nicht gerade Einkommen in Hülle und Fülle vorhanden ist, bedeuten Kinder also für ihre Eltern stets Konsumverzicht und, wo Konsum zum Maßstab des sozialen Status wird, sozialen Abstieg. Auch indirekt ergeben sich finanzielle Einschränkungen: Wenn einer der Ehepartner seine Berufstätigkeit aufgibt oder unterbricht, ist damit auf jeden Fall eine Verminderung des Familieneinkommens verbunden, wenn beide weiterarbeiten und Dienstleistungen zur Unterstützung eingekauft werden, ebenfalls. Außerdem verteuert sich die Teilnahme an relevanter Lebenspraxis: Ein Urlaub mit Kindern ist immer mit Mehrkosten verbunden. Und wenn das Urlaubsbudget eingeschränkt ist, muss sich dann das Ziel nach den eingeschränkten Möglichkeiten richten. Dazu kommt der erhebliche »Beweglichkeitsverlust«, den (vor allem kleine) Kinder bedeuten. Ein Abenteuerurlaub in Alaska ist (so) nicht mehr möglich, ebenso wenig ein Kurztrip nach Amsterdam. Damit fallen Familien für viele der üblichen Freizeitgestaltungen von Erwachsenen aus, werden aus einer ganzen Reihe von sozialen Einrichtungen mehr oder weniger herausgedrängt.[7]

Auf der anderen Seite werden zunehmend Einrichtungen entwickelt, die speziell für die Zielgruppe gedacht sind. »Vergnügungsparks« sprechen vor allem Familien an, die mit traditioneller Freizeitgestaltung nicht viel anfangen können und die Abwechslung vom (Fernseh-)Alltag suchen.[8] Dieser Typ von Konsum-Institutionen signalisiert ein neues, komplexes Verhältnis von Erwachsenen- und Kinderwelt. Gern (und auch häufig) gesehen in diesen »Vergnügungsparks« sind (allerdings meist junge) Erwachsene ohne Kinder. Die Angebote sind zwar auf Kinder zugeschnitten, aber sie zielen auf infantile Modi allgemeiner Art und greifen die des Erwachsenen-Konsums auf. Erwachsene und Kinder bilden so eine Konsumgemeinschaft; die Trennung zwischen beider Welten sind so ein Stück weit aufgehoben. Eltern nehmen teil an der (industriell aufbereiteten) Kinderwelt, Kinder partizipieren an den Modalitäten der Erwachsenenrealität – allerdings etwas anders als Ariès dies in seiner Kritik der Segmentierung von Kindern und Erwachsenen verlangt.[9] Was auch immer man von diesen »Mischkulturen« halten mag (industrialisierte Phantasien sind sicher nicht unproblematisch; ebenso wenig vermarktete Oralität): Eltern werden gezwungen, sich mit ihnen auseinander zusetzen. Denn sie setzen unausweichliche Referenzen, unabhängig davon, ob sie bestimmte pädagogische Interessen und Konzepte haben oder aber durch das Verwertungsinteresse des Kapitals geprägt sind. Beides interveniert auf mehr oder weniger starke Weise in das familiale System; setzt Markierungen, mit denen sich Eltern und Kinder auseinander setzen müssen (ohne dass die dazu nötigen Mittel und Fähigkeiten immer mitgeliefert würden).

Dies ist vielleicht der gravierendste Aspekt des Verhältnisses von Familie und Gesellschaft. In allen relevanten Bereichen gibt es zwar einen formalen Freiraum, die Möglichkeit zur autonomen Entscheidung, aber die normativen und praktischen Angebote und Vorgaben aus dem gesellschaftlichen Umfeld sind kaum zu umgehen. Damit wird faktisch die Autonomie der Familienentwicklung eingeschränkt, kommt es zu ständigen Konfrontationen mit extrafamilialen, aber intrafamilial wirksamen Imperativen, die weder in sich stimmig sein müssen noch zur je spezifischen Familiensituation passen. Damit sind nicht nur Konsumnormen gemeint, sondern die Vielzahl von (heterogenen) Modellen und Orientierungsvorschlägen, die Werbung, Politik, Kirchen, Schulen usw. in ihre Richtung entwickeln. Nur eine emotional und interaktiv sehr stabile und hochgerüstete Familie kann sich diesem gemischten Chor auf Dauer entziehen bzw. sich erfolgreich mit ihm auseinander setzen. Es kommt daher im familiären Normalfall zu einer Art »Zweifrontenkrieg«: Sowohl von innen als auch von außen sind Integration und Eigendynamik der Familie ständig bedroht bzw. werden in ihrer Struktur und Entwicklung auch von außen ständig beeinflusst, beeinträchtigt, gefordert.

Insgesamt erscheinen so die Veränderung der Elternidentität, der Familienstruktur und des Austausches zwischen Familie und Gesellschaft als zwiespältige Entwicklung. Auf der einen Seite beinhalten die beschriebenen Prozesse zweifellos die angesprochene weitgehende Emanzipation von traditionellen Zwängen: Die Imperative der Arbeitswelt schlagen nicht so ungebremst auf das Familienleben durch und haben auch weniger indirekte Auswirkungen; die Familienstruktur selbst ist offener und flexibler geworden. Das bedeutet nicht nur mehr Bewegungsfreiheit für alle Familienmitglieder, sondern auch die Chance zu qualitativ differenzierteren und damit stabileren und reflexiveren Beziehungen. Erst auf diesem Hintergrund sind eigendynamische Eltern-Kind-Beziehungen möglich.[10] Damit verbunden sind jedoch eine Reihe von Strukturrisiken, die sich aus der Erhöhung des Anspruchsniveaus und der Auslösung traditioneller Sinnzusammenhänge ergeben. Während das Problemprofil der traditionellen Familienformen mehr oder weniger geprägt war von Repressionsrisiken, die mit rigiden Strukturen bzw. Strukturvorgaben verbunden sind, stehen moderne Familienformen vor dem Problem, Struktur selbst herstellen zu müssen – und dies unter den Vorzeichen eines differenzierteren Strukturierungsbedarfs und einer Umwelt, die dem nicht entgegenkommt, dies häufig sogar noch beeinträchtigt. So ergeben sich systematisch Probleme der mangelnden Integration und Konsistenz, der nicht oder nur konfliktträchtig funktionierenden Balance von unterschiedlichen Themen und Imperativen. Gemessen am erheblich erhöhten Problemniveau, an der Komplexität der Anforderungen in allen Bereichen, besteht ein chronisches *Risiko der Unterstrukturierung*. Gleichzeitig haben sich die Beziehungsstrukturen auf eine Weise entwickelt und verselbständigt, die dazu geführt hat, dass auch in diesem Bereich ein erheblicher psychosozialer Mehraufwand notwendig ist, wenn die – nunmehr stärker exponierten – Beziehungen nicht in Gefahr geraten sollen, in destruktive Kollusionen zu münden. Ganz allgemein haben sich dadurch sowohl Bindungs- als auch Lösungsprobleme völlig neuer Art ergeben. Wo traditionelle Muster sowohl Bindung als auch Trennung schematisierte, muss nun ein Großteil der Bindungs- und Trennungsleistungen individuell erbracht werden, müssen »offene« Beziehungen ständig zwischen einem Zuviel und einem Zuwenig an Bindung und Trennung aufrechterhalten werden.

Es ist immer wieder darauf hingewiesen worden, was für Folgeprobleme sich daraus ergeben. Repressionsrisiken traditioneller Familienstrukturen lagen quasi noch unterhalb der eigentlichen Schwierigkeiten, die für ausdifferenzierte, nicht durch externe Vorgaben und Zwänge determinierte Primärgruppen typisch sind. Eingeschränkte Bedingungen und strikte Imperative haben zur Folge, dass eine eigenständige Entwicklung von Identitäten und des Interaktionssystems insgesamt nur sehr beschränkt (und dann vorrangig auf dem Niveau unmittelbarer Expressivität bzw. des spontanen Zusammenspiels situativer Gegebenheiten) möglich war. Erst die externe Freisetzung von anderen Systemzwängen und die Lockerung der prästabilisierten Struktur haben, zusammen mit dem davon nicht zu trennenden Prozess der Subjektivierung von Beziehungen (was ihre emotionale Akzentuierung einschließt), dazu geführt, dass Identitätsbildung wie Entwicklung des Interaktionssystems (ein Stück weit) verfügbar wurde. Mit der größeren Kontingenz haben sich neue Chancen ergeben; sie bedürfen jedoch nicht nur entsprechender Kompetenzen, um sie zu nutzen, sondern vor allem auch, um die damit verbundenen Risiken aufzufangen. Und da Eltern – auch und gerade bei einer zunehmenden Relativierung familialer Strukturen – diejenigen sind, die die Hauptlast der Konstituierung und Weiterentwicklung der Familie tragen, wird von ihnen auch am meisten verlangt. Externe Hilfe kann nur beschränkt in Anspruch genommen werden; dagegen müssen zusätzlich eine ganze Reihe von externen Interventionen aufgeblockt, relativiert, kompatibel gestaltet werden. Der auto- und alloplastische Aufwand ist erheblich gestiegen. Da aber zugleich die »Ausbildung« der Eltern nicht in gleichem Maße zugenommen hat, sondern im Gegenteil durch die zunehmenden Qualifikationsanforderungen im Produktions- und Konsumtionssektor eher noch weniger Bedeutung hat als in Zeiten, in denen Elternschaft selbstverständlich (und unproblematisch) erschien, ergibt sich eine systematische Diskrepanz zwischen Anspruch und Fähigkeiten. Es ist daher nicht verwunderlich, dass nicht wenige Eltern (angesichts ihrer vielfältigen Belastungen) mit diesen Anforderungen nicht zurechtkommen.

Betrachtet man diese Schwierigkeiten aus einer etwas distanzierteren Sicht, so geht es nicht mehr um die Frage, was Eltern tun und erleben, sondern darum, wie die Exposés mit dieser Belastung zurechtkommen. Hinter Personen stehen, gesellschaftlich gesehen, abstrakte Interaktions- und Interpretationskonfigurationen.[11]

Als Exposés wurden hier transsubjektive Entwürfe verstanden, die zwar subjektiv entwickelt, ausgewählt, konkretisiert werden, die jedoch in ihren Grundlinien durch die Verhältnisse geprägt und gestützt werden. Die in ihnen angelegten Handlungsmuster und Orientierungen sind kognitiv-normativ-emotionale Leitlinien, die ein Echo gesellschaftlicher Realität darstellen, aber in zugespitzter, idealisierter und verschobener Weise: Sie sind nicht mit Realität identisch, sondern stehen zu ihr auch immer im Gegensatz, wo sie systematisch enthalten und berücksichtigen, was über die empirische Realität – in welcher Form auch immer – hinausgeht. Exposés sind auch das Medium des Nicht-Identischen, des »Sinn-Überschusses« und der Gegen-Realität, die zwar auf dem Status Quo basieren, sich aber gegen ihn abgrenzen. Exposés enthalten daher Widersprüche und geraten in Widerspruch.

Das bedeutet, dass auch sie unter Druck geraten. Was den Eltern Probleme macht, strapaziert auch die Exposés. Wie »reagieren«[12] nun die Exposés auf die erfahrbaren Diskrepanzen und Dissonanzen?

In gewisser Hinsicht ist es »normal«, dass sich während der »Geburt der Eltern« auch die Exposés wandeln. Was weiter oben als »Normalisierung« beschrieben wurde, schließt immer auch ein, dass exzentrische, nur schwer gegen den Sog der übrigen Faktoren aufrecht zu erhaltende Einstellungen und Praktiken abgeschliffen und ein Stück weit angepasst werden. Was nur mit extremem Aufwand beizubehalten wäre, wird durch äußeren Druck und inneren Rückzug relativiert. Wo dies nicht geschieht, muss es auch als mangelndes Lernvermögen gesehen werden, denn es handelt sich dabei nicht nur um Anpassung (im Sinne von Reduktion auf bestehende Wirklichkeit), sondern auch um die notwendige Angleichung von (idealisierten) Konzepten und Realität. Geschieht dies nicht, so bleiben beide »unversöhnt« und in chronischem Konflikt. Es gibt dabei selbstverständlich gute Gründe, diesen Konflikt zu suchen und auszuhalten. Besonders die vom herrschenden Typus abweichenden Exposés sind darauf angewiesen und leben von der Aufrechterhaltung von Distanz.

Aber auch ihr »Überleben« hängt von einem bestimmten Maß an Assimilationsfähigkeit ab, weil sie sonst leicht in Gefahr geraten, dass sich ihre Exzentrik in Isolation verwandelt und dann die bereits angesprochenen Züge des Sektierertums bekommt. Insofern handelt es sich bei der Reformulierung von Konzepten im Prozess der Normalisierung um eine vitale Leistung von Subjekten und Gruppen. Damit nicht identisch ist jedoch eine unter dem Druck der Verhältnisse und durch die inneren Widersprüche begünstigte Dekompensation, ein Abbau von Struktur, wie er unter den beschriebenen Umständen nicht selten vorkommt. Es stellt sich dann heraus, dass die Gegensätze zwischen Exposé und Realität nicht kleingearbeitet werden können, dass das Exposé den Anforderungen der Realität nicht gewachsen ist. Die Eltern sind in einem Maße überfordert, dass sie nicht (oder nicht ausreichend) imstande sind, ihr Exposé so weiterzuentwickeln, dass ein konsistentes Modell entsteht und erhalten bleibt. Ihr Exposé zerbröckelt, was bleibt, sind unvermittelte und potenziell unkompatible Teilstrategien, die hauptsächlich aufs situative Überleben ausgerichtet sind, aber keine aktive Perspektive beinhalten. Dies ist kein subjektives Problem, sondern hängt mit Defiziten der Exposés selbst zusammen. Das oben angesprochene Risiko der Unterstrukturierung der Eltern-Kind-Beziehung ergibt sich häufig aus einer Konstellation dieser Art – die Eltern ziehen sich mehr oder weniger deutlich aus der Interaktion mit ihren Kindern zurück, beschränken sich auf das Nötigste bzw. auf das, was weiterhin problemlos funktioniert und überlassen die Bereiche, mit denen sie nicht zurechtkommen der Selbstregulation. Typische Konfliktfelder, die – wegen ihres hohen Anspruchsniveaus – dazu prädestiniert sind, ergeben sich aus den vielfältigen kindlichen Ansprüchen und Forderungen, die angemessen beantwortet werden müssen. Was weiter oben als Balanceproblematik bezeichnet wurde, äußert sich konkret z. B. in der Frage, wann man wie und wie weit auf kindliche Erwartungen (die vergleichsweise unbegrenzt auftauchen) eingeht, so dass dabei die Identität der Kinder nicht beschädigt wird; die der Erwachsenen nicht überstrapaziert und identifizierbar bleibt und ein konsistentes Modell des Umgangs mit diesem Thema entsteht. Wenn nun die Eltern sich vorgenommen haben, den Bedürfnissen ihres Kindes entgegenzukommen und zu entsprechen, merken sie bald, dass sie an die Grenzen ihrer Möglichkeiten kommen; dass, je mehr sie Bedürfnissen in bestimmten Bereichen umstands- und grenzenlos entgegenkommen, diese sich multiplizieren. Wenn nun das Exposé an dieser Stelle keine Ergänzungs- und Korrekturmöglichkeiten einschließt, kommt es vor, dass entweder dieses Konzept abrupt fallengelassen wird, d. h. das Kind wird von heute auf morgen mit einem Stilwechsel konfrontiert. Die andere (vielleicht problematischere) Möglichkeit ist, dass die Eltern versuchen, sich aus schwierigen Zonen zurückzuziehen, z. B. indem sie das Kind in bestimmten Bereichen volle Versorgung und mehr oder weniger beliebiges Eingehen auf Bedürfnisse anbieten, sich zugleich aber emotional aus diesen Feldern zurückziehen. Die Folge dieser Strategie ist häufig die Gleichzeitigkeit von Hypertrophie und Verwahrlosung: Wenn alles verfügbar ist, verliert jedes Einzelne an Bedeutung. Das Kinderzimmer ist voller Spielzeug (und zunehmend mit Unterhaltungselektronik ausgerüstet), aber die Dinge haben kaum emotionale Bedeutung. Außerdem spielt sich dabei leicht eine Tendenz zu kurzschlüssigen Bedürfnis-Befriedigungs-Zyklen ein, d. h. es werden Dinge angeschafft, die zum geistigen »Sofortverzehr« oder zum Dauerkonsum geeignet sind, aber keine Aneignung, keine interaktive Differenzierung mehr erfordern/ermöglichen. Während die Eltern nolens volens sich aus diesem Feld zurückziehen, werden zugleich die kindlichen Bedürfnisse auf spezifische Weise fixiert und auf bestimmte Modi festgelegt.

Mutatis mutandis gilt ähnliches für die meisten der oben angesprochenen Themen. Nicht nur der Umgang mit kindlichen Bedürfnissen, auch die Frage der Macht (und der Machtausübung), der geschlechts- und altersspezifischen Rollenverteilung etc., sind unter dem Vorzeichen der Offenheit so komplex geworden, dass sie spezifische Kompetenzen verlangen. Reichen sie nicht aus, besteht die Möglichkeit, dass Eltern gezwungen sind, sich diesen Themen durch Rückzug und Ablenkung zu entziehen. Bleiben diese thematischen Felder jedoch »unbesetzt«, ergeben sich jene Strukturdefizite, die vor allem auf Kosten der kindlichen Entwicklung gehen. Mindestens ebenso problematisch wie dieses »Wegtauchen« ist jedoch ein inkonsistentes Hin und Her: Wenn versucht wird, eine bestimmte Strategie durchzuhalten, mal aber aufgrund von Unlust, Schwäche, fehlender Zeit usw. ganz anders gehandelt wird; wenn also mal strikte Begrenzung, mal unkontrollierendes Laissez-faire praktiziert wird. Da es sich dabei um typische Entwicklungen handelt, wäre es falsch, Eltern als Individuen dafür verantwortlich zu machen. Offenkundig reicht in solchen und ähnlichen Situationen die »Ausrüstung« nicht, um angemessen zu reagieren. Dazu tragen inkonsistente, unangepasste, widersprüchliche Exposés erheblich bei – indem sie auf Problemfelder nicht vorbereiten, sie verleugnen oder auf eine Weise darstellen, die ihnen nicht gerecht wird. Damit stehen Eltern, die auf ihre Exposés angewiesen sind – und dies ist ein Kennzeichen subjektivierter Elternschaft – allein im Regen. Sie müssen ausbaden, was nicht unbedingt ihr Problem ist. Zwar verlangen die Exposés subjektive Aneignung (und können sich fatal verändern, wenn dies unzureichend geschieht), aber umgekehrt sind Eltern darauf angewiesen, dass die Exposés auch angemessen sind. Überforderung hängt daher auch damit zusammen, dass die zur Verfügung stehenden Orientierungen nicht ausreichen bzw. nicht angemessen sind. In dem Maße, wie lebenspraktische Einbindung abgelöst bzw. überlagert wurde durch die Vermittlungsleistung der Exposés, haben sich hier Strukturrisiken neuer Art ergeben. Unterstrukturierung und Balancedefizite sind zwar unmittelbar Ausdruck der je spezifischen Kind-Beziehungen, d. h. der personengebundenen Kompetenzen und Strategien der Eltern, aber diese wiederum werden gesteuert und abgesichert von den Exposés, aus denen sie ihre Orientierungen gewinnen. Es scheint, als wären diese Leistungen gegenwärtig noch nicht hinreichend entwickelt.

Unterstrukturierung, die sich in inkonsistenten Strategien und/oder Fluchttendenzen manifestiert, ist daher ein spezifisches Risiko gegenwärtiger Eltern-Kind-Beziehungen. Es ist exposéspezifisch unterschiedlich verteilt. Vor allem die nicht hinreichend verankerte und abgesicherte Modernität, moderne Exposés im beschriebenen Sinne, die nur oberflächlich adaptiert bzw. hauptsächlich durch den Identifikationssog der Umwelt zustande gekommen sind, sind besonders gefährdet, unter Druck zu dekompensieren, statt sich weiterzuentwickeln. Denn die pure Modernität ist in ihren narzisstisch getönten Subjekt- und Objektbildern, in ihrer symbiotischen Ausrichtung ohne die dazu erforderliche konkret-praktische Absicherung und Einbettung, besonders ungesichert. Zugleich lädt sie gewissermaßen auf einer Ebene zur Identifikation ein, die nicht deutlich werden lässt, wie groß die Folgeprobleme sein können, die sich daraus ergeben. Die impliziten Träume der modernen Exposés können zum Alptraum werden, wenn sich Eltern mit ihnen identifizieren, die das beste vorhaben, aber vom Lebensstil und ihrer psychosozialen Identität her den Aufwand nicht leisten können. Das Zusammenspiel von verführendem Exposé und Identitätsprofil programmiert den Zusammenbruch vor. Die Eltern verlieren angesichts der realen Anforderungen und Widersprüche die Orientierung und Kraft.

Sowohl traditionsorientierte als auch avantgardistische Exposés sind in ihrer Grundstruktur stabiler. Im allgemeinen stammen sie aus spezifischen Selektionen und Identifikationen, haben sich daher schon vorab gegen die Macht der Normalität durchgesetzt und sind in einem subkulturellen Milieu mit entsprechender Struktur abgesichert. Dann haben sie mehr Resistenz gegen den entstrukturierenden Sog alltäglicher Anstrengungen, liefern auch mehr Motivation, die erforderlichen Mühen auf sich zu nehmen. Auf der anderen Seite sind sie gerade wegen ihrer Exponiertheit auch auf besondere Weise den nivellierenden Tendenzen des Normalitätsdrucks ausgesetzt. Weiter oben wurde bereits angesprochen, dass es in traditionalistischen Subkulturen sehr häufig zu Modernisierungstrends kommt, während avantgardistische Entwürfe im Kontakt mit den Normalbedingungen im Laufe der Zeit Abstriche hinnehmen müssen.

Unter ungünstigen Umständen kann das zur Folge haben, dass versucht wird, die gefährdeten Exposés auf rigide Weise aufrechtzuerhalten, also auf unangemessene und ungekonnte, Flexibilität, Transparenz und Kontaktfähigkeit beeinträchtigende Weise traditionalistische oder avantgardistische Modelle zu praktizieren. Verbissene Avantgarde wie Traditionalismus sind jedoch weder für Eltern noch für Kinder ein bekömmliches Milieu. Ebenso wenig die unreflektierte, durch den Druck der Verhältnisse erzwungene Vermischung von Exposés: Wenn mal traditionalistisch, mal modern reagiert wird, färbt diese Inkonsistenz notwendig auf die Identität der Beteiligten ab.

Damit ist die wichtigste Dimension der veränderten Eltern-Kind-Beziehungen angesprochen: Wie wirken sich die hier beschriebenen Veränderungen auf die Identitätsentwicklung aus? Man muss hier sehr vorsichtig sein. Klare Aussagen sind nur schwer zu treffen. Langfristige Sozialisationseffekte sind mit den bisherigen Methoden nur spekulativ zu erfassen; es liegen auch zu wenige Erkenntnisse vor, um verlässliche Aussagen treffen zu können.[13] Viele Aussagen widersprechen sich außerdem.[14] Schließlich befinden wir uns nach wie vor in einer »Übergangszeit«, in der die sich abzeichnenden Tendenzen nicht überall gleich(zeitig) stattfinden, zudem instabil auch »durchwachsen« mit gegenläufigen Tendenzen sind. Nach wie vor mischen und brechen sich Effekte in der Heterogenität gesellschaftlicher Prozesse.

Außerdem ist zu bedenken, dass Sozialisation ein vielschichtiger Prozess ist, der nicht nur – vielleicht nicht einmal hauptsächlich – über die Eltern-Kind-Beziehung vermittelt ist. Sozialisation als umfassender Prozess der Identitätsbildung schließt die vielfältigen direkten wie indirekten Wirkungen von Lebensweltstrukturen wie abstrakten Systemzusammenhängen ein. Es ist daher schwierig, Konsequenzen der Eltern-Kind-Beziehung zu »isolieren« und in ihrer Bedeutung abzuwägen. Andererseits ist dies jedoch auch nicht unbedingt nötig, denn man kann davon ausgehen, dass die Eltern-Kind-Beziehung als Teil genereller Entwicklungstendenzen wirkt; zwar nicht identisch mit anderen Sozialisationstendenzen, sich aber doch in die gleiche Richtung (und strukturell ähnlich) entwickelt. Dennoch ist es schwierig, in einem komplexen Wirkungsfeld eindeutige Zuordnungen zu treffen.

Es würde den Rahmen dieser Arbeit sprengen, zu versuchen, die Debatte um frühkindliche Sozialisation und ihre Bedeutung aufzugreifen.[15] Für die eher essayistische Perspektive, die hier zum Schluss versucht wird, muss es daher genügen, einige allgemeine Überlegungen aufzugreifen, um den Zusammenhang von veränderten Konstitutionsbedingungen subjektiver Identität und Eltern-Kind-Beziehung zu thematisieren. Unabhängig von ihrer theoretischen Ausrichtung und ihrer Vorgehensweise kann man bei einer ganzen Reihe von Autoren[16] feststellen, dass sie sich in einigen Grundstrukturen der Identitätsentwicklung (mehr oder weniger) einig sind:

– Außer Frage steht, dass die *kognitive Differenzierung* zugenommen hat. Wissen und Umgang mit Wissen gehört heute zu den selbstverständlichen Kompetenzen der Mehrzahl der Bevölkerung. Die technisierte und funktionalisierte Lebenswelt verlangt ein erheblich höheres Maß an instrumentellen und abstraktiven Leistungen; der Bereich der Kognitionen hat erheblich an Gewicht gewonnen.

– Gleichzeitig kann man davon ausgehen, dass immer mehr Gruppen und Individuen *Selbstbewusstsein* entwickeln können/müssen. Sowohl das »I« als auch das »Me« sind subjektzentrierter differenziert.[17] Auch in Schichten, denen Status und Lebensbedingungen dieses früher nicht gestattet hatten, sind heute die Betonung des Selbst-Wertes und die Autonomie des Handelns zu zentralen Normen und Leitlinien geworden.

– Dies geht einher mit einem (notwendigermaßen) *höheren Maß an Selbst-Bewusstheit*, sowohl im Sinne von Selbst-Bezogenheit als auch von Selbst-Reflexion: Die Autonomie des Handelns nimmt ebenso zu wie die »innere Kommunikation«, so dass die Lebensäußerungen zwischen Egozentrik und bewusstem Handeln oszillieren. Insgesamt ist wegen der größeren Differenzierung und Flexibilisierung Identität eher instabiler und »zerbrechlicher«.

– Das bedeutet, dass ein immer größerer Teil von Entscheidungen *nach subjektiven Gesichtspunkten* getroffen wird. Externe Motivvorgaben werden zurückgedrängt; die Teilnahme an gesellschaftlicher Praxis basiert stärker auf subjektiven Entscheidungen, die nun über andere gesellschaftliche Modi vorgesteuert werden: Statt abgrenzenden Zuteilungen regeln nun verstärkt Angebote und Konfigurationen die Auswahl. Die Kommunikation zwischen Subjekt und Gesellschaft hat sich geändert (und fördert/verlangt andere psychosoziale Strukturen).

– Einigkeit besteht auch darüber, dass *intrapsychische Strukturen*, wo sie vorher rigider und undurchlässiger waren, heute »flüssiger« und »durchlässiger« sind und dass zugleich die Reflexivität des psychischen Prozesses strukturell zugenommen hat. Die Individualisierung der Sinnstiftung und die Ausweitung von Handlungsalternativen verlangen mehr Verarbeitungskapazitäten, mehr Reaktionsmöglichkeiten und bringen einen höheren Legitimationsbedarf mit sich.

– Damit einher ging auch eine *Veränderung der »Antriebsstruktur«.* Ob von »Außensteuerung« (Riesman), »Marktcharakter« (Fromm), »Momentpersönlichkeit« (Mitscherlich), »Narzisstischer Persönlichkeit« (Lasch) die Rede ist, ob von den Möglichkeiten der vollständigen Programmierung (Skinner) oder von einer Egozentrik, der die Gruppenbindung fehlt (Baethge) gesprochen wird: Gemeinsam ist diesen Vorstellungen, dass einerseits sehr viel mehr Antriebsimpulse zur Disposition stehen und andererseits diese Impulse sowohl individualistischer verwendet als auch stärker instrumentalisiert werden können.

– Damit verändern sich auch die *Objektbeziehungen.* Sie sind stärker freigesetzt für das Zusammenspiel der subjektiven Impulse (soweit nicht funktionale Imperative die Beziehung determinieren). Interaktion verkompliziert sich dadurch, weil einerseits an die Stelle externer Stabilisierung durch vorgegebene und traditionell abgesicherte Interaktionsformen die Stabilisierung durch die emotionale, normative Balance der Interaktionspartner tritt – Beziehungen werden aufwendiger und labiler.

- Ganz allgemein ist der *Kontakt zur Realität* subjektiv gefärbt und individuell bestimmt. Mehr denn je ist die Wirklichkeit eine Frage persönlicher Definition und Selektion. Kohärente Ideologien haben an Bedeutung verloren; dies liegt an der Abstraktheit der Gesellschaft (die keine Identifikationsfläche mehr bietet), aber auch an der Subjektzentriertheit der Identifikationen.

- Gleichzeitig wird es *schwieriger,* »*erwachsen*« *zu werden*: Einerseits verlangt die Erwachsenenidentität andere und mehr Kompetenzen, während zugleich die Vermittlung von individualisierter Biografie mit entsubjektivierten Objektweltstrukturen erschwert ist (und chronische »Generationskonflikte« bzw. Integrationskonflikte der heranwachsenden Generation erzeugt). Andererseits ist es – angesichts der hohen Zuwendung, die Kinder erfahren und der Aufhebung der »Zugangssperren« zur Erwachsenenwelt in vielerlei Hinsicht überhaupt kein Zugewinn, erwachsen zu werden – im Gegenteil. Auch der Jugendlichkeitskult einer dynamischen Gesellschaft trägt dazu bei, dass »Erwachsenwerden« ein mehrdeutiger Prozess ist. Die herkömmliche Ordnung der Altersidentitäten ist zerfallen.

- Schließlich wird immer wieder darauf verwiesen, dass die Komplexität der sozialen Realität und die Disparität der Lebensbereiche sich im Aufbau der Identität spiegeln: Der Unterschiedlichkeit und Widersprüchlichkeit der Realität entspricht eine zunehmend »*schizoide*« *Identitätsstruktur;* externe Heterogenität spiegelt sich in interner Spaltung, so dass »Identitätsfragmente« ohne systematische Integration nebeneinander bestehen. Identitätsbalance wird zum bloßen »Management«, ohne dass tatsächliche Einheit erreicht würde bzw. erreichbar wäre.

Man liest diese Hinweise im allgemeinen bezogen auf Kinder, als »Resultat« der Einflüsse von Eltern (und Umwelt) auf die kindliche Entwicklung. Betrachtet man diese großflächigen Entwicklungen jedoch in ihrer systematischen und historischen Struktur, so ist evident, dass sie (in gewissem Umfang) bereits für die Eltern selbst gelten – auch sie haben bereits in der Tiefenstruktur ihrer Identität und/oder aktuellen Identitätsbalance wesentliche Elemente davon aufgenommen und leben sie auch in anderen Bereichen aus. Man kann sich daher auch die Frage stellen: Wie wirken sich die genannten Verschiebungen auf die Identität von Müttern und Vätern aus? Auch hier nur einige Stichworte:

– Die weiter oben zitierten Befunde lassen den Schluss zu, dass die weibliche Rolle einerseits stärker von der Mutterrolle getrennt wird, d. h. dass Frauen stärker über Berufstätigkeit usw. definieren (können), dass andererseits eigene wie fremde Erwartungen an die Mutterrolle differenzierter/umfangreicher geworden sind. Komplexere Beziehungen zur Umwelt, eine größere Kontingenz der Positionen und Beziehungsmuster und die Erhöhung des Aspirationsniveaus lassen die Identitätsbalance schwieriger werden. Vor allem die Integration heterogener Ansprüche (Berufswelt, Welt der Kinder) wird schwierig, wenn sich traditionelle mit modernen vermengen – nach wie vor gilt die Mutter als Hauptfigur der Eltern-Kind-Beziehung, d. h. Defizite werden ihr angelastet. Frauen haben daher – zusätzlich zu den praktischen Problemen der Bewältigung der »Doppelbelastung« – oft noch ein schlechtes Gewissen, wenn sie in beiden Bereichen nicht (ihren, fremden) Ansprüchen genügen. Die zunehmende »Annäherung« an die »Männerwelt« (bzw. die Aufhebung dieser Trennung) stützt weibliche Individualisierung, gefährdet aber auch die nunmehr stabilisierte Mutterrolle. »Mutterliebe« muss subjektiv entwickelt und definiert werden. Umgekehrt verlangt eine individuellere Identifizierung mit Weiblichkeit und Mutterrolle auch individuellere Formen des Einbringens bzw. Abstimmens in/mit anderen Realitätsbereichen.

– Für Männer wird das Leben einerseits schwieriger (wenn sie sich nicht mehr auf der traditionellen Arbeitsteilung ausruhen können und nun genauso »zuständig« sind für Kinderbetreuung und alle damit verbundenen Arbeiten). Sie riskieren damit jedoch nur noch in homogen traditionellen Milieus bzw. in »männerbündischen« Subkulturen Statusverlust. Ihre Entscheidung für das Engagement in der Familie wird honoriert, sogar eher übertrieben honoriert: Wo Frauen ihr Disengagement negativ angekreidet bekommen, werden schon geringe Einsätze von Männern besonders hervorgehoben. Die subjektive Neudefinition der Vaterrolle geht deshalb einher mit einem Zugewinn an Stabilität (zumal insgesamt das neue Männerbild auf dem Vormarsch ist und zumindest traditionalistische Konzepte in Legitimationsnöten sind). Auch hier nimmt jedoch der Aufwand für die Stabilisierung und Entwicklung subjektivierter Beziehungen zu; müssen disparate Imperative aus verschiedenen gesellschaftlichen Bereichen ebenso verarbeitet werden wie disparate psychosoziale Interessen – die Ausweitung von Interaktionsfeldern und identitätsrelevanten Themen führt auch hier zu einer chronischen Zeitknappheit und Balanceproblemen.

– Insgesamt ändert sich die Mutter-Vater-Relation. Sie verschiebt sich als Ganzes in Richtung auf höhere Durchlässigkeit und Akzeptanz von Kindern, Quantität und Qualität des Austauschs nehmen zu (und werden entsprechend auf neue Weise riskant). Wichtig ist dabei vor allem, dass, analog zum Abbau der extremen Polarisierung der Geschlechterrollen, auch die scharfe Trennung von Mutter- und Vaterrolle sich lockert. Das bedeutet, dass psychosoziale Qualitäten nicht mehr eindeutig und exklusiv geschlechtsspezifisch gebunden und definiert sind (und damit »variantenreicher« werden). Mit der Aufhebung traditioneller intrafamilialer Arbeitsteilung intensiviert sich zwangsläufig der Diskurs: mehr Themen werde auf reflexivere Weise abgestimmt – was den Kindern als Modellbeziehung vorgelebt wird. Neben den bereits angedeuteten möglichen Komplikationen durch ein Zuviel bzw. Zuwenig oder unangemessene Interaktionsformen der Eltern ergibt sich daraus vor allem das Problem der »Vermischung« von Elternrollen – ist »Mappi« (so die spöttische Bezeichnung für Väter, die »mütterliche« Funktionen übernehmen) nur eine schlechte Kopie der Mutter (die zugleich wichtige »väterliche« Funktionen verloren hat)? Sicher besteht die Gefahr, dass die einseitige Betonung »verschmelzender« Interaktion Probleme im Bereich von Trennung und Distanzierung mit sich bringen kann (was auch mit den generellen Problemen der Grenzziehung nach dem Abbau herkömmlicher – prästabilisierter, entsubjektivierter – Begrenzungen zu tun hat). Ob dies problematischer ist als die Folgen traditioneller Abgrenzungen zwischen Müttern und Vätern, Eltern und Kindern, sei dahingestellt.

Auf jeden Fall sind alle diese Entwicklungen nicht nur bloße Folgen von gesellschaftlichen Strukturverschiebungen. Sie sind vielmehr deren notwendiges Medium und unabdingbare Voraussetzung. Weiter oben wurde davon gesprochen, dass Funktionalisierung ein Schlüsselprozess der Modernisierung ist, der wesentlich zur Subjektivierung von individuellen Lebensentwürfen beigetragen hat; direkt (durch die Trennung von thematisch verschiedenen Subsystemen und Lebensbereichen) wie indirekt (durch die Erhöhung der Produktivität und Freisetzung für subjektive Interessen). Man kann dieses jedoch auch umgekehrt sehen: Funktionalisierung setzt voraus, dass es Subjekte gibt, die die notwendigen Trennungsleistungen selbst erbringen können, die imstande sind, Dienst Dienst und Schnaps Schnaps sein zu lassen, die zugleich die Auflösung traditioneller Handlungs- und Sinnzusammenhänge durch den Aufbau individueller Konzepte kompensieren, die schließlich die Fähigkeit haben, sich in einer differenzierten Welt ohne herrschende Prinzipien (also unter dem Vorzeichen der Kontingenz der Welt) selbständig zu orientieren und auszuwählen. Mit einem Wort: Selbstbestimmung und Selbstbewusstsein sind nicht nur Konsequenz, sondern auch Voraussetzung der Moderne.[18] Es handelt sich, so gesehen, nicht um ein »Luxusprodukt«, sondern letztlich um eine objektive Notwendigkeit: Ohne eine neue Subjektstruktur wären veränderte Gesellschaftsformen nicht durchsetzbar bzw. stabilisierbar.

Welche Bedeutung hat in diesem Zusammenhang die hier ausführlich diskutierte Differenzierung und Strukturveränderung der »Geburt der Eltern«? Sie ist vor allem ein Medium und Verstärker dieser Entwicklungen. Es scheint, als reichten traditionelle Vorgaben nicht mehr aus, um den Anforderungen, die auf Eltern wie Kinder zukommen, gerecht zu werden. Eltern müssen (und können) gegenwärtig einen umfassenden und aufwendigen Prozess der Positionsübernahme auf sich nehmen, um die eigenen Erwartungen, die Anforderungen der Umwelt und der Kinder angemessen beantworten zu können. Dazu ist ein Vielfaches an aktiver Gestaltung, an Eigendefinition und »Positionsausstattung« erforderlich. Damit die Eltern-Kind-Beziehung die nötige Komplexität entfalten kann, muss eine persönliche Auseinandersetzung und Aneignung stattfinden.

Dies ist eine der Hauptfunktionen einer veränderten »Geburt der Eltern«: Überhaupt Eltern-Kind-Beziehungen zu konstituieren und ihnen die nötige Eigenständigkeit und Flexibilität zu ermöglichen. Auf der anderen Seite bedeutet eine größere Kindzentrierung die Aufladung mit narzisstischen Impulsen, dass dadurch ein soziales Klima entsteht, welches kognitive und emotionale Entwicklung des Kindes in Richtung auf größere Differenzierung und Autonomie beeinflussen. Zwar muss dies (wegen der damit verbundenen Probleme) mit aller Vorsicht behandelt werden, aber es scheint, als wäre ein intensives Annehmen der Kinder, die Ausrichtung der Welt an den kindlichen Bedürfnissen und die Unterstützung und Beantwortung der kindlichen Lebensäußerungen ohne (allzu) repressive Anteile die Bedingung dafür, dass sich die kindliche Psyche eigenständiger und reflexiver entwickelt. Die zweite Hauptfunktion der »Geburt der Eltern« wäre, so gesehen, die Ermöglichung von Sozialisationsprozessen, die möglichst nahe an der kindlichen Entwicklung orientiert sind. Mit den beschriebenen Veränderungen reagiert die Familie auf den umfassenden Prozess der funktionalen Differenzierung und »Verflüssigung« von Identität und Interaktion, passt sich ihm an und setzt ihn fort.

So gesehen ist die Intensivierung und Verlängerung der »Geburt der Eltern« vielleicht eine notwendige Voraussetzung und Konsequenz des gesellschaftlichen Bedarfs an interaktiver und psychosozialer Differenzierung. Sie bereitet Eltern und Kinder auf ein bewegtes Leben vor. Ohne eine ausführliche, subjektivierte »Geburt der Eltern« können auch die Kinder ihre »zweite (soziale) Geburt« nicht angemessen erleben.

Es scheint, als seien die Exposés in diesem Zusammenhang die passenden Vermittlungsleistungen. Sie ermöglichen eine eigenständige Thematisierung, verdichten das Thema kognitiv wie emotional und erlauben zugleich subjektive Formulierungen und Projektionen auf eine Weise, die dennoch nicht gesellschaftlich völlig gelöst und strukturlos ist. So können hinreichend differenzierte Exposés erheblich dazu beitragen, dass eine Realität, die Prästabilisierungen weitgehend aufgelöst bzw. verloren hat, zugleich beträchtliche Anforderungen stellt, Eltern-Kind-Beziehungen auf dem nötigen Niveau zu konstituieren. Sie bieten sowohl Eigenständigkeit als auch Sicherheit, emotionale und interaktive Orientierungen, ohne die erforderliche Flexibilität zu verlieren.

Exposés sind gewissermaßen der Transmissionsriemen zwischen einer komplexen Umwelt und einer komplexen Binnenstruktur der Familie; sie halten Distanz und Kontakt, verbinden und trennen, kurz: sind das

Medium der Interaktion in einer Welt, die fixierte Interaktionsformen in den Bereich funktionalisierter Zweckrationalität abgedrängt hat. Welche Bedeutung haben dabei nun die einzelnen Exposés? Zunächst ist allein die Tatsache, dass es mehrere gibt, ein wichtiger Aspekt. Denn dadurch besteht nicht nur eine »Wahlmöglichkeit«, sondern auch die Möglichkeit zur Abgrenzung der eigenen Wahl: Wenn ich mich für das traditionalistische Exposé entscheide, dann ist dies eine Entscheidung gegen das avantgardistische, die um so besser zu treffen ist, je deutlicher beide gegeneinander abgegrenzt sind. Wer sein Exposé gefunden hat, kann sich zugleich abgrenzen und gesellschaftlich platzieren, aber auch umgekehrt: wird gesellschaftlich zugeordnet. Die Exposés haben so nach beiden Seiten eine Selektions- und Stratifikationsfunktion.[19]

Unterschiedliche Exposés bieten also nicht nur Differenzen an, sie stabilisieren sie auch durch ihren Gegensatz (und erleichtern so die Festlegung). Auf der anderen Seite ist ein Spektrum von unterschiedlichen Exposés auch dazu geeignet, durch den Austausch in den Berührungspunkten dafür zu sorgen, dass die einzelnen Entwürfe korrigiert und modifiziert werden können. Wenn das moderne Exposé an einem Punkt scheitert, ist es zwar nicht ohne Probleme möglich, auf ein traditionalistisches umzusteigen, aber dieses liegt bereit, bietet Fläche zur Auseinandersetzung und kann einspringen, wo Bedarf besteht.

Allein die Differenzierung in verschiedene Exposés trägt daher wesentlich dazu bei, dass sie überhaupt ihre Funktion erfüllen kann. Dazu kommt die bereits erwähnte inhaltliche Bedeutung und Komplementarität. Das avantgardistische Exposé ist ein Treffpunkt für alle, deren Modernität nicht reicht, die in ihrem Lebensstil darüber hinausgehen (wollen) und in ihrer Lebensphilosophie einen Utopie-Überschuss (soweit sie die zu dessen Praktizierung nötigen Einstellungen) haben. Hier werden Modelle ausprobiert, was für die dies miterlebende Mehrheit sowohl anregend als auch abschreckend wirkt. Sie sieht, wohin (gemessen an ihren Vorstellungen) Abweichungen dieser Art führen, sieht aber auch, wo neue Orientierungsmöglichkeiten liegen und wie sie praktisch realisiert werden können. Dass die Avantgarde vorspielt, was für die Normalität schon bald zum Thema wird und damit sowohl vermittelnde als auch selektive Funktionen hat, ist nicht neu. Es braucht hier nur noch einmal an die sogenannte »anti-autoritäre Bewegung« erinnert zu werden.[20] Es ist heute kaum mehr vorstellbar, was für ein Aufsehen Ende der Sechziger Jahre Vorstellungen erregten, die heute für die Mehrheit längst kein Reizthema mehr sind.[21] Dass Kinder möglichst viel Bewegungsraum brauchen, dass man Kinder essen und schlafen lässt, wann sie es brauchen, dass ihre sexuellen Interessen nicht gehemmt werden dürfen – alles dies ist heute weitgehend akzeptiert. Seinerzeit waren Thesen dieser Art eine Provokation. Dies lag freilich auch an der exzentrischen Art und Weise, wie die »anti-autoritäre Bewegung« ihre Themen präsentierte. Sie provozierte Abwendungen, wo sie mangels näherer Kenntnisse und aus der abstrakten Negation des Bestehenden heraus vieles übertrieb oder irrational überbetonte. Dadurch verhinderte sie zugleich, dass sich die Normalität zu stark auf die von ihr angebotenen Neuerungen einließ (und ermöglichte ihr ein moderates Lerntempo).

Das traditionalistische Exposé ist, wenn man so will, das Gegengewicht. Hier wird Modernisierung abgebremst und in altbewährte Praktiken eingebettet, d. h. vor allem auch: handhabbar für Gruppen, deren Unter- oder Überprivilegierung keinen Gleichschritt mit der allgemeinen Tendenz zur Modernisierung erlaubt. Es bietet zugleich einen Rückzugspunkt immer dort, wo die Modernität sich selbst überfordert oder überfordert ist, steht, als entlastendes, Komplexität reduzierendes Muster bereit, wenn die Modernisierungskosten zu hoch werden.

Exposés sind, so gesehen, nicht nur ein »Angebot« für unterschiedliche Lebensstile in einer Gesellschaft, in der traditionelle Formen der Sozialordnung zunehmend verblassen. Sie erleichtern die individuelle »Sinnproduktion«, wo traditionelle metaphysische Systeme außer Kraft gesetzt oder zu abstrakt sind und Sinn ein individuelles Thema geworden ist. Als Modus der Steuerung und Vermittlung entsprechen sie den gesellschaftlichen Entwicklungstendenzen: Die »Verdopplung« gesellschaftlicher Realität durch reflexive Prozesse wird in den Exposés ebenso gespiegelt bzw. aufgefangen wie flexiblere Formen der Determination. Sie erlauben Kontrolle und Stabilisierung nach beiden Seiten und vermeiden dadurch zu viel und zu wenig Struktur. Damit dies alles nicht zu sehr nach perfekter Planung klingt, sei noch einmal daran erinnert, dass diese Entwicklung mit Kosten verbunden ist, mit ständig zu erbringenden und mit eventuell auftretenden.

Die mit alledem untrennbar verbundene Lockerung und Öffnung, die Kontingenz von Beziehung und emotionale Aufladung/Differenzierung, die das notwendige Pendant von Subjektivierungsprozessen sind, bedeuten, dass die Eltern-Kind-Beziehung exponiert wird. Sie ist stärker anfällig für Störungen, sie braucht mehr Absicherung, steht in stärkerem Gegensatz zu anderen Teilsystemen. Es wird also sowohl mehr Fähigkeit zur internen wie zur externen Balancierung notwendig.

Wie sich die Dinge längerfristig entwickeln werden, ist kaum vorhersehbar. Denkbar ist, dass unter ungünstigen Umständen die negativen Konsequenzen sich akkumulieren: Der hohe Aufwand für Kinder führt dazu, dass sich immer weniger der (mittlerweile selbst unter dem Vorzeichen intensiver narzisstischer Zuwendung sozialisierten) Erwachsenen sich entschließen können, sich, vor die Wahl gestellt, dazu entscheiden, ein Stück weit aus beruflicher Laufbahn und Konsumbetrieb auszusteigen; die Anfälligkeit und regressive Tendenz narzisstischer Objektbeziehungen führt dazu, dass sie mangels Absicherung und »Stehvermögen« frühzeitig umkippen, Eltern ziehen sich innerlich zurück und Kinder werden vorzeitig »losgelassen«, was die Tendenz zu entsprechenden psychosozialen Schaden (Störung der Beziehungsfähigkeit, Egozentrik, Strukturdefizite etc.) verschärft. Die überspezialisierten Eltern-Kind-Beziehungen sind nicht mehr mit den übrigen Systemimperativen kompatibel, der Spagat zwischen Elternschaft und Berufsleben nimmt extreme Ausmaße an, die Isolation der Elternschaft von anderen Systemzusammenhängen führt zu Isolationsschäden. Die Familie als Primärgruppe löst sich in temporäre und distanzierte Kontaktformen auf. Dies wäre ein Exposé für einen demografischen Schrumpfungsprozess, vielleicht sogar das Abdanken einer Subgruppe vom homo sapiens, die mit ihren luxurierenden und differenzierten Lebensbedingungen nicht mehr zurechtkommt.

Das Gegenbild wären Eltern, die »aktive Elternschaft« (Beck-Gernsheim 1980, Schneewind 1983) als angemessene Bewältigungsstrategie entwickeln, die diesen Aufwand positiv besetzen können, die die notwendigen symbiotischen Fähigkeiten aufbringen und weiterentwickeln. So gesehen ist Elternschaft eine Chance zur Persönlichkeitsentwicklung. Auch Kinder können davon optimal profitieren, in ihrer Entwicklung die psychische Differenzierung und Flexibilität erfahren, mit der sie den Anforderungen der Industriekultur gewachsen sind. Dann wäre die Modernisierung der Eltern-Kind-Beziehung ein Medium der »Gegenwehr« gegen Extrementwicklungen der einseitigen Produktivitäts- und

Zweckrationalitätsorientierung, der Ansatz zu einem psychosozialen Gegenmilieu, das die Leistungen der industriellen Gesellschaft erst ins richtige Lot bringt.

Wir stehen erst am Anfang einer Entwicklung. Was sich in den letzten Generationen abgespielt hat, ist beispiellos in der Geschichte der Eltern-Kind-Beziehung. Das hohe Tempo dieser Umwälzungen und die zwangsläufige Ungleichzeitigkeit und Unausgeglichenheit dessen, was sich abspielt, verhindern, dass die möglichen Alternativen klar abgeschätzt werden können (und verhindern auch, dass die bestehenden Probleme und Möglichkeiten ruhig und sicher beurteilt werden). Es könnte sein, dass die Differenzierung nach verschiedenen Exposés eine Übergangsphase ist, in der einerseits neue Modelle von kleinen Gruppen ausprobiert werden, andererseits eine vorsichtige Lösung von Traditionen als Möglichkeit erhalten bleibt, damit die Überforderung nicht zu große Ausmaße annimmt. Vorstellbar wäre, dass, wenn die Entwicklung stabilisiert ist, die Differenzierung nach Subkulturen weniger Abstand und mehr Austausch einschließt, dass zugleich die Wahl der Exposés reflexiver und besser auf die Lebenssituation abgestimmt erfolgt. Wahrscheinlich ist jedoch, dass der Trend zur Modernisierung sich fortsetzt und verstärkt, zugleich jedoch im Prozess der Weiterentwicklung auch in seinen »ungekonnten« Ausprägungen relativiert und umstrukturiert wird. Das würde beispielsweise bedeuten, dass das Übermaß an Idealisierungen, die Schwierigkeiten mit triebhaftem Verhalten der Kinder etc. abgebaut und/oder subkulturell aufgefangen würden. Denkbar ist dabei auch, dass Familienstrukturen noch weiter flexibilisiert (d. h. herkömmliche Rollenverteilungen aufgegeben werden, ohne dass sich zwangsläufig Positionsdiffusion breit macht) und gleichzeitig die Integration der Familie in neue Nahweltstrukturen zunimmt.

Eine wichtige Rolle spielt dabei die Frage, inwieweit der Abbau traditioneller Modi der Bindung und Stabilisierung kompensiert werden kann, d. h. ob öffentliche und private Institutionen, Dienstleistungsangebote, Selbsthilfeeinrichtungen (vgl. zu den Erfahrungen in den USA: Otto 1970) imstande sind, ein »kinder- und elternfreundliches« Milieu zu entwickeln. Es geht dabei vor allem um die Frage, ob es gelingt, möglichst viel Nähe auf der Basis von Distanz, möglichst viel Differenz auf der Basis von Nähe zuzulassen, ohne dass dabei zuviel Struktur verloren geht und zuviel bzw. die falschen Festlegungen wirksam werden. Bedeutsam sind dabei nicht zuletzt die im weitesten Sinn »familienpolitisch« relevanten Themenbereiche:

– Bleibt Emanzipation auf halbem Wege stecken (und mündet in unabgestimmte, ungekonnte Disparität von Identitätsmustern) oder gelingt es, »equality« und »equity« in einem Maße zu realisieren, dass die Auflösung herkömmlicher Geschlechtsrollen und Arbeitsteilungen durch neue, produktive Beziehungsmuster abgelöst wird?

– Können sich die Familienexposés, die Exposés von Primärkontakten überhaupt, so weit(er) entwickeln, dass sie ihre Leitfunktion ebenso wie ihre Subjektivierungsleistung produktiv erbringen können? Gelingt die »Modernisierung« symbiotischer Beziehung mit hinreichender Reflexivität, aber auch hinreichendem inneren und äußeren Halt?

– Wird sich das Verhältnis von Berufswelt und Familienleben so ändern, dass Berufstätigkeit mit Kindern und Paarbeziehungen vereinbar ist (und das Familienleben die Anforderungen der Berufswelt aufnehmen und integrieren kann)? Werden die normativen und praktischen Imperative von Arbeit und Beziehungen kompatibel oder driften sie weiter auseinander?

Dies sind (auch) Fragen von unmittelbar politischer Bedeutung: Es kommt darauf an, den Zerfall traditioneller »Abstimmungen« zwischen Lebenswelt und Kindern, zwischen Berufstätigkeit und Familienleben aufzufangen bzw. auf einem neuen Niveau neue Formen der Abstimmung und Integration zu entwickeln: Mehr »verkehrsberuhigte Zonen«, mehr Möglichkeiten zur Halbtagsarbeit, weniger finanzielle Bestrafung von Familien sind Schritte in die richtige Richtung; der Weg ist sicher noch weit. Es handelt sich jedoch auch um allgemeine Fragen der gesellschaftlichen Entwicklung. In der Ambivalenz der modernen Eltern-Kind-Beziehungen spiegelt sich deren Widersprüchlichkeit. Die angedeuteten Chancen und Risiken sind (auch) ein Ausdruck des gegenwärtigen Konfliktprofils gesellschaftlicher Modernisierung: es geht um interne wie externe »sozio-ökologische Balance« – nicht nur um die Vermeidung der zweifellos »kinderfeindlichen« Katastrophen militärischer, politischer, ökologischer Art, sondern auch darum, gesellschaftliche Entwicklung so zu beeinflussen, dass funktionale Differenzierung nicht die Grundlagen von Identitätsbalance und Beziehungsfähigkeit zerstört, dass Expansion und Disparität nicht auf Kosten von Integration und Stabilität gehen.

Zweifellos ist die Sache noch nicht entschieden. Auch die Zukunft wird noch dramatisch und anstrengend – vor allem, wenn man (was dieser Text ausgespart hat) die Thematik als globales Problem betrachtet. Auf alle Fälle wird die »Geburt der Eltern« nicht nur ein wichtiger Indikator, sondern auch ein wesentliches Medium der weiteren Entwicklung sein. Es lohnt sich, hier für mehr Verständnis und Unterstützung zu sorgen.

Anmerkungen

1 Begrifflich ist das Verhältnis von »Folgen« und »Funktionen« schwierig (vgl. Luhmann 1968). Hier wird pragmatisch unter »Folgen« verstanden, was sich praktisch an Veränderungen ergibt, während »Funktionen« den Sinnzusammenhang, in dem diese Veränderungen zu sehen sind, bezeichnen sollen.

2 Naturgemäß wird eine Zeitschrift wie »Der Stern« keine moderaten, unauffälligen, ausgewogenen Äußerungen veröffentlichen. Unter dem reißerischen Titel »Kinder – nein danke« werden Positionen präsentiert, die provozieren und auffallen sollen (und wollen). Dennoch handelt es sich – mit Abstrichen – um eine gesellschaftlich relevante Tendenz (vgl. auch weiter oben).

3 So einfach ist die Bilanz allerdings nicht; natürlich nicht. Ob Erwachsene oder Kinder tatsächlich gesünder und glücklicher leben, müsste erst genauer untersucht werden. Vielleicht haben Eltern es auch nicht nötig, sich so positiv darzustellen. Außerdem fehlt in dieser Aufzählung der von Beck-Gernsheim (1990), Schneewind (1983) und vielen avantgardistischen und modernen Autoren/Autorinnen reklamierte Zuwachs an Persönlichkeit durch die Erfahrungen mit Kindern. Dennoch fällt der Vergleich prima vista gegen Kinder aus.

4 Die empirischen Befunde zeigen, dass Einzelkinder im Durchschnitt intelligenter und erfolgreicher sind (legt man herkömmliche Tests und beruflichen Aufstieg als Kriterium zugrunde) (vgl. Beck-Gernsheim 1980, Schneewind 1983).

5 Insofern sind konservative Befürchtungen über die fatalen Folgen des Autoritätsverlusts der Eltern gerechtfertigt. Sie sehen jedoch dieZu-

sammenhänge verzerrt und setzen auf ein Autoritätsmodell, welches gesellschaftlich immer mehr Kraft und Funktion verliert. Dadurch sind auch die einschlägigen Ideen (etwa der Rückkehr zu – angeblich – besseren Zeiten und Verhältnissen) häufig naiv und/oder hohl.

6 Falls die Familie je eine autarke soziale Einheit gewesen sein sollte, kann dies auf alle Fälle in einer interaktiv und kommunikativ so dynamisierten Welt kaum aufrecht erhalten bleiben.

7 Es versteht sich von selbst, dass dies nicht per se fatal sein müsste. Bekanntlich sind Geld und Glück nicht identisch. Außerdem ist die Teilnahme an so mancher gesellschaftlichen Veranstaltung weder Eltern noch Kindern bekömmlich.

8 »Vergnügen« heißt hier vor allem: unentwegter Konsum von »fastfood« und Süßigkeiten sowie permanente »thrills«, d. h. exzentrische und intensive/überwältigende Reize. »Vergnügen« ergibt sich dann aus Erschöpfung und Reizüberflutung bzw. Überfütterung. Die Fähigkeit, sich zu vergnügen, wird dadurch eher beeinträchtigt (vgl. Imbeck 1986).

9 Ariès kritisiert bekanntlich, dass Kinder von den wesentlichen Vollzügen des Erwachsenenlebens ferngehalten und statt dessen in ein Kindheits-Getto eingesperrt werden. Postman (1983) hat lebhaft gegen die Tendenzen der Aufhebung der Trennung polemisiert. In der Tat ist es fraglich, ob die unvermittelte Teilhabe der Kinder an der Normalrealität der Industriekultur für sie bekömmlich ist. Unabhängig davon stellt sich allerdings die Frage, inwieweit »Vergnügungsparks« ein Sondermilieu sind oder gerade die volle »Normalität« darstellen...

10 Genauer gesagt: die für Industriegesellschaften typische Eltern-Kind-Beziehung. Selbstverständlich entfalten auch in anderen Kulturen Eltern-Kind-Beziehungen eine spezifische Eigendynamik. Die strukturell angelegten Möglichkeiten brauchen jedoch ein bestimmtes Maß an Entwicklungsniveau und Differenzierung des kulturellen Musters, um zur Geltung kommen zu können. Vorher bleiben sie zugedeckt und unterentwickelt.

11 Vgl. dazu z. B. die konfigurationstheoretischen Überlegungen von Elias (1970).

12 Dieses »Reagieren« ist selbstverständlich nicht als intentionale »Handlung«, sondern als abstrakter Struktureffekt zu verstehen (vgl. dazu auch Luhmann 1968).

13 Vgl. dazu die diffizilen methodischen und theoretischen Probleme, die in der Sozialisationsliteratur behandelt werden (müssen), z. B. in Hurrelmann/Ulich (1980).

14 Ein plastisches Beispiel dafür ist die Diskussion über »Jugend«. Viele Befunde widersprechen sich ganz direkt, andere werden dagegen ganz verschieden interpretiert. Ob »die Jugend« angepasst oder rebellisch, egozentrisch oder engagiert ist, ist oft eine Frage des Blickwinkels (vgl. zur Kritik Hornstein 1982). Und ob die ganze Entwicklung bedenklich (Lübbe 1974) oder positiv (Wirth 1984) ist, hängt stark von der Beleuchtung ab. Hier drängt sich die Vermutung auf, dass empirische wie theoretische Instrumentarien der Komplexität der Situation (noch) nicht angemessen sind.

15 Vgl. dazu die Übersicht in: Hurrelmann/Ulich (1980).

16 Etwa in den breit angelegten Spekulationen von Riesman (1970), Fromm (1966), Mitscherlich (1963), Lasch (1980), Skinner (1972).

17 Meads dialektisch angelegtes Persönlichkeitsmodell bietet bisher in dieser Hinsicht zu wenig Differenzierungsmöglichkeiten. Eine engere Kooperation von Interaktionismus und Psychoanalyse (vgl. Busch 1985) könnte hier weiterhelfen.

18 Die andere Seite dieser Entwicklung skizziert Luhmann: »Es wäre nicht undenkbar, dass das rasche Anwachsen der Routine in immer wichtigeren Situationen einen Menschentyp erfordert, der nicht darauf angewiesen ist, sich selbst laufend in elementaren Kontakten darzustellen (...) Er muss seine expressiven Bedürfnisse vertagen lernen, um sie sodann in speziell dafür eingerichteten Situationen rasch und wirksam zu befriedigen. Er muss daher seine Selbstachtung an generalisierte Maßstäbe finden: an Wert mit Fernwirkungen, an formalen Status, Geldsummen, Publicity, Erfolgsziffern oder Kontaktmengen, über die ihm mit Hilfe anderer Organisationen soziale Unterstützung zugeführt wird. Er muss zur Selbstabstraktion fähig werden, durch die er auf die Rationalisierung des sozialen Systems parieren kann« (Luhmann 1971, S. 138). Was Luhmann hier ausschließlich von den Erfordernissen (eines bestimmten Typs) gesellschaftlicher Rationalisierung sieht, gehört zweifellos zu den strukturellen Systemzwängen, die auch die hier diskutierte Modernisierung kennzeichnen. Was allerdings fehlt, ist ein Subjektbegriff, der die Aneignung und Relativierung dieser Tendenzen (wie sie ebenfalls zur Modernität gehört) denken ließe.

19 Zur Veränderung von Stratifizierung und den damit zusammenhängenden Verschiebungen von sozialen Risiken vgl. Beck (1983).

20 Bemerkenswerterweise fehlt bisher eine angemessene sozialgeschichtliche Beschreibung dieser Bewegung. Aus heutiger Sicht wird bei Durchsicht der einschlägigen Kampfschriften deutlich, dass hier eine kleine Gruppe Vor-Arbeiten für gesamtgesellschaftliche Entwicklung geleistet hat, auch wenn sie selbst dabei allzu oft den immanenten Risiken des Sektierertums und der Radikalisierung unterlagen und dadurch an innerer Stabilität wie äußerer Wirkung einbüßten. Ein Beispiel dafür ist die Diskussion um die sogenannte anti-autoritäre Erziehung (z. B. Saß 1972).

21 Daran ändern auch verschiedentlich propagierte und praktizierte »Wenden« nichts. Verglichen mit dem verlorenen Terrain traditioneller Muster ist das, was dabei zurückerobert bzw. resituiert wird, bescheiden (und meist auch wenig haltbar, weil bereits strukturell relativiert).

Literatur

Aberle, D. F. & Naegele, K. D. (1963): Middle-Class father's Occupational Role and Attitudes toward Children. In: Olson, P. (Hg.) (1963).

Adorno, Th. W. et al. (1969): Der Positivismusstreit in der deutschen Soziologie. Neuwied: Luchterhand.

Alt, J. (1983): Vorbereitungskurse für Mann und Frau. In: Bullinger, H. (1983).

Ariès, P. (1975): Geschichte der Kindheit. München/Wien.

Ayck, Th. & Stollen, I. (1978): Kinderlos aus Verantwortung. Reinbek: Rowohlt.

Baby-Lexikon: siehe Leiber, B. & Schlack, H. (1975).

Badinter, E. (1981): Die Mutterliebe. Geschichte eines Gefühls vom 17. Jahrhundert bis heute. München: Deutscher Taschenbuchverlag.

Baethge, M. (1985): Individualisierung als Hoffnung und Verhängnis. In: Soziale Welt, 3, S. 299–312.

Baethge, M. et al. (1983): Jugend und Krise – Krise aktueller Jugend-Forschung. Frankfurt/M.: Campus.

Bateson, G. (1981): Ökologie des Geistes. Frankfurt/M.: Suhrkamp.

Beck, J. & Weigert, V. (1982): Erlebnis Geburt. München: Biederstein.

Beck, U. (1983): Jenseits von Stand und Klasse? Soziale Ungleichheit, gesellschaftliche Individualisierungsprozesse und die Entstehung neuer sozialer Formationen und Identitäten. In: Soziale Welt, Sonderband 2, S. 25–74.

Beck-Gernsheim, E. (1980): Auswirkungen des Geburtenrückgangs auf familiale Lebensverhältnisse und Persönlichkeitsentwicklung. In: Bundesminister für Jugend, Familie und Gesundheit (Hg.) (1980).

Belsky, J. (1979): The Interrelation of Parental and Spousal Behavior During Infancy in Traditional Nuclear Families: An Explanation Analysis. In: Journal of Marriage and the Family 41, S. 749–755.

Belsky, J.; Spanier, G. B. & Rovine, M. (1983): Stability and Change in Marriage Across the Transition to Prenthood. In: Journal of Marriage and the Family 45, S. 567–577.

Bernard, Ch. & Schlaffer, E. (1980): Der Mann auf der Straße – über das merkwürdige Verhalten von Männern in ganz alltäglichen Situationen. Reinbek: Rowohlt.

Benedek, Th. (1966): Elternschaft als Entwicklungsphase. In: Jahrbuch der Psychoanalyse 1, S. 35–61.

Berne, E. (1974): Spiele für Erwachsene. Reinbek: Rowohlt.

Bettelheim, B. (1980): Kinder brauchen Märchen. München: Deutscher Taschenbuchverlag.

Blum, B. L. (Hg.) (1980): Psychological Aspects of Pregnancy, Birthing and Bonding. New York: Human Sciences Press.

Bornemann, E. (1975): Das Patriarchat. Frankfurt/M.: Fischer Taschenbuchverlag.

Braun, W. (1982): Zeit fürs Vatersein. Über Diskriminierungen im Beruf. Von Schwierigkeiten, festgefügte Vater- und Mutterrollen zu verändern. In: Gerspach, M. & Hafeneger, B. (Hg.) (1982).

Braunmühl, E. von (1978): Zeit für Kinder. Frankfurt/M.: Fischer Taschenbuch-verlag.

Bräutigam, H.-H. (1980): Fortschritt nach rückwärts? In: Der Spiegel 31/1980, S. 138–139.

Bronfenbrenner, U. (1957): Socialisation and Social Class through Time and Space. In: Newcomb, Th. & Hartley, E. (Hg.): Social Psychology. New York: The Dryden Press.

Brown, M. (1964): Organizational Programs to Strenghten the Family. In: Christensen, H. T. (Hg.) (1964).

Brüderl, L. (1982): Formen der Bewältigung des Übergangs zur Elternschaft. Unveröffentlichte Diplomarbeit. Universität Gießen.

Brunner, O. (1956): Neue Wege der Sozialgeschichte. Göttingen: Vandenhoeck & Ruprecht.

Bullinger, H. (1983): Wenn Männer Väter werden. Reinbek: Rowohlt.

Bundesminister für Jugend, Familie und Gesundheit (1980) (Hg.): Bevölkerungs-entwicklung und nachwachsende Generation. Stuttgart: Kohlhammer.

Burgess, E. W. & Locke, H. J. (1945): The Family from Institution to Compa-nionship. New York: American Book Company.

Busch, H. J. (1985): Interaktion und innere Natur. Sozialisationstheoretische Refle-xionen. Frankfurt/M.: Campus.

Chesler, Ph. (1980): Mutter werden. Reinbek: Rowohlt.

Christensen, H. T. (1964) (Hg.): Handbook of Marriage and the Family. Chicago: Rand McNally.

Christensen, H. T. (1964): Development of the Family Field of Study. In: Christensen, H. T. (Hg.) (1964).

Claessens, D. (1968): Instinkt, Psyche, Geltung. Opladen: Westdeutscher Verlag.

Cooley, Ch. H. (1902): Social Organizations. Glencoe: The Free Press.

Cuber, J. F. (1970): Alternative Models from the Perspectives of Sociology. In: Otto, H. A. (1970) (Hg.).

Dahrendorf, R. (1968): Die angewandte Aufklärung. Frankfurt/M.: Fischer.

Davis, A. & Havighurst, R. J. (1948): Social Class and Color Differences in Child Rearing. In: Kluckhohn, C. & Murray, H. A. (Hg.) (1948).

Dessai, E. (1979): Auf dem Weg in die kinderlose Gesellschaft. Reinbek: Rowohlt.

Deutsch, H. (1945): The Psychology of Woman, Vol. 1 u. 2. New York: Grune & Stratten.

Devereux, G. (1967): Angst und Methode in den Verhaltenswissenschaften. München: Hanser.

Dick-Read, G. (1977): Mutter werden ohne Schmerz. Hamburg: Hoffmann & Campe.

Doering, S. G. et al. (1980): Modeling the Quality of Woman's Birth Experience. In: Journal of Health and Social Behavior 21, S. 12–21.

Dornes, M. (1993): Der kompetente Säugling. Die präverbale Entwicklung des Menschen. Frankfurt: Fischer.

Dornes, M. (1997): Die frühe Kindheit. Entwicklungspsychologie der ersten Lebensjahre. Frankfurt: Fischer.

Elias, N. (1970): Was ist Soziologie? München: Juventa.

Enders, U. (1986): Kinder, Küche, Kombinat – Frauen in der DDR. In: Aus Politik und Zeitgeschehen 6–7/1986.

Engels, F. (1892): Die Lage der arbeitenden Klasse in England. Stuttgart: Dietz.

Enzyklopädisches Handbuch der Pädagogik. Langensalza 1908.

Erikson, E. H. (1973): Identität und Lebenszyklus. Frankfurt/M.: Suhrkamp.

Fasel, Ch. (1988): Alles im Griff? Von wegen. In: Eltern 1/1988.

Feldberg, R. L. & Nakano Glenn, E. (1979): Male and Female. Jobs vs. Gender. Models in the Sociology of Work. In: Social Problems 26, S. 524–538.

Fishman, P. M. (1978): Interaction: The Work Woman Do. In: Social Problems 25, S. 397–406.

Fornari, F. (1970): Psychoanalyse des ersten Lebensjahres. Frankfurt/M.: Fischer.

Fromm, E. (1966): Die Furcht vor der Freiheit. Frankfurt/M.: Ullstein.

Fthenakis, W. (1985): Väter, Bd. 1. München: Urban & Schwarzenberg.

Gabbert, K. (1982): Warum ich kein Vater bin. In: Gerspach, M. & Hafeneger, B. (Hg.) (1982).

Gaunt, D. (1982): Formen der Altersvorsorgung in Bauernfamilien Nord- und Mitteleuropas. In: Mitterauer & Sieder (Hg.) (1982).

Gavron, H. (1966): The Captive Wife. London: Penguin.

Gehlen, A. (1972): Urmensch und Spätkultur. Frankfurt/M.: Athenäum-Verlag.

Gerspach, M. & Hafeneger, B. (1982) (Hg.): Das Väterbuch. Frankfurt/M.: Jugend & Politik.

Gloger-Tippelt, G. (1985): Der Übergang zur Elternschaft: Eine entwicklungspsychologische Analyse. In: Zeitschrift für Entwicklungspsychologie und Pädagogische Psychologie 1, S. 53–92.

Goffmann, Erving (1969): Wir alle spielen Theater. München: Piper.

Goldberg, Herb (1979): Der verunsicherte Mann. Wege zu einer neuen Identität aus psychotherapeutischer Sicht. Reinbek: Rowohlt.

Goslin, D. A. (Hg.) (1969): Handbook of Socialization Theory and Research. New York: Rand McNally.

Grossman, F. K.; Eichler, L. S. & Winickhoff, S. A. (1980): Pregnancy, Birth and Childhood. San Francisco: Jossey-Bass.

Habermas, J. (1963): Strukturwandel der Öffentlichkeit. Darmstadt: Luchterhand.

Habermas, J. (1981): Theorie des kommunikativen Handelns. Frankfurt/M.: Suhrkamp.

Hafeneger, B. (1982): Der Teilzeitvater. In: Gerspach, M. & Hafeneger, B. (Hg.) (1982).

Handel, G. (Hg.) (1967): The Psychosocial Interior of the Family. Chicago: Aldine.

Heide, Ch. (1981): Kind in Deutschland: Eine traurige Bilanz. Hamburg: Gruner & Jahr.

Hellbrügge, Th. (1984): Das sollten Eltern heute wissen. Frankfurt/M.: Fischer Taschenbuchverlag.

Herkenrath, Ch. (1981): Hausgeburt und Krankenhausgeburt. In: Seck-Aghte, M. & Maiwurm, B. (1981) (Hg.).

Herleth, Alois (1982): Familiale Erziehung und sozialpolitische Intervention. In: Kaufmann, F. X. (Hg.) (1982).

Hess, R. D. & Handel, G. (1967): The Family as a Psychological Organization. In: Handel, G. (Hg.) (1967).

Hill, R. (1958): Sociology of Marriage and Family Behavior. In: Current Sociology 1.

Hill, R. (1971): Modern System Theory and the Family: A Confrontation. In: Social Science Information 10, S. 7–26.

Hill, R. & Rodgers, R. H. (1964): The Development Approach. In: Christensen, H. T. (Hg.) (1964).

Hinkle, R. L. & Hinkle, G. N. (1960): Die Entwicklung der amerikanischen Soziologie. München: Verlag für Geschichte und Politik.

Hock, E.; Gnezda, M. Th. & McBride, S. L. (1984): Mothers of Infants: Attitudes Toward Employment and Motherhood Following Birth of the First Child. In: Journal of Marriage and the Family 46, S. 425–431.

Hoffmann, J. (1954): Die »Hausväterliteratur und die Predigten über den christlichen Hausstand«. Ein Beitrag zur Geschichte der Lehre vom Hause und der Bildung für das häusliche Leben. Dissertation. Universtität Göttingen.

Hoffman-Steffensmeier, R. (1982): A Role Model of the Transition to Parenthood. In: Journal of Marriage and the Family 44, S. 319–334.

Horkheimer, M. (Hg.) (1936): Studien über Autorität und Familie. Paris: Felix Alcan.

Horn, K. (Hg.) (1972): Gruppendynamik und der »subjektive Faktor«. Frankfurt/M.: Suhrkamp.

Horn, K. (1983): Das Kind zwischen Liebe und Gewalt. In: Pernhaupt, G. (Hg.) (1983).

Hornstein, W. (1982): Jugendprobleme, Jugendforschung und politisches Handeln. In: Aus Politik und Zeitgeschehen 3.

Hubbard, W. H. (1983): Familiengeschichte. Materialien zur deutschen Familiengeschichte seit dem Ende des 18. Jahrhunderts. München: Beck.

Hunt, J. G./Hunt, L. L.: Dilemmas and Contradictions of Status: The Case of the Dual-Career-Family. In: Social Problems 24, S. 407–416.

Hurrelmann, K. & Ulich, D. (Hg.) (1982): Handbuch der Sozialisationsforschung. Weinheim: Beltz.

Imbeck, K. (1986): Mensch, Tiere, Frustrationen. Freizeitparks in Deutschland. In: Geo 8/1986.

Inglehart, R. (1977): The Silent Revolution. Princeton: Princeton University Press.

Jacoby, A. P. (1969): Transistion to Parenthood: A Reassesment. In: Journal of Marriage and the Family 45, S. 720–727.

Jokisch, R. (1982): Mann-Sein. Identitätskrise und Rollenfindung des Mannes in der heutigen Zeit. Reinbek: Rowohlt.

Jourard, S. M. (1970): Reinventing Marriage: The Perspective of a Psychologist. In: Otto, H. A. (Hg.) (1970).

Kaufmann, F. X. (1982): Elemente einer soziologischen Theorie sozialpolitischer Intervention. In: Kaufmann, F. X. (Hg.) (1982).

Kaufmann, F. X. (Hg.) (1982): Staatliche Sozialpolitik und Familie. München: Oldenbourg.

Kay, E. (1903): Das Jahrhundert des Kindes. Berlin: Fischer.

Kerckhoff, R. K.: Family Life Education in America. In: Christensen, H. T. (Hg.) (1964).

Klaus, M. (Hg.) (1982): Nachwehen. Frauen und Männer mit Kindern. Verständigungstexte. Frankfurt/M.: Suhrkamp.

Kleining, G. (1975): Soziale Mobilität in der BRD. Teil 1 und 2. In: Kölner Zeitschrift für Soziologie und Sozialpsychologie 27, S. 97–121 sowie S. 273–292.

Kluckhohn, C. & Murray, H. A. (Hg.) (1948): Personality in Nature, Society, and Culture. New York: Knopf.

Kohlberg, L. (1977): Zur kognitiven Entwicklung des Kindes. Frankfurt/M.: Suhrkamp.

Kohlhagen, Norgard et al., 1986: Kinder – nein danke! In: Der Stern 30/1986, 46–52.

Komarovsky, M. & Waller, W.: Studies of the Family. In: American Journal of Sociology 50, S. 443–451.

König, R. (1972): Materialien zur Soziologie der Familie. Köln: Kiepenheuer & Witsch.

Körner, W. (1979): Meine Frau ist gegangen. Verlassene Männer erzählen. Frankfurt/M.: Fischer.

Körner, W. (1981): Noch mal von vorn anfangen. Männer erzählen, wie sie ihr Leben veränderten. Frankfurt/M.: Fischer.

LaRossa, R. (1983): The Transition to Parenthood and the Social Reality of Time. In: Journal of Marriage and the Family 45, S. 579–589.

LaRossa, R. & Mulligan-LaRossa, M. (1981): Transition to Parenthood. London: Sage.

Lasch, Ch. (1980): Das Zeitalter des Narzissmus. München: Bertelsmann.

Laslett, B. (1977): Family Membership, Past and Present. In: Social Problems 25, S. 476–490.

Laslett, P. (Hg.) (1972): Household and Family in Past Time. Cambridge: University Press.

Laslett, P. (1977): Family Life and Illicit Love in Earlier Generations. Cambridge: University Press.

Lee, W. R. (1977): Population Growth, Economic Development and Social Change in Bavaria 1750–1850. New York: Arno Press.

Leiber, B. & Schlack, H. (1969): Baby-Lexikon für Mütter. Stuttgart: Thieme.

LeMasters, E. E. (1957): Parenthood as Crisis. In: Marriage and Family Living 19, S. 352–355.

Levett, C. (1970): A Parental Presence in Future Family Models. In: Otto, H. A. (Hg.) (1970).

Lévi-Strauss, C. (1970): Strukturale Anthropologie. Frankfurt/M.: Suhrkamp.

Liedloff, J. (1980): Auf der Suche nach dem verlorenen Glück. Gegen die Zerstörung unserer Glücksfähigkeit in der frühen Kindheit. München: Beck.

Lorber, J. (1975): Beyond Equality of the Sexes: The Question of the Children. In: The Family Coordinator, Okt. 1975, S. 465–472.

Lorenzer, A. (1974): Die Wahrheit der psychoanalytischen Erkenntnis. Frankfurt/M.: Suhrkamp.

Lübbe, H. (1974): Legitimationsprobschwäche und Jugendbewegung. In: Merkur 483/1974.

Luhmann, N. (1968): Zweckbegriff und Systemrationalität. Tübingen: Mohr.

Luhmann, N. (1971): Politische Planung. Opladen: Westdeutscher Verlag.

Maccoby, E. & Gibbs, P. (1954): Methods of Child Rearing in Two Social Classes. In: Martin, W. E. & Stendler, C. B. (Hg.) (1954).

Macklin, E. D. (1980): Nontraditional Family Forms: A Decade of Research. In: Journal of Marriage and the Family 42, S. 905–922.

Mahler, M. S. (1972): Symbiose und Individuation. Stuttgart: Klett-Cotta.

Martin, W. E. & Stendler, C. B. (Hg.) (1954): Readings in Child Development. New York: Hartcourt, Brace & Co.

Mause, L. de (Hg.) (1982): Hört ihr die Kinder weinen. Frankfurt/M.: Suhrkamp.

Mertens, W. (1975): Sozialpsychologie des Experiments. Hamburg: Hoffmann & Campe.

Meißner-Johannknecht, D. (1982): Erfahrungen mit Kindern. In: Klaus, M. (1982).

Miller, B. C. & Sollie, D. L. (1980): Normal Stresses During the Transition to Parenthood. In: Family Relations 29, S. 459–465.

Miller, D. & Swanson, G. (1963): The Family and Bureaucracy. In: Olson, P. (Hg.) (1963).

Mitscherlich, A. (1963): Auf dem Weg zur vaterlosen Gesellschaft. München: Piper.

Mitterauer, M. (1978): Der Mythos von der vorindustriellen Großfamilie. In: Rosenbaum, H. (Hg.) (1978).

Mitterauer, M. & Sieder, R. (Hg.) (1982): Historische Familienforschung. Frankfurt/M.: Suhrkamp.

Mühlfeld, C. (1982): Ehe und Familie. Opladen: Westdeutscher Verlag.

Neidhardt, F. (Hg.) (1975): Frühkindliche Sozialisation. Stuttgart: Enke.

Odent, M. (1976): Die sanfte Geburt. München: Kösel.

Oerter, R. & Montada, L. (Hg.) (1995): Entwicklungspsychologie. Weinheim: PVU/Beltz.

Olbrich, E. & Brüderl, L. (1995): Frühes Erwachsenenalter: Partnerwahl, Partnerschaft und Übergang zur Elternschaft. In: Oerter, R. & Montada, L. (Hg.) (1995).

Olson, P. (Hg.) (1963): America as a Mass Society. New York: Free Press of Glencoe.

Otto, H. A. (Hg.) (1970): The Family in Search of a Future. New York: Appleton-Century-Crofts.

Otto, H. A.: The New Marriage: Marriages as a Framework for Developing Personal Potential. In: Otto (Hg.) (1970).

Parin, P.; Parin-Mathèy, G. & Morgenthaler, F. (1963): Die Weißen denken zuviel. Zürich: Atlantis.

Peck, E. (1971): The Baby Trap. New York: Bernhard Geis Associates.

Pernhaupt, G. (1983): Gewalt am Kind. Wien: Jugend-und-Volk-Verlagsgesellschaft.Pistrang, N. (1984): Women's Work Involvement and Experience of New Motherhood. In: Journal of Marriage and the Family, May 1984, S. 433–447.

Pleck, J. H. (1979): Mens Family Work: Three Perspectives and Some New Data. In: The Family Coordinator, Oct. 1979, S. 481–488.

Polanyi, M. (1958): Personal Knowledge. London: University of Chicago Press.

Portmann, A. (1967): Zoologie aus vier Jahrzehnten. München: Piper.

Postman, N. (1983): Das Verschwinden der Kindheit. Frankfurt/M.: Fischer.

Pross, H. (1976): Die Wirklichkeit der Hausfrau. Reinbek: Rowohlt.

Pross, H. (1978): Die Männer. Reinbek: Rowohlt.

Rapoport, R. & Rapaport, R. N. (1975): Men, woman and Equity. In: The Family Coordinator 24, S. 421–432.

Reif, H. (1982): Zum Zusammenhang von Sozialstruktur, Familien- und Lebenszyklus im westfälischen Adel in der Mitte des 18. Jahrhunderts. In: Mitterauer, M. & Sieder, R. (Hg.) (1982).

Rheingold, H. L. (1969): The Social and Socializing Infant. In: Goslin, D. A. (Hg.) (1969).

Rheingold, H. L. (1968): Infancy. In: International Encyclopedia of the Social Sciences, Vol. 7. New York: Crowell-Collier and MacMillan, S. 224–285.

Rice, D. G. (1979): Dual-Career Marriage: Conflict and Treatment. London: The Free Press.

Richter, H. E. (1969): Eltern, Kind, Neurose. Reinbek: Rowohlt.

Richter, H. E. (1970): Patient Familie. Reinbek: Rowohlt.

Riehl, W. H. (1855): Die Familie. Stuttgart: Cotta.

Riemer Sacks, S. & Donnenfeld, P. B. (1984): Parental Choice of Alternative Birth Environments and Attitudes Toward Childrearing Philosophy. In: Journal of Marriage and the Family, May 1984, S. 469–475.

Riesman, D. (1970): Die einsame Masse. Reinbek: Rowohlt.

Roheim, G. (1977): Psychoanalyse und Anthropologie. Frankfurt/M.: Suhrkamp.

Rosenbaum, H. (Hg.) (1978): Familie und Gesellschaftsstruktur. Frankfurt/M.: Fischer-Taschenbuchverlag.

Rosenbaum, H. (1982): Formen der Familie. Frankfurt/M.: Suhrkamp.

Rutschky, K. (Hg.) (1977): Schwarze Pädagogik. Quellen zur Naturgeschichte der bürgerlichen Erziehung. Frankfurt/M.: Ullstein.

Ryder, N. B. (1979): The Future of American Fertility. In: Social Problems 26, S. 359–370.

Sass, H.-W. (Hg.) (1972): Antiautoritäre Erziehung oder die Erziehung der Erzieher. Stuttgart: Metzler.

Schelsky, H. (1963): Einsamkeit und Freiheit. Reinbek: Rowohlt.

Schmidt-Relenberg, N. et al. (1976): Familiensoziologie. Stuttgart: Kohlhammer.

Schneewind, K. A. (1983): Konsequenzen der Erstelternschaft. In: Psychologie in Erziehung und Unterricht 30, S. 161–172.

Schreber, D. P. (1975): Denkwürdigkeiten eines Nervenkranken. Gießen: Syndikat.

Schreiber, M. (1980): Unendliches Vergnügen, unendlicher Schmerz. In: Der Spiegel 31/1980, S. 126–139.

Schülein, J. A. (1975): Das Gesellschaftsbild der Freudschen Theorie. Frankfurt/New York: Campus.

Schülein, J. A. (1976): Das neue Interesse an der Subjektivität. In: Leviathan 1, S. 53–78.

Schülein, J. A. (1987): Theorie der Institution. Opladen: Westdeutscher Verlag.

Schülein, J. A. (Hg.) (1978): Kommunen und Wohngemeinschaften. Der Familie entkommen? Gießen: Focus.

Schülein, J. A. (Hg.) (1980): »...Vor uns die Mühen der Ebenen«. Alltagsprobleme und Perspektiven von Wohngemeinschaften. Gießen: Focus.

Schwägler, G. (1970): Soziologie der Familie. Tübingen: Mohr.

Sears, R.; Maccoby, E. & Levin, H. (1957): Patterns of Child Rearing. New York: Harper & Row.

Seck-Agthe, M. & Maiwurm, B. (1981): Neun Monate. München: Frauenbuchverlag.

Selman, R. (1984): Die Entwicklung des sozialen Verstehens. Stuttgart: Suhrkamp.

Shorter, E. (1977): Die Geburt der modernen Familie. Reinbek: Rowohlt.

Sichtermann, B. (1981a): Leben mit einem Neugeborenen. Frankfurt/M.: Fischer Taschenbuchverlag.

Sichtermann, B. (1981b): Zeit-Kämpfe mit Kindern. In: Ästhetik und Kommunikation 45/46, S. 5–19.

Sichtermann, B. (1982): Vorsicht Kind. Eine Arbeitsplatzbeschreibung für Mütter, Väter und andere. Berlin: Wagenbach.

Siegrist, H. (1965): Große Ärzte. München: Lehmann.

Skinner, B. F. (1972): Futurum Zwei. Reinbek: Rowohlt.

Skynner, A. C. R. (1978): Die Familie. Schicksal und Chance. Olten: Walter.

Spangenberg, N. & Altevogt-Brauns, A. (1983): Warum Kinder kriegen? In: Psychoanalyse 2/3, S. 99–132.

Sombart, W. (1920): Der Bourgeois. München: Duncker & Humblot.

Spitz, R. (1963): Vom Säugling zum Kleinkind. Stuttgart: Klett-Cotta.

Steinert, H. (1972): Die Strategien sozialen Handelns. München: Juventa.

Stone, C. J. & Church, J. (1978): Kindheit und Jugend. Bd. 1. Stuttgart: Thieme.

Stryker, S. (1964): The Interactional and Situational Approaches. In: Christensen, H. T. (Hg.) (1964).

Toman, W. (1974): Familienkonstellationen. München: Beck.

Unser Kind 2/1983.

Unser Kind 2/1986.

Ussel, J. van (1977): Sexualunterdrückung. Geschichte der Sexualfeindschaft. Gießen: Focus.

Urdze, A. & Rerrich, M. S. (1981): Frauenalltag und Kinderwunsch. Frankfurt/M.: Campus.

Veevers, U. E. (1975): The Moral Careers of Voluntarily Childless Wives: Notes on the Defense as a Variant World View. In: The Family Coordinator, Oct. 1975, S. 473–487.

Vogt-Hägerbäumer, B. (1977): Schwangerschaft ist eine Erfahrung, die die Frau, den Mann und die Gesellschaft angeht. Reinbek: Rowohlt.

Waldron, H. & Routh, D. K. (1981): The Effects of the First Child on the Martial Relationship. In: Journal of Marriage and the Family 43, S. 785–788.

Watzlawick, P. et al. (1969): Menschliche Kommunikation. Bern/Stuttgart/Wien: Huber.

Weber, M. (1973): Die protestantische Ethik. Hamburg: Siebenstern.

Weber-Kellermann, I. (1974): Die deutsche Familie. Frankfurt/M.: Suhrkamp.

Weingarten, K. (1978): The Employment Pattern of Professional Couples and Their Distribution of Involvement in the Family. In: Psychology of Woman Quarterly, Vol. 3(1), S. 43–52.

West, C. & Zimmermann, D. H. (1976): Womans Place in Everyday Talk: Reflections on Parent-Child-Interaction. In: Social Problems 24, 521–529.

Wetterling, H. (1966): Behütet und betrogen. Das Kind in der deutschen Wohlstandsgesellschaft. Hamburg: Nannen.

White, L. K. (1983): Determinants of Spousal Interaction: Martial Structure of Martial Happiness. In: Journal of Marriage and the Family, Aug. 1983, S. 511-519.

Wilberg, Gerlinde M. (1981): Zeit für uns. Ein Buch über Schwangerschaft, Geburt und Kind. Frankfurt: Fischer.

Wilkie, J. R. (1981): The Trend Toward Delayed Parenthood. In: Journal of Marriage and the Family 43, S. 583–591.

Willi, J. (1979): Die Zweierbeziehung. Reinbek: Rowohlt.

Wirth, H. J. (1984): Die Schärfung der Sinne. Frankfurt/M.: Syndikat.

Wolfenstein, M. (1953): Trends in Infant Care. In: American Journal of Orthopsychiatry 23, S. 120–130.

Wylie, L. (1969): Dorf in der Vaucluse. Frankfurt/M.: Fischer.

Yogev, S. (1981): Do Professional Women have Egalitarian Martial Relationships? In: Journal of Marriage and the Family 51, S. 865–871.

Zieh, Thomas (1976): Pubertät und Narzißmus. Frankfurt/M.: Syndikat.

JOHANN AUGUST SCHÜLEIN

DIE LOGIK DER PSYCHOANALYSE
Eine erkenntnis-
theoretische Studie

BIBLIOTHEK
DER PSYCHOANALYSE
PSYCHOSOZIAL-
VERLAG

1999 · 419 Seiten
Broschur
EUR (D) 39,90 · SFr 71,–
ISBN 3-932133-85-4

Die Arbeit beschäftigt sich mit der Logik psychoanalytischer Theorien. Sie erklärt, warum die Psychoanalyse keine einheitliche Theorie ist, sondern ein vieldeutiges Paradigma, welches von verschiedenen Schulen unterschiedlich interpretiert und verwendet wird. Dies ist ein Strukturmerkmal, das sich aus den Besonderheiten des Gegenstands und den Schwierigkeiten des Gegenstandszugangs ergibt: Die Psychoanalyse kann – wie andere Humanwissenschaften auch – keine eindeutige (denotative) Theorie entwickeln, sondern muß mit einem konnotativen Symbolsystem und weitgehend analogen Begriffen arbeiten.

P⬚V
Psychosozial-Verlag

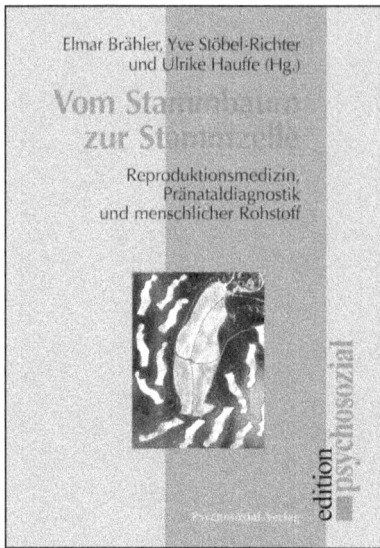

April 2002 · 331 Seiten
Broschur
EUR (D) 19,90 · SFr 33,90
ISBN 3-89806-134-5

Das vorliegende Buch setzt sich kritisch mit den neuesten Entwicklungen in der Reproduktionsmedizin und Pränataldiagnostik sowie deren ethischen, sozialen, genetischen und rechtlichen Folgen für den Einzelnen und für die Gesellschaft auseinander. Das weite Spektrum der Beiträge deckt verschiedenste Aspekte der Gegenstandsdiskussion ab. U. a. werden folgende Themenschwerpunkte diskutiert: Soziale, biologische, genetische und rechtliche Elternschaft - Die Geburt eines behinderten Kindes als Schaden - Pränataldiagnostik in der Schwangerenvorsorge - Genetische Beratung - Auswirkungen und Folgen der Reproduktionstechnologien - Stammzellforschung/ Gentechnik - Präimplantationsdiagnostik.

PＶ
Psychosozial-Verlag

April 2002 · 459 Seiten
Broschur
EUR (D) 35,50 · SFr 59,30
ISBN 3-89806-129-9

In neuer, überarbeiteter Form präsentiert sich das Buch »Psychogenetische Geschichte der Kindheit – Beiträge zur Psychohistorie der Eltern-Kind-Beziehung«. In zahlreichen Beiträgen zu unterschiedlichen Problemgegenständen wie z. B. Frühgeburtlichkeit des Menschen, Pubertätsriten, Beschneidung von Mädchen, Kindersterblichkeit und Kindesmord sowie Kindheit und Ökonomie behandeln die Autoren die psychogenetische Geschichte der Kindheit.

Grundlage der Beiträge ist die Arbeit von deMause' »Evolution der Kindheit«, in der er sich dieser Thematik eingehend widmet.   Das jeweilige Arbeitsgebiet der Autoren und Autorinnen dient als Testgelände für die Aussagen deMause'. Die Autoren stellen sich die Frage, was die Thesen und Begriffe der psychogenetischen Theorie leisten, wenn sie auf die verschiedenen Arbeitsfelder angewendet werden. Gerade die Analyse der Eltern-Kind-Beziehung ist unerlässlich zum Verständnis der Kette von Pathologien, in der sich die Geschichte darstellt.

P🮲V
Psychosozial-Verlag

PSYCHE UND GESELLSCHAFT

PSYCHOSOZIAL-VERLAG

Götz Eisenberg

Gewalt, die aus der Kälte kommt

Amok – Pogrom – Populismus

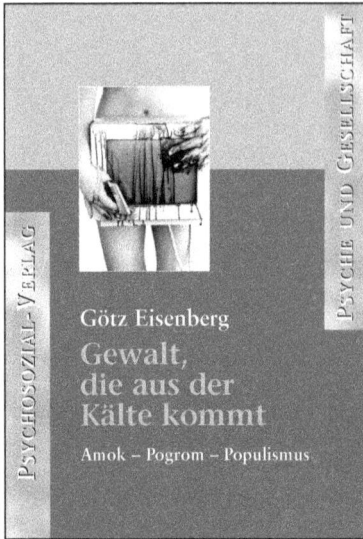

Juli 2002 · 159 Seiten
Broschur
EUR (D) 14,90 · SFr 25,90
ISBN 3-89806-203-1

Das Massaker von Erfurt markiert den vorläufigen Schlusspunkt einer Blutspur, die Amokläufe in jüngster Zeit durch Europa gezogen haben. Doch was bedeutet Amok, woher stammt dieses rätselhafte Phänomen und wie breitet es sich aus?

Eisenberg greift diese Frage auf und versucht zu zeigen, dass die jüngsten Gewaltausbrüche kein Zufall sind. In seinen Essays widmet sich der Autor zudem auch anderen Gewaltphänomenen und ihrer gesellschaftlichen Verflechtung. Er geht u. a. auf den Amoklauf von Bad Reichenhall ein, untersucht die Ereignisse in Sebnitz, wo die Medien eine Straftat erfanden, und fragt nach den Ursachen des erstarkenden Rechtspopulismus, die sich in Personen wie Schill, Pim Fortuyn oder Haider manifestiert.

Die Gewaltphänomene erschließen sich dem Lesenden dabei als »Innenseite« einer Globalisierung, die über die Köpfe und Bedürfnisse der Menschen rabiat hinweggeht und sie gleichzeitig bis in ihr Innerstes erschüttert und verängstigt.

P V
Psychosozial-Verlag